"十二五"普通高等教育本科国家级规划教材

国家级重点学科

东北财经大学会计学系列教材

方红星　池国华　主编　　樊子君　副主编

内部控制

Internal Control

第*4*版

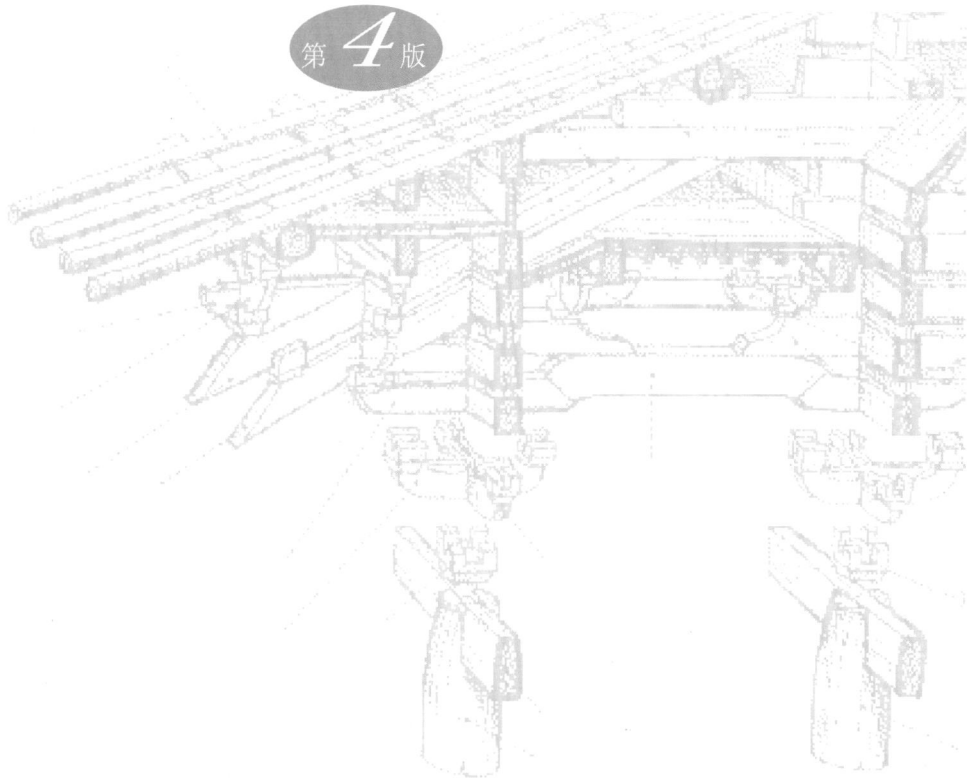

东北财经大学出版社
Dongbei University of Finance & Economics Press

大连

图书在版编目（CIP）数据

内部控制 / 方红星，池国华主编. —4版. —大连：东北财经大学出版社，
2019.8（2021.11重印）
（东北财经大学会计学系列教材）
ISBN 978-7-5654-3615-4

Ⅰ. 内…　Ⅱ. ①方…②池…　Ⅲ. 企业内部管理–高等学校–教材
Ⅳ. F272.3

中国版本图书馆CIP数据核字（2019）第152210号

东北财经大学出版社出版

（大连市黑石礁尖山街217号　邮政编码　116025）

网　　　址：http：//www.dufep.cn

读者信箱：dufep@dufe.edu.cn

大连图腾彩色印刷有限公司印刷　东北财经大学出版社发行

幅面尺寸：185mm×260mm　字数：504千字　印张：21.5　插页：1

2019年8月第4版　　　　　　　　　　2021年11月第23次印刷

责任编辑：田世忠　李　彬　龚小晖　　责任校对：贺　荔
　　　　　李　栋　王　丽　周　慧

封面设计：冀贵收　　　　　　　　　　版式设计：钟福建

定价：42.00元

东北财经大学会计学系列教材编委会

卷首语

　　谁都不能否认，经济与会计的关系越来越密切，尤其是经济全球化的趋势让全世界的会计准则制定机构都走上了会计准则的国际趋同和等效之路；谁也不能否认，我国的会计改革紧跟了我国和世界经济发展的步伐，尤其是20世纪90年代初至今，会计改革经历了与国际接轨、趋同和等效的阶段；谁都必须承认，会计人才的培养要适应经济与社会的发展变化，尤其要适应建设社会主义市场经济的需要。另外，一整套优秀的系列教材对于培养会计人才的重要性是显而易见的，尤为重要的是教材必须紧跟时代进步的节拍，把握好经济与会计发展的脉搏。

　　纵观"东北财经大学会计学系列教材"的生命线会发现，她之所以能常青，正是上述认识指引的硕果。

　　20世纪90年代初，我们编写了东北财经大学第1套会计学系列教材，其奉行的理念是：积数十年教材编写之经验，融十几位教授之心血，编系列精品教材。在20多年中，我们一直坚持这样的原则，前后共出版过4套系列教材，每一套系列教材都修订过若干次，总销量近千万册，其足迹踏遍祖国的大江南北。在20多年中，会计学系列教材伴随着一批又一批的大学生成长，并且以教材编写为契机，在高等学府中培养了一代又一代的教师精英。

　　从时间上来推算，本套会计学系列教材是20多年中的第5套。本套会计学系列教材的第1版诞生于2007年1月，正好踏着2006年财政部发布"企业会计准则"体系的节拍。在近年来的教材使用过程中，尽管我们作了一些修订，但始终未能跳出小修小改的圈子。在此期间，我们又掌握和理解了更新的会计准则与规范，积累和领会了更多的专业知识，尤其是对会计准则与会计教材之间的关系有了更深刻的认识。基于此，我们才有了这一次的大修订，并以新版的形式呈现在读者面前。

　　东北财经大学会计学系列教材修订的主要依据是财政部最近几年来修订或发布的企业会计、行政事业会计、税收、财务管理、管理会计等方面的法规：

　　• 就企业会计准则而言，2016年以来陆续修订、制定了多项具体准则，其中，制定了《企业会计准则第42号——持有待售的非流动资产、处置组和终止经营》，修订发布了《企业会计准则第14号——收入》等9项准则；最近几年来财政部又发布了若干项《企业会计准则解释》，这些准则及其解释公告对财务会计类教材影响比较大；同时，我们根据《关于修订印发2019年度一般企业财务报表格式的通知》（财会〔2019〕6号）对相关内容进行了调整。

　　• 从管理会计来看，财政部先后印发了《管理会计基本指引》和《管理会计应用指引》，不仅有利于加强管理会计指引体系建设，还将对制定案例示范起统领作用。

　　• 就成本会计而言，继《企业产品成本核算制度（试行）》发布后，财政部又发布了

《企业产品成本核算制度——石油石化行业》、《企业产品成本核算制度——电网经营行业》和《企业产品成本核算制度——煤炭行业》等，对大中型石油化工企业等的成本核算业务进行规范。

●财政部和国家档案局联合发布的新《会计档案管理办法》自2016年1月1日起施行。

●财政部、国家税务总局和海关总署发布《关于深化增值税改革有关政策的公告》，自2019年4月1日起执行。

这些对于会计学系列教材建设都提出了新的挑战。

在修订的过程中，我们更加注重提升同教材配套的"习题与案例"、"电子课件"以及"教学大纲"的平台建设质量。首先，关于习题与案例。按照修订后的教材内容体系，根据各章内容的安排重新进行习题与案例的修订。一是加大习题量，适当提高习题的难度。二是更换部分案例，使案例与实践更加贴近，学生通过案例的学习得到进一步启发。三是配置阶段性综合习题，根据内容模块设置习题，便于学生综合性地理解和掌握几个章节的内容，循序渐进，达到深入学习的效果。其次，关于电子课件。电子课件的制作摒弃了复制主教材各级标题的简单做法，由各主教材的作者亲自主持制作，这样能更好地把握授课内容，对各章节的内容进行更深入的讲解和逻辑勾勒，真正起到辅助和深化的作用。另外，在介质上向独立光盘的方向发展，增强互动性和形象性。最后，关于教学大纲。本套教材配有电子版教学大纲，为教师提供课时分配、重难点提示、教学结构等参考信息，进一步方便教师教学。

为保证质量，我们陆续推出新版东北财经大学会计学系列教材，分别有：《基础会计》《中级财务会计》《高级财务会计》《成本会计》《管理会计》《财务管理》《会计信息系统》《内部控制》《财务分析》《会计学》《审计》《审计（精编版）》，共计12种。值得一提的是，截至目前，本套系列教材入选"十二五"普通高等教育本科国家级规划教材的有7种，普通高等教育"十一五"国家级规划教材的有4种，普通高等教育精品教材的有1种，"十二五"普通高等教育本科省级规划教材的有9种，获得全国优秀畅销书奖的有6种，省级优秀畅销书奖的有6种，所支撑的课程获得国家级精品课程称号的有5种，所支撑的课程获得省级精品课程称号的有6种，获得国家级精品资源共享课称号的有5种，获得省级精品资源共享课称号的有2种。

由于我们的时间和精力有限，教材中难免存在缺点乃至谬误，我们恳请广大读者批评指正。

每次修订仅仅是一个新的起点，而不是终点，我们将随着经济的发展与会计环境的变化不断修订，使东北财经大学会计学系列教材紧随时代步伐，及时反映学科的最新进展。

东北财经大学会计学系列教材编委会

第 4 版 前言

本教材是东北财经大学会计学系列教材之一，自2011年由东北财经大学出版社出版以来，先后再版两次，重印近20次，累计印数超过15万册，被国内许多院校会计学、审计学、财务管理、资产评估和其他相关专业长期选用。另外，本书经东北财经大学出版社推荐，获得2011—2012年度辽宁省优秀图书二等奖，2015年又入选了教育部"十二五"普通高等教育本科国家级规划教材。

在第4版修订之际，衷心感谢采用本教材的所有院校师生的大力支持，也要特别感谢中国会计学会内部控制专业委员会主任委员、南京大学杨雄胜教授等学术界各位前辈和同行的热情鼓励，当然，还应当感谢东北财经大学出版社卓越的品牌效应和优秀的编辑团队。

本书属于第4版，是在保持之前3版教材基本特色与优点的前提下，为适应国内外内部控制理论与实务的最新发展以及我国高等院校教学改革的不断变化进行的再次修订。

本次修订主要体现在以下三个方面：

第一，为与时俱进反映国内外内部控制理论与实务发展的最新变化，我们对企业内部控制概念框架、基本原理与实务操作等相关内容进行了修订和补充，比如在教材中根据2018年新修订的《公司法》、财政部2012年颁布的《行政事业单位内部控制规范（试行）》、2017年颁布的《小企业内部控制规范（试行）》、证监会2018年新修订的《上市公司治理准则》、审计署2018年颁布的《审计署关于内部审计工作的规定》、COSO2017年颁布的《企业风险管理———与战略和业绩的整合》报告等规范制度对相关章节内容进行了修订和完善。另外，教材还就大数据智能化、移动端云技术、信息流区块链、人工智能等互联网最新发展对内部控制实践所带来的挑战与变化进行了详细介绍。

第二，为了便于教师的教学和学生的学习，本次修订总结了第3版在使用过程中的经验，替换了一些已经过时或者不够恰当的案例，增加了一些更具时效性和针对性的案例。

第三，本次修订还针对第3版教材在使用过程中发现的错误与问题进行了更正，使全书内容更加精炼、更具有可读性。

本书由方红星教授、池国华教授任主编，樊子君副教授任副主编，同时参与编写的还有从事内部控制教学的其他一线教师。各章执笔人分别如下：方红星教授（第一章、第二章），樊子君副教授（第三章、第八章、第十章），朱荣副教授（第四章），池国华教授（第五章、第七章、第九章），刘媛媛副教授、唐大鹏副教授（第六章）。

如第3版所言，我们建议在本科教学阶段可侧重于内部控制体系架构、基本概念与基本原理的学习，即以前六章为教学重点。而对于相关专业的研究生教学，我们建议可根据研究生的专业基础，既可以注重内部控制体系架构、基本概念与基本原理的学习，也可以采用专题探讨的形式，以后四章为重点，侧重于内部控制体系的设计、评价与审计。

　　因为篇幅所限，我们未一一指出案例的原始出处，同时材料大都来源于相关书籍、报纸、杂志和公告信息，在编入本书的过程中，我们根据需要对部分材料进行了不同程度的改编或删节，在此，对全部案例材料原始版本的所有编写、整理者表示衷心的感谢！

　　由于作者水平有限，书中难免还存在一些缺点、错误，恳请读者批评指正，以便我们在下一次修订时加以完善。

作　者

2019年6月

目 录

第一章

总　论

引例　　　　　　　中航油新加坡公司巨亏事件

2004年12月初，全球的财经媒体都在错愕中聚焦于一个爆炸性的事件：一家被誉为新加坡"最具透明度"的上市公司，却因从事投机行为造成5.54亿美元的巨额亏损；一个在层层光环笼罩之下的海外国企"经营奇才"，却沦为千夫所指的罪魁祸首。

对于中国航空油料集团（简称"中航油"）新加坡公司的巨额亏损，分析人士从投机过度、监管不力、内控失效、误落"陷阱"等多个角度进行了剖析。毋庸讳言，中航油新加坡事件是一个内部控制缺失的典型案例。

中航油经我国政府批准于2003年开始从事油品套期保值业务，之后擅自扩大业务范围，从事石油衍生品期权交易。与套期保值业务相比，衍生品期权交易风险极大，且不易控制。不论是公司内部还是集团层面，在内部控制和风险管理上都暴露出重大缺陷。

根据公司内部规定，损失20万美元以上的交易，要提交风险管理委员会评估；累计损失超过35万美元的交易，必须征得总裁同意才能继续；任何将导致50万美元以上损失的交易，将自动平仓。在累计多达5亿多美元的损失之后，中航油新加坡公司才向集团公司报告，而且中航油新加坡公司总裁陈久霖同时也是中航油集团的副总经理，中航油新加坡公司经过批准的套期保值业务是中航油集团给其授权的，集团事先并没有发现问题。

有一点可以肯定，和所有在衍生工具市场上发生的巨额亏损一样，中航油事件发生的根本原因在于内部控制缺陷。不仅在衍生金融市场，在企业经营的其他领域中也不乏其例。千里之堤，溃于蚁穴。无数的事实一再证明，缺乏有效的内部控制，可能会使名噪一时的"企业帝国"崩塌于旦夕之间。

内部控制的重要性可见一斑。那么什么是内部控制？内部控制在企业的生存和发展中具有什么样的作用？在阐述内部控制的基本理论与方法之前，我们首先来了解内部控制的产生与发展、内部控制的现实意义以及我国现有内部控制规范体系的构成。

第一节　内部控制的历史演进

内部控制是组织运营和管理活动发展到一定阶段的产物，是科学管理的必然要求。内部控制理论与实践的发展大体上经历了内部牵制、内部控制系统、内部控制结构、内部控制整合框架等四个不同的阶段，并已初步呈现出与企业风险管理整合框架交融发展的趋势。

一、内部牵制阶段

内部控制的终极源头可以追溯到人类社会的形成之初。自从有了人类的群体活动和组织之后，就产生了对组织的成员及其活动进行控制的需要。从现有的历史记录和考古证据来看，内部控制的发轫最早可以追溯到公元前3600年至公元前3200年的苏美尔文化时期。古埃及、古波斯、古希腊、古罗马和古代中国都有原始内部牵制制度的雏形。原始的内部牵制制度最早是为部落、城邦、庄园、国家服务的。中世纪资本主义生产关系萌芽，商业组织开始出现，内部牵制进入企业领域，开启了一个更为广阔的发展空间。

与本专业领域目前的通行概念最为接近的控制（control）一词最早产生于17世纪，其原始含义是"由登记者之外的人对账册进行的核对和检查"。内部控制是从内部牵制（internal check）的基础上发展起来的。20世纪以前，盛行的观念和实务都停留在内部牵制阶段。内部牵制是适应这一阶段的时代背景而产生的。这一阶段社会生产力还相对落后，商品生产尚不发达，内部控制主要表现为对会计账目和会计工作实行岗位、职责分离和相互牵制，使任何一个部门或人员都不能独立地控制会计账目，并且使两个或两个以上的部门和人员能够对会计账目实现交叉检查或交叉控制。其目的主要是保证财产物资安全和会计记录真实。

内部牵制机制的提出主要是基于两个设想：其一，两个或两个以上人员或部门无意识地犯同样错误的概率，远小于一个人或部门犯该种错误的概率；其二，两个或两个以上人员或部门有意识地串通舞弊的可能性，远低于一个人或部门单独舞弊的可能性。因此，内部牵制强调分权和制衡，以抑制由于权力集中而引发的错误或舞弊行为。

根据《柯勒会计辞典》的解释，内部牵制是指"以提供有效的组织和经营，并防止错误和其他非法业务发生的业务流程设计。其主要特点是以任何个人或部门不能单独控制任何一项或一部分业务权力的方式进行组织上的责任分工，每项业务通过正常发挥其他个人或部门的功能进行交叉检查或交叉控制"。由此可见，内部牵制的基本思路是分工和牵制。

内部牵制机能主要包括：分权牵制、实物牵制、机械牵制和簿记牵制。

分权牵制也叫职责分离，是指通过分工和制衡，由不同的部门和人员来完成不同的业务环节，以达到牵制的目的。例如，会计中约定俗成的"钱（出纳）账（记账）分设、管钱不管账"等。显然，分权程度越高，牵制效果就越好。但是，分权也要把握适当的度，以免增加成本、影响效率。一般而言，对于那些重要的不相容职务，即如果不分离可能导致错误或舞弊的职务（例如业务的审批与执行，业务的处理与复核等），要求予以分离。

实物牵制也叫实物负责制，是指将财产物资的保管责任落实到特定的部门和人员头上，以达到保护这些财产物资安全完整的目的。例如，现金出纳必须对库存现金的短少承担责任，仓库保管人员必须对库存物资承担责任等。通过落实实物保管责任，并辅之以清查盘点、账实核对、考核奖惩等措施，对于相关财产物资的安全完整能起到良好的保障作用。

机械牵制也叫技术牵制，是指借助专门的技术手段来进行的牵制。例如，对于库存现金，借助设置保险柜密码这一技术手段来防止失窃；对于需要特定授权方能进入的信息系统界面，通过设置口令和密码等技术手段来防止非法进入等。机械牵制一般可以与特定的授权结合运用。

簿记牵制也叫会计系统牵制，是指通过簿记内在的控制职能而实现的牵制。复式簿记体系对于所有的业务和事项，都要以原始凭证为基础，进行序时和分类记录，这就在账证、账账、账表、账实之间形成了严密的钩稽核对关系，因而可以用它们来实施对业务事项、财产物资等的有效控制。

尽管随着经济社会的发展，内部控制日益超越内部牵制的范畴，但内部牵制的基本理念在内部控制中仍然发挥着重要作用。正如《柯勒会计辞典》所载，"设计有效的内部牵制以使每项业务能完整正确地经过规定的处理程序，而在这规定的处理程序中，内部牵制机制永远是一个不可缺少的组成部分"。这一阶段的不足之处，在于人们还没有意识到内部控制的整体性，只强调内部牵制机能的简单运用，还不够系统和完善。

二、内部控制系统阶段

内部控制发展的第二阶段为内部控制系统阶段，从时间上看大致为20世纪40年代至20世纪80年代。为适应这一时期经济快速发展、所有权与经营权进一步分离的特点，在注册会计师行业的推动下，内部控制由早期的内部牵制逐渐演变为涉及组织结构、岗位职责、人员分工、业务处理流程和内部审计等比较严密的内部控制系统。在这一阶段，建立健全内部控制系统开始上升为法律要求；同时，为适应注册会计师评价被审计单位内部控制的需要，一些国家或组织开始将内部控制划分为内部会计控制和内部管理控制。其中，内部会计控制主要是针对会计记录系统和相关的资产保护实施的控制，内部管理控制主要是针对经济决策、交易授权和组织规划等实施的控制。

以美国为例，1949年，美国会计师协会（以下简称"AIA"；该协会于1957年改名为美国注册会计师协会，后者简称"AICPA"）所属的审计程序委员会发表了一份题为《内部控制：系统协调的要素及其对管理部门和独立公共会计师的重要性》的特别报告，首次正式提出了内部控制的权威性定义，即"内部控制包括组织机构的设计和企业内部采取的所有协调方法和措施，旨在保护资产、检查会计信息的准确性和可靠性，提高经营效率，促进既定管理政策的贯彻执行"，从而形成了内部控制系统的基本思想。这一定义强调内部控制系统不局限于与会计与财务部门相关的控制，还包括预算控制、成本控制、定期报告、统计分析和内部审计等。

但是由于注册会计师认为该定义的含义过于宽泛，因此AIA于1953年在其颁布的第19号审计程序公告《审计程序说明》中，对内部控制定义做了正式修正，并将内部控制按照其特点分为会计控制和管理控制两部分，前者旨在保护企业资产、检查会计数据的准确性和可靠性，后者旨在提高经营效率、促使有关人员遵守既定的管理方针。这种划分是为了规范内部控制检查和评价的范围，缩小注册会计师的责任范围。

1958年，出于注册会计师测试与财务报表相关的内部控制的需要，AICPA审计程序委员会又发布了第29号审计程序公告《独立审计人员评价内部控制的范围》，也将内部控制分为内部会计控制和内部管理控制两类，其中前者涉及与财产安全和会计记录的准确性、可靠性有直接联系的所有方法和程序，如授权与批准控制、从事财物记录与审核的职务及从事经营与财产保管的职务实行分离控制、实物控制和内部审计等。后者主要是与贯彻管理方针和提高经营效率有关的所有方法和程序,一般与财务会计并不直接相关,如统计分析、时间动作研究、业绩报告、员工培训、质量控制等。1963年10月,AICPA审计程序委员会在《审计程序公告第33号——审计准则与程序(汇编)》中强调,独立审计师应主要检查会计控制。1972年11月发布的《审计程序公告第54号——审计师对内部控制的研究与评价》,对管理控制和会计控制的定义进行了修订和充实。

1972年11月,AICPA审计准则委员会发布《审计准则公告第1号——审计准则和程序汇编》,将内部控制一分为二,使得注册会计师在研究和评价企业内部控制制度的基础上来确定实质性测试的范围和方式成为可能。由此内部控制进入"制度二分法"或"二要素"阶段。在这一阶段,内部控制被正式纳入相关准则和制度体系之中,管理控制正式成为内部控制的一个重要组成部分。

三、内部控制结构阶段

进入20世纪80年代,资本主义发展的黄金阶段以及随后到来的"滞胀"促使西方国家对内部控制的研究进一步深化,人们对内部控制的研究重点逐步从一般含义向具体内容深化。在实践中,注册会计师发现很难确切区分内部会计控制和内部管理控制,而且后者对前者其实有很大影响,在审计过程中不能也无法被完全忽略。于是,1988年AICPA发布《审计准则公告第55号》(SAS55),并规定从1990年1月起取代1972年发布的《审计准则公告第1号》。这份公告首次以"内部控制结构"的概念代替"内部控制系统",明确"企业内部控制结构包括为企业实现特定目标提供合理保证而建立的各种政策和程序"。该公告认为,内部控制结构由下列三个要素组成:

1.控制环境。控制环境是指对有效建立和实施特定政策与程序有重大影响的各种因素,包括:管理层的理念和经营风格;组织结构;董事会及其所属委员会,特别是审计委员会发挥的职能;职权和责任的分配;管理层监控和检查工作时所使用的控制方法,包括经营计划、预算、预测、利润计划、责任会计、内部审计、人力资源政策与实务等。

2.会计系统。会计系统是指为确认、归类、分析、记录和编报各项经济业务,明确资产与负债的经营责任而规定的各种方法,包括确认和记录一切合法的经济业务;对各项经济业务及时和适当地分类,作为编制财务报表的依据;将各项经济业务按照适当的货币价值计价,以便列入财务报表;确定经济业务发生的日期,以便按照会计期间进行记录;在财务报表中恰当地表述经济业务,并对有关的内容进行揭示。

3.控制程序。控制程序是指企业为保证目标的实现而建立的政策和程序,包括:经济业务和事项的适当授权;明确人员的职责分工,如指派不同的人员分别承担业务批准、业务记录和财产保管的职责,以防止有关人员利用正常经济业务图谋不轨和隐匿各种错弊;账簿和凭证的设置、记录与使用,以保证经济业务活动得到正确的记载,如出库凭证应事先编号,以便控制发货业务;资产及记录的限制接触,如接触电脑程序和档案资料要经过批准;已经登记的业务及其记录与复核,如常规的账面复核,存款、借款余额调节表的编制,账面的核对等。

内部控制结构阶段对于内部控制的发展的贡献主要体现在两个方面:其一,首次将控制环境纳入内部控制的范畴。因为人们在管理实践中逐渐认识到控制环境不应该是内部控制的外部因素，而应该作为内部控制的一个组成部分来考虑，尤其是董事会、管理层及其他员工对内部控制的态度和行为，是内部控制体系得以有效建立和运行的基础和保障。其二，不再区分会计控制和管理控制，而统一以要素来表述。因为人们发现内部会计控制和管理控制在实践中其实是相互联系、难以分割的。

可见，这一阶段的内部控制融会计控制和管理控制为一体，从"系统二分法"阶段步入了"结构三要素"阶段。这是内部控制发展史上的一次重要改变。

四、内部控制整合框架阶段

1992 年 9 月，COSO[①]发布了著名的《内部控制——整合框架》(Internal Control—Integrated Framework)，并于 1994 年进行了局部修订。该报告是内部控制发展历程中的一座重要里程碑，它对内部控制的发展所作出的最重要的贡献在于它对内部控制下了一个迄今为止最为权威的定义："内部控制是由主体的董事会、管理层和其他员工实施的，旨在为经营的效率和有效性、财务报告的可靠性、遵循适用的法律法规等目标的实现提供合理保证的过程。"

这个定义反映了一些基本概念：第一，内部控制是一个过程，它是实现目标的手段，而不是目标本身；第二，内部控制是由人员来实施的，它并不仅仅是政策手册和表格，还涉及组织中各个层级人员的活动；第三，内部控制只能为主体目标的实现提供合理保证，而不是绝对保证；第四，内部控制被用来实现一个或多个彼此独立又相互交叉的类别的目标，内部控制目标包括经营目标、财务报告目标和合规目标，而财务报告的可靠性并不是内部控制唯一的目标，换言之，内部控制不等于会计控制。《内部控制——整合框架》提出的内部控制目标见表1-1。

表 1-1　　　　　《内部控制——整合框架》提出的内部控制目标

目标类型	特点
经营目标（operations）	与主体资源利用的有效性与效率有关
财务报告目标（financial reporting）	与编制可靠的公开财务报表有关
合规目标（compliance）	与主体遵循适用的法律和法规有关

此外，COSO 报告还明确了内部控制的内容，即内部控制包括五个相对独立而又相互联系的构成要素：控制环境、风险评估、控制活动、信息与沟通和监控。目标和构成要素之间有着直接的关系，目标是主体努力争取实现的东西，构成要素则代表着要实现这些目标需要什么；每个构成要素都"贯穿"并适用于所有三类目标，所有五个构成要素与每一类目标都有关联；内部控制与整个主体相关，或与它的某一组成部分（子公司、分部或其他业务单元、部门（职能），或购买、生产、营销等活动）相关。内部控制的五要素如图1-1所示。

---

① COSO（Committee of Sponsoring Organizations）是 Treadway 委员会的发起组织委员会的简称。Treadway 委员会即反欺诈财务报告全国委员会（National Commission on Fraudulent Financial Reporting），由于其首任主席的姓名而通常被称为 Treadway 委员会。该委员会由美国注册会计师协会（AICPA）、美国会计学会（AAA）、国际财务经理协会（FEI）、内部审计师协会（IIA）、管理会计师协会（IMA）5 个组织于 1985 年共同发起设立。1987 年，Treadway 委员会发布一份报告，建议其发起组织沟通协作，整合各种内部控制的概念和定义。

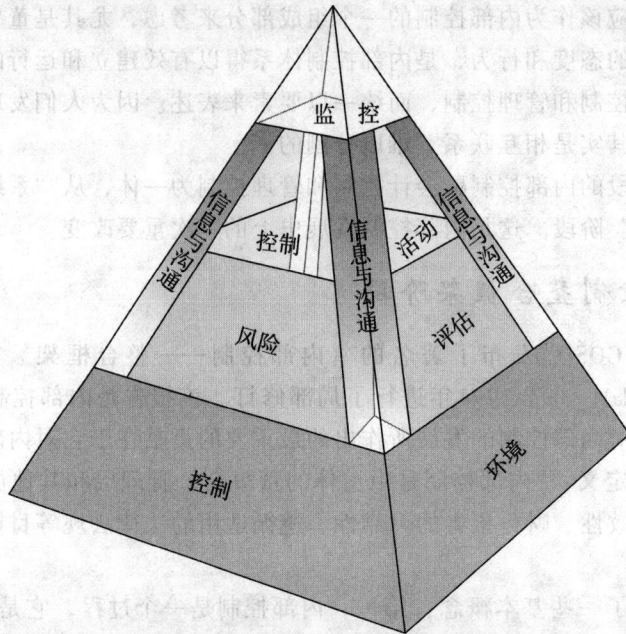

图1-1　COSO的内部控制整合框架图

1.控制环境。控制环境主要涉及主体内部的文化、价值观、组织结构、管理理念和经营风格等。这些因素是内部控制的基础，将对内部控制的运行和效果产生广泛而深远的影响。具体来说，控制环境包括员工的诚信和道德价值观、胜任能力、管理层的理念和经营风格、董事会及审计委员会、组织机构、权责划分、人力资源政策与实务等。

2.风险评估。风险评估是指识别和分析与实现目标相关的风险，并采取相应的措施加以控制。这一过程包括风险识别和风险分析两个部分。通常，企业的风险主要来自于外部环境和内部条件的变化。其中，风险识别包括对外部因素（如技术发展、竞争态势、经济形势）和内部因素（如员工素质、公司活动性质、信息系统处理的特点）进行梳理和辨识。风险分析则涉及估计风险的重大程度、风险发生的可能性、确定风险应对策略等。

3.控制活动。控制活动是指主体对所确认的风险采取必要的措施，以保证其目标得以实现的政策和程序。一般来说，控制活动包括职责分离、实物控制、信息处理控制、业绩评价等。其中，职责分离是指为了防止单个员工舞弊或隐藏不正当行为而进行的职责划分。一般来说，应该分离的不相容职责有：业务授权与业务执行、业务执行与业务记录、业务记录与业务复核等。实物控制是指对企业的具体实物所进行的控制行为，如针对现金、存货、固定资产、有价证券等实行的实物负责制。信息处理控制可分为两类：一般控制和应用控制。一般控制通常与信息系统的设计和管理有关；应用控制则与特定数据在信息系统中处理的方式有关。业绩评价是指将实际业绩与业绩标准进行比较，以便确定业绩的完成程度和质量。

4.信息与沟通。信息与沟通是指主体内部部门及员工之间必须有效沟通、交流与内部控制相关的信息。这些信息既有外部的信息，也有内部的信息。通常而言，信息与沟通包括确认记录有效的经济业务、采用恰当的货币价值计量、在财务报告中恰当列报和披露。沟通的目的主要是让员工了解其职责，了解其在工作中如何与他人相联系，如何向上级报告例外情况。沟通的方式一般有政策手册、财务报告手册、备查簿，以及口头交流或管理示例等。

5.监控[1]。监控是指评价内部控制的设计与执行情况，包括日常的监控活动和专项评价等。监控活动通常由内部控制、内部审计等部门开展。通过定期或不定期地对内部控制的设计与执行情况进行检查和评估，与有关人员就内部控制有效与否进行交流，并提出改进意见，以保证内部控制随着环境的变化而不断改进。

由于COSO报告集内部控制理论和实践发展之大成，因此在业内备受推崇，已经成为世界通行的内部控制权威标准，被国际和各国审计准则制定机构、资本市场和金融监管机构以及其他方面所广泛采纳。1995年12月，美国注册会计师协会审计准则委员会（ASB）发布《审计准则公告第78号》（SAS78）"财务报表审计中对内部控制的考虑：对SAS55的修正"，全面采纳COSO的内部控制框架。2002年美国国会通过的《萨班斯-奥克斯利法案》（Sarbanes-Oxley Act，简称SOX法案）第404条款及相关规则采用的也主要是这个框架。

为应对商业和经营环境的急剧变化，经过多年的调研和修订，2013年5月COSO发布了修订后的《内部控制——整合框架》，并提议2014年12月15日以后用该框架取代1992年发布的原框架。与1992年的框架相比，新框架保持不变的主要方面包括：①内部控制的核心定义，内部控制仍然包括3个目标和5个要素；②有效的内部控制必须具备全部5个要素；③在设计、执行内部控制和评价其有效性的过程中，判断仍然起重要作用。发生重大变化的主要方面则包括：①关注的商业和经营环境发生了变化；②扩充了经营和报告目标；③将支撑5个要素的基本概念提炼成原则；④针对经营、合规和新增加的非财务报告目标提供了补充的方法和实例。

根据2013年新修订的框架，内部控制的经营目标涉及经营的有效性和效率，包括经营和财务业绩目标，以及保护资产免遭损失。主体的经营目标可能包括提高财务业绩、生产率（例如避免浪费和返工）、质量、环境保护、创新、客户和员工满意度等。内部控制的报告目标涉及面向主体内部和外部的财务和非财务报告，具体包括：外部财务报告（例如年度财务报表、中期财务报表、盈利公告）；内部财务报告（例如分部财务报告、客户盈利性分析、银行约定指标计算）；外部非财务报告（例如内部控制报告、可持续性报告、供应链分析）；内部非财务报告（例如员工/资产利用分析、客户满意度指标、健康与安全指标）。内部控制的合规目标则涉及遵循适用的法律法规和监管要求。需要注意的是，遵循主体内部的规章制度属于经营目标，而不属于合规目标。

2013年新发布的框架针对内部控制的构成要素提炼和概括了17条原则，具体包括：

1.针对控制环境要素，提出了以下原则：

原则1：团队[2]展现出对诚信和道德价值观的承诺；

原则2：董事会独立于管理层，并对内部控制的制定与实施情况进行监督；

原则3：管理层在董事会的监督下，确定组织结构、报告路径和在追求目标实现过程中适当的权力与职责；

---

[1] 我国企业内部控制基本相关规范和配套指引中将这一要素称为"内部监督"，从第二章起在以后章节中，我们一般将会采用"内部监督"这一称谓。

[2] 在新框架中，团队（organization）一词用来从整体上指代董事会、管理层和其他人员，其中董事会主要起监督作用。

原则4：团队展现出对吸引、开发和保留与目标相适应的具备胜任能力的人员的承诺；

原则5：团队坚持对员工在追求目标实现过程中的内部控制职责进行考核（问责）。

2.针对风险评估要素，提出了以下原则：

原则6：团队确定足够清晰的目标，以便识别和评估与目标相关的风险；

原则7：团队识别主体中与实现其目标相关的风险，并对风险进行分析，以便据以确定应当如何管理这些风险；

原则8：团队在评估与实现目标相关的风险的过程中，考虑舞弊的可能性；

原则9：团队识别和评估可能严重影响内部控制系统的变革。

3.针对控制活动要素，提出了以下原则：

原则10：团队选择和设计控制活动，以便将与实现目标相关的风险降低到可接受的水平；

原则11：团队选择和设计针对信息技术的一般控制活动，以支撑目标的实现；

原则12：团队通过政策和程序来开展控制活动，政策确定所期望的是什么，程序则将政策付诸实施。

4.针对信息与沟通要素，提出了以下原则：

原则13：团队获取或生成并利用具备相关性的、高质量的信息，以支撑内部控制的运行；

原则14：团队内部沟通支撑内部控制运行的必要信息，包括内部控制的目标和职责；

原则15：团队与外部各方沟通影响内部控制运行的相关事项。

5.针对监控要素，提出了以下原则：

原则16：团队选择、设计和实施持续性和（或）专门评价，以查明内部控制各要素是否存在和运行；

原则17：团队评价并及时向负责采取必要的矫正措施的部门或人员（包括高级管理层人员和董事会）沟通内部控制缺陷。

五、企业风险管理整合框架简介

自COSO报告于1992年发布以后，《内部控制——整合框架》已经被世界上许多企业所采用，但理论界和实务界也纷纷对该框架提出改进建议，认为其对风险强调不够，使得内部控制无法与企业风险管理相结合。2001年，COSO开展了一个项目，委托普华永道会计师事务所（Price Waterhouse Coopers）开发一个有利于帮助管理层评价和改进所在组织的企业风险管理的简便易行的框架。正是在开发这个框架期间，2001年12月美国最大能源公司之一的安然公司，突然申请破产保护。此后上市公司和证券市场丑闻不断，特别是2002年6月的世界通信公司会计丑闻，"彻底打击了投资者对资本市场的信心"。美国国会和政府加速制定和实施新的法律以试图改变这一局面。在这一背景下，2002年7月美国出台了《2002年公众公司会计改革和投资者保护法案》，该法案是由参议院银行委员会主席萨班斯（Paul Sarbanes）和众议院金融服务委员会（Committee on Financial Services）主席奥克斯利（Michael Oxley）联合提出的，又被称作《萨班斯-奥克斯利法案》。该法案是继《美国1933年证券法》《美国1934年证券交易法》以来又一部具有里程碑意义的法律。《萨班斯-奥克斯利法案》强调了公司内部控制的重要性,从管理层、内部审计及外部审计等几个层面对公司内部控制做了具体规定,并设置了问责机制和相应的惩罚措施,成为继20世纪30年代美国经济危机以来,政府制定的涉及范围最广、处罚措施最严厉的公司法律。

2004年9月,COSO发布了《企业风险管理——整合框架》(Enterprise Risk Management—Integrated Framework,简称ERM框架)。该框架指出,"全面风险管理是一个过程,它由一个主体的董事会、管理层和其他人员实施,应用于战略制定并贯穿于企业之中,旨在识别可能影响主体的潜在事项、管理风险,以使其在该主体的风险容量之内,并为主体目标的实现提供合理保证"。这一阶段的显著变化是正式提出了全面风险管理的基本概念和框架体系。

基于这一认识,COSO提出了战略目标、运营(经营)目标、报告目标和合规目标四类目标,并指出风险管理包括八个相互关联的构成要素:内部环境、目标设定、事项识别、风险评估、风险应对、控制活动、信息与沟通和监控。根据COSO的这份研究报告,企业风险管理的目标、要素与组织层级之间形成了一个相互作用、紧密相连的有机统一体系;同时,对企业风险管理要素的进一步细分和充实,使内部控制与风险管理日益呈现出融合的趋势。企业风险管理——整合框架如图1-2所示。

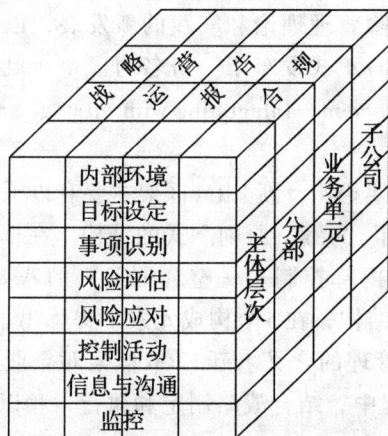

图1-2 企业风险管理——整合框架图

相对于《内部控制——整合框架》,ERM框架的创新之处在于:

第一,从目标上看,ERM框架不仅涵盖了内部控制框架中的运营、报告和合规三个目标,而且还新提出了一个更高层次的战略目标,同时还扩大了报告的范畴。ERM框架指出,企业风险管理应贯穿于战略目标的制定、分解和执行全过程,从而为战略目标的实现提供合理保证。报告范畴的扩大表现在内部控制框架中的财务报告目标只与公开披露的财务报表的可靠性相关,而企业风险管理框架中的报告范围有很大的扩展,覆盖了企业编制的所有报告。

第二,从内容上看,ERM框架除了包括内部控制整合框架中的五个要素外,还增加了目标设定、事项识别和风险应对三个管理要素。目标设定、事项识别、风险评估与风险应对四个要素环环相扣,共同构成了风险管理的完整过程。此外,对原有要素也进行了深化和拓展,如引入了风险偏好和风险容忍度,将原有的"控制环境"改为"内部环境"。

第三，从概念上看，ERM框架提出了两个新概念——风险偏好和风险容忍度。风险偏好是指企业在实现其目标的过程中愿意接受的风险的数量。企业的风险偏好与企业的战略目标直接相关，企业在制定战略时，应考虑将该战略与企业的管理层风险偏好结合起来。风险容忍度是指在企业目标实现过程中对偏离的可接受程度，是企业在风险偏好的基础上设定的在目标实现过程中对偏离的可接受程度和可容忍限度。

第四，从观念上看，ERM框架提出了一个新的观念——风险组合观。企业风险管理要求企业管理层以风险组合的观念看待风险，对相关的风险进行识别并采取措施将企业所承担的风险控制在风险偏好的范围内。对企业的各个组成部分而言，其风险可能在各自的风险容忍度范围内，但从企业总体来看，总风险仍可能超过企业总体的风险偏好范围。因此，应从企业整体的角度评估风险。

需要特别说明的是，《企业风险管理——整合框架》的发布虽然晚于《内部控制——整合框架》，并且在后者的基础上有较大程度的扩充，但是它并不意味着要完全替代后者。

2004版框架发布之后的十几年间，风险的种类和复杂性发生了重大变化。由于新环境、新技术的不断演变，新的风险也层出不穷，基于风险导向的管理理念逐渐兴起，并渗透到企业管理的各个方面。为了适应这些变化，COSO在2014年启动了风险管理框架的修订工作，并委托普华永道会计师事务所具体实施。这项计划旨在在日益复杂的商业环境中提高ERM的相关性，反映风险管理理论和实践的新发展，以便组织从风险管理中获得价值的提升。2017年9月，COSO正式发布了一份名为《企业风险管理——与战略和业绩的整合》（Enterprise Risk Management—Integrating with Strategy and Performance）的报告文件（简称新ERM框架）。

与2004年版的旧ERM框架相比，新ERM框架主要有以下变化：

第一，新ERM框架采用了"要素+原则"式的结构。在框架结构的设计上，其摒弃了原有框架中脱胎于1992版《内部控制——整合框架》的八要素设计，而是借鉴2013版《内部控制——整合框架》的结构，在5个构成元素下提炼出了20条原则。

第二，简化了企业风险管理的含义。新ERM框架对企业风险管理的定义为：组织在创造、保持和实现价值的过程中，结合战略制定和执行，赖以进行管理风险的文化、能力和实践。

第三，强调了风险和价值之间的关系。新的风险定义提升了和战略及绩效的讨论，更新后的框架强调企业风险管理创造、保持和实现价值的角色。企业风险管理不再主要侧重于防止对企业价值的侵蚀事件和将风险降低到可接受的水平。相反，它被视为不可或缺的战略设定和抓住机遇来创造和保持价值的一部分。不再简单地专注于降低风险的目标，企业风险管理成为一个动态的、管理主体整个价值链的一部分。

第四，重新定位了企业风险管理的侧重点。新ERM框架中强调了将企业风险管理融入企业的所有业务流程中去。从战略目标的设定流程到经营目标的形成，再到执行过程中完成绩效的情况，企业风险管理工作不是额外的和独立的工作。企业风险管理的角色是要参与组织运营，管理绩效完成过程中的风险，并最终实现组织对价值的追求。

第五，增强企业风险管理和绩效的协同性。新ERM框架探索了企业风险管理工作如何识别和评估影响绩效实现的风险；通过设定可接受的绩效波动范围，新ERM框架中表述了绩效的变化，由此导致了经营目标下的风险概况的变化；新ERM框架中还强调了风险评估和风险报告不是用来生成一堆潜在风险清单，而是关注这些风险如何影响战略和商业目标的实现。

第六，明确将企业风险管理纳入决策流程。所有主体核心价值链上的每一个阶段都会面临着大量的决策，因为所有的主体都追求创造、保持和实现价值，这些决策通常都是围绕着战略目标选择、经营和绩效目标设定以及资源分配进行的。整合融入企业全生命周期各个环节的企业风险管理工作支持了这种具有风险意识的各种决策。新 ERM 框架按步骤分析了如何将组织的风险概况信息用于提升整体决策水平。这些信息包括风险类型和严重程度，以及如何影响经营环境，理解识别和评估风险的基础假设，主体的风险文化和风险偏好等。

第七，说明了风险管理和内部控制的关系。COSO 表示企业风险管理框架不是要取代或接替 2013 年发布的 COSO 内部控制框架，两个框架各不相同但互相补充，虽然两个框架都采用了"要素+原则"式的结构，但内容大不相同。为了避免冗余，一些典型的内部控制内容在本框架中并未列示，尤其是控制活动。同样，在内部控制框架中介绍过的一部分内容在本框架中被进一步发展和完善了，如关于治理的内容。

第八，优化了风险偏好和容忍度的概念。新 ERM 框架重新界定了风险偏好和风险容忍度的概念，风险偏好大致保留了原来的定义，即主体在追求战略和经营目标的过程中愿意承受的风险程度。而对风险容忍度不再理解为风险偏好的细化或具体化，而是用绩效的语言来表达。通过重新定义风险容忍度，可以更加明确地表示在给定的绩效目标下应该承担多少风险，组织可以清晰地看出当前绩效下的可接受风险的界限。这些界限可以让组织评估绩效的变化是否在可接受的范围之内。

第二节　内部控制的现实意义

衡量某个事物的价值，不在于其历史渊源多么久远，而在于其在当今社会是否具有普遍的现实意义。随着生产力的发展、企业经营方式的改变、企业制度的变迁，内部控制在企业经营管理活动中的重要性越发凸显，已经逐渐成为企业防范和抵御风险的有效屏障和保障企业实现健康、科学、可持续发展的后盾。内部控制作为组织内部的一种制度安排，有助于企业提升自身管理水平、提高风险防御能力、维护社会公众利益，最终服务于企业价值创造的终极目标。不同的单位，尽管规模大小不一，性质特点各异，但是都应该根据各自的具体情况建立必要的内部控制制度。

一、实施内部控制有助于提升企业管理水平

随着市场经济的快速发展，企业间的竞争逐渐白热化。企业间的竞争不仅体现在产品和服务的质量等硬件因素上，更加体现在人才、文化、管理模式等软件因素上。企业要想在激烈的市场竞争中立于不败之地，要想持续地为投资者创造财富，就必须采用科学的管理方法。管理方法是否科学、适用，最终表现为管理效果，而影响管理效果的关键因素在于各项管理制度的协调与优化，这些管理制度要以组织背景为起点，以现代企业制度的需求为依据，以提高经营效率和效果为目的。内部控制作为企业管理制度的重要组成部分，

有助于提升企业的管理水平。

国内外企业的经营实践表明，企业内部控制的完善程度反映了企业管理水平的高低，而内部控制体系的建设也是提升管理水平的有效手段。企业要实现科学管理，要保证企业正常运行和资产保值增值，就必须加强内部控制。同时，完善企业的各项规章制度并使之有效施行，可以合理保证企业的产品质量符合市场的需求，最大限度地实现销售收入；合理保证企业资产的安全与完整，充分挖掘各项资产的潜力，降低消耗；可以提高资产的利用效率，合理保证投入产出比率达到最优；合理保证企业提供真实可靠的各类信息，特别是会计信息，为吸引投资、扩大规模创造良好的声誉。

从现实的情况来看，企业发展到一定阶段后，企业的资金、人员、市场达到了一定的程度，企业的机构设置、财务管理水平和人力资源的配备等方面可能不能适应企业进一步发展的需要，出现了企业资金、人员失控现象，这种失控甚至可能会导致企业的崩溃。一些触目惊心的经济案件，作案时间长，涉及金额大，都是内控制度失效的直接后果。加强内部控制是企业实现管理现代化的有效措施和方法，建立和健全内部控制是企业发展的必然要求。

案例1-1　　　　　　　　　　　康美药业的惊天大雷①

2019年5月28日两万字回复上交所问询后，ST康美次日开盘再度一字跌停，市值仅剩231亿元。而就在一年前的2018年5月29日，康美药业的市值曾创下1 390亿元的历史纪录，成为中药行业的"龙头"。近一年来，大雷接连引爆，"千亿"早已蒸发殆尽，"龙头"也已不复存在。同时，证监会还对连续为康美药业提供18年财报审计服务的广东正中珠江会计师事务所立案调查，该事件的冲击波已经扩散至万众瞩目的科创板。随后，以广东正中珠江会计师事务所为审计机构的26家企业IPO申请被中止。

2019年4月30日，康美药业年报姗姗来迟。公司同时还发布了一则关于前期会计差错更正的公告，爆出因"会计差错"导致近300亿元现金不翼而飞的惊天大雷。公司修正2018年之前的财务数据多达14处。其中，299.44亿元货币资金"消失"，是14处更正财务数据中差错数额最大的一笔。

根据5月17日晚间证监会通报的调查进展，已初步查明，康美药业披露的2016—2018年财务报告存在重大虚假，主要包括：①使用虚假银行单据虚增存款；②通过伪造业务凭证进行收入造假；③部分资金转入关联方账户买卖本公司股票。

5月28日深夜，康美药业对此前上交所问询函中涉及的12个问题逐一进行了回复，长达两万字的公告"招供"了三宗罪：

其一，使用不实单据和业务凭证造成货币资金多计299.44亿元。康美药业在公告中承认，公司存在使用不实单据和业务凭证造成多计银行存款及收入、未如实反映款项支付等情况。公司对财务报告中前期差错采用追溯重述法进行更正，相应对2017年度合并财务报表进行了追溯调整。调减截至2017年12月31日公司已支付且未入账的存货采购款、工程款、关联方往来等的货币资金299.44亿元，调增存货183.43亿元、调增其他应收款——其他关联方往来57.14亿元、调增工程支出24.36亿元，核减多计未分配利润与现金流相关

① 乔麦. ST康美2万字"招供"造假！［EB/OL］. ［2019-05-29］. https://baijiahao.baidu.com/s？id=1634840979727962832&wfr=spider&for=pc；吴锐. 康美药业"300亿元财务造假"引30余家企业受牵连，回复问询被指避重就轻［EB/OL］. ［2019-05-30］. https://www.lanjinger.com/news/detail？id=114363.

差异34.52亿元。

其二，资金转入公司关联方账户买卖本公司股票。康美药业发布的公告显示，其他应收款少计57.14亿元，这部分少计的资金涉及关联方普宁康都药业。同时，根据注册会计师出具的非经营性资金占用及其他关联资金往来情况的专项说明，其他应收款余额中包括其自查的向关联方提供资金余额88.79亿元，涉及普宁康都药业和普宁市康淳药业两家关联公司。

其三，内部控制、财务管理存在问题。康美药业承认，公司内部控制、财务管理等方面存在问题，主要包括：①公司资金管理、关联交易管理存在缺陷。存在关联方资金往来的情况，违反了公司日常资金管理规范及关联交易管理制度的相关规定。②公司财务核算存在缺陷，未能反映公司实际财务状况，导致前期会计差错更正。③公司治理层及内部审计部门对内部控制的监督不到位，使得公司监督系统在日常监督工作中没有发现上述缺陷，并按要求及时汇报和纠正。

值得注意的是，针对上交所对该公司前期会计差错更正等有关事项的监管工作函的内容，康美药业只回复了其中的部分问题。康美药业表示，还有部分事项仍需进一步全面核实，待核实后予以补充公告。这意味着康美药业目前暴露出来的问题可能仅仅是冰山一角。

二、实施内部控制有助于提高企业的风险防御能力

机会是主体获得收益的可能性，而风险是主体遭受损失的可能性。一家企业要实现其生存、发展和获利的终极目标，除了要把握市场中转瞬即逝的各种机会，也要科学有效地控制与管理风险。如果不重视风险管理，即便企业业绩能够实现快速增长，那也只是暂时的，最终还是难逃失败的厄运。因此，大到一个国家，小到一个企事业单位，任何一个主体都需要控制，都需要管理风险。

内部控制的核心是控制影响目标实现的风险，防范企业经营活动偏离企业目标。一套完善的内部控制体系中处处闪烁着风险管理的思想。企业建立内部控制制度时，需要测试企业内部的各项管理制度与业务流程的合理性与有效性，识别并评估风险，之后设计出相应的控制措施来降低或规避风险。针对业务流程和环节梳理出来的"风险点"，是实施与评价内部控制的重点部位。总之，实施内部控制有助于提高企业的风险防御能力，保障企业稳健发展。

伴随着我国企业较快的增速和迅猛发展，各种潜在风险也日益显现，尤其是在遭遇百年罕见的国际金融危机背景下，类似中航油新加坡公司因内部控制缺失或失效引发的巨额资产损失、财务舞弊、会计造假、经营失效，甚至破产倒闭等案例时有发生。尽管加强企业内部控制并不一定就可以完全杜绝类似案例的发生，但缺乏有效的内部控制是万万不能的。企业只有建立和有效实施科学的内部控制体系，才能夯实内部管理基础、提升防御风险的能力。在后金融危机时代，投资国际资本市场将成为不可逆转的潮流和趋势。面对国际市场经济竞争日趋激烈的复杂环境，我国企业要真正实现"走出去"战略，必须苦练内功、强化内部控制，构筑"安全网"和"防火墙"，才能实现可持续增长。

案例 1-2 上海莱士炒股巨亏①

上海莱士是我国血液制品行业的龙头企业，曾经备受市场青睐和追捧。但就是这样一家优质企业，在2018年第三季度却宣告巨亏，令众多投资者惊魂。

上海莱士披露的三季报显示，前三季度公司实现营收14.09亿元，同比下滑3.99%；实现归属于上市公司股东的净利润为亏损12.93亿元，同比下滑237.51%；扣除非经常性损益的净利润则为4.08亿元，同比下滑16.76%。针对业绩亏损，上海莱士指出，由于资本市场波动，公司证券投资产生较大损失，这是导致净利润亏损的主因，同时公司预计2018年度净利润亏损9.6亿元至12.11亿元。2018年前三季度，上海莱士股票资产的公允价值变动损益为-8.96亿元；同期的投资收益则为亏损11.25亿元，这其中包含本期交易性金融资产持有期间和处置时产生的投资收益，以及同方莱士按投资比例享有的净资产增加额或减少额。2018年第三季度，上海莱士在大盘持续下跌的大背景下卖出大量股票，仅在第三季度这3个月的时间里，公司售出股票的金额就高达19.4亿元。

上海莱士的股票投资始于2015年1月。起初，公司宣布拟使用自有资金最高不超过10亿元用于风险投资，使用期限为2年。2015年开始炒股后，上海莱士着实风光了一回。公司2015年上半年实现公允价值变动损益6.54亿元；2015年年底，公司公允价值变动损益增至8.67亿元。在炒股尝到甜头后，上海莱士将投资额度上限提升至40亿元，使用期限由原来的2年调整为3年。由于牛市结束，所投资股票的公允价值变动损益大大缩水，到2016年年底仅有1.56亿元，比2016年上半年的2.52亿元还要少。到2017年上半年，这一数值再次减至1.07亿元；2017年年底，公司公允价值变动损益彻底"变脸"，为-1.78亿元；2018年上半年，公司公允价值变动损益为-14.09亿元，到第三季度末，该数值为-8.96亿元。

显然，上海莱士的巨亏完全是炒股所致。上海莱士的主营业务业绩良好，从公司扣除非经常性损益后的净利润的数值来看，一直为正值。其中，2015—2017年，公司扣除非经常性损益后的净利润分别为6.82亿元、8.99亿元和6.15亿元。2018年前三季度，公司扣除非经常性损益后的净利润为4.08亿元。可以说，公司的血液制品主营业务确实是赚钱的金娃娃。上海莱士作为中国最大的血液制品生产企业之一，也是国内同行业中凝血因子类产品种类最为齐全的生产企业之一，由于将巨额资金用于炒股，使其血液制品龙头企业的地位岌岌可危。

上市公司为了更好地提高资金使用效率，将闲置资金适当用于理财、炒股、放贷等并不违规，也是市值管理的一种手段。数据显示，截至2018年10月16日，两市共有1 185家公司购买理财产品，累计金额约1.23万亿元，有9家公司狂掷超百亿元购买理财产品。由于资本市场蕴含着较大的风险，公司如果乐此不疲，极易导致风险失控。

三、实施内部控制有助于维护社会公众的利益

现代企业制度下，委托-代理问题集中表现为大股东与中小股东之间的利益冲突问题，而大股东侵占中小股东利益的问题属于公司治理的范畴。公司治理是现代企业制度的核心，也是企业内部控制要素——内部环境的重要内容之一。只有在完善的公司治理环境

---

① 幕恩. 上海莱士炒股巨亏近13亿元血液制品龙头企业地位不稳 [EB/OL]. [2018-11-04]. http://finance.sina.com.cn/stock/s/2018-11-04/doc-ihnknmqw8671780.shtml.

中，一个良好的内部控制系统才能有效运行；同时，内部控制对公司治理也具有反作用，内部控制既是实现公司内部治理结构权力制衡的重要保证，也是保护中小股东利益的有效手段。

企业，尤其是上市公司只有不断强化内部控制，才能保证企业经营管理的合规有效和会计信息的真实可靠，才能树立诚信的社会企业公民形象，增强包括投资者在内的利益相关者对企业的信心。唯有如此，市场的资源配置功能才不会被扭曲，才能正确有效发挥，社会主义市场经济秩序才能得以维持和完善，社会公众利益才能切实得到保护。

第三节　我国内部控制法规的发展

2008年5月22日，财政部、证监会、审计署、银监会、保监会联合发布《企业内部控制基本规范》。2010年4月15日，财政部、证监会、审计署、银监会、保监会又联合发布了《企业内部控制应用指引第1号——组织架构》等18项应用指引、《企业内部控制评价指引》和《企业内部控制审计指引》。内部控制基本规范和配套指引的发布，标志着我国内部控制规范体系的形成，是我国内部控制制度发展的里程碑。

我国内部控制制度建设并非一日之功，在改革开放的30余年中，我国的内部控制法规建设经历了不同的阶段，走过了新兴经济体独有的内部控制法规建设历程。

一、我国内部控制法规的起步阶段

改革开放初期，我国经历了内部控制的缺失时期。在以"放权让利"为重点的改革中，企业经营自主性空前提高。改革释放出巨大的生产力，使政府和企业将注意力集中在调动职工积极性和促进企业利润的增长上，管理层没有形成企业内部控制意识，也无暇制定内部控制制度。

我国对内部控制规定的起步始于1985年1月颁布的《中华人民共和国会计法》（以下简称《会计法》）。其中规定："会计机构内部应当建立稽核制度。出纳人员不得兼管稽核、会计档案保管和收入、费用、债权债务账目的登记工作。"1985年《会计法》对会计稽核所作出的规定，是我国首次在法律文件上对内部牵制提出的明确要求。

随着改革的深入和我国经济的迅猛发展，企业会计工作已经脱离了计划经济时代的模式。为适应企业会计工作的需要，加强会计基础工作，建立规范的会计工作秩序，1996年6月，财政部颁发了《会计基础工作规范》，对会计基础工作的管理、会计机构和会计人员、会计人员职业道德、会计核算、会计监督、单位内部会计管理制度建设等问题作出了全面规范。其中对会计监督的要求，可以算作我国企业早期的内部控制规定。

1996年12月，中国注册会计师协会（简称"中注协"）发布了第二批《中国注册会计师独立审计准则》[①]，其中《独立审计具体准则第8号——错误与舞弊》要求被审计单位建立健全内部控制，《独立审计具体准则第9号——内部控制与审计风险》对内部控制的定义和内容都有具体规定，并要求注册会计师从制度基础审计的角度审查企业的内部控

---

① 2006年2月15日《中国注册会计师执业准则》发布，当时在用的原相关准则被全部废止。

制,进行企业内部控制评价。《独立审计实务公告第2号——管理建议书》中指出"注册会计师对审计过程中发现的内部控制重大缺陷应当告知被审计单位管理层,必要时,可出具管理建议书"。《中国注册会计师独立审计准则》中有关内部控制的描述和要求,既是注册会计师执业基准的一部分,又是对企业内部控制工作的推动,这种间接的推动力,提高了我国企业对内部控制的关注程度,促进了我国企业内部控制制度的初步建设。

1997年5月,我国专门针对内部控制的第一个行政规定出台——中国人民银行颁布了《加强金融机构内部控制的指导原则》[①],其中要求金融机构建立健全有效的内部控制运行机制。金融机构的内部控制指导原则先于非金融行业的内部控制要求出台,向金融机构发出了这样的信号:我国对金融机构内部控制的要求要高于对非金融企业的要求。该指导原则对于金融机构内部控制的建设意义重大,为我国金融机构的内部控制制度建设和发展奠定了基础。

二、分部门制定相关内部控制法规的阶段

1997年6月,亚洲金融危机爆发,泰国、菲律宾、马来西亚、印度尼西亚、韩国、日本、俄罗斯等国家和我国香港地区金融业陆续遭受重创,欧美各国的股市和汇市也产生大幅波动,直到1999年,金融危机波及的国家和地区才逐渐摆脱困境。在亚洲金融危机中,国际金融市场游资对经济的干扰、泰国等国银行体系不健全、政府外汇政策不力和外债的不合理结构成为众矢之的,但人们也更清晰地认识到,除政府经济政策失误外,在金融危机中各国市场的基本构成单元——企业,在危机中不堪一击,相继破产,使各国经济大伤元气。创新企业制度,降低企业的破产倒闭风险,增强企业运行的持续性和稳定性,进而带动经济增长和社会稳定,成为亚洲金融危机后各国企业监管努力的新方向。

在亚洲金融危机的背景下,我国借鉴亚洲各国在金融危机中的经验教训,积极推进企业管理制度改革和会计监督制度建设。

1999年10月新修订的《会计法》颁布,该法在第二十七条中明确提出:"各单位应当建立、健全本单位内部会计监督制度,单位内部会计监督制度应当符合下列要求:记账人员与经济业务事项和会计事项的审批人员、经办人员、财物保管人员的职责权限应当明确,并相互分离、相互制约;重大对外投资、资产处置、资金调度和……财产清查的范围、期限和组织程序应当明确;对会计资料定期进行内部审计的办法和程序应当明确。"《会计法》将会计监督写入法律当中,在我国内部控制制度建设历程中是一个重大的突破。

1999年6月,证监会发布的《关于上市公司做好各项资产减值准备等有关事项的通知》指出:"上市公司建立健全有关提取坏账准备、短期投资跌价准备、存货跌价准备和长期投资减值准备等各项资产减值准备和损失处理的内部控制制度。公司应本着审慎经营、有效防范化解资产损失风险的原则责成相关部门拟定内部控制制度……监事会对内部控制制度制定和执行情况进行监督……证券监管部门将对上市公司内部控制制度的建立、健全和执行情况,以及董事会和监事会履行相关职责情况进行重点检查。"该通知对资产减值的内部控制提出了要求,在一定程度上起到了防范企业资产损失风险的作用。

2000年4月证监会发布了《关于加强期货经纪公司内部控制的指导原则》,该原则对

---

① 该规定已被2002年9月发布的《商业银行内部控制指引》替代。

期货经纪公司内部控制的目标和原则、具体要求以及监督等方面作出了指导，以清理期货经纪公司内部控制的薄弱环节。

2000年11月，证监会发布了《公开发行证券的公司信息披露编报规则》，其中《公开发行证券的公司信息披露编报规则第7号——商业银行年度报告内容与格式特别规定》[①]和《公开发行证券的公司信息披露编报规则第8号——证券公司年度报告内容与格式特别规定》，要求公开发行证券的商业银行、保险公司、证券公司建立健全内部控制制度，并在招股说明书正文中说明内部控制制度的完整性、合理性和有效性，同时，要求注册会计师对被审计者的内部控制制度及风险管理的"三性"进行评价和报告（若会计师事务所认为"三性"存在明显缺陷，董事会应作出说明，同时监事会要表示明确意见）。2001年证监会发布了《公开发行证券的公司信息披露内容与格式准则第2号——年度报告的内容与格式》[②]，要求监事会对公司（一般上市公司）是否建立了完善的内部控制制度发表独立意见，若监事会认为内部控制制度完善，则可免于披露。自此，内部控制成为企业信息披露的一部分。尽管在这一系列规则中，并未强制要求上市公司在所有情况下披露内部控制信息，但内部控制信息在企业信息披露中的地位已不再仅是会计监督和会计控制的信息，而是成为一类专门的披露信息。

2001年1月，取代1996年《中华人民共和国国家审计基本准则》的新审计基本准则发布实施，其中第二十二条规定："审计组实施审计时，应当深入调查了解被审计单位的情况，对其内部控制制度进行测试，以进一步确定审计重点和审计方法。必要时，可以按照规定及时修改审计方案。"新审计基本准则从原独立审计准则中要求注册会计师从制度基础审计的角度审查企业的内部控制、对企业内部控制评价发展到对内部控制制度进行测试，外部审计对企业内部控制制度的测试成为审计的"作业准则"。

2001年1月，证监会发布了《证券公司内部控制指引》，要求所有的证券公司建立和完善内部控制机制和内部控制制度。该指引是对《加强金融机构内部控制的指导原则》的补充，对证券公司建立健全内部控制制度有着重大意义。

2001年6月，财政部发布了《内部会计控制规范——基本规范（试行）》和《内部会计控制规范——货币资金（试行）》。2002年12月，财政部发布了《内部会计控制规范——采购与付款（试行）》和《内部会计控制规范——销售与收款（试行）》。之后相继发布《内部会计控制规范——担保（征求意见稿）》《内部会计控制规范——成本费用（征求意见稿）》。2003年10月，财政部发布了《内部会计控制规范——工程项目（试行）》。这些规定明确了单位建立和完善内部会计控制体系的基本框架和要求，以及货币资金、销售与收款和工程项目等业务内部控制的要求。内部会计控制的一系列试行规范虽然以会计控制规范的形式出台，但是其所涉及的内容已不仅仅局限在会计领域，而是对采购、生产、销售、投资等诸多方面内部控制的规范，它们为后来我国内部控制规范体系的形成奠定了基础。

2002年2月，中国注册会计师协会发布了《内部控制审核指导意见》，该意见对内部控制审核进行了界定，并明确了被审核单位和注册会计师的责任，提出了内部控制审核业务

---

① 已被《公开发行证券的公司信息披露编报规则第 26 号——商业银行信息披露特别规定》（证监会公告〔2008〕33 号）替代。
② 2002—2005 年该准则均有修订，但关于内部控制信息披露的部分没有变化。

的工作要求。

2002年9月，中国人民银行发布了长达一百四十一条的《商业银行内部控制指引》，其中对商业银行内部控制的各方面作出了规定，将《加强金融机构内部控制的指导原则》中的内部控制原则加以简化，要求"商业银行内部控制应该贯彻全面、审慎、有效、独立的原则"。该指引替代了《加强金融机构内部控制的指导原则》，成为商业银行制定内部控制制度的"基本手册"。

2002年12月，证监会发布了《证券投资基金管理公司内部控制指导意见》。该意见对证券投资基金管理公司建立科学合理、控制严密、运行高效的内部控制体系，制定完善的内部控制制度提供了指导，保证了证券投资基金管理公司诚信、合法、有效的经营，保障了大多数基金持有人的利益。

2003年证监会发布了《关于加强证券公司营业部内部控制若干措施的意见》①，并修订了《证券公司内部控制指引》，对我国证券公司内部控制制度进行了进一步的规范。

2004年12月，银监会发布《商业银行内部控制评价试行办法》，以指导商业银行的内部控制评价。其中第八条提出：商业银行内部控制评价应从充分性、合规性、有效性和适宜性四个方面来进行。该办法是对《商业银行内部控制指引》的补充，使我国商业银行内部控制制度体系更加完整。

2005年10月，国务院批转了证监会发布的《关于提高上市公司质量的意见》，要求上市公司对内部控制制度的完整性、合理性及其实施的有效性进行定期检查和评估，同时要通过外部审计对公司的内部控制制度以及公司的自我评估报告进行核实评价，并披露相关信息。

2006年1月，保监会发布了《寿险公司内部控制评价办法（试行）》，并在附件中提供了《寿险公司内部控制评估表——法人机构》和《寿险公司内部控制评估表——分支机构》。在此评价办法中，对寿险公司的内部控制评价作出了详尽的要求，并对内部控制缺陷作出了定义。

2006年2月，财政部发布的《中国注册会计师审计准则第1211号——了解被审计单位及其环境并评估重大错报风险》中，对内部控制的内涵和要素作出了详细的说明。

2006年5月，证监会发布的《首次公开发行股票并上市管理办法》规定："发行人的内部控制在所有重大方面是有效的，并由注册会计师出具了无保留结论的内部控制鉴证报告。"

2006年6月，上海证券交易所发布了《上海证券交易所上市公司内部控制指引》，2006年9月，深圳证券交易所发布了《深圳证券交易所上市公司内部控制指引》，两项指引对上市公司内部控制的框架、专项风险内部控制、内部控制工作的检查监督、信息披露等多项内容进行了界定，对上市公司保证企业内部控制制度的完整性、合理性和有效性进行了规定。

2006年6月，国务院国资委发布《中央企业全面风险管理指引》。针对中央企业开展全面风险管理工作的目标、原则、流程、组织体系、风险评估、风险管理策略、风险管理解决方案、监督与改进，以及风险管理文化和风险管理信息系统等方面提供了指引，并对

---

① 该意见已于2009年4月被证监会《关于废止部分证券期货规章的决定（第八批）》废止。

企业对此指引的实施提出了明确要求。

2006年6月，证监会出台了《证券公司融资融券业务试点内部控制指引》，对融资融券业务管理、各类费率的公示、担保物和平仓、技术系统、客户资产安全、监控和信息档案等方面的内部控制进行了指导。

三、各部门联合制定和完善内部控制法规的阶段

在SOX法案的推动下，我国的内部控制制度建设的步伐明显加快，相关的法规和文告密集出台，并且逐渐形成了内部控制制度的组织配套和保障机制。

2004年底和2005年6月，国务院领导就强化我国企业内部控制问题作出重要批示，要求"由财政部牵头，联合有关部委，积极研究制定一套完整公认的企业内部控制指引"。

2006年7月，受国务院委托，财政部牵头，由财政部、国资委、证监会、审计署、银监会和保监会联合发起成立了企业内部控制标准委员会，秘书处设在财政部会计司，旨在研究制定"具有统一性、公认性和科学性的企业内部控制规范体系"。在监管部门、大中型企业、行业组织和科研院所等机构领导和专家的积极参与和大力支持下，我国企业内部控制标准体系的机制保障和组织配套形成了。

始于2007年的全球金融危机在2008年愈演愈烈，但我国并未因世界经济局势的动荡和企业业绩的波动而放慢完善企业内部控制制度体系的步伐。

2008年5月，财政部等五部委联合发布了《企业内部控制基本规范》（以下简称《基本规范》），要求2009年7月1日起在上市公司范围内施行，并且鼓励非上市的大中型企业也执行《基本规范》。《基本规范》要求："执行本规范的上市公司，应当对本公司内部控制的有效性进行自我评价，披露年度自我评价报告，并可聘请具有证券、期货业务资格的会计师事务所对内部控制的有效性进行审计。"《基本规范》既融合了国外相关内部控制制度的经验，又结合了我国的实际，具有我国自身的特色，标志着我国内部控制制度的建设迈上了新的台阶。

2010年4月15日，财政部等五部委出台了《企业内部控制应用指引第1号——组织架构》等18项应用指引、《企业内部控制评价指引》和《企业内部控制审计指引》，要求2011年1月1日起在境内外同时上市的公司中实行，自2012年1月1日起，在上海证券交易所、深圳证券交易所主板上市的公司中施行，并择机在中小板和创业板上市的公司中施行，同时也鼓励非上市大中型企业提前执行。[①]18项应用指引不仅包括了有关业务活动控制的实务指南，而且增加了对内部环境、风险评估、信息沟通、内部监督等控制要素的操作性指引，涵盖了企业的组织架构、发展战略、人力资源、社会责任、企业文化等方面的

---

① 2012年8月，财政部和证监会发布文件，放缓了逐步实施的步伐。具体部署为：

（一）中央和地方国有控股上市公司，应于2012年全面实施企业内部控制规范体系，并在披露2012年公司年报的同时，披露董事会对公司内部控制的自我评价报告以及注册会计师出具的财务报告内部控制审计报告。

（二）非国有控股主板上市公司，且于2011年12月31日公司总市值（证监会算法）在50亿元以上，同时2009年至2011年平均净利润在3 000万元以上的，应在披露2013年公司年报的同时，披露董事会对公司内部控制的自我评价报告以及注册会计师出具的财务报告内部控制审计报告。

（三）其他主板上市公司，应在披露2014年公司年报的同时，披露董事会对公司内部控制的自我评价报告以及注册会计师出具的财务报告内部控制审计报告。

（四）特殊情况：一是主板上市公司因进行破产重整、借壳上市或重大资产重组，无法按照规定时间建立健全内控体系的，原则上应在相关交易完成后的下一个会计年度年报披露的同时，披露内部控制自我评价报告和审计报告，且不早于参照上述（一）至（三）原则确定的披露时间；二是新上市的主板上市公司应于上市当年开始建设内控体系，并在上市的下一年度年报披露的同时，披露内部控制自我评价报告和审计报告，且不早于参照上述（一）至（三）原则确定的披露时间。

在上述规定时间范围内，鼓励公司在自愿的基础上提前执行企业内部控制规范体系的披露要求。

内部控制，规范了企业的资金活动、采购业务、资产管理、销售业务、工程项目、担保业务、业务外包、合同管理等具体业务中内部控制的应用，还指导了企业进行财务报告、内部信息传递和信息系统等方面的内部控制行为。《企业内部控制评价指引》对企业内部控制评价的内容、程序、内部控制缺陷的认定和内部控制评价报告都进行了清晰的阐述，为企业内部控制评价提供了详尽的依据。《企业内部控制审计指引》对注册会计师执行企业内部控制审计业务进行了规范，并给出了内部控制审计报告的参考格式，使我国注册会计师对企业内部控制进行审计时有章可循。《企业内部控制应用指引》、《企业内部控制评价指引》和《企业内部控制审计指引》的发布标志着我国的内部控制规范体系已基本建成。

为配合深化行政体制改革的迫切需要，积极推动和建设职能科学、结构优化、廉洁高效、人民满意的服务型政府，切实贯彻落实十八大提出的"健全权力运行制约和监督体系""让权力在阳光下运行"的工作任务，财政部于2012年11月出台了《行政事业单位内部控制规范（试行）》（自2014年1月1日起施行）。《行政事业单位内部控制规范（试行）》包括6章65条，前五章是对行政事业单位内部控制的具体要求，包括第一章"总则"、第二章"风险评估和控制方法"、第三章"单位层面内部控制"、第四章"业务层面内部控制"和第五章"评价与监督"，第六章"附则"规定了其具体施行的时间。其中，业务层面的内部控制包括预算业务控制、收支业务控制、政府采购业务控制、资产控制、建设项目控制以及合同控制，涵盖了行政事业单位最主要的经济活动。

为引导和推动小企业加强内部控制建设，提升经营管理水平和风险防范能力，促进小企业健康可持续发展，财政部于2017年6月制定并颁布了《小企业内部控制规范（试行）》。在内部控制建立与实施方面，《小企业内部控制规范（试行）》主要明确了小企业内部控制建立与实施工作的总体要求，风险评估的对象、方法、内容、方式、频率，特别说明了小企业常见的风险类别、常用的风险应对策略，明确了小企业建立内部控制的重点领域、常见的内部控制措施、内部控制实施的基本要求、内部控制与现有企业管理体系的关系、内外部信息沟通方式、人员培训和控制措施的更新优化等内容。在内部控制监督方面，《小企业内部控制规范（试行）》主要明确了小企业内部控制的监督机制，包括实施监督的方式、监督人员要求、日常监督的重点、内部控制存在的问题及整改、定期评价频率、内部控制报告、监督与评价结果的使用等内容。

第四节　我国企业内部控制规范的框架体系

2008年5月22日，财政部会同证监会、审计署、银监会、保监会出台《企业内部控制基本规范》。2010年4月15日，财政部会同证监会、审计署、银监会、保监会又发布了《企业内部控制应用指引第1号——组织架构》等18项应用指引、《企业内部控制评价指引》和《企业内部控制审计指引》（以下简称配套指引）。内部控制基本规范和配套指引的发布，标志着我国内部控制规范体系的基本形成，是我国内部控制制度发展的里程碑。

我国企业内部控制规范框架体系如图1-3所示，其中，企业内部控制基本规范是内部控制体系的最高层次，起统驭作用。《企业内部控制应用指引》是对企业按照内部控制原则和内部控制五要素建立健全本企业内部控制所提供的指引，在配套指引乃至整个内部控制规范体系中占据主体地位;《企业内部控制评价指引》是为企业管理层对本企业内部控制有效性进行自我评价提供的指引;《企业内部控制审计指引》是注册会计师和会计师事务所执行内部控制审计业务的执业准则。三者之间既相互独立,又相互联系,形成一个有机整体。

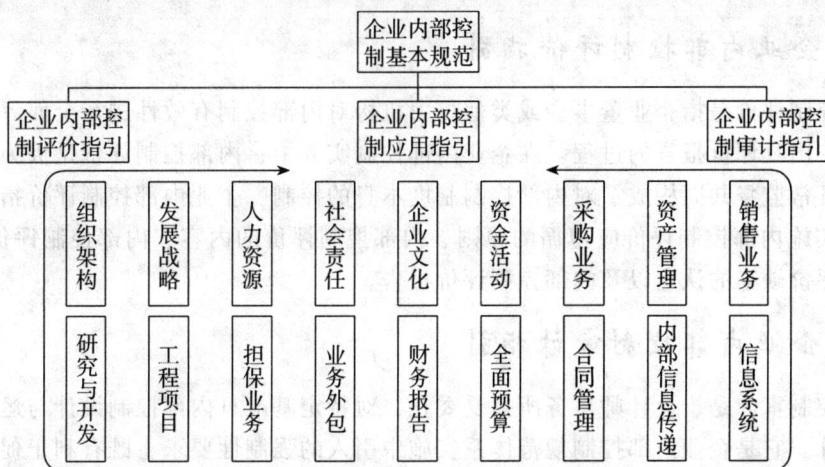

图1-3 企业内部控制规范框架体系

一、企业内部控制基本规范

《基本规范》是内部控制体系的最高层次,起统驭作用。它描述了建立与实施内部控制体系必须建立的框架结构,规定了内部控制的定义、目标、原则、要素等基本要求,是制定应用指引、评价指引、审计指引和企业内部控制制度的基本依据。

《基本规范》共7章50条,分为总则、内部环境、风险评估、控制活动、信息与沟通、内部监督和附则。

《基本规范》主要明确了内部控制的目标、原则和要素。内部控制目标规定了五个方面,即合理保证企业经营管理合法合规、资产安全、财务报告及相关信息真实完整,提高经营效率和效果,促进企业实现发展战略。《基本规范》第四条规定了企业建立与实施内部控制的五项原则:一是全面性原则;二是重要性原则;三是制衡性原则;四是适应性原则;五是成本效益原则。《基本规范》第五条规定了内部控制的五要素,即内部环境、风险评估、控制活动、信息与沟通和内部监督。

二、企业内部控制应用指引

《企业内部控制应用指引》由三大类组成,即内部环境类应用指引、控制业务类应用指引、控制手段类应用指引。这三类应用指引基本涵盖了企业资金流、实物流、人力流和信息流等各项业务和事项。

内部环境是企业实施内部控制的基础,支配着企业全体员工的内控意识,影响着全体员工实施控制活动和履行控制责任的态度、认识和行为,因此内部环境类指引具有基础性地位,它们是构成企业的基本条件,对企业的经营与发展起到不可或缺的决定性作用。内部环境类应用指引包括组织架构、发展战略、人力资源、社会责任和企业文化等指引。

控制业务类应用指引是对各项具体业务活动实施的控制,此类指引包括资金活动、采购业务、资产管理、销售业务、研究与开发、工程项目、担保业务、业务外包、财务报告等指引。

控制手段类应用指引偏重于"工具"性质，往往涉及企业整体业务或管理，此类指引有四项，包括全面预算、合同管理、内部信息传递和信息系统等指引。

三、企业内部控制评价指引

内部控制评价是指企业董事会或类似权力机构对内部控制有效性进行全面评价、形成评价结论、出具评价报告的过程。在企业内部控制实务中，内部控制评价是极为重要的一环，它与日常监督共同构成了对内部控制制度本身的控制。企业内部控制评价指引主要内容包括：实施内部控制评价应遵循的原则、内部控制评价的内容、内部控制评价的程序、内部控制评价缺陷的认定以及内部控制评价报告。

四、企业内部控制审计指引

内部控制审计是指会计师事务所接受委托，对特定基准日内部控制设计与运行的有效性进行审计。它是企业内部控制规范体系实施中引入的强制性要求，既有利于促进企业健全内部控制体系，又能增强企业财务报告的可靠性。审计指引主要内容包括：审计责任划分、审计范围、整合审计、计划审计工作、实施审计工作、评价控制缺陷、出具审计报告以及记录审计工作。

□ 复习思考题

1.内部控制的产生与发展经历了哪几个阶段？每一阶段都有什么特点？

2.《企业风险管理——整合框架》与《内部控制——整合框架》相比，有哪些联系和区别？

3.COSO于2013年发布的《内部控制——整合框架》，与1992年的框架相比，保持不变和发生变化的主要有哪些方面？

4.简要概括我国颁布的《企业内部控制基本规范》的基本框架与具体内容。

5.简要概括我国企业内部控制规范的框架体系。

《内部控制——整合框架》
（2013）内容摘要

COSO框架的新
发展及其评述

第二章

内部控制的基本理论

引例　　　　　　　　　　　　**"鹿"死谁手**

河北省石家庄市三鹿集团股份有限公司（以下简称"三鹿集团"）曾是国内奶粉生产三大巨头之一。作为国家重点龙头企业，三鹿集团先后荣获省以上荣誉称号二百余项。

但是，在2008年9月11日，由于三鹿婴幼儿配方奶粉掺杂致毒化学物三聚氰胺的事件曝光，三鹿集团迅速破产，并引发一场"中国奶业的大地震"，其董事长田文华由此成为被千夫所指的罪人。究竟谁是导致三鹿破产的罪魁祸首呢？

从股权结构上看，三鹿集团的大股东拥有56%的控股权，第二大股东持有43%的股权，其余1%的零散股份由小股东持有。从表面上看，三鹿集团具有形成良好治理的所有权结构。但大股东三鹿乳业公司推行的是员工持股，并且由经营者持大股，96%左右的股份由900多名老职工拥有，因此，三鹿集团实际的股权结构相当分散。以田文华为代表的强势管理层的存在，使三鹿集团陷入内部人控制的局面。

从管理层对风险的态度上看，三鹿集团的风险管理意识淡漠。对乳品企业来说，最重要的风险点无疑是原料奶的采购质量。我国乳品加工厂一般没有自己的奶源，主要采用原奶采购模式，即"奶农—奶站—乳企"模式，三鹿集团也不例外。这种模式的缺点是增加了中间商环节，乳企无法直接、全面地控制奶农和奶站，缺乏具体的管理和监督。在蒙牛、伊利等标杆企业的竞争压力之下，在激烈的原奶争夺战中，三鹿集团急功近利的思想导致其放松了对采购环节风险的管控，低价收购的肆虐、质量检验控制的弱化，最终酿成了毒奶粉事件。

从三鹿官方对事件的反应上看，三鹿集团的应急反应不够及时、迅速。三鹿集团在知情的情况下，继续生产和对外销售，导致事态扩大。事情暴露后，三鹿集团采取对媒体隐瞒和否认的做法，从坚决否认到遮遮掩掩，从推卸责任到被迫道歉，直至事件到了无法隐瞒的时候，才开始全面召回产品。

从三鹿与外界的沟通上看，三鹿并没有将其对这起事件的态度、处理方案和企业的诚意公之于众，而是选择了"能拖就拖""能躲就躲"的不作为方式。按食品安全法规定，食品安全事故的发生单位应当及时向事故发生地县级卫生行政部门报告。但三鹿集团"长期隐瞒问题"，既没有积极主动地收集、处理和传递相关信息，没有及时向政府相关部门报告情况，也没有积极主动地向社会披露信息。

从监督手段上看，三鹿集团流于形式。驻站员监督检查，是日常监督中重要的一环，但是三鹿集团未能落实到位，导致在原奶进入三鹿集团的生产企业之前，缺乏对奶站经营者的有效监督。

三鹿事件貌似仅仅是奶源地收购环节出了问题，但仔细探究却发现内部控制才是致"鹿"于死地的真正幕后黑手：股权结构问题反映了内部控制的内部环境不合理；风险管理不力说明风险评估机制不健全；事故发生后反应滞后反映了重大风险的预警机制和突发事件的应急处理机制的缺失，正是控制活动不到位的表现；未向上级部门及时报告和对外披露相关信息反映了其信息与沟通机制的失灵；监督手段落实不到位说明了其内部监督的力度不够。而以上五个方面——内部环境、风险评估、控制活动、信息与沟通和内部监督正是内部控制的五大要素，它们共同构成了我国《企业内部控制基本规范》的基础。

那么究竟什么是内部控制？内部控制的五大要素的确切含义是什么？它们之间又有怎样的逻辑关系？企业建立和实施内部控制要达到的目标是什么？需要遵循哪些原则？内部控制是否存在局限性？如果存在，体现在哪几个方面？通过本章的学习，可以为你解答这些疑问。

第一节　内部控制的定义

我国对于内部控制的定义几经变迁。从21世纪初财政部颁布的《内部会计控制规范——基本规范（试行）》和《内部会计控制规范——货币资金（试行）》等一系列具体规范，到上交所和深交所分别发布的《上海证券交易所上市公司内部控制指引》和《深圳证券交易所上市公司内部控制指引》，直到内部控制规范体系的基本形成，对于内部控制的定义也经历了从无到有、范围逐步扩大、科学严谨性逐步提升的发展过程。最早的内部控制定义仅仅局限于会计控制，而现在的内部控制则是完整的内部控制概念。根据《基本规范》的解释，"内部控制是由企业董事会、监事会、经理层和全体员工实施的、旨在实现控制目标的过程"。对于这一定义，可从以下几个方面进行理解：

一、内部控制是一种全员控制

内部控制是一种全员控制，即内部控制强调全员参与，人人有责。企业的各级管理层和全体员工都应当树立现代管理理念，强化风险意识，以主人翁的姿态积极参与内部控制的建立与实施，并主动承担相应的责任，而不是被动地遵守内部控制的相关规定。

值得注意的是，内部控制的"全员控制"与董事会、监事会和经理层在内部控制的建设和实施过程中的领导作用并不矛盾，领导者与普通员工仅仅是分工不同、承担的权责大小不同，但都是内部控制的参与主体。具体而言，董事会负责内部控制的建立健全和有效实施；监事会对董事会建立和实施内部控制进行监督；经理层负责组织领导企业内部控制的日常运行，在内部控制中承担重要责任。企业所有员工都应在实现内部控制中承担相应职责并发挥积极作用。企业应当在董事会下设立审计委员会，负责审查企业内部控制、监督内部控制的有效实施和内部控制自我评价情况。这就形成了上至董事会，下至全体员工全员参与的内部控制，克服了长期以来我国企业内部控制建设滞后、相关各方执行时权责不清、管理层和员工缺乏参与内部控制的责任与动力等问题。

二、内部控制是一种全面控制

内部控制是一种全面控制，是指内部控制的覆盖范围要足够广泛，涵盖企业所有的业务和事项，包含每个层级和环节，而且还要体现多重控制目标的要求。内部控制本质上是对风险的管理与控制，所谓风险是指偏离控制目标的可能性。《基本规范》规定，内部控制的目标是合理保证企业经营管理合法合规、资产安全、财务报告及相关信息真实完整，提高经营效率和效果，促进企业实现发展战略。企业设计的内部控制活动和流程要充分防范和控制任何影响以上五个目标实现的风险（而不能仅仅局限于财务报告风险），并要为以上目标的实现提供合理保证。也就是说，内部控制不仅仅是一种防弊纠错的机制，而且还是一种经营管理方法、战略实施工具，是一种为实现多重目标而实施的全面控制。

应当特别说明的是，内部控制只能为控制目标的实现提供"合理保证"，而不是"绝对保证"，这是因为企业目标的实现除了受到企业自身因素的限制以外，还会受到外部环境的影响，而内部控制无法作用于外部环境；而且，内部控制本身也存在一定的局限性，使得其不可能为企业控制目标的实现提供"绝对保证"。内部控制的局限性将在本章第五节进行介绍。

案例 2-1　　　　　　　　**国家电网织牢内部控制之网**[①]

2012 年 9 月，国家电网有限公司印发《内部控制建设实施方案》，全面启动内部控制体系建设工作。公司立足电网实际和管控需要，历时一年半建成了覆盖全公司、贯穿各层级，具有组织机构扁平化、业务流程标准化、内控责任岗位化、控制手段信息化、监督评价常态化特征的内部控制体系。国家电网有限公司内部控制的思路与框架如图 2-1 所示。

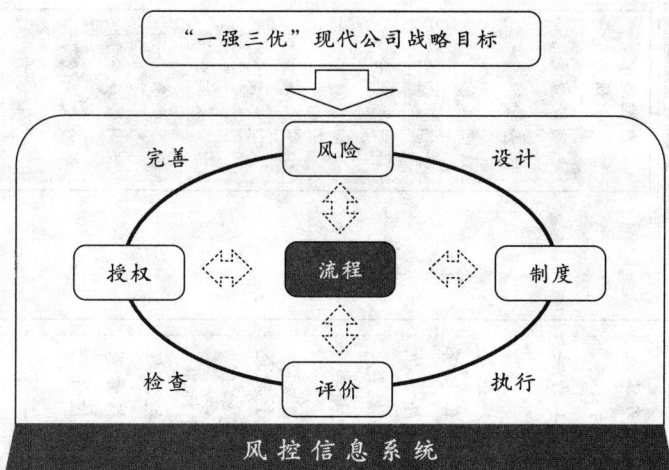

图 2-1　国家电网有限公司内部控制的思路与框架

公司内部控制体系（如图 2-2 所示）以风险管控为导向、以标准流程为载体、以授权管理为约束、以规章制度为保障、以内控评价为手段、以信息系统为支撑，各管理要素内在统一、动态关联。国家电网有限公司织牢内部控制之网的主要措施包括：

---

① 李汝革，等. 国家电网公司内部控制体系建设与实施［J］. 中国电力企业管理，2015（1）：198-201.

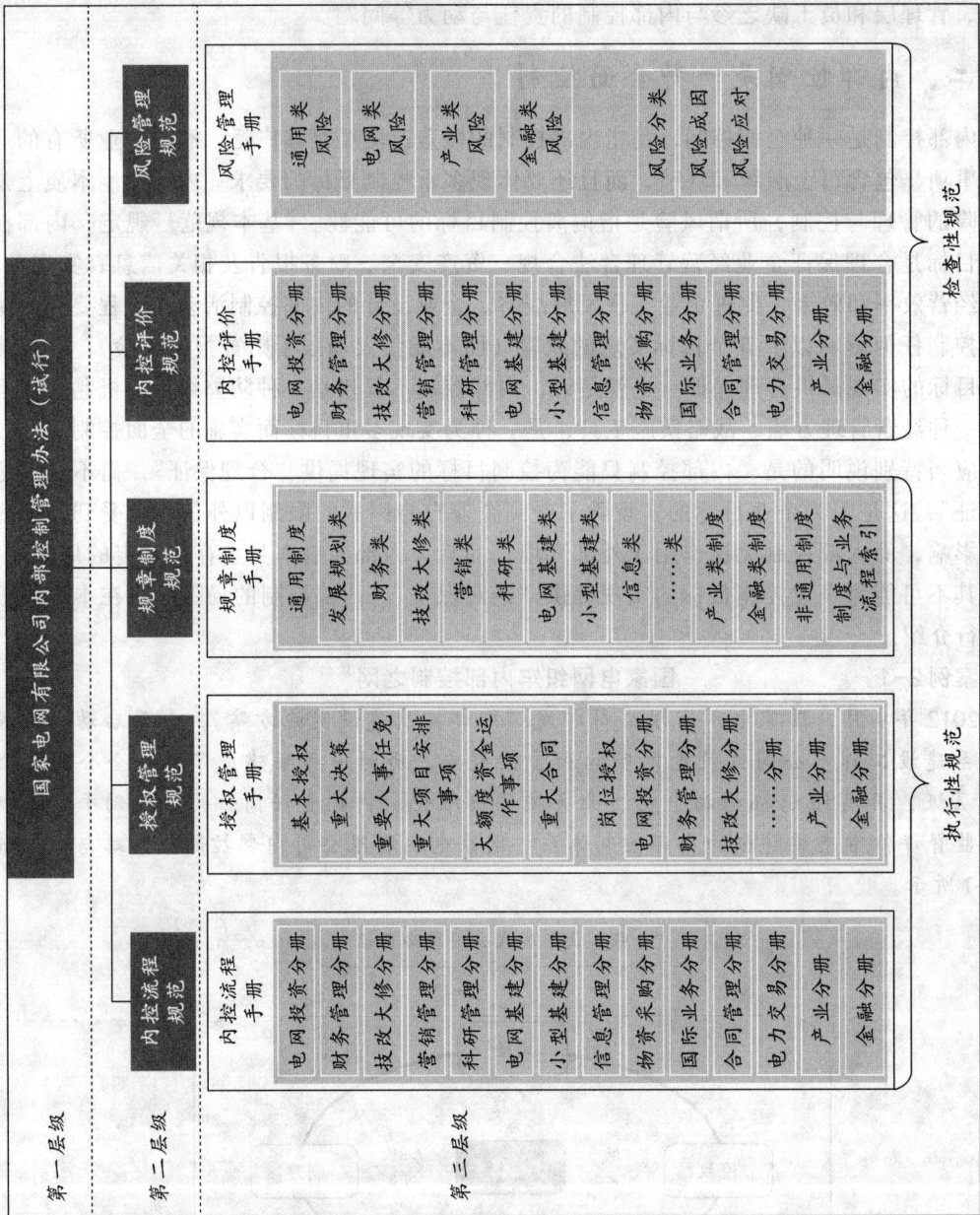

图2-2　国家电网有限公司内部控制体系

第一层级

第二层级

第三层级

国家电网有限公司内部控制管理办法（试行）

内控流程规范
内控流程手册：电网投资分册、财务管理分册、技改大修分册、营销管理分册、科研管理分册、电网基建分册、小型基建分册、信息管理分册、物资采购分册、国际业务分册、合同管理分册、电力交易分册、产业分册、金融分册

授权管理规范
授权管理手册：基本授权、重大决策、重要人事任免、重大项目安排、大额资金运作事项、重大合同……；岗位授权：电网投资分册、财务管理分册、技改大修分册、……分册、产业分册、金融分册

规章制度规范
规章制度手册：通用制度类：发展规划类、财务类、技改大修类、营销类、科研类、电网基建类、小型基建类、信息类、……类；产业类制度、金融类制度、非通用制度；制度与业务流程索引

内控评价规范
内控评价手册：电网投资分册、财务管理分册、技改大修分册、营销管理分册、科研管理分册、电网基建分册、小型基建分册、信息管理分册、物资采购分册、国际业务分册、合同管理分册、电力交易分册、产业分册、金融分册

风险管理规范
风险管理手册：通用类风险、电网类风险、产业类风险、金融类风险；风险分类、风险成因、风险应对

执行性规范　　检查性规范

公司内控管理制度体系分为三个层级：

第一层级：内部控制管理办法是基本制度，明确内部控制的目标、基本原则，职责分工及工作要求等。

第二层级：内部控制管理规范是操作指南，明确内部控制各专项工作的职责分工、管理程序，执行监督等，包括内控流程规范、授权管理规范、规章制度规范、风险管理规范和内控评价规范。

第三层级：内部控制管理手册是应用标准，依据相关管理规范编制，明确内部控制等的执行标准、检查标准等，包括内控流程手册、风险管理手册、规章制度管理手册、授权管理手册和内控评价手册。

（1）建立全方位风险防控体系，深化全面风险管理。以业务领域和经营活动为划分标准，构建四级风险分类框架体系，将各类风险与其影响结果、风险成因、应对措施等因素相关联，建立企业级风险信息库，提供统一的风险管理指南和应急预案。建立全面风险评估和专项风险评估机制，规范风险管理工作程序。

（2）构建标准统一的内控流程，促进业务规范管理。基于公司发展战略、组织架构和运行模式，构建了全业务四级流程框架，结合公司业务同质性较强的特点，建立标准化的专业内控流程。

（3）构建分级授权框架体系，促进授权科学规范。建立以"三重一大"为核心的基本授权，建立与内控流程配套的岗位授权。

（4）健全通用制度体系，促进内控措施有效落实。通用制度由公司总部统一制定并组织实施，各单位仅需根据客观实际制定并报备差异条款，大幅精简了各管理层级、各业务规章制度数量。

（5）创新评价监督工作机制，促进内部控制体系持续完善。健全科学、系统的内控评价工具，建立内控评价改进机制。

（6）建设内控信息化平台，强化系统支撑与在线应用。公司自主设计开发了风控信息系统，具备流程动态展示与查询、内控标准在线维护、风控工作在线开展、风险自动预警、流程实时监控等功能。

综上所述，国家电网有限公司大胆尝试、不断创新，走出了一条具有电网企业特色的内部控制建设道路。

三、内部控制是一种全程控制

内部控制是一种全程控制，是指内部控制是一个完整的全过程控制体系。从时间顺序上看，内部控制包括事前控制、事中控制和事后控制；从内容上看，内部控制包括制度设计、制度执行与监督评价。它们环环相扣，逐步递进，彼此配合，共同构成了一个完整的内部控制体系。

内部控制的全程控制通常以流程为主要手段，包含流程的设计、执行和监督评价，但又不仅仅局限于流程。流程本身就包含着过程控制的思想，流程的设计是前提和基础，流程的实施是核心，对流程的监督是关键。流程设计的合理性往往会直接影响到整个内部控制工作的效率和效果。因此，企业要有效地实现全程控制，就必须优化与整合企业内部控制流程。企业进行的流程再造，也是基于全面控制和提高运行效率的目的。如果说全面控制是从横向角度为企业实现控制目标搭起了一张无形的网，那么全程控制则是从纵向角度为企业防范和管理风险筑起了一堵牢固的墙。

案例2-2　　　　　宝钢的销售业务内部控制流程

宝钢股份（股票代码：600019）销售管理的一大特点是高度的信息化管理，产品销售信息由公司9672产品销售子系统（以下简称"9672系统"）自动生成，系统已实现从产品价格库生成，到登记客户需求、签订合同、运输发货、财务评审和结算、产品质量异议处理管理等的全过程控制。其主要流程包括以下4个基本环节：

（1）处理订单。对用户填写的订货卡片，宝钢股份各贸易公司输入9672系统的草约付款清单，销售部组织生产厂和制造部等，对品种、规格、价格等进行技术评审，并负责生产能力和运输方式评审。如评审通过，由销售业务人员在订货卡片或草约付款清单上签字或盖章确认，送交财务评审，由财务人员对付款草约的结算方式、货款金额、票据安全性等进行审核，确认收款依据。

（2）签订合同。销售业务人员按评审通过的内容，打印正式合同，经供需双方确认签字后，合同生效；销售部将合同信息通过9672系统下发给制造部，并根据合同的交货期和生产计划编制原则进行排产；制造部依据生产计划及交货期及时安排调整生产计划，确保合同订单按时完成。

（3）运输发货。销售部根据制造部的"准发信息"和合同规定的运输方式，向运输部提交成品厂内转库组批计划；运输部据以编制厂内装船、装车作业计划，核对实物，按规定要求装车（船），与承运方办理实物交接和出库提货手续；销售部收到成品装运出厂信息，负责配齐码单、质量保证书和运单三单，与用户进行产品最终交付。

（4）财务结算。财务人员根据接收到的三单信息，开具增值税发票，进行销售结算，确认销售收入，核销预售款或进行收款。

以上是从不同角度对内部控制的理解。内部控制的定义在内部控制概念框架中处于基础地位，是内部控制目标、原则、要素等的理论依据和逻辑起点，也是企业设计和执行内部控制的最基本的要求。只有真正做到了全员控制、全面控制和全程控制，内部控制制的设计才不会出现盲点，内部控制的执行才会合理有效，内部控制的作用才能真正发挥。

第二节　内部控制的目标

内部控制的目标即企业希望通过内部控制的设计和实施来取得的成效，主要表现为业绩的提高、财务报告信息质量的提高、违规行为发生率的降低等。确立控制目标并逐层分解目标是控制的开始，内部控制的所有方法、程序和措施无一不是围绕着目标而展开；如果没有目标，内部控制就会失去方向。

我国《企业内部控制基本规范》规定，内部控制的目标是合理保证企业经营管理合法合规、资产安全、财务报告及相关信息真实完整，提高经营效率和效果，促进企业实现发展战略。上述目标是一个完整的内部控制目标体系不可或缺的组成部分，然而，由于所处的控制层级不同，各个目标在整个目标体系中的地位和作用也存在着差异。

一、合规目标

合规目标是指内部控制要合理保证企业在国家法律和法规允许的范围内开展经营活动，严禁违法经营。企业的终极目标是生存、发展和获利，但是如果企业盲目追求利润，无视国家法律法规，必将为其违法行为付出巨大的代价。一旦被罚以重金或者被吊销营业执照，那么其失去的就不仅仅是利润，而是持续经营的基础。因此，合法合规是企业生存和发展的客观前提，是内部控制的基础性目标，是实现其他内控目标的保证。

内部控制作为存在于企业内部的一种制度安排，可以将法律法规的内在要求嵌入到内部控制活动和业务流程之中，从最基础的业务活动上将违法违规的风险降低到最小限度，从而合理保证企业经营管理活动的合法性与合规性。

二、资产安全目标

资产安全目标主要是为了防止资产损失。保护资产的安全与完整，是企业开展经营活动的基本要求。资产安全目标有两个层次：一是确保资产在使用价值上的完整性，主要是指防止货币资金和实物资产被挪用、转移、侵占、盗窃，防止无形资产被侵权、侵占等。二是确保资产在价值量上的完整性，主要是防止资产被低价出售，损害企业利益。同时要充分提高资产使用率，提升资产管理水平，防止资产价值出现减损。为了保障内部控制、实现资产安全目标，首先必须建立资产的记录、保管和盘点制度，确保记录、保管与盘点岗位的相互分离，并明确职责和权限范围。

内部控制的基本思想在于制衡，因为有了制衡，两个人同时犯同一错误的概率大大减少，从而加大了不法分子实施犯罪计划、进行贪污舞弊行为的难度，进而保护企业的资产不被非法侵蚀或占用，保障企业正常经营活动的顺利开展。为了实现合理保证资产安全的控制目标，企业需要广泛运用职责分离、分权牵制等体现制衡要求的控制措施。

案例2-3　　　　　　　　出纳侵占公司巨资用于豪赌①

2019年4月，江苏省常熟市检察院以涉嫌职务侵占罪对犯罪嫌疑人褚建作出批准逮捕决定。在过去8年里，犯罪嫌疑人从公司"掏走"近亿元资金，用于赌博挥霍，这笔资金相当于公司3年的利润。

2008年，褚建进入常熟一家热电公司担任出纳，由于踏实肯干，能力也强，公司从财务主管到公司领导都十分信任他，渐渐地领导将许多重要工作都交给他。2011年，褚建所在的财务部门新来了一位财务经理，得知褚建是"得力干将"，更是放心地把与银行对接的相关工作悉数交给他负责。工作做得越来越得心应手的褚建，业余时间经营起饭店、二手车等生意。

褚建的生意越做越大，摇身一变成了当地小有名气的"土豪"，但是对公司出纳的工作，褚建依然干得十分认真，没有丝毫懈怠。此时大家并不知道，老实上进形象、"土豪"身份，都是褚建有意为之。实际上，刚进公司工作没多久，觉得生活空虚无聊的褚建就与赌博结下了"不解之缘"，并且越陷越深。中国澳门、越南、缅甸、韩国济州岛等地的赌场褚建都是熟门熟路，每次输起来少则几十万多则上百万，经常赌得忘乎所以。

2018年，褚建变得更加疯狂，仅仅在我国澳门赌博的次数就高达50次，最大一次输赢近300万元。钱像水一样往外流，这对于褚建来说根本无法承受。由于对公司的财务流程了如指掌，又深得领导信任，"聪明"的他开始动起了歪脑筋，而赌徒心理彻底攻陷了他的内心防线。他利用自己是出纳的职务便利，将手伸向了公司账户上的资金。随着第一笔资金成功转到个人银行账户，从此，赌博就有了源源不断的资本。

为了满足自己愈加疯狂的赌欲，褚建不断增加转移公司资金的频率和金额，从最初的几万元到几十万元再到上百万元，最大一笔竟达到400万元。自2010年下半年开始的8年

---

① 卢志坚，陈雅. 8年，他从公司"掏走"近亿元［N］. 检察日报，2019-04-18，有删减.

间，褚建多次利用职务便利转移公司资金，并通过伪造公司银行账户流水单等财务凭证来抹平财务账目，规避公司财务部门每月一次的专项检查，在不知不觉间将公司近亿元的资金非法侵吞。

褚建为何能够在长达8年的时间里轻而易举拿走公司近亿元的资金而不曾败露？原来，褚建平时在公司极尽所能收买人心，以努力工作的形象示人，对财务经理等管理层人员更是殷勤讨好，这使得公司管理层对其充分信任，而且其账目都做得十分"漂亮"，公司简单的例行检查也就难以发现问题。

而褚建刻意制造的虚假"土豪"形象，让他能够更加顺利地掩人耳目。公司所有人都知道褚建在外经营生意，平时他出手阔绰实属正常，也就不会引起过多的怀疑。事实上，沉迷于赌博的褚建根本就无心好好经营生意，不仅没赚到钱，反而亏损了三四百万元，这个窟窿也是用公司的资金填补的。

2018年12月，原本应有近亿元在账的公司银行账户已几乎被褚建掏空，而此时，公司有一笔即将到期的4 000万元贷款需要偿还。褚建发现，再也无法通过做假账逃避公司检查了，眼见事情即将败露，只好仓皇出逃。公司负责人很快发现公司账户上的近亿元资金不翼而飞，联系褚建，发现他已经不知去向。意识到事态严重，公司立即报案，公安机关迅速立案侦查。历时半个多月的追逃，2019年1月10日，褚建在境外被抓获。

本案涉案金额大、时间跨度长，且褚建自身具有多份兼职及多项投资，资金流向十分复杂。巨额的资金流失将对企业的发展造成不可逆转的影响。案件的发生也暴露了涉事企业在内部控制上存在重大漏洞。

三、报告目标

报告目标是指内部控制要合理保证企业提供真实可靠的财务信息及其他信息。内部控制的重要控制活动之一是对财务报告的控制。财务报告及相关信息反映了企业的经营业绩，以及企业的价值增值过程，揭示了企业的过去和现状，并可预测企业的未来发展，是投资者进行投资决策、债权人进行信贷决策、管理者进行管理决策、相关经济主管部门制定政策和履行监管职责的重要依据。此外，财务报表及相关信息的真实披露还可以将企业诚信、负责的形象公之于众，有利于市场地位的稳固与提升以及企业未来价值的增长。从这个角度来看，报告目标的实现程度又会在一定程度上影响经营目标的实现程度。

要确保财务报告及相关信息的真实完整，一方面应按照企业会计准则的相关要求如实地核算经济业务、编制财务报告，满足会计信息的一般质量要求；另一方面则应通过内部控制制度的设计，包括不相容职务分离、授权审批控制、日常信息核对等，来防止提供虚假会计信息。

四、经营目标

提高经营的效率和效果（即有效性）是内部控制要达到的最直接也是最根本的目标。企业存在的根本目的在于获利，而企业能否获利往往直接取决于经营的效率和效果如何。企业所有的管理理念、制度和方法都应该围绕着提高经营的效率和效果来设计、运行并进行适时的调整，内部控制制度也不例外。内部控制的核心思想是相互制衡，而实现手段则是一系列详尽而复杂的流程，这似乎与提高效率的目标相悖，实则不然。内部控制是科学化的管理方法和业务流程，其本质是对于风险的管理和控制，它可以将对风险的防范落实到每个细节和环节当中，真正地做到防微杜渐，使企业可以在低风险的环境中稳健经营。而忽视内部控制的经营管理，貌似效率很高，实则处于高风险的经营环境，一旦不利事项发生，轻则对企业产生重创，重则导致企业衰亡。

良好的内部控制可以从以下四个方面来提高企业的经营效率和效果：一是组织精简，权责划分明确，各部门之间、工作环节之间要密切配合，协调一致，充分发挥资源潜力，充分有效地使用资源，提高经营绩效；二是优化与整合内部控制业务流程，避免出现控制点的交叉和冗余，也要防止出现内控盲点，要设计最优的内控流程并严格执行，最大限度地提高执行效率；三是建立良好的信息和沟通体系，可以使会计信息以及其他方面的重要经济管理信息快速地在企业内部各个管理层次和业务系统之间有效地流动，提高管理层的经济决策和反应的效率；四是建立有效的内部考核机制，对绩效的优劣进行科学的考核，可以实行企业对部门考核、部门对员工考核的多级考核机制，并将考核结果落实到奖惩机制中去，对部门和员工起到激励和促进的作用，提高工作的效率和效果。

五、战略目标

促进企业实现发展战略是内部控制的最高目标，也是终极目标。战略与企业目标相关联，是管理者为实现企业价值最大化的根本目标而针对环境作出的一种反应和选择。如果说提高经营的效率和效果是从短期利益的角度定位的内部控制目标，那么促进企业实现发展战略则是从长远利益出发的内部控制目标。战略目标是总括性的长远目标，而经营目标则是战略目标的短期化与具体化，内部控制要促进企业实现发展战略，必须立足于经营目标，着力于经营效率和效果的提高。只有这样，才能提高企业核心竞争力，促进发展战略的实现。

要实现这一目标，首先，应由公司董事会或总经理办公会议制定总体战略目标，并通过股东代表大会表决通过，战略目标的制定要充分考虑外部环境和内部条件的变化，根据相应的变化进行适时的调整，确保战略目标在风险容忍度之内。其次，应将战略目标按阶段和内容划分为具体的经营目标，确保各项经营活动围绕战略目标开展。再次，应依据既定的目标实施资源分配，使组织、人员、流程与基础结构相协调，以便促成成功的战略实施。最后，应将目标作为主体从事活动的可计量的基准，围绕目标的实现程度和实现水平实行绩效考核。

六、内部控制目标之间的关系

内部控制的五个目标不是彼此孤立的，而是相互联系、共同构成了一个完整的内部控制目标体系。其中，战略目标是最高目标，是与企业使命相联系的终极目标；经营目标是战略目标的细化、分解与落实，是战略目标的短期化与具体化，是内部控制的核心目标；资产安全目标是实现经营目标的物质前提；报告目标是经营目标的成果体现与反映；合规目标是实现经营目标的有效保证。内部控制的五个目标的关系如图2-3所示。

```
            ┌──────────────┐
            │  企业生存与发展  │
            └──────┬───────┘
                   │
            ┌──────▼───────┐
      ┌─────┤   战略目标    ├─────┐
      │     └──────┬───────┘     │
      │         │ 分解          │
物质前提│     ┌──────▼───────┐     │保证
资产安全目标═══▶│   经营目标    │◀═══合规目标
      │     └──────┬───────┘     │
      │         │ 成果反映       │
      │     ┌──────▼───────┐     │
      └─────┤   报告目标    ├─────┘
            └──────────────┘
```

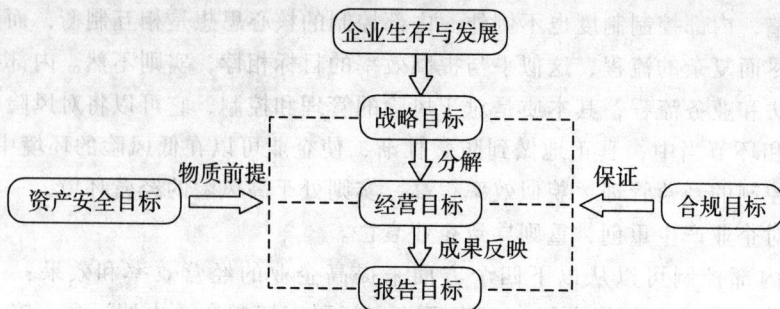

图 2-3　内部控制目标关系图

第三节　内部控制的原则

所谓原则是指处理问题的准绳和规则。要使内部控制达到既定目标，即内部控制有效，就必须在内部控制的建立和实施过程中遵循一定的原则。建立和实施内部控制必须遵循以下原则。

一、全面性原则

全面性原则即内部控制应当贯穿决策、执行和监督全过程，覆盖企业及其组成部分的各种业务和事项。内部控制的建立在层次上应该涵盖企业董事会、管理层和全体员工，在对象上应该覆盖各项业务和管理活动，在流程上应该渗透到决策、执行、监督、反馈等各个环节，避免内部控制出现空白和漏洞。总之，内部控制应该是全程控制、全员控制和全面控制。

二、重要性原则

内部控制的重要性原则即内部控制应当在兼顾全面的基础上突出重点，针对重要业务和事项、高风险领域和环节采取更为严格的控制措施，确保不存在重大缺陷。基于企业资源有限的客观事实，企业在设计内部控制制度时不应平均使用资源，而应该寻找关键控制点，并对关键控制点投入更多的人力、物力和财力，即要"突出重点，兼顾一般"，着力防范重大风险。

目前，中央在国企推行的"三重一大"制度正是重要性原则的充分体现。所谓"三重一大"，是指"重大决策、重大项目安排、重要人事任免及大额度资金使用"。《企业内部控制应用指引第1号——组织架构》第五条也对此作出了规定。

所谓重大决策事项，主要包括企业贯彻执行党和国家的路线方针政策、法律法规和上级重要决定的重大措施，企业发展战略、破产、改制、兼并重组、资产调整、产权转让、对外投资、利益调配、机构调整等方面的重大决策，企业党的建设和安全稳定的重大决策，以及其他重大决策事项。

所谓重大项目安排事项，是指对企业资产规模、资本结构、盈利能力以及生产装备、技术状况等产生重要影响的项目的设立和安排，其主要包括年度投资计划，融资、担保项目，期权、期货等金融衍生业务，重要设备和技术引进，采购大宗物资和购买服务，重大工程建设项目，以及其他重大项目安排事项。

所谓重要人事任免事项，是指企业直接管理的领导人员以及其他经营管理人员的职务调整事项，其主要包括企业中层以上经营管理人员和下属企业、单位领导班子成员的任免、聘用、解除聘用和后备人选的确定，向控股和参股企业委派股东代表，推荐董事会、监事会成员和经理、财务负责人，以及其他重要人事任免事项。

所谓大额度资金使用事项，是指超过由企业或者履行国有资产出资人职责的机构所规定的企业领导人员有权调动、使用的资金限额的资金调动和使用，其主要包括年度预算内大额度资金调动和使用，超预算的资金调动和使用，对外大额捐赠、赞助，以及其他大额度资金运作事项。

"三重一大"事项应坚持集体决策原则。任何个人不得单独进行决策或者擅自改变集体决策意见。企业应当健全议事规则，明确"三重一大"事项的决策规则和程序，完善群众参与、专家咨询和集体决策相结合的决策机制。国有企业党委（党组）、董事会、未设董事会的经理班子等决策机构要依据各自的职责、权限和议事规则，集体讨论决定"三重一大"事项，防止个人或少数人专断。要坚持务实高效，保证决策的科学性；充分发扬民主，广泛听取意见，保证决策的民主性；遵守国家法律法规和有关政策，保证决策合法合规。

三、制衡性原则

内部控制的制衡性原则要求内部控制应当在治理结构、机构设置及权责分配、业务流程等方面形成相互制约、相互监督。相互制衡是建立和实施内部控制的核心理念，更多地体现为不相容机构、岗位或人员的相互分离和制约。无论是在企业决策、执行环节还是在监督环节，如果不能做到不相容职务的相互分离与制约，就会造成滥用职权或串通舞弊的后果，导致内部控制的失效，给企业经营发展带来重大隐患。

案例2-4　　　　　　　　三九噩梦

三九集团曾一度拥有超过200亿元总资产、3家上市公司和400余家子公司，涉足药业、农业、房地产、食品、汽车、旅游等产业。不过时至今日，三九集团已经风光不再。

三九集团的前身是深圳南方制药厂，由赵新先于1985年创办。1991年南方制药厂脱离广州第一军医大学，转投解放军总后勤部，成立三九实业总公司。三九实业总公司在1992年和1994年分别引进泰国正大集团和美国、中国香港等六家股东的投资，注册资本增长至近15亿元，三九实业总公司也正式更名为三九集团，一跃成为国内最大的药业集团。1998年年末，在中央"军企脱钩"的大背景下，三九集团脱离解放军总后勤部，转而挂靠国家经贸委，并在2002年机构改革后最终由国务院国资委管理。

从2003年起，三九集团陷入债务危机，多达21家债权银行开始集中追讨债务并纷纷起诉。据估计，至2005年三九集团深圳本地债权银行贷款已从98亿元升至107亿元，而遍布全国的三九集团子公司和关联公司的贷款和贷款担保余额约在60亿元至70亿元之间，两者合计约为180亿元。2005年4月28日，三九集团将旗下上市公司三九发展卖给了浙江民营企业鼎立建设集团，同一天，三九医药将"三九系"另一家上市公司三九生化卖给了山西一家民营企业振兴集团，标志着"三九系"历史的结束。2005年12月23日，赵新先被批准逮捕，更使三九集团问题引人注目。

三九集团是如何从市场宠儿、国有企业集团明星变成众多债权人的众矢之的、面临重组的？其原因是多方面的，包括盲目采用承担债务式扩张导致资金链断裂、过度的银行贷款和担保、公司治理不完善……但内部控制缺失，才是导致三九集团逐渐陷入困境的最重要原因。

自从赵新先创建三九集团以来，他一直集董事长、总裁、监事会主席和党委书记于一身，大权独揽，缺乏制衡，无人监督。个人权力的无限膨胀使得三九集团管理层权力制衡机制全然失效。

四、适应性原则

适应性原则的思想来源于"权变"理论，所谓权变，是指权宜应变。权变理论认为，企业要依据环境和内外条件随机应变，灵活地采取相应的、适当的管理方法，不存在一成不变的、普遍适用的"最好的"管理理论和方法，也不存在普遍不适用的"不好的"管理理论和方法。根据权变理论，建立内部控制制度不可能一劳永逸，而应当与企业的经营规模、业务范围、竞争状况和风险水平等相适应，并随着情况的变化及时加以调整。在当今日益激烈的市场竞争环境中，经营风险更具复杂性和多变性。企业应当根据内外部环境的变化，适时地对内部控制加以调整和完善，防止出现"道高一尺，魔高一丈"的现象。

案例 2-5   **法国兴业银行的遗憾①**

2008 年 1 月 24 日，法国兴业银行曝出世界金融史上最大的违规操作丑闻，现年 32 岁的权证市场交易员杰罗姆·凯维埃尔（Jerome Kerviel）以欺诈手段从事期货买卖，其违规头寸高达 500 亿欧元（约合 735 亿美元），至 1 月 23 日强行平仓止，造成法国兴业银行的直接损失近 49 亿欧元（约合 71 亿美元）。

2000 年，23 岁的凯维埃尔进入法国兴业银行。随后 5 年，他一直在银行内部不同的中台部门工作。所谓"中台部门"就是管理交易员的机构，这个工作机会让他得以深入了解法国兴业银行内部处理和风险控制的程序以及步骤。2005 年，他成为银行风险套利部门的交易员。从此，凯维埃尔像蚂蚁一样，开始构筑他的"期货投机帝国"。

正是因为法国兴业银行具有享誉全球的风险控制系统，凯维埃尔的欺诈性交易在系统中触发了多达 75 次警报，但是大部分预警并没有按风险控制程序得到全面、准确、可信的查证，否则要绕过多达六重风险管理程序的监控几乎是不可能的。

可能也正是因为法国兴业银行具有享誉全球的风险控制系统，所以当出现异常现象时，风险监控部门依然沉浸在过去风险控制优秀的辉煌历史中，对超乎寻常的高收益、高额现金流和高额佣金都没有要求凯维埃尔提供详细的交易信息并进行深入分析；对欧洲期货交易所的询问函没有及时了解并回复；甚至在凯维埃尔对监控部门发现的问题作出不一致的解释时，也没有作出任何反应；凯维埃尔的越权回复也得到了监控部门的默认。事后可以看到，无论是哪一次预警还是哪一次异常，只要能及时进行深入了解和分析，都会及早暴露问题，减少风险损失。比如即使是面对最基本的休假制度，凯维埃尔也曾一年四次以各种理由拒绝休假。

---

① 本案例参考了《中国证券报》2008 年 2 月 18 日的相关报道。

从本案例可以看出，有效的内部控制制度确实可以发挥其风险预警的作用，但倘若内部控制系统已经向企业发出了风险信号，但未得到处理和应对，这样的内部控制制度就形同虚设，根本起不到预警风险、防范与控制风险的作用。法国兴业银行具有享誉全球的风险控制系统，但仍因风险控制不当导致巨额损失，不禁令人扼腕叹息！

五、成本效益原则

内部控制的成本主要有以下三方面的内容：①内部控制的设计成本，包括自行设计和外包设计成本；②内部控制的实施成本，包括评价和监督人员的工资，实施内部控制影响了运营效率带来的机会成本，以及将内部控制制度嵌入到信息系统后的信息系统的运行和维护成本；③内部控制的鉴证成本，一般是聘请注册会计师实施内部控制审计的鉴证费用。

成本效益原则要求实施内部控制应当权衡成本与预期效益，以适当的成本实现有效控制。成本效益原则有两个要义：一是努力降低内部控制的成本，即在保证内部控制制度有效性的前提下，尽量精简机构和人员，改进控制方法和手段，减少过于烦琐的程序和手续，避免重复劳动，提高工作效率，节约成本；二是合理确定内部控制带来的经济效益，实施内部控制的效益并非不可计量，只是这种效益往往具有滞后性，当期效益并不明显。为了做大做强，企业一定要杜绝"短视行为"，立足长远，充分考虑内部控制带来的未来收益，并与其成本进行对比，运用科学、合理的方法，有目的、有重点地选择控制点，实现有效控制。

值得说明的是，内部控制的建立和实施要符合成本效益原则，也是内部控制对目标的保证程度不是绝对保证而是合理保证的重要原因之一。

案例2-6　　　　中国人寿内部控制建设的"舍"与"得"①

国际金融危机让很多企业在风险管理上交了"学费"。后危机时代，企业可谓是"一朝被蛇咬，十年怕井绳"，不得不提高风险意识。

借鉴国际国内诸多航母级企业的经验，强化内控建设似乎是制胜法宝。虽然昂贵的内控建设成本让企业有些望而却步，但谁也不想再摸黑航行，到已经触礁了才发现冰山原来在水面以下。

舍：内控到底有多贵？

中国人寿的回答是："贵！我们为此投入很大！"位居全球上市寿险公司市值榜首的"世界500强"企业，都对内控的价格直言不讳，这让我们难免心生好奇。

贵在哪里？"高标准，严要求，自然价要高。"这是记者采访过后的总结。

用中国人寿副总裁刘家德的话说："要建'百年老店'，要树百年基业，就必须按照最高的标准、最严的要求建设内控。没有制度的有效保障，我们很难达到目标。"内控建设的基调定下了，投入就成了必然。但对于SOX 404遵循的高投入还是让他们感到吃惊。

陌生的SOX 404、近乎苛刻的要求、前无古人的摸索，迫使他们不得不去聘请经验丰富的外部专家提供咨询和培训，抽调骨干人员组建团队；不得不为了进行有效的流程梳理和设置关键控制点，投入大量的人力成本、差旅费、培训费……这些可以计量的成本，加

---

①　于丽. 舍得之间话内控［N］. 中国会计报，2010-07-16.

上大量难以量化的投入一起，让公司上下经历了一次内控的"洗礼"。他们借此契机对公司的规章制度、实务规范、关键风险控制点进行了系统梳理，进一步理顺了公司的流程。2007年，中国人寿的SOX 404遵循工作获得美国证券交易委员会等外部监管机构、外部审计师的全面认可。

中国人寿发现，对内控的投入很可能是一笔不错的"投资"。

经过了"高投入"的SOX 404遵循项目阶段，此时的内控建设其实才仅仅走出了合规性的第一步。从控制范围上讲，也才仅仅覆盖了对财务报告公允性的控制。于是，对内控的进一步"投资"开始了，此时的目标已经不再是简单的合规，而是全面的质量控制。

自2008年起，中国人寿便已开始遵循《企业内部控制基本规范》，并对外出具A股项下的内控自我评估报告，这为他们进一步贯彻执行更为细致而深入的《企业内部控制配套指引》提供了良好的平台和基础。

经过了初期密集的高投入后，此时的内控实施成本开始变得稳定和可控。当然还有一些后续的或有支出。例如，随着内控建设的价值性追求，公司会加强内控体系的信息化建设，因此大量的研发支出以及系统、设备等硬件支出将渐渐浮出水面。

得：投入之后，效益何在？

商场上，讲求效益。内部管理也一样，不能让钱白白打了水漂。

内控到底能否带来效益，中国人寿的回答是："当然能！赔本的买卖谁会做？""当初的SOX 404遵循工作虽然很艰难，我们也进行了大量的投入，但是我们作为第一家在美国上市的中国金融企业，除了要出色地完成合规工作，维护国家形象并得到美国市场的认可，还肩负着'老大哥'的责任。我们要为后来的中国企业趟开路子、积累经验。"中国人寿监事会监事长夏智华说。

事实证明，经过此番SOX 404条款遵循"洗礼"的中国人寿获得了各方一致认可、积累了宝贵经验，更重要的是通过这一工作，内控和风险管理理念的种子在企业得以生根发芽。除了这些具有外部性的收益外，对内的效益其实是更加明显的。

"从中国人寿自身来看，通过近6年的内控体系建设，除了进一步确保了财务报告的公允性，更进一步提升了公司的经营管理水平。中国人寿通过这些年来的内控工作，逐渐形成了全员参与的内控文化，进一步提升了制度执行力和公司经营管理水平，提升了公司的品牌形象。"中国人寿内控与风险管理部总经理马占义说。

第四节　内部控制的要素

内部控制通常被划分成若干个基本要素。这些要素及其构成方式，决定着内部控制的内容与形式。《企业内部控制基本规范》第五条规定了内部控制的五要素，即内部环境、风险评估、控制活动、信息与沟通和内部监督。

一、内部环境

内部环境是企业实施内部控制的基础，一般包括治理结构、机构设置及权责分配、内部审计、人力资源政策、企业文化等。内部控制应用指引把这些方面归为内部环境要素。

其中，治理结构是重中之重，企业实施内部控制应先从治理结构等入手。内部控制只有得到高层的充分重视，才能取得成功。如果主要领导人滥用职权，内部控制势必要失效。内部控制是通过人来实施的，而企业文化则是企业的灵魂。

内部环境是内部控制其他四个构成要素的基础，在企业内部控制的建立与实施中发挥着基础性作用。内部环境应充分体现企业业务模式、经营管理的特点以及内部控制的要求，与企业自身的规模、发展阶段相适应。

二、风险评估

风险是指一个潜在事项的发生对目标实现产生的影响。风险评估是单位及时识别、系统分析经营活动中与实现内部控制目标相关的风险，合理确定风险应对策略。它是实施内部控制的重要环节。

风险评估主要包括目标设定、风险识别、风险分析和风险应对等环节。风险与可能被影响的控制目标相关联。企业必须制定与生产、销售、财务等业务相关的目标，建立辨认、分析和管理相关风险的机制，以了解企业所面临的来自内部和外部的各种不同风险。在充分识别各种潜在风险因素后，要对固有风险（即不采取任何防范措施可能造成的损失程度）进行评估，同时，重点评估剩余风险（即采取了相应应对措施之后仍可能造成的损失程度）。企业管理层在评估了相关风险的可能性和后果，以及成本效益之后，要选择一系列策略将剩余风险控制在期望的风险承受度之内。

三、控制活动

控制活动是指结合具体业务和事项，运用相应的控制政策和程序（或称控制措施）去实施控制。也就是在风险评估之后，单位采取相应的控制措施将风险控制在可承受的范围之内。

控制措施一般包括：不相容职务分离控制、授权审批控制、会计系统控制、财产保护控制、预算控制、运营分析控制、绩效考评控制等。企业应通过采用手工控制与自动控制、防护性控制与发现性控制相结合的方法实施相应的控制措施。

四、信息与沟通

信息与沟通是企业及时、准确地收集、传递与内部控制相关的信息，确保信息在企业内部、企业与外部之间进行有效沟通。信息与沟通是实施内部控制的重要条件。

信息与沟通的主要环节有：确认、计量、记录有效的经济业务；在财务报告中恰当揭示财务状况、经营成果和现金流量；保证管理层与单位内部、外部的顺畅沟通，包括与股东、债权人、监管部门、注册会计师、供应商等的沟通。信息与沟通的方式是灵活多样的，但无论哪种方式，都应当保证信息的真实性、及时性和有用性。

五、内部监督

内部监督（即监控）是单位对内部控制的建立与实施情况进行监督检查，评价内部控制的有效性，对发现的内部控制缺陷及时加以改进。它是实施内部控制的重要保证，是对内部控制的控制。

内部监督包括日常监督和专项监督。监督情况应当形成书面报告，并在报告中揭示内部控制的重要缺陷。内部监督形成的报告应当有畅通的报告渠道，确保发现的重要问题能及时送达董事会、监事会和经理层；同时，应当建立内部控制缺陷纠正、改进机制，充分发挥内部监督效力。

六、内部控制五要素之间的关系

内部控制的五个要素之间并不是相互割裂、毫无关系的，而是相互支持、紧密联系的逻辑统一体（如图2-4所示）。

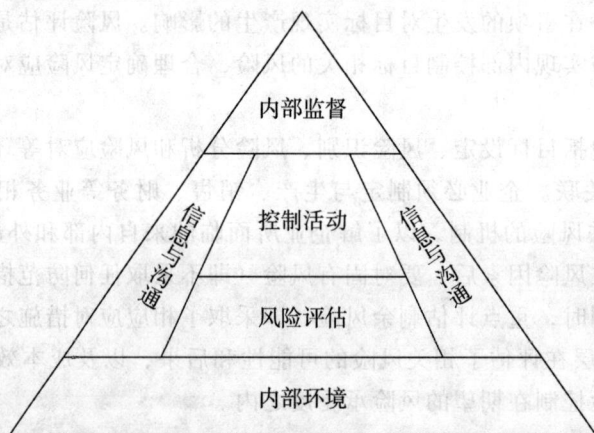

图2-4 《企业内部控制基本规范》内部控制五要素框架图

内部环境在底部，这说明内部环境属于内部控制的基础，对其他要素产生影响。内部环境的好坏决定着内部控制其他要素能否有效运行。

内部监督在顶部，这表示内部监督是针对内部控制其他要素的，是自上而下的单向检查，是对内部控制的质量进行评价的过程。

由于企业在实施战略的过程中会受到内外部环境的影响，所以企业需要通过一定的技术手段找出那些会影响战略目标实现的有利和不利因素，并对存在的风险进行定量和定性分析，从而确定相应的风险应对策略，这就是风险评估，它是采取控制活动的根据。

根据明确的风险应对策略，企业需要及时采取控制措施，有效控制风险，尽量避免风险的发生，尽量降低企业的损失，这就是控制活动要素。

信息与沟通在这五个要素中处于一个承上启下、沟通内外的关键地位。内部环境与其他组成因素之间的内在关联，需要通过信息与沟通这一桥梁才能发挥作用；风险评估、控制活动和内部监督的实施需要以信息与沟通结果为依据，它们的结果也需要通过信息与沟通渠道来反映。缺少了信息传递与内外沟通，内部控制其他因素就可能无法保持紧密的联系，整合框架也就不再是一个有机的整体。

案例2-7 中海集团釜山公司的内控缺失[①]

中国海运（集团）总公司（以下简称"中海集团"）成立于1997年7月，总部设在上海，是中央直接领导和管理的重要国有骨干企业之一，是以航运为主业的跨国经营、跨行业、跨地区、跨所有制的特大型综合性企业集团，旗下有中海集运、中海发展、中海海盛

---

① 刘华. 中海集团釜山公司内部控制案例分析 [J]. 财政监督，2008（12）.

三家上市公司。中海集团在全球90多个国家和地区设有北美、欧洲、中国香港、东南亚、韩国、西亚六个控股公司和日本株式会社、澳大利亚代理有限公司，境外产业下属90多家公司、代理、代表处，营销网点总计超过300个。年货物运输完成量超过3.3亿吨、950万TEU（Twenty Equivalent Unit，是以长度为20英尺的集装箱为国际计量单位，也称国际标准箱单位，通常用来表示船舶装载集装箱的能力，也是集装箱和港口吞吐量的重要统计、换算单位），在国家能源和进出口贸易中发挥了重要的运输支持和保障作用。

不幸的是，中海集团内部控制上的欠缺与薄弱，酿成了一桩中国航运界罕见的财务丑闻。2008年1月31日，中海集团接报，驻韩国釜山公司大约4 000万美元（约合人民币3亿元）的巨额运费收入及部分投资款，被公司内部人非法截留转移，分成100多次逐步挪出公司账户，主要涉案人员——中海集团韩国控股的财务部负责人兼审计李克江在逃，该事件俗称"资金门"。此案发生以后，国资委表现出对中央企业内部控制问题的深切忧虑，迅即向包括中海集团、中远集团、五矿集团等多家在海外设有分公司的大型中央企业发出通报，责成其强化内部控制，消除资金失控的隐患。

本案发生的根本原因在于内部控制失效，具体表现包括：

1.内部环境。中海集团自2006年6月起，就曾将所获得的银行短期贷款近25亿元人民币违规进行股票投资。2007年被查出，受到银监会通报批评，国资委也在当年对公司予以降分处理的通报。釜山公司"资金门"的反复再现，昭示着中海集团管理层在内部控制态度上的漫不经心。再从治理结构看，中海集团所有驻海外的财务体制，是控股公司掌控下属企业的全部财务和资金结算。权力的极度膨胀与自由放任，意味着海外公司得以游离于中海集团的视线边缘，为资金失控埋下了巨大隐患。

2.风险评估。航运公司的主营业务收入是运费收入，而行业内的收费标准各有不同，大额的现金流动是行业特点之一。比如从天津中转釜山再到芝加哥，一个长40英尺的集装箱柜的运费为3 300美元~3 700美元，每次交易的现金流也很大。分公司贪污公款，主要是通过提高费用，或者把产品低价（运货价）售给客户，然后从客户处收取好处。如果分100多次转移，而又缺少仔细审查，的确很容易被忽略。但该公司对这一重要风险点缺乏必要的识别、分析与评估。

3.控制活动。以最典型的控制活动——不相容职务分离为例，釜山公司案的焦点人物李克江，既为中海集团韩国控股的财务部负责人，又身兼审计之职。自我复核和检查可谓犯了内部控制的大忌。从行业经验来看，釜山公司案也不可能是李克江一人所为，而是有其他财务人员或者外部供应商的配合。此类事件的发生，亦暴露出中海集团对海外分公司资金结算体制上的风险控制不足。

4.信息与沟通。中海集团全面介入自查，是在釜山公司涉案人100多次转移大量资金得逞之后才开始的，但此时巨额损失已然酿成。尚处于第一次"资金门"余悸中的中海集团，本应培养出在最短时间内针对事件的起因、可能趋向及影响作出预测，并迅速作出反应的能力。遗憾的是，从这种"慢半拍"式的信息与沟通中可以看出，中海集团没能在此方面作出实质性的改进。

5.内部监督。像中海集团这样的大集团在海外设立的公司，如果是全资子公司，通常都采取独立核算制度，只需要报年账或者总账，不需要报明细账，有些公司甚至连现金流都不用向总部汇报。如果没有涉及上市公司，一般也不会由总部对海外分公司进行定期内部审计，这就导致了海外公司存在做假账的可能性，比如虚报费用、发票开大、和供应商内外勾结。中海集团的内部控制之所以偏离了正确的轨道，与其缺乏常规性的、相对独立的财务审计和监管制度是密不可分的。

釜山公司案表明，我国大型中央企业在纷纷选择"走出去"战略的同时，在如何监管海外分公司的财务安全这一问题上，与国际大公司相比还缺乏足够的经验。如何保障海外业务的顺利发展，已成为刻不容缓的重大课题。我们注意到，釜山公司案发生以后，中海集团围绕内部控制五要素的缺陷，做了大量有针对性的改进工作。

第一，为了改善内部环境，2008年4月正式成立集团风险控制和管理委员会，由集团总裁李绍德亲自担任委员会主任，内部控制受到管理层的重视，并被提到公司治理的高度。

第二，为了改善风险评估，由集团企管部作为集团风险控制和管理的牵头和职能部门，集团风险控制和管理委员会下设工作小组，主要职责是根据集团风险控制和管理委员会确定的方针、政策和任务，具体协调、处理企业经营发展和日常管理中有关风险控制和管理的事项，组织落实风险控制和管理有关事项。

第三，为了改善控制活动，中海集团着手建设具有中海特色的风险控制和管理体系，重点抓好对重大风险、重大事件的管理和对重要流程的控制，加强安全管理、资金风险防控、应收账款催收、商务风险防范、企业法律制度建设、信息化建设、人才建设和企业稳定等八项工作。

第四，为了改善信息与沟通，中海集团强调风险控制和管理信息系统的建设，做好编报企业风险控制和管理报告的准备。

第五，为了改善内部监督，按照业务分管原则，集团风险控制和管理委员会下设工作小组，实施对集团下属单位风险控制和管理事项的监督指导。同时，开展对集团近百家海外分公司和代理办事处的大检查，主要针对资金往来，尤其是应收账款是否及时到账等日常运营资金流状况，显著加大了检查监督的力度。

第五节　内部控制的局限性

内部控制在保证企业经营管理合法合规、资产安全、财务报告及相关信息真实完整，提高经营效率和效果，促进企业实现发展战略方面具有一定的作用，但仅能为以上目标的实现提供合理保证，而不是绝对保证，原因就在于内部控制本身具有一定的局限性。正是内部控制固有的局限性，所以设计再完美的内部控制，也不能完全保证企业不出任何问题。一般而言，内部控制的局限性可以概括为以下三个方面。

一、越权操作

内部控制制度的重要实施手段之一是授权批准控制，授权批准控制使处于不同组织层级的人员和部门拥有大小不等的业务处理和决定权限。但是一旦发生越权操作，内部控制分工制衡的基本思想将不能再发挥作用，内部控制制度也就形同虚设了。

越权操作的危害极大，不仅打乱了正常的工作秩序和工作流程，而且还会为徇私舞弊、违法违规创造一定的条件。如果越权操作行为发生在基层，往往会引发资产流失、挪用公款等案件；如果发生在高层，则往往形成"内部人控制"，筹资权、投资权、人事权等重大事项的决策权都掌握在公司的经营者手中，股东很难对其行为进行有效的监督。由于权力过分集中，经理人发生逆向选择和道德风险的可能性就较高，这就导致了企业资产流失问题严重、会计信息严重失真、短视行为泛滥等问题，不利于企业的长远发展。

案例2-8　　　　　　　　英国巴林银行的崩塌[①]

巴林银行（Barings Bank）创建于1763年，由于经营灵活变通、富于创新，巴林银行很快就在国际金融领域获得了巨大的成功。20世纪初，巴林银行荣幸地获得了一个特殊客户：英国王室。由于巴林银行的卓越贡献，巴林家族先后获得了五个世袭的爵位。这一世界纪录为巴林银行奠定了显赫的地位。

尽管是一家老牌银行，但巴林银行一直都在积极进取，在20世纪初进一步拓展了公司财务业务，获利甚丰。20世纪90年代巴林银行开始向海外发展，在新兴市场开展广泛的投资活动，仅1994年就先后在中国、印度、巴基斯坦、南非等地开设办事处，业务网点主要在亚洲及拉美新兴国家和地区。截至1993年年底，巴林银行的全部资产总额为59亿英镑，1994年税前利润高达15亿美元。其核心资本在全球1 000家大银行中排名第489位。

然而，这一具有233年历史、在全球范围内掌控270多亿英镑资产的巴林银行，竟毁于一个年龄只有28岁的毛头小子尼克·里森（Nick Leeson）之手。里森未经授权在新加坡国际货币交易所（SIMEX）从事东京证券交易所日经225股票指数期货合约交易失败，致使新加坡巴林银行产生了高达6亿英镑的亏损，这一数字远远超出了该行的资本总额（3.5亿英镑）。

1992年新加坡巴林银行期货公司开始进行金融期货交易不久，前台首席交易员（而且是后台结算主管）里森即开立了"88888"账户。开户表格上注明此账户是"新加坡巴林银行期货公司的误差账户"，只能用于冲销错账，但里森却用这个账户进行交易，而且成了里森赔钱的"隐藏所"。里森指使后台结算操作人员在每天交易结束后和第二天交易开始前，在"88888"账户与巴林银行的其他交易账户之间做假账进行调整。通过假账调整，里森反映在总行其他交易账户上的交易始终是盈利的，而把亏损掩盖在"88888"账户上。

自1994年下半年起，里森认为日经指数将上涨，逐渐买入日经225股票指数期货，不料1995年1月17日关西大地震后，日本股市反复下跌，里森的投资损失惨重。为弥补亏损，里森一再加大投资，以期翻本。2月23日日经指数急剧下挫，里森终于意识到，他已回天无力，无法弥补损失，于是便偕妻子仓促外逃。次日，巴林银行因被追交保证金，才发现里森期货交易账面损失约4亿至4.5亿英镑，约合6亿至7亿美元，已接近巴林银行集团本身的资本和储备之和。

1995年2月26日，英国中央银行英格兰银行宣布：巴林银行不得继续从事交易活动并应申请资产清理。10天后，这家拥有233年历史的银行以1英镑的象征性价格被荷兰国际集团收购。这意味着巴林银行的彻底倒闭。

---

① 龚杰，方时雄. 企业内部控制——理论、方法与案例［M］. 杭州：浙江大学出版社，2005.

千里之堤，毁于蚁穴，看似不起眼的一个漏洞却导致了一个百年老店的垮台。像巴林银行这种享誉世界的老牌银行，不可能不建立内部控制制度，但问题却在于越权操作无人过问，毁掉了内部控制制度形成的"天罗地网"。

二、合谋串通

内部控制制度源于内部牵制的理念：利用多个部分、环节、人员之间的相互制衡，来防止、发现和纠正可能发生的错误与舞弊。正是基于这样的思想，才有了不相容岗位分离、轮岗制度和强制休假制度等，而合谋串通则完全破坏了内部牵制的设想，削弱了制度的约束力，会导致内部控制制度无效。

合谋串通的动机通常是为了侵吞公司财产，合谋串通的方式有两人串通和多人串通。多人串通的危害极大，往往会形成造假一条龙，不易识别，给公司、股东以及外界的利益相关者带来巨大的损失。

案例 2-9　　　　　　　　　　　**锦化分厂串通舞弊案**[①]

38 岁的程某是锦化化工集团氯碱股份有限公司聚醚分厂八万吨环氧丙烷车间工段长。程某在任职期间，发现在对本厂丙烯（环氧丙烷原料）回收装置的尾气排放进行控制后，可使丙烯消耗降低，进而提高环氧丙烷产量，产生超过公司计划的"余量"。为此，程某曾问过企业有关负责人："我们超额完成生产计划，能不能多发点奖金？"其得到的回答是："我没有这个权力。"这就造成了一种局面：一方面，职工超额完成产量的积极性得不到鼓励；另一方面，节能回收装置长期得不到有效利用，大量的环氧丙烷随着尾气排放消耗掉。

于是，程某就从生产的源头开始，买通了车间主任、段长、班长，为其提供货源；对计量人员、门卫施以小恩小惠，用空车票充当重车票出厂；买通监控人员，删除监控录像。这样，自 2002 年 3 月到 2006 年 1 月间，以程某为首的犯罪团伙先后作案 100 余起，共盗窃本单位环氧丙烷和聚醚 3 500 余吨，价值 3 900 多万元。他们根据每名成员在作案中所起的作用分赃，每人每次所得少则数千元，最高达到 15 万元。

程某等人的串通合谋行为形成"侵占国有资产一条龙"，破坏了内部控制交叉控制的功能，将内部控制制度归于无效。

三、成本约束

根据成本效益原则，内部控制的设计和运行是要付出代价的，企业应当充分权衡实施内部控制带来的潜在收益与成本，运用科学、合理的方法，有目的、有重点地选择控制点，实现有效控制。也就是说，内部控制的实施受制于成本与效益的权衡。内部控制的根本目标在于服务于企业价值创造，如果设计和执行一项控制带来的收益不能弥补其所耗费的成本，就应该放弃该项控制。成本效益原则的存在使内部控制始终围绕着控制目标展开，但同时也制约了内部控制，使其难以达到尽善尽美，这也是内部控制固有局限性的来源之一。

---

① 李晓慧. 构建动态调整的内部控制机制——由锦化集团内部盗窃案引发的思考 [J]. 财务与会计（综合版），2008（3）.

□ 复习思考题

1.如何理解内部控制的定义？

2.内部控制有哪些目标？这些目标可以分为几个层次？各个目标之间的关系如何？

3.企业建立与实施内部控制应把握哪些原则？全面性原则、重要性原则与成本效益原则具有怎样的内在联系？

4.我国《企业内部控制基本规范》规定内部控制包含哪五个要素？它们之间具有怎样的联系？

5.内部控制存在哪些固有局限性？

第三章

内部环境

引例   **东芝财务造假暴露日本企业内部环境问题**

日本东芝公司被指财务造假，这在日本社会引起了不小的震动，多名高层管理人员辞职并遭投资人追责，还有可能接受司法调查。这家被称为日本企业的象征、拥有140多年历史、员工超过20万人的老牌企业暴露出来的问题，正在引起日本全社会的反思。

2015年4月，该公司被日本媒体曝出为夸大业绩发生财务报表造假事件。随后，以东京高等检察院前检察长及律师、会计师组成的第三方调查小组成立。该小组查阅了东芝公司2008年至2014年间的财务报表，发现公司通过虚报企业利润、延迟记载营业损失等手法，大量掩盖企业损失，多报了1 518亿日元经营利润。鞠躬下台的社长承认，"这是东芝140年历史上品牌形象受损最严重的事件"。[①]

东芝公司从2001年开始公司治理改革，从治理结构的形式上看无疑是成功的，然而连续7年造假、至少涉及4大业务部门、3任社长参与其中，如此多维度舞弊而今才得以公之于众，凸显了东芝公司内部环境存在严重问题。

（一）薪酬设计不合理，激励短期化严重

在公司治理中激励永远是第一位的，设计合理的薪酬制度无疑是公司治理机制有效运行的重要保障。

最优薪酬契约理论认为应该将显性的企业业绩与高管激励报酬捆绑起来，也就是说最优经理人报酬应该是与公司业绩相关联的，这是制定高管薪酬的一个最基本的理论依据。通过比较，可以发现东芝公司的高管薪酬结构体系是很不合理的：一方面高管的固定薪酬占比较大，且固定薪酬没有和企业业绩挂钩，更多的是依靠年功序列和职位高低，容易导致"无功受禄"；另一方面东芝公司没有设置长期激励，容易导致经营者更愿意追求短期效应，忽视企业的长期价值。

（二）董事会独立性差，"委员会制"形同虚设

东芝公司董事会规模庞大，且董事成员大多来自企业内部，促成了原上司与部下的关系，使董事们尤其是外部董事很难发挥自己的职能和作用。东芝公司在2013年度有11名内部董事在管理层担任要职，比如董事会成员田中久雄，既兼任了薪酬委员会委员一职，

---

① 苏海河. 东芝财务造假印证日本企业通病［N］. 经济日报，2015-07-24，有删改.

同时又是东芝公司的CEO（社长），一方面违背了2006年日本《公司治理原则》中规定的董事会成员与高级管理层人员互不兼任的要求，另一方面也导致公司一把手的权力过大，容易产生内部人控制。东芝公司的4名外部董事可以在3个委员会中交叉任职，除了一人仅在审计委员会任职，其余3名外部董事分别兼任两个委员会职位。这种搞数字游戏蒙骗利益相关者的做法，使得东芝公司的委员会很难发挥应有的功能，"委员会制"形同虚设。

（三）监管机构失责，监督内部化

首先，审计委员会内部化。根据2013年年报，由5名东芝公司董事会成员组成了审计委员会，包括2名内部董事和3名外部董事。其中内部董事久保诚担任了审计委员会主席一职，久保诚是东芝公司的老员工，曾经担任东芝公司的首席财务官，这种人事上的安排一方面使得东芝公司的审计委员会很难发挥监督职能（久保诚不可能审查自己以前的账务），另一方面公司的监事是从企业内部产生，职业判断容易受"关系"影响而丧失。

其次，外部董事不专业。3名外部董事的不专业以及身兼数职使得东芝公司依靠外部董事来监督董事和经理们的渠道被彻底切断了。

最后，外部审计"形式化"。除了内部审计部门不得不装聋作哑，外部审计部门也显得形同虚设，甚至在出现意见分歧时审计部门向公司妥协。[①]

任何经济组织的内部控制都是在特定环境下建立并实施的。正如COSO报告指出的，控制环境是一种氛围和条件，它奠定了公司的内部控制结构，决定了组织的控制基调，影响了整个组织内所有人员的控制意识和控制行为。可见，内部环境是企业实施内部控制的基础条件，它决定了一个经济组织的内部控制特点及其有效性。

根据我国《企业内部控制基本规范》的定义，"内部环境是企业实施内部控制的基础，一般包括治理结构、机构设置及权责分配、内部审计、人力资源政策、企业文化等"。

第一节　组织架构

一、组织架构的定义

科学合理的组织架构是内部控制的前提和基础，良好且完善的企业组织架构为风险评估、实施控制活动、促进信息沟通、强化内部监督提供了组织保障。

根据《企业内部控制应用指引第1号——组织架构》的定义，组织架构是指企业按照国家有关法律、法规、股东（大）会决议、企业章程，结合本企业实际情况，明确董事会、监事会、经理层和企业内部各层级机构设置、职责权限、人员编制、工作程序和相关要求的制度安排。一家企业的组织架构存在缺失或缺陷，其他一切生产、经营、管理活动都会受到影响。

组织架构分为治理结构和内部机构两个层面。

---

① 王传彬，伍中信，葛干忠. 从东芝财务丑闻看日本公司治理改革存在的问题及出路［J］. 现代日本经济，2016（3），有删改.

（一）治理结构

治理结构即企业治理层面的组织架构，是与外部主体发生各项经济关系的法人所必备的组织基础。它可以使企业成为在法律上具有独立责任的主体，从而使得企业能够在法律许可的范围内拥有特定权利、履行相应义务，以保障各利益相关方的基本权益。

案例 3-1　　　　　　　　华为技术有限公司治理结构[①]

华为技术有限公司坚持以客户为中心、以奋斗者为本，持续改善公司治理结构、组织、流程和考核，使公司长期保持有效增长。

股东会是公司权力机构，对公司增资、利润分配、选举董事/监事等重大事项作出决策。

董事会是公司战略、经营管理和客户满意度的最高责任机构，承担带领公司前进的使命，行使公司战略与经营管理决策权，确保客户与股东的利益得到维护。

公司董事会及董事会常务委员会由轮值董事长主持，轮值董事长在当值期间是公司最高领导者。

监事会的主要职责包括董事/高级管理人员履职监督、公司经营和财务状况监督、合规监督。

自 2000 年起，华为技术有限公司聘用毕马威作为独立审计机构。审计机构负责审计年度财务报表，根据会计准则和审计程序，评估财务报表是否真实和公允，对财务报表发表审计意见。

公司设立基于客户、产品和区域三个维度的组织架构，各组织共同为客户创造价值，对公司的财务绩效有效增长、市场竞争力提升和客户满意度负责。

运营商 BG 和企业 BG 是公司分别面向运营商客户和企业/行业客户的解决方案营销、销售和服务的管理和支撑组织，针对不同客户的业务特点和经营规律提供创新、差异化、领先的解决方案，并不断提升公司的行业竞争力和客户满意度；消费者 BG 是公司面向终端产品用户的端到端经营组织，对经营结果、风险、市场竞争力和客户满意度负责。

2017 年，公司成立了 Cloud BU。Cloud BU 是云服务产业端到端管理的经营单元，负责构建云服务竞争力，对云服务的客户满意度和商业成功负责。

产品与解决方案部门是公司面向运营商及企业/行业客户提供 ICT 融合解决方案的组织，负责产品的规划、开发交付和产品竞争力构建，创造更好的用户体验，支持商业成功。

区域组织是公司的区域经营中心，负责区域的各项资源、能力的建设和有效利用，并负责公司战略在所辖区域的落地。公司持续优化区域组织，加大、加快向一线组织授权，指挥权、现场决策权逐渐前移至代表处，目前已在部分国家试行"合同在代表处审结"，以进一步提高效率、更快响应客户需求。区域组织在与客户建立更紧密的联系和伙伴关系、帮助客户实现商业成功的同时，进一步支撑公司健康、可持续的有效增长。

集团职能平台是聚焦业务的支撑、服务和监管的平台，向前方提供及时、准确、有效的服务，在充分向前方授权的同时加强监管。

华为技术有限公司治理结构如图 3-1 所示。

---

① 佚名. 华为技术有限公司治理结构［EB/OL］.［2017-12-31］. https://www.huawei.com/cn.

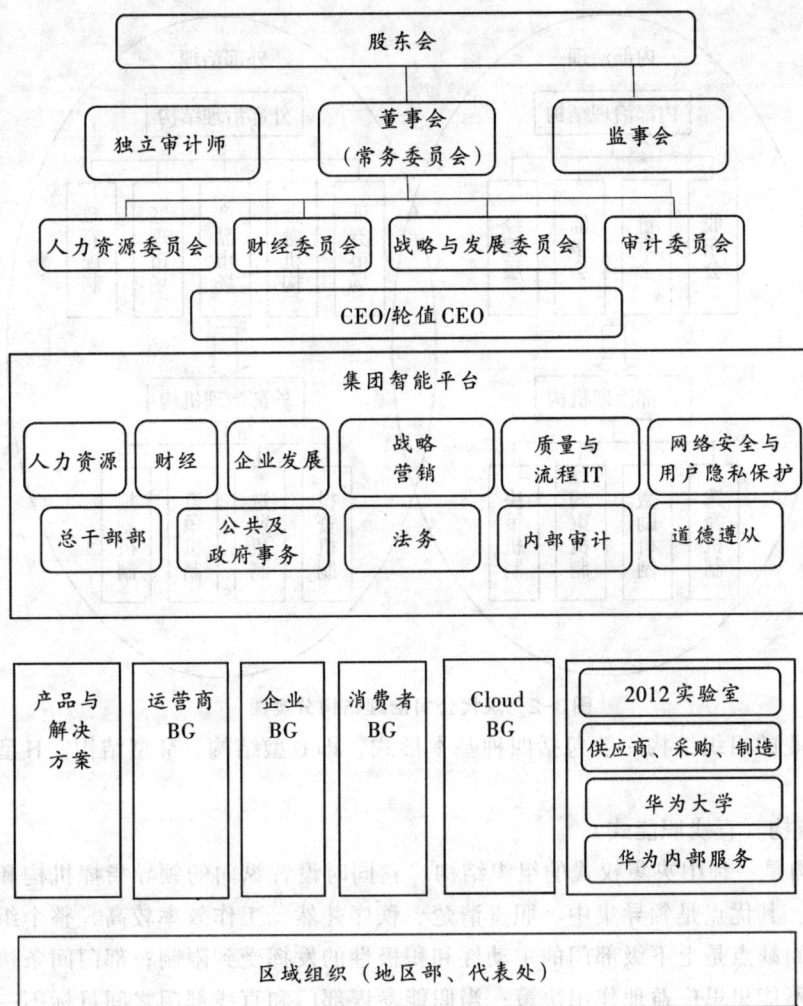

图3-1　华为技术有限公司治理结构图

公司治理结构可以区分为狭义和广义两个方面。现代公司治理结构分类如图3-2所示。

狭义公司治理结构解决所有者对经营者的监督与制衡问题，主要是指内部治理结构。公司内部治理结构是指公司的所有者与经营者和员工之间建立的权力与利益的分配与制衡的关系及规制决策的体系。

广义公司治理结构是指用来协调公司所有的权益主体之间的制衡关系的体系。因此，它包括内部治理结构与外部治理结构。外部治理结构是指公司与其外部各权益主体之间权益制衡关系的体系。

（二）内部机构

内部机构则是企业内部分别设置不同层次的管理人员及由各专业人员组成的管理团队，针对各项业务功能行使决策、计划、执行、监督、评价的权利并承担相应的义务，是为了保证业务顺利开展的支撑平台。

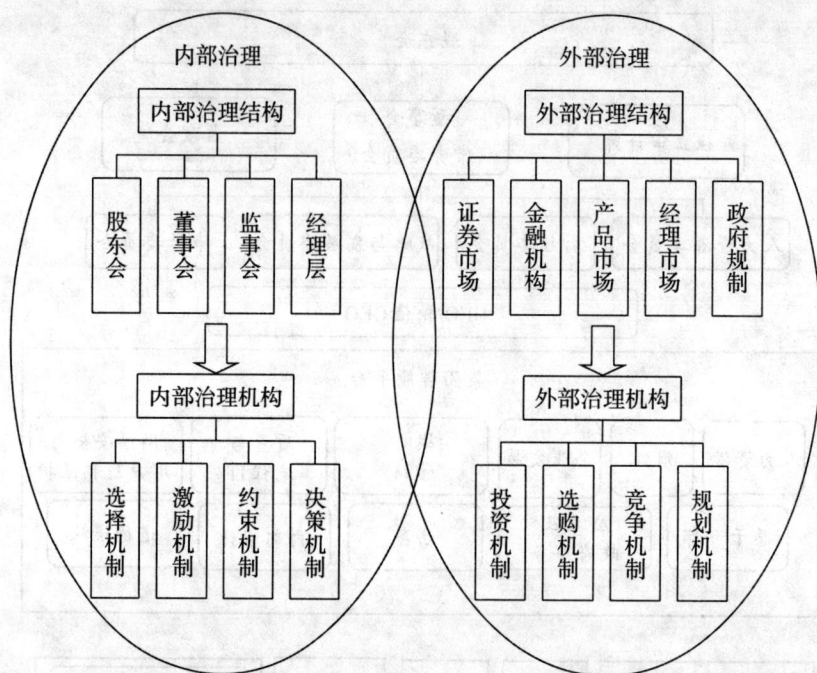

图 3-2 现代公司治理结构分类图[1]

现代企业的组织结构一般包括四种基本形式，即 U 型结构、M 型结构、H 型结构和矩阵型结构[2]。

1.U 型结构（直线职能式）

U 型结构是一种中央集权式的组织结构。它同时设置纵向的领导指挥机构和横向的参谋咨询机构。其优点是领导集中、职责清楚、秩序井然、工作效率较高，整个组织有较高的稳定性。而缺点是上下级部门的主动性和积极性的发挥受到限制；部门间条块分割，互通情报少，不能集思广益地作出决策；当职能参谋部门和直线部门之间目标不一致时，容易产生矛盾，致使上层主管的协调工作量增大；整个组织系统的适应性较差，因循守旧，对新情况不能及时地作出反应。直线职能式组织结构如图 3-3 所示。

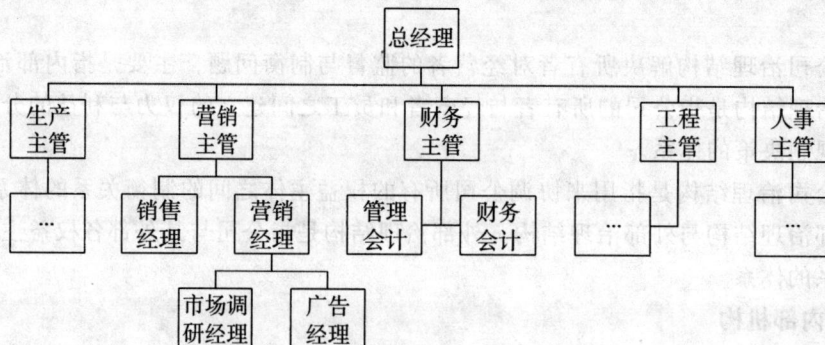

图 3-3 直线职能式组织结构示意图[3]

对于只生产一种或少数几种产品的中小型企业而言，直线职能式组织结构是一种最佳模

① 单凤儒. 管理学基础［M］. 5 版. 北京：高等教育出版社，2008.
② 刘兴国，等. 传统企业组织结构模式的比较分析［J］. 科学与技术管理，2003（5）.
③ 中国注册会计师协会. 公司战略与风险管理［M］. 北京：经济科学出版社，2010.

式。但对于规模较大、决策时需要考虑较多因素的组织，直线职能式组织结构则不太适用。

2.M型结构（区域事业部制）

M型结构是一种分权与集权相结合的组织结构。企业按产品、客户、地区等来设立事业部，每一个事业部都是一个有相当自主权的利润中心，独立地进行日常经营决策，各事业部都相当于一个U型企业。区域事业部制结构示意图如图3-4所示。

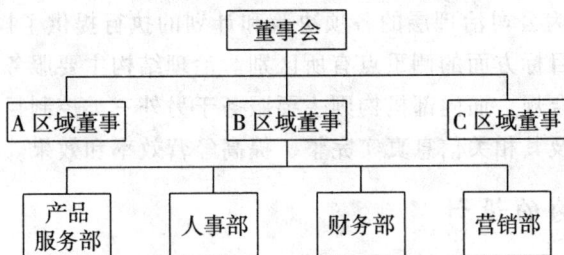

图3-4　区域事业部制结构示意图①

在纵向关系上，按照"集中决策，分散经营"的原则，处理企业高层领导与事业部之间的关系。实行事业部制，企业最高领导层可以摆脱日常的行政事务，集中力量研究和制定企业发展的各种经营战略和经营方针，而把最大限度的管理权限下放到各事业部，使他们能够依据企业的政策和制度，自主经营，充分发挥各自的积极性和主动性。在横向关系方面，各事业部作为利润中心，实行独立核算。各事业部间的经济往来遵循等价交换原则，结成商品货币关系。

3.H型结构（控股公司制）

控股公司制组织结构简称H型结构，是指在公司总部下设立若干个子公司，公司总部作为母公司对子公司进行控股，承担有限责任。母公司对子公司既可以通过控股性股权进行直接管理，又可以通过子公司董事会来进行控制。

H型结构的管理运作主要是依据资产纽带，且被控股公司又具有法人资格，结构过于松散，使得控股公司总部往往难以有效控制各子公司，控股公司的战略计划难以实现与贯彻；过度分权导致管理效率的下降，增加了控股公司的管理成本；子公司难以充分利用控股公司总部的参谋人员；控股公司的投资协调比较困难。

4.矩阵型结构

矩阵型结构是按职能划分部门和按任务特点（产品和项目）划分小组相结合所产生的矩阵型组织结构形式。当环境一方面要求专业技术知识，另一方面又要求每个产品线能快速作出变化时，就可以应用矩阵型结构。如前所述，职能式结构强调纵向的信息沟通，而事业部制结构强调横向的信息流动，矩阵型结构就是将这两种信息流动在企业内部同时实现。

矩阵型结构不是一种常设型组织结构模式，这种组织结构适合在需要对环境变化作出迅速而一致反应的企业中使用。

企业组织结构作为对企业管理进行的组织设计，是随着经济的发展和科学技术的进步而不断演变的。近年来，由于知识经济的兴起和信息革命的推动，各种企业组织创新的形式不断涌现，企业组织结构变革趋势主要表现在以下几个方面：组织结构扁平化、组织结

① 中国注册会计师协会. 公司战略与风险管理［M］. 北京：经济科学出版社，2010.

构网络化、组织的无边界化、组织结构分立化、组织结构柔性化等。

（三）治理结构与内部机构的关系

治理结构与内部机构之间既有联系又有区别。一方面，两者相互协调，相互配合，互为补充，共同为实现企业内部控制目标服务。如果董事、监事、高级管理人员失职或舞弊，再完善的内部控制系统，再科学的内部机构设置，都将形同虚设，失去预期的效能，而科学的内部机构则为公司治理层的各项决策和计划的执行提供了操作平台。另一方面，两者在实现内部控制目标方面的侧重点有所区别。治理结构主要服务于促进企业实现发展战略、保证经营合法合规，而内部机构则主要服务于另外三类控制目标，即保证企业资产安全、保证财务报告及其相关信息真实完整、提高经营效率和效果。

二、组织架构的设计

（一）组织架构设计原则

企业在设计组织架构时，必须考虑内部控制的要求，合理确定治理层、管理层及内部各部门之间的权力和责任并建立恰当的报告关系。具体而言，至少应当遵循以下原则：

1.符合法律、法规要求。治理结构的设计必须遵循我国法律、法规的要求，严格规范出资者（主要指股东）、董事会、监事会、经理层的权利和义务，及其相关的聘任条件和议事程序等，合理解决企业各方利益分配问题。

2.符合发展战略要求。通常情况下，企业发展目标是多重的，且在一段时期保持相对稳定，无论企业的发展目标如何，都必须通过自身组织架构的合理设计和有效运作予以实现和保证。

3.符合管理控制要求。组织架构的设计应当考虑各层级之间可以相互监督、相互制约。为达到恰当的控制效果，在组织架构设计时必须找出各种限制组织层级和管理跨度的因素，主要包括：员工的经验与受训程度；工作任务的相似性和复杂性；工作地点的空间距离；使用标准化管理的程度；企业信息系统管理的先进程度；企业文化的凝聚力以及管理层的管理风格等。

4.符合内外环境要求。组织架构设计应当与企业的市场环境、行业特征、经营规模等相适应。此外，企业还应当根据内外部环境的不断变化，迅速作出反应，及时进行组织架构的优化调整。

（二）治理结构主要风险点分析

组织架构设计中的主要风险，仍然从治理结构和内部机构两个角度进行分析。

从治理结构层面看，主要风险在于：治理结构形同虚设，缺乏科学决策、良性运行机制和执行力，可能导致企业经营失败，难以实现发展战略。具体而言，组织架构设计中的风险点可主要存在于以下十种情况。

1.股东（大）会是否规范而有效地召开，股东是否可以通过股东（大）会行使自己的权利。

2.企业与控股股东是否在资产、财务、人员方面实现相互独立，企业与控股股东的关联交易是否贯彻平等、公开、自愿的原则。

3.对与控股股东相关的信息是否根据规定及时完整地披露。

4.企业是否对中小股东权益采取了必要的保护措施，使中小股东能够和大股东同等条件参加股东（大）会，获得与大股东一致的信息，并行使相应的权利。

5.董事会是否独立于经理层和大股东，董事会及其审计委员会中是否有适当数量的独立董事存在且能有效发挥作用。

6.董事对于自身的权利和责任是否有明确的认知，并且有足够的知识、经验和时间来勤勉、诚信、尽责地履行职责。

7.董事会是否能够保证企业建立并实施有效的内部控制，审批企业发展战略和重大决策并定期检查、评价其执行情况，明确设立企业可接受的风险承受度，并督促经理层对内部控制有效性进行监督和评价。

8.监事会的构成是否能够保证其独立性，监事能力是否与相关领域相匹配。

9.监事会是否能够规范而有效地运行，监督董事会、经理层正确地履行职责并纠正损害企业利益的行为。

10.对经理层的权力是否存在必要的监督和约束机制。

（三）治理结构的设计

治理结构包括股东（大）会、董事会、监事会和经理层。企业应当根据国家有关法律、法规的规定，按照决策机构、执行机构和监督机构相互独立、权责明确、相互制衡的原则，明确董事会、监事会和经理层的职责权限、任职条件、议事规则和工作程序等。

1.上市公司治理结构设计

上市公司是公众公司，具有重大的公众利益，因而必须对投资者和社会公众负责。上市公司治理结构的设计，应当充分反映"公众性"特点。具体而言，上市公司治理结构设计应重点关注以下三个方面：

（1）设立独立董事制度

上市公司董事会应当设立独立董事。独立董事不得在上市公司担任除独立董事外的其他任何职务。独立董事对上市公司及全体股东负有诚信与勤勉等义务。

（2）设置董事会专业委员会

上市公司董事会应当根据治理需要，按照股东（大）会的有关决议设立战略决策、审计、提名、薪酬与考核等专门委员会。其中，战略决策委员会主要负责制定公司长期发展战略，监督、核实公司重大投资决策等；提名委员会主要负责拟订公司董事和高级管理人员的选拔标准和程序，搜寻人选，进行选择并提出建议；审计委员会主要负责审查公司内控制度及重大关联交易，审核公司财务信息及其披露，负责内、外部审计的沟通、监督和核查工作；薪酬与考核委员会主要负责制定公司董事及经理人员的考核标准并进行考核，负责制定、审查公司董事及经理人员的薪酬政策与方案，其质量是公司战略成功的重要决定因素。其中，审计委员会、薪酬与考核委员会中独立董事应当占多数并担任负责人，审计委员会中至少还应有一名独立董事是会计专业人士。

董事会专业委员会中的审计委员会，对内部控制的建立健全和有效实施发挥着尤其重要的作用。审计委员会对经理层提供的财务报告和内部控制评价报告进行监督。审计委员会成员应当具备独立性、专业性、道德性。

（3）设立董事会秘书

董事会秘书为上市公司的高级管理人员，直接对董事会负责，并由董事长提名，董事会负责任免。

　　董事会秘书是一个重要的角色，负责上市公司股东（大）会和董事会会议的筹备、文件保管以及公司股东资料的管理，办理信息披露事务等事宜。

　　2.国有独资企业治理结构设计

　　国有独资企业是比较独特的企业群体，也是我国国民经济的骨干力量，其治理结构设计应充分反映其特色。国有独资企业治理结构设计应反映以下特点：

　　（1）国有资产监督管理机构代行股东（大）会职权。国有独资企业不设股东（大）会，由国有资产监督管理机构行使股东（大）会职权。国有独资企业董事会可以根据授权部分行使股东（大）会的职权，决定公司的重大事项，但公司的合并、分立、解散、增加或者减少注册资本和发行公司债券，必须由国有资产监督管理机构决定。

　　（2）国有独资企业董事会成员中应当包括公司职工代表，董事会成员由国有资产监督管理机构委派。但是，董事会成员中的职工代表由公司职工代表大会选举产生。国有独资企业董事长、副董事长由国有资产监督管理机构从董事会成员中指定产生。

　　（3）国有独资企业监事会成员由国有资产监督管理机构委派，但是监事会成员中的职工代表由公司职工代表大会选举产生。监事会主席由国有资产监督管理机构从监事会成员中指定产生。

　　（四）内部机构的设计

　　内部机构的设计是组织架构设计的关键环节。内部机构的设计应满足以下三个要求：

　　1.企业应当按照科学、精简、高效、透明、制衡的原则，明确各机构的职责权限，避免职能交叉、缺失或权责过于集中，形成各司其职、各负其责、相互制约、相互协调的工作机制。

　　2.企业应当对各机构的职能进行科学合理的分解，确定具体岗位的名称、职责和工作要求等，明确各个岗位的权限和相互关系。尤其应当体现不相容岗位相分离原则，努力识别出不相容职务。

　　岗位职责是对某一工作部门或个人的工作任务、责任与权限所作的统一规定。企业应当对岗位职责进行描述，包括工作名称、工作职责、任职条件、工作所要求的技能、工作对个性的要求。描述的对象是工作本身，而与从事这项工作的人无关。这样做的目的是便于员工理解职位所要求的能力、工作职责、衡量的标准，让员工有一个可遵循的原则。

　　3.企业应当制定组织结构图、业务流程图、岗（职）位说明书和权限指引等内部管理制度或相关文件，使员工了解和掌握组织架构设计及权责分配情况，正确履行职责。值得特别指出的是，就内部机构设计而言，建立权限指引和授权机制非常重要。有了权限指引，不同层级的员工就知道该如何行使权力并承担相应责任，也利于事后考核评价；"授权"表明的是，企业各项决策和业务必须由具备适当权限的人员办理，这一权限通过公司章程约定或其他适当方式授予。

　　企业内部各级员工必须获得相应的授权，才能实施决策或执行业务，严禁越权办理。按照授权对象和形式的不同，授权分为常规授权和特别授权。常规授权一般针对企业日常经营管理过程中发生的程序性和重复性工作，可以在由企业正式颁布的岗（职）位说明书中予以明确，或通过制定专门的权限指引予以明确。特别授权一般是由董事会给经理层或经理层给内部机构及其员工授予处理某一突发事件（如法律纠纷）、作出某项重大决策、代替上级处理日常工作的临时性权力。

三、组织架构的运行

(一)企业治理结构的运行

企业应当根据组织架构的设计规范，对现有治理结构和内部机构设置进行全面梳理，确保本企业治理结构、内部机构设置和运行机制等符合现代企业制度要求。

企业梳理治理结构，应当重点关注董事、监事、经理及其他高级管理人员的任职资格和履职情况，以及董事会、监事会和经理层的运行效果。治理结构存在问题的，应当采取有效措施加以改进。

案例3-2 腾讯的三次重大架构调整[①]

2005年：以产品为导向，组织BU化

2005年以前，腾讯还是一家规模较小的企业，只有QQ这一个核心产品，人心齐，管理简单，所以最初采用的是职能式架构，分别设渠道、业务、研发和基础架构部门，另设行政、人力资源、内部审计、信息等职能部门。

职能式架构在当时的组织规模下简单易行：COO管渠道和业务，CTO管研发和基础架构，上面再由CEO统一协调。但随着腾讯多元化布局，涉足无线业务、互联网增值业务、游戏、媒体等领域后，CEO分身乏术，没有精力再管理每一个业务，协调成本也随之上升，有时还会出现产品部门和研发部门相互不买账的情况。

因此，鉴于职能式架构造成的管理滞后，腾讯开始了第一次大刀阔斧的调整：BU（Business Unit）化，即向"事业部制"进化，以产品为导向，将业务系统化，把研发、产品都纳入，由事业部的EVP（Executive Vice President，执行副总裁）来负责整个业务，相当于每个业务都添了个有力的CEO，如图3-5所示。

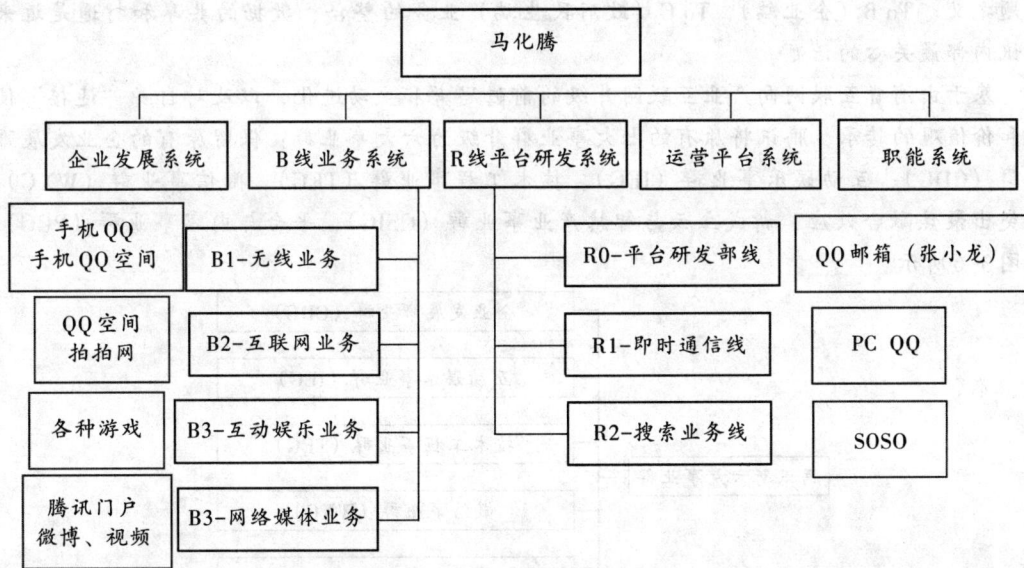

图3-5 腾讯第一次组织架构调整示意图

这一次调整主要是适应多元产品发展的要求，不再以职能区分。腾讯也就从一家初创

---

① 张超. 盘点腾讯三次重大架构调整：重点调了什么？［EB/OL］.［2018-09-30］. https://awtmt.com/articles/3414481?from=wscn，有删改.

公司转向规模化的生态协同,单一的社交产品变成一站式生活平台。

2012年:走向移动化设立七大事业群

2012年是中国互联网的一个分水岭,手机QQ的消息数首次超越电脑QQ,越来越多的用户将时间花在手机上,这使得传统业务部门面临巨大压力。

在此之前,QQ散落在三个业务部门。QQ、无线QQ、QQ上的增值服务和SNS业务三个板块各自为政,内部协调成了一个大问题。不合理的业务单元划分严重降低了工作效率,使得功能无法快速上线给用户使用,用户体验被忽略。

为了便于协调公司相关业务,减少部门间相互扯皮和恶性竞争的情况,适应互联网快速发展的要求,2012年前后,腾讯作出了第二次组织架构调整:由原有的业务系统制(Business Units,BUs)升级为事业群制(Business Groups,BGs)。

调整后,腾讯把业务重新划分为企业发展事业群(CDG)、互动娱乐事业群(IEG)、移动互联网事业群(MIG)、网络媒体事业群(OMG)、社交网络事业群(SNG),整合原有的研发和运营平台,成立新的技术工程事业群(TEG),后续又将微信独立成立了微信事业群(WXG)。

"移动时代的到来,让我们走到了'革命'还是'被革命'的关口。"腾讯创始人之一、前CTO张志东回忆说:"这种模式具有边界简明的优点,以部门/产品组为单位,一个产品部门就能自主立项,快速试验,当遇到大的技术难题时,再从公司层面抽调有经验的同事增援。在一定的产品领域和试错时间内,允许不同的产品团队有不同取向的探索。"

2018年:向产业互联网升级,新设CSIG

进入ABC(AI、Big Data、Cloud)时代,战略的重整、组织结构的裂变成为新时代的破题之义。To B(企业端)、To G(政府民生端)业务的整合、数据的共享和打通是近来腾讯内部最关心的话题。

基于由消费互联网向产业互联网升级的前瞻思考和主动进化,以及对自身"连接"使命和价值观的传承,腾讯将原有的七大事业群升级为六大事业群:保留原有的企业发展事业群(CDG)、互动娱乐事业群(IEG)、技术工程事业群(TEG)、微信事业群(WXG),又突出聚焦融合效应,新成立云与智慧产业事业群(CSIG)、平台与内容事业群(PCG),如图3-6所示。

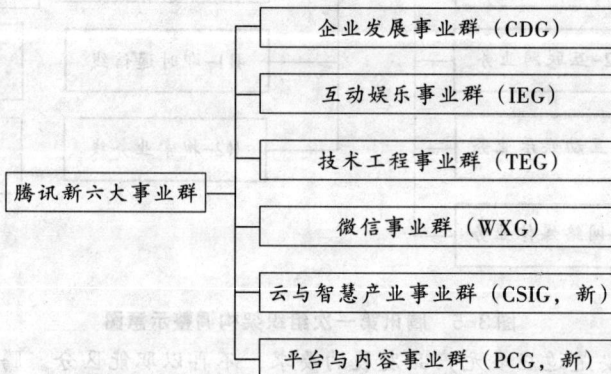

图3-6 腾讯第三次组织架构调整示意图

企业应当梳理内部机构设置，重点关注内部机构设置的合理性和运行的高效性等。内部机构设置和运行中存在职能交叉、缺失或运行效率低下的，应当及时解决。

（二）对子公司的管控

企业拥有子公司的，应当建立科学的投资管控制度，通过合法有效的形式履行出资人职责、维护出资人权益，重点关注子公司特别是异地、境外子公司的发展战略、年度财务预决算、重大投融资、重大担保、大额资金使用、主要资产处置、重要人事任免、内部控制体系建设等重要事项。

另外，企业应当定期对组织架构设计与运行的效率和效果进行全面评估，发现组织架构设计与运行中存在缺陷的，应当进行优化调整。需要注意的是，企业组织架构调整应当充分听取董事、监事、高级管理人员和其他员工的意见，按照规定的权限和程序进行决策审批。

第二节　发展战略

一、发展战略概述

内部控制的目标是合理保证企业经营管理合法合规、资产安全、财务报告及相关信息真实完整，提高经营效率和效果，促进企业实现发展战略。其中，企业发展战略目标在内部控制目标体系中处于主导地位，战略目标正确，其他目标才有意义，否则，其他目标实现的意义就会大打折扣。企业应当依据发展战略，设计和实施内部控制。

根据《企业内部控制应用指引第2号——发展战略》，发展战略是企业在对现实状况和未来趋势进行综合分析和科学预测的基础上，制定并实施的中长期发展目标与战略规划。战略的失败是企业最彻底的失败，它甚至会导致企业的消亡。

（一）发展战略的意义

企业制定科学合理的发展战略，具有重要意义。

1.发展战略可以为企业找准市场定位。市场定位就是要在激烈的市场竞争环境中找准位置。定位准了，才能赢得市场，才能获得竞争优势，才能不断发展壮大。发展战略要着力解决的正是企业发展过程中所面临的这些全局性、长期性的问题。

2.发展战略是企业执行层的行动指南。发展战略指明了企业的发展方向、目标与实施路径，描绘了企业未来经营方向和目标纲领，是企业发展的蓝图，关系着企业的长远生存与发展。

3.发展战略也是内部控制的最高目标。企业内部控制的系列目标中，促进发展战略的实现是内部控制最高层次的目标。发展战略为企业内部控制指明了方向，内部控制为企业实现发展战略提供了可靠保障。

（二）企业制定与实施发展战略存在的风险

企业制定与实施发展战略至少应当关注下列风险：

1.缺乏明确的发展战略或发展战略实施不到位，可能导致企业盲目发展，难以形成竞争优势，丧失发展机遇和动力。

2.发展战略过于激进，脱离企业实际能力或偏离主业，可能导致企业过度扩张，甚至经营失败。

3.发展战略因主观原因频繁变动，可能导致资源浪费，甚至会危及企业的生存和持续发展。

二、发展战略的制定

（一）建立和健全发展战略制定机构

企业要在人力资源配置、组织机构设置等方面为发展战略提供必要的保证。一般而言，企业可以通过设立战略委员会，或指定相关机构负责发展战略管理工作，履行相应职责。

战略委员会的主要职责是对公司的长期发展规划、经营目标、发展方针进行研究并提出建议，对公司所涉及的产品战略、市场战略、营销战略、研发战略、人才战略等经营战略进行研究并提出建议，对公司重大战略性投资、融资方案进行研究并提出建议，对公司重大资本运作、资产经营项目进行研究并提出建议等。

战略委员会对董事会负责，委员包括董事长和其他董事，委员应当具有较强的综合素质和实践经验。战略委员会主席应当由董事长担任。

（二）分析评价影响发展战略的因素

1.影响企业发展战略的因素

影响企业发展战略的因素主要包括以下方面[①]：

（1）企业经营环境变化的风险。企业外部环境发生了很大变化，顾客、市场、竞争规则、竞争性质都逐渐变得激烈复杂。一般来讲，企业外部环境主要有三个变化：一是顾客在变化，现在随着生活水平的提高、经济的发展，顾客对企业产品的要求越来越高；二是竞争在变化，即竞争程度在加深，竞争的规则在改变；三是变化本身在变化，即变化的内容在变化，变化的周期在缩短，变化的突然性在增强。

（2）科学技术发展的风险。科学技术的飞速发展以及电子商务的出现，使得市场营销的某些原理受到严峻挑战。伊拉克战争展示了新的世界军事格局，现代的竞争已经从机械化的时代转向数字化、信息化的时代。制信息权、制空权、精准打击、光电隐形、超级武器、新概念武器等成为军事科学技术竞争的焦点。科学技术发展如此快速，企业制定战略的风险就大大提高了。

（3）走向国际化的风险。企业走向国际化，更需要有战略的指导，更需要注意战略的风险。

（4）企业内部发展的风险。企业外部环境发生很大变化，企业的战略也应该进行调整，因为大部分企业的战略是在过去比较老的观念下制定的，企业必须建立新的观念。新的观念必须符合当前经济全球化、全球信息化的形势，这样才会有新的思路，才会有新的战略，才会给企业带来比较好的效益。

（5）资本运营的风险。资本运营的风险加大，使得企业的兼并、收购、控股、参股等资本扩张需要有好的战略，否则会把自己拖垮。

以上是对影响企业发展战略的因素分析，但在这5个影响因素当中，企业经营环境变

---

① 石改梅. 浅谈企业战略风险管理 [G]. 第九届中国煤炭经济管理论坛暨 2008 年中国煤炭学会经济管理专业委员会年会论文集. 徐州：中国矿业大学出版社，2008.

化的风险和企业内部发展的风险是关键因素，所以只有对企业所处的外部环境和拥有的内部资源展开深度分析，才能制定出科学合理的发展战略。

2.外部环境分析

外部环境分析包括对企业所处的宏观环境分析、行业环境分析及竞争对手分析、经营环境分析等。

（1）宏观环境分析

宏观环境分析一般通过政治和法律环境、经济环境、社会和文化环境、技术环境等因素分析企业所面临的状况。宏观环境因素分析图如图3-7所示。

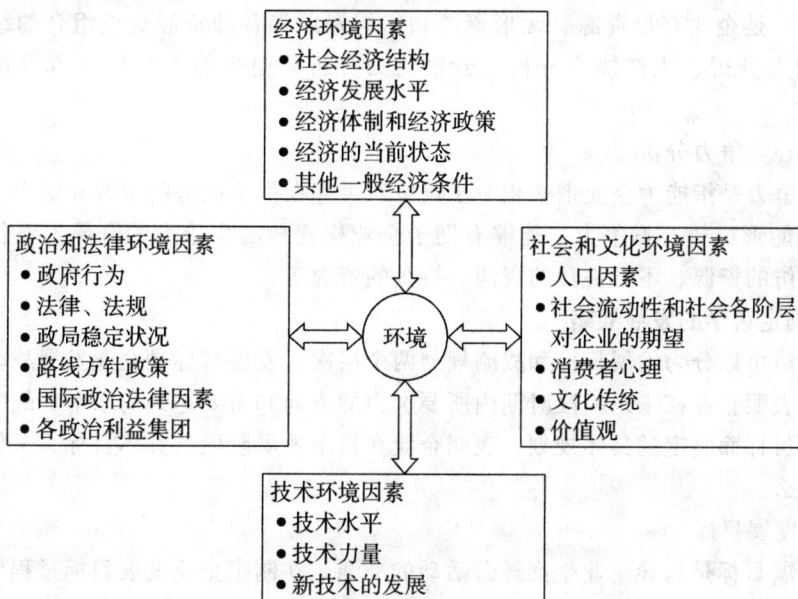

图3-7　宏观环境各因素分析图

（2）行业环境及竞争对手分析

行业环境分析最常用的工具是五力分析模型，用以确定企业在行业中的竞争优势和行业可能达到的最终资本回报率。五力分析模型如图3-8所示，这五种竞争驱动力决定了企业的最终盈利能力。

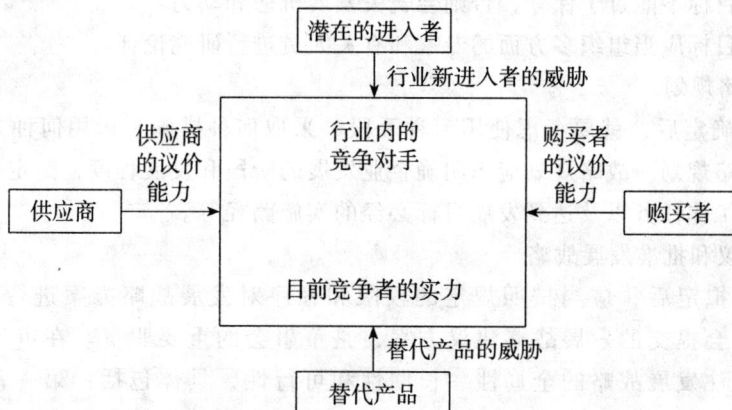

图3-8　五力分析模型

（3）经营环境分析

经营环境分析侧重于对市场及竞争地位、消费者消费状况、融资者、劳动力市场状况等因素的分析。

3.内部资源的分析

（1）企业资源分析

企业资源分析是对企业现有资源的数量和利用效率，以及资源的应变能力等方面的分析，以便明确形成企业核心能力和竞争优势的战略性资源。

（2）企业能力分析

企业能力是企业有形资源、无形资源和组织资源等各种资源有机组合的结果，主要包括研发能力分析、生产能力分析、营销能力分析、财务能力分析、组织管理能力分析等。

（3）核心竞争力分析

核心竞争力是指能为企业带来相对于竞争对手存在竞争优势的资源和能力。并不是所有的资源都能形成核心竞争力，能够有助于企业构建核心竞争力的资源主要包括稀缺资源、不可模仿的资源、不可替代的资源、持久的资源等。

（三）制定科学的发展战略

发展战略可以分为发展目标和战略规划两个层次。发展目标是企业发展战略的核心和基本内容，表明企业在未来一段时期内所要努力的方向和所要达到的水平。战略规划是为了实现发展目标而制定的具体规划，表明企业在每个发展阶段的具体目标、工作任务和实施路径是什么。

1.制定发展目标

企业发展目标是指导企业生产经营活动的准绳。在制定企业发展目标过程中，应当重点关注以下主要内容：

（1）发展目标应当突出主业。在编制发展目标时应突出主业，只有集中精力做强主业，才能增强企业核心竞争力，才能在行业发展、产业发展中发挥引领和带头作用。

（2）发展目标不能过于激进，不能盲目追逐市场热点，不能脱离企业实际。

（3）发展目标不能过于保守，否则会丧失发展机遇和动力。

（4）发展目标应当组织多方面的专家和有关人员进行研究论证。

2.编制战略规划

发展目标确定后，就要考虑使用何种手段、采取何种措施、运用何种方法来达到目标，即编制战略规划。战略规划应当明确企业发展的阶段和发展程度，制定每个发展阶段的具体目标和工作任务以及达到发展目标必经的实施路径等。

3.严格审议和批准发展战略

发展战略拟定后，应当按照规定的权限和程序对发展战略方案进行审议和批准。审议战略委员会提交的发展战略建议方案，是董事会的重要职责。在审议过程中，董事会应着力关注发展战略的全局性、长期性和可行性，具体包括：第一，发展战略是否符合国家行业发展规划和产业政策；第二，发展战略是否符合国家经济结构战略性调整方向；第三，发展战略是否突出主业，有助于提升企业核心竞争力；第四，发展战略是否具有可操作性；第五，发展战略是否客观全面地对未来商业机会和风险进行分析预测；第六，发展战略是否有相应的人力、财务、信息等资源保障等。董事会在审议中如果发现发展战略方案存在重大缺陷问题，应当责成战略委员会对建议方案进行调整。

企业发展战略方案经董事会审议通过后，应当报经股东（大）会批准后付诸实施。

案例3-3　　　　　　　　　　　正确理解战略的本义[①]

要从以下五个角度理解战略：

- 战略是一套计划；
- 战略是一种商业模式；
- 战略是对局势的一种评估；
- 战略是一种看法；
- 战略是一种想法、概念或灵感。

战略是选择对的事做，而不是把事做对。把事做对是管理，选择对的事是战略。什么是对的事？本质上就是要学会不做什么。在今天可以不做的事很多，因为边界可以打开，你可以让别人做更多的事。

战略首先是一套计划。它是计划就意味着必须具备三个东西：目标、选择和行动方案。这个计划能统合公司的目标及政策，并且能使公司上下一致地付诸行动。

战略也是商业模式。曾有人写文章谈IBM，认为IBM战略领先十年、模式落后十年。我认为这样说并不准确。战略本来就是模式，其实不是模式落后十年，是执行力落后十年。IBM在十年前就知道平台战略，它在十年前就认为应该做云计算，它在十年前就提出智慧地球，它在十年前就开始告诉我们数据营销和数据创新是基本的选择，但它没有执行力把这些变成现实，结果数据输给了阿里，平台输给了Google、Facebook、亚马逊这样的公司，十年后它就变得很被动。

战略是模式，战略也是对未来的判断。两者合起来，战略是企业对未来判断的一个看法，这个看法要能总结出一个概念。

理解了这些，战略就容易做好了。中国企业的战略没有做好很多时候是因为只做了其中一个，没有完整地把它做出来，我一直认为有些中国企业就是输在战略上。

战略是什么，其实是你有一个梦，因为这个梦做了选择，做了选择后不断集聚要素，最后具备了一个能力。第一，战略在能力上就是两个最重要的东西，一个叫战略思维，一个叫战略逻辑。第二，战略一定是老板的事，老板一定要关心未来。第三，在战略上一定要在今天为未来做一些投入。第四，在谈战略时，最难的是如何跟上顾客的进步。

三、发展战略的实施

科学制定发展战略是一个复杂的过程，实施发展战略更是一个系统工程。企业只有重视和加强发展战略的实施，在所有相关目标领域全力推进，才有可能将发展战略描绘的蓝

---

① 陈春花：正确理解战略的本义 [EB/OL].[2018-06-20]. http://www.sohu.com/a/236688793_660818，有删改.

图转变为现实。为此，企业应当加强对发展战略实施的统一领导，制订详细的年度工作计划，通过编制全面预算，将年度目标进行分解、落实，确保企业发展目标的实现。此外，还要加强对发展战略的宣传培训，通过组织结构调整、人员安排、薪酬调整、财务安排、管理变革等配套措施，保证发展战略的顺利实施。

（一）发展战略实施的领导

要确保发展战略有效实施，加强组织领导是关键。企业经理层作为发展战略制定的直接参与者，往往比一般员工掌握更多的战略信息，对企业发展目标、战略规划和战略实施路径的理解和体会也更加全面深刻，应当担当发展战略实施的领导者。依据"统一领导、统一指挥"的原则，发挥企业经理层在资源分配、内部机构优化、企业文化培育、信息沟通、考核激励相关制度建设等方面的协调、平衡和决策作用，确保发展战略的有效实施。

（二）发展战略的分解落实

发展战略制定后，企业经理层应着手将发展战略逐步细化。（1）要根据战略规划，制订年度工作计划。（2）要按照上下结合、分级编制、逐级汇总的原则编制全面预算，将发展目标分解并落实到产销水平、资产负债规模、收入及利润增长幅度、投资回报、风险管控、技术创新、品牌建设、人力资源建设、制度建设、企业文化、社会责任等可操作层面，确保发展战略能够真正有效地指导企业各项生产经营管理活动。（3）要进一步将年度预算细分为季度、月度预算，通过实施分期预算控制，促进年度预算目标的实现。（4）要通过建立发展战略实施的激励约束机制，将各责任单位年度预算目标完成情况纳入绩效考评体系，切实做到有奖有惩、奖惩分明，以促进发展战略的有效实施。

（三）发展战略的宣传培训

企业应当重视发展战略的宣传培训工作，为推进发展战略实施提供强有力的思想支撑和行为导向。在企业董事、监事和高级管理人员中树立战略意识和战略思维，充分发挥其在战略制定与实施过程中的模范带头作用；通过采取内部会议、培训、讲座、知识竞赛等多种行之有效的方式，把发展战略及其分解落实情况传递到内部各管理层级和全体员工，营造战略宣传的强大舆论氛围；企业高管层要加强与广大员工的沟通，使全体员工充分认清企业的发展思路、战略目标和具体举措，自觉将发展战略与自己的具体工作结合起来，促进发展战略的有效实施。

（四）发展战略的执行

战略实施过程是一个系统的有机整体，目前复杂动态的市场环境和激烈的市场竞争，对企业内部不同部门之间的这种协同运作提出了越来越高的要求。为此，企业应当培育与发展战略相匹配的企业文化，优化调整组织结构，整合内外部资源，相应调整管理方式。

（五）发展战略的调整

公司战略委员会应当加强对发展战略实施情况的监控，定期收集和分析相关信息，对于明显偏离发展战略的情况，应当及时报告。

对由于经济形势、产业政策、技术进步、行业状况以及不可抗力等因素发生重大变化，确需对发展战略作出调整的，应当按照规定权限和程序调整发展战略。

第三节　人力资源

一、人力资源制度概述

人力资源是企业实现发展战略的前提，如果人力资源结构不合理，或者开发机制不健全、员工的胜任能力不足，都会影响到内部控制目标的顺利实现。

（一）人力资源的定义

根据《企业内部控制应用指引第3号——人力资源》的定义，人力资源是指企业组织生产经营活动而录（任）用的各种人员，包括董事、监事、高级管理人员和一般员工，其本质是企业组织中各种人员所具有的脑力和体力的总和。

人力资源的作用有以下方面：（1）良好的人力资源管理制度和机制是增强企业活力的内在源泉。（2）良好的人力资源管理制度和机制是提升企业核心竞争力的重要基础。"百年老店"经久不衰的根本原因大多在于具有良好的人力资源制度。（3）良好的人力资源管理制度和机制是实现企业发展战略的根本动力。企业发展战略决定了人力资源政策；反过来，良好的人力资源政策又对企业发展战略具有积极的促进作用。

（二）人力资源的组成

1. 高管人员

高管人员包括决策层和执行层人员。企业董事会成员和董事长构成企业的决策层，是决定企业发展战略的关键管理人员。决策层团队应具有战略眼光，具备国内、国际形势和宏观政策的分析判断能力，对同行业、本企业的优势具有很强的认知度。执行层通常又被称为经理层，应当树立"执行力"这一重要理念。

2. 专业技术人员

核心技术是企业赖以生存与发展的关键所在。专业技术人员是企业核心技术的创造者和维护者。

3. 一般员工

一般员工是企业人力资源的主体。

（三）人力资源管理的主要风险

人力资源管理一般包括引进、开发、使用和退出四个方面。企业在人力资源管理的过程中至少应当关注下列风险：

1. 人力资源缺乏或过剩、结构不合理、开发机制不健全，可能导致企业发展战略难以实现。

2. 人力资源激励约束制度不合理、关键岗位人员管理不完善，可能导致人才流失、经营效率低下或关键技术、商业秘密和国家机密泄露。

3. 人力资源退出机制不当，可能导致产生法律诉讼或企业声誉受损。

二、人力资源控制制度设计

（一）高管人员的引进和开发控制制度设计

1. 在高管人员的准入方面：（1）企业要拟订高管人员引进计划，并提交董事会；

（2）对拟任人员要进行任前考查，对其价值观、战略思维、企业家精神、综合素质和能力进行全局性评估，判断其创新、决策、管理和承担风险的能力；（3）董事会要对高管人员的引进进行审议，关注高管人员的引进是否符合企业发展战略，是否符合企业当前和长远需要，是否有明确的岗位设定和能力要求，是否设定了公平、公正、公开的引进方式；（4）推行任前公示制度，广泛听取意见。

2.在高管人员的任用方面：（1）实行高管人员任职试用期制度；（2）实行高管人员任职亲属回避制度；（3）实行高管人员系统培训制度。企业对高管人员的开发要注重激励和约束相结合，创造良好的创业干事环境，让高管人员的聪明才智得到充分显现，真正成为企业的核心领导者。

（二）高管人员的使用与退出制度设计

企业高级管理人员会产生道德风险，除了因为人性本身有弱点外，还有企业制度本身存在缺陷的原因。对企业高级管理人员缺乏有效的激励与约束，会使得他们能有机会利用手中掌握的权力，谋求个人利益，作出危害企业的事情。

在个人要素方面，主要防范的是高级管理人员的道德风险和能力风险。例如从心理素质、知识水平、个人能力、身体素质等方面入手，探寻高级管理人员是否具备领导企业的能力和素质，是否会因为个人知识、能力问题引发人事风险。

在制度要素方面，主要考查企业制度方面的缺陷，评估企业在产权制度、治理结构、组织结构、管理制度等方面是否科学，是否能够有效地调动企业高级管理者的工作热情，有效监督约束他们的行为，避免因缺乏有效激励和监督约束而导致高级管理人员心态失衡，有机可乘，产生风险。

企业对高管人员的管控，还可通过实施人力资源管理审计、离任审计、经济责任审计等来实现。

人力资源管理审计是企业预防和控制高管人员使用风险和退出风险的最有效机制之一。人力资源管理审计的主要内容包括：（1）检查和评价与人力资源管理有关的内部控制制度的适当性与有效性；（2）利用会计指标和非会计指标判断人力管理信息的可靠性和有效性；（3）对企业人力资源管理者的责任审计，包括企业负责人任期内的人力资源资产的增减变动情况，任期内人力资源资产有关增长指标的完成情况，人力资源资产的利用情况等；（4）人力资源管理效益审计。

另外，企业高管人员（尤其是第一责任人）离职前，应当根据有关法律、法规的规定进行工作交接或离任审计。

（三）技术人员的引进和开发控制制度设计

该阶段的控制措施主要有：树立尊重知识、尊重人才的企业文化；建立合理的人才团队，形成人才梯队；建立良好的专业人才激励约束机制等。

（四）技术人员的使用与退出制度设计

对于掌握或涉及产品技术、市场、管理等方面关键技术、知识产权、商业秘密或国家机密的工作岗位上的员工，企业要按照国家有关法律、法规并结合企业实际情况，建立健全相关规章制度，加强日常管理，并与退出的技术人员约定相关保密责任和竞业限制期限，防止其泄露企业的核心技术、商业秘密和国家机密等。

（五）一般员工的引进和开发控制制度设计

一般人员的流动性大，招聘的一般人员数量较多，所处岗位的薪酬待遇相对较低。因此在企业内部要弘扬和确立尊重知识、尊重人才的文化氛围；重视岗位练兵和现场管理工作，鼓励基层员工钻研业务，开展现场管理和挖潜活动，树立"工人专家"的典型；客观开展岗位评价工作，更重要的是，打通不同级别岗位之间的晋升通道，在员工和岗位之间形成科学有序的良性流动机制。

（六）一般员工的使用与退出制度设计

对于一般员工，首先，要建立符合企业发展战略的薪酬制度与激励制度，激发劳动者的工作积极性。其次，要建立科学合理的人才晋升机制，对于具备足够忠诚度和业务能力的员工，向其提供走向管理层的机会。一般员工退出企业时，企业要向其支付与其劳动价值相匹配的薪酬，尤其是对于需要辞退的员工，还要给予充分的理由，避免不必要的法律诉讼风险。

案例3-4　　　　　　　　　崇尚奋斗，不等于强制996[①]

近日，996成为热点话题，阿里巴巴、京东等企业的负责人相继就996发表看法。所谓996，是指工作从早上9点到晚上9点，一周工作6天，其代表着中国互联网企业盛行的加班文化。如何看待工作与休息、奋斗拼搏与加班文化、员工权利与企业治理，引发了全社会的广泛讨论。

有一个很有意思的现象，朋友圈支持"996"的往往是老板们，而反对"996"的人则多为普通员工，吐槽"工作996，生病ICU""996加班公司黑名单""996有多苦"的话题轮番登上微博热搜。

今天，从梦想改变命运的个体，到在经济下行压力背景下负重前行的企业，再到我们这个正在进行复兴冲刺的民族，都仍然需要奋斗精神，需要艰辛劳动。但崇尚奋斗、崇尚劳动不等于强制加班，不能给反对996的员工贴上"混日子""不奋斗"的道德标签，而应该正视他们的真实诉求。

强制推行996，不仅解决不了企业管理中的"委托-代理"难题，也会助长"磨洋工"的顽疾。从企业家和创业者的角度来看，他们身上的极限奋斗精神是可贵的，但要考虑到普通员工的位置不同，强制灌输996的加班文化，不仅体现了企业管理者的傲慢，也不实际、不公平。事实上，这涉及企业管理的核心问题：如何才能最大限度地激励员工的工作积极性？把加班作为激励手段，这肯定是最简便易行的方法，但显然不是最有效的方法。996引发的讨论是一个反思互联网企业文化和管理机制的契机。

第四节　社会责任

一、社会责任制度概述

近年来，企业社会责任越来越成为社会关注的焦点。修订后的《中华人民共和国公司

---

① 佚名. 崇尚奋斗，不等于强制996 [EB/OL]. [2019-04-14]. http://m.people.cn/n4/2019/0414/c203-12578693.html，有删改.

法》也首次将"公司承担社会责任"写入法律条文中。2008年1月，国资委发布《关于中央企业履行社会责任的指导意见》，建议并要求有条件的企业要定期发布社会责任报告。同年12月，沪深两地交易所同时鼓励上市公司在2008年年报中主动向社会提供企业社会责任报告。深交所要求深证100指数企业必须对外披露社会责任报告。

（一）企业社会责任的定义

根据《企业内部控制应用指引第4号——社会责任》的规定，企业社会责任，是指企业在经营发展过程中应当履行的社会职责和义务，主要包括安全生产、产品质量（含服务）、环境保护、资源节约、促进就业、员工权益保护等。

之所以单独制定了社会责任指引，主要是从实现企业与社会协调发展的要求出发，旨在促进企业在创造利润、对股东利益负责的同时，不要忘记对员工、对消费者、对社会和环境的社会责任，包括遵守商业道德、生产安全、职业健康、保护劳动者的合法权益、保护环境、支持慈善事业、捐助社会公益、保护弱势群体等方面。

（二）企业履行社会责任的意义

企业履行社会责任有很多积极意义。

1.企业是在价值创造过程中履行社会责任

通过价值创造，不断通过税收、红利、工资和产品等形式为国家、股东、员工以及消费者提供财富，其本质就是在履行社会责任。

2.履行社会责任可以提高企业的经济效益

企业承担社会责任，并不必然导致企业竞争力的削弱，反而会有助于改善企业形象、吸引更多的客户及提高企业的经济效益。可见，企业将履行社会责任融入产品之中会为企业带来额外的收益。

3.履行社会责任可以实现企业的可持续发展

社会责任的履行可以帮助企业规避监管等风险，赢得品牌和声誉，赢得公信力和商机，得到社会尊敬的企业才能进入良性发展的轨道，实现企业价值最大化目标，这也是实现可持续、长远发展的根本所在。

股东责任与社会责任关系如图3-9所示。企业的责任始于对股东责任（A），企业的目标就是股东利益最大化。随着企业规模的扩大，企业在社会中作用的凸显，企业作为社会公民其社会责任（B）也日益在加强。但是，A和B并非对立关系，而是互为条件互相促进的。

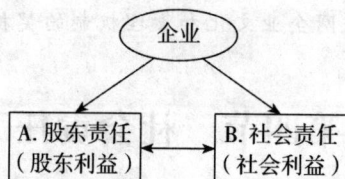

图3-9　股东责任与社会责任关系图

（三）企业履行社会责任应关注的主要风险

企业至少应当关注在履行社会责任方面的下列风险：

1.安全生产措施不到位，责任不落实，可能导致企业发生安全事故。

2.产品质量低劣，侵害消费者利益，可能导致企业巨额赔偿、形象受损，甚至破产。

3.环境保护投入不足，资源耗费大，造成环境污染或资源枯竭，可能导致企业巨额赔偿、缺乏发展后劲，甚至停业。

4.促进就业和员工权益保护的力度不够，可能导致员工积极性受挫，影响企业发展和社会稳定。

案例3-5　　　天津港爆炸案49人获刑　瑞海公司董事长被判死缓①

2015年8月12日，天津东疆保税港区瑞海国际物流有限公司（以下简称瑞海公司）危险品仓库发生火灾爆炸事故，灾难举世震惊。2016年11月7日至9日，"8·12"特别重大火灾爆炸事故所涉27件刑事案件一审分别由天津市第二中级人民法院和9家基层法院公开开庭审理，并于9日对上述案件涉及的被告单位及24名直接责任人员和25名相关职务犯罪被告人进行了公开宣判。宣判后，各案被告人均表示认罪、悔罪。

法院经审理查明，2015年8月12日22时52分许，位于天津市滨海新区天津港的瑞海公司危险品仓库发生火灾爆炸事故，造成165人遇难、8人失踪，798人受伤住院治疗，304幢建筑物、12 428辆商品汽车、7 533个集装箱受损。截至2015年12月10日，事故造成直接经济损失人民币68.66亿元。

一家漏洞百出的公司，经过瑞海公司董事长于学伟等人的"包装"最终"层层通关"。法院经审理查明，于学伟等人以贿赂、欺骗等手段非法取得多份临时港口危险化学品经营批复；通过伪造环境影响评价公众参与调查表、提供虚假公示证明材料、低报危险化学品实际仓储面积等欺骗方式通过环境影响评价验收；通过在验收当天暂停作业、更换专家、对专家施加影响等不正当手段通过安全评价验收，最终违法取得港口经营许可证和港口危险货物作业附证。

二、社会责任内部控制制度设计

（一）企业高管人员应给予充分重视

企业高管人员尤其是一把手的支持和承诺是企业社会责任管理体系的关键所在，对体系的建立、运行和保持具有十分重要的意义。企业高管人员应当重视履行社会责任，切实做到经济效益与社会效益、短期利益与长远利益、自身发展与社会发展相互协调，实现企业与员工、企业与社会、企业与环境的健康和谐发展。

企业应该积极解决企业负责人无视社会责任的问题，既要在遴选、任命环节严格把关，更应依赖于民主监督、法律制裁，将问题消灭于萌芽期。

（二）企业应建立或完善履行社会责任的体制和运行机制

企业要把履行社会责任融入企业发展战略，落实到生产经营的各个环节，明确归属管理部门，建立健全预算安排，逐步建立和完善企业社会责任统计指标和考核体系，为企业履行社会责任提供坚实的基础与保障。

（三）企业应建立责任危机处理机制

近年来，一系列与人民生活息息相关的企业逃避社会责任事件不断曝光，不少企业相继陷入社会信誉危机。面对危机，有的企业化险为夷，而有的则轰然坍塌。化解危机的关

---

① 佚名. 天津港爆炸案49人获刑　瑞海公司董事长被判死缓［EB/OL］.［2016-11-26］. http://jiangsu.china.com.cn/html/law/political/8251187_1.html，有删改.

键在于企业有无合理的责任危机处理机制。

企业首先应该建立危机处理责任制度，对于影响企业外部形象和自身发展的突发事件，要在第一时间及时处理，把损失降到最低程度；对于可能对公众信心、消费者选择产生重大影响的事件，应由单位负责人在媒体上予以说明并致歉；企业内部应保持畅通的沟通渠道，及时反映、沟通并解决平时的小问题，避免形成大问题。

（四）应建立良好的企业社会责任报告制度

发布社会责任报告，是企业履行社会责任的重要组成部分，可使企业由外而内地深入审视企业与社会的互动关系，全面提高企业服务能力和水平，提高企业的品牌形象和价值。

（五）应着力防范安全生产风险

安全生产要求最大限度地减少劳动者由工伤和职业病所带来的风险，保障劳动者在生产过程中的生命安全和身体健康。在我国，由于企业安全生产的意识非常淡薄，众多生产经营单位的生产安全条件差、安全技术装备陈旧落后、安全投入严重不足、企业负责人和从业人员安全执业素质低、安全管理混乱等原因，致使我国安全生产事故频发。

企业防范安全生产风险的控制措施有：①建立安全规章制度；②建立安全生产管理机构；③落实安全生产责任制；④加大安全生产投入，特别是高危行业中的企业，应当将安全生产投入列在首位；⑤组织开展生产设备的经常性维护管理，及时排除安全隐患，切实做到安全生产；⑥加强安全生产教育；⑦实施岗位资格认证制度；⑧建立安全事故应急预警；⑨建立完善安全生产报告机制。

（六）应有效控制产品质量风险

企业产品质量的优劣，事关消费者的身体健康和安全，保证产品质量是企业履行社会责任的一个重要方面。但企业的逐利行为常常成了企业发展的第一要务，忽视消费者权益的情况时有发生。如何忠实地履行对产品质量的承诺，真正尊重与维护消费者的权利，是一家企业最基本的道德准则和最重要的社会责任。

控制产品质量风险的主要措施有：建立健全产品质量标准体系，严格质量控制和检验制度，加强产品售后服务等。

（七）应切实降低环境保护与资源节约风险

企业环境保护和资源节约方面的风险包括：环境法律、法规、行业政策的限制风险；绿色消费的推崇、绿色贸易壁垒的设置风险；企业所属行业的特点引起的环境风险；生产技术、管理水平的限制引起的环境风险等。

企业在降低环境保护和资源节约风险方面的控制措施包括：①转变发展方式，实现清洁生产和循环经济；②依靠科技进步和技术创新，着力开发利用可再生资源；③建立环境保护和资源节约监测考核体系等。

（八）应切实规避促进就业与员工权益保护风险

企业在促进就业方面的风险主要包括：①法律风险；②招聘失败风险；③人才过剩风险。降低企业促进就业方面风险的控制措施主要包括：①提供公平就业机会；②加强对应聘人员的审查。

企业在保护员工合法权益方面的风险主要包括：①侵犯员工民主权利的风险；②侵犯

员工人身权益的风险；③薪酬管理风险；④员工发展风险等。

企业在促进就业与保护员工合法权益方面的风险控制措施有：①提供公平的就业机会；②加强对应聘人员的审查；③建立完善科学的员工培训和晋升机制；④建立科学合理的员工薪酬增长机制；⑤维护员工的身心健康。

（九）应重点管理产学研用结合风险

《企业内部控制应用指引第4号——社会责任》第二十条规定："企业应当按照产学研用相结合的社会需求，积极创建实习基地，大力支持社会有关方面培养、锻炼社会需要的应用型人才。"企业在产学研用结合方面的风险可能有：①研发风险；②市场风险；③利益分配风险等。

产学研用结合风险的控制措施有：①企业应当重视产学研用结合；②确定不同产学研用合作方式下的利益分配模式。

（十）应格外关注慈善事业风险

《企业内部控制应用指引第4号——社会责任》第二十一条规定："企业应当积极履行社会公益方面的责任和义务，关心帮助社会弱势群体，支持慈善事业。"大力推动企业支持社会慈善爱心活动，对于组织调动社会资源、调节贫富差距、缓解社会矛盾、促进社会公平、构建和谐社会具有重要而深远的意义。慈善事业风险的影响主要在于对企业形象产生负面影响的风险和捐款过度给企业带来的现金短缺风险。

第五节　企业文化

一、企业文化概述

（一）企业文化的定义

按照《企业内部控制应用指引第5号——企业文化》的规定，企业文化，是指企业在生产经营实践中逐步形成的价值观、经营理念和企业精神，以及在此基础上形成的行为规范的总称。

（二）企业文化建设的意义

企业文化的作用巨大。美国管理学界在研究日本企业成功的原因时，发现日本企业内部有一种强大的精神——企业文化，正是这种企业文化在推动着日本经济的崛起。美国知名管理和领导权威约翰·科特教授与其研究小组的研究成果表明：企业文化会产生极其强有力的经营业绩。美国兰德公司的研究也表明，世界500强企业之所以强，关键在于以文化实力制胜，这是不可否认的事实。

具体地讲，企业文化建设可以为企业提供精神支柱，可以提升企业的核心竞争力，还可以为内部控制有效性提供有力保证。

（三）企业文化建设应关注的主要风险

加强企业文化建设至少应当关注下列风险：

1.缺乏积极向上的企业文化，可能导致员工丧失对企业的信心和认同感，使企业缺乏凝聚力和竞争力。

2.缺乏开拓创新、团队协作和风险意识，可能导致企业发展目标难以实现，影响可持续发展。

3.缺乏诚实守信的经营理念，可能导致舞弊事件的发生，造成企业损失，影响企业的信誉。

4.忽视企业间的文化差异和理念冲突，可能导致并购重组失败。

二、企业文化建设的要点

如何打造优秀的企业文化？按照《企业内部控制应用指引第5号——企业文化》的要求，企业应关注以下方面：

（一）塑造企业核心价值观

核心价值观是企业在经营过程中坚持不懈、努力使全体员工都必须信奉的信条，体现了企业核心团队的精神，往往也是企业家身体力行并坚守的理念。

核心价值观是企业的灵魂，会渗透到企业行为的各个方面。核心价值观的作用机制为：核心价值观—企业的理念、原则—企业制度—员工的行为。企业文化建设应该以塑造企业核心价值观为主导。企业应当根据发展战略和实际情况，总结优良传统，挖掘文化底蕴，提炼核心价值，确定文化建设的目标和内容，形成企业文化规范，使其构成员工行为守则的重要组成部分。企业的管理者和员工应该始终重视核心价值观的培育、维护、延续和创新。

案例3-6　　　　　　　　**说真话为什么这么难？**[①]

说真话不容易

在华为，说真话已经变得不那么容易，这是让人担心的，但是，幸运的是，仍有像梁山广一样的人敢于站出来，并且得到公司最高层的庇护，这也是让人欣慰的地方。

拥有17万人的大公司，已经是整个社会的缩影。或许正是嗅到了某种让人担忧的氛围，任正非在2017年年初的华为2017年市场大会上强调，要在华为建立一个可以"有信心讲真话"的氛围，并对晋升机制进行改造，希望员工面对上级不说假话，不搞假动作。

说真话为何不容易

20世纪80年代，理查德·桑内特在美国的大公司调研时就发现了这个问题，在大企业，下级与上级很难有真正的沟通。下级倾向于表现出上级喜欢的特质，而把自己的真实想法隐藏起来，即使上级的指令明显是错误的，也很少有下级敢公开违抗。

（二）打造以主业为核心的品牌

打造以主业为核心的品牌，是企业文化建设的重要内容。品牌通常是指能够给企业带来溢价、产生增值的一种无形的资产，其载体是用来和其他竞争者的产品或服务相区分的名称、术语、象征、记号或者设计及其组合。品牌之所以能够增值，主要来自消费者脑海中形成的关于其载体的印象。品牌价值的核心是信誉，品牌管理的核心是对企业信誉的管理。

---

① 张丰.任正非让讲真话者晋升两级！大公司内说真话为什么这么难？[EB/OL].[2017-09-08]. https://view.news.qq.com/original/intouchtoday/n4008.html，有删改.

（三）充分体现以人为本的理念

"以人为本"是企业文化建设应当信守的重要原则。什么是企业？企业的"企"字，是上"人"下"止"，就是告诉人们，企业无人则止，企业无人不足以兴业。所以，一家企业经营的好坏关键看企业能不能聚人，能不能人尽其才，能不能才尽其用。有灵魂的企业，可以通过核心价值观、企业文化，使每个人都充分发挥自己的才能。

（四）强化企业文化建设中的领导责任

《企业内部控制应用指引第5号——企业文化》第七条指出："董事、监事、经理和其他高级管理人员应当在企业文化建设中发挥主导和垂范作用，以自身的优秀品格和脚踏实地的工作作风，带动影响整个团队，共同营造积极向上的企业文化环境。"同时，企业应当促进文化建设在内部各层级的有效沟通，加强企业文化的宣传贯彻，确保全体员工共同遵守。

（五）高度重视并购重组中的文化整合

企业并购，应当特别注重文化整合。一要在组织架构设计环节考虑文化整合因素。如果企业并购采用的是吸收合并方式，则必然会遇到各种参与并购企业员工"合并"工作的情况。二要防止文化冲突，既要在治理结构层面上强调融合，又要在内部机构设置层级上体现"一家人"的思想，务必防止出现吸收合并方员工与被吸收合并方员工"分拨"的现象。

（六）推进文化创新

没有创新，企业文化建设就没有活力，就无法结出有生命力的硕果。企业文化建设不是静止和一成不变的，必须与时俱进，适应形势变化。为此，企业应当建立企业文化评估制度，明确评估的内容、程序和方法，落实评估责任制，避免企业文化建设流于形式。

第六节　诚信和道德价值观

一、诚信和道德价值观概述

内部控制是由人建立、执行和维护的，人是内部控制有效运行的根本因素。人的道德价值观影响着人的行为。企业员工具有良好的道德标准并形成良好的道德氛围，对控制系统的有效运行非常重要。

员工的诚信和道德价值观是指员工行为的准则，是告诉员工什么行为可接受、什么行为不可接受，以及遇到不正当行为应该采取的行动，主要包括以下内容：

1.利益冲突。每一个员工都有责任将公司利益放在第一位，避免私人利益与公司利益的冲突。

2.合法性。公司要承诺在进行业务时是抱着诚实和诚信的原则，并遵循所有适用的法律和规章制度。

3.及时向指定人员报告或检举揭发违规事项。员工有义务对所发现的关于会计、内部控制或审计等的违反法律、规章制度或行为准则的问题，向道德规范委员会报告，或向信息披露委员会或审计委员会汇报。发现任何高级管理人员违反法律、规章制度或行为准则时，应迅速向道德规范委员会等相关机构报告。对检举人应当建立保密制度，包括匿名保护。

4.遵守道德准则的责任。明确员工必须遵守的道德准则。对违反准则的人员建立惩罚机制，甚至解雇或免职。

5.公司机遇。禁止员工利用公司财产、信息或职位为自己或其他人牟取商业机遇。

6.保密。机密信息是一家公司最重要的资产之一。公司建立相应政策保护机密信息，包括：①属于公司商业性机密的信息；②属于非披露协议下的信息。每一个员工在入职后都应执行保密协议，保护公司知识产权。员工即使在终止被雇用之后，仍然有义务保护公司的机密信息。

7.公平交易。每一个员工都应该努力去公平对待顾客、供应商、竞争者、公众，并遵循商业道德规范。为了获得或维持业务而进行贿赂、回扣或其他诱惑等都是不允许的。与业务相关，偶尔赠送非政府雇员价值较低的商业礼物的做法是可以接受的。但在未得到道德规范委员会事先批准的情况下，赠送礼物或款待政府雇员是不允许的。员工代表公司购买商品应遵循公司的采购政策。

8.公司资产的保护及恰当使用。每一个员工都必须保护公司资产，包括实物资源、资产、所有权、机密信息，排除损失、失窃或误用。任何怀疑的损失、误用或失窃都应该报告给经理或法律部门。公司资产必须用于公司业务，符合公司政策。

9.全面、公正、正确、及时地理解财务报告及其披露事项。因为公司必须提供完整、公正、及时和可理解的披露报告及文件，并存档或呈交给证监会以及公共传媒，所以每一个员工都有责任保证会计记录的准确性。管理层必须建立和保持适当的内控，遵循公司已有的会计准则和流程，保证交易记录的完整和准确。禁止干扰或不正当的行为影响公司财务报表审计。要求证实会计记录和报表受控，能够保证准确性。

对于企业来说，首要的工作是建立一套员工能够接受和理解的诚信和道德标准，如道德行为手册。其次是必须让员工理解这些规定（如要求所有员工定期签字确认），这是执行的前提条件。最后就是贯彻执行。在公司内传递道德标准的最有效方式是管理层以身作则，员工对于内控的态度通常会效仿他们的领导。另外，对违反准则的员工应予以相应惩罚，建立鼓励员工揭发违规行为的机制，以及对未能汇报违规行为员工的教育培训机制。对于企业而言，这些都具有特别重要的意义。

案例3-7   **阿里巴巴的成功在于信任①**

2013年5月10日消息，阿里巴巴董事局主席马云在杭州举办的"淘宝十周年"大型晚会上，演唱了《我爱你中国》和《朋友》等歌曲，随后发表演讲。以下为马云演讲内容节选：

"大家好，谢谢各位，谢谢大家，从世界各地，从美国、英国、印度来的同事，感谢大家来到杭州，感谢大家参加淘宝的十周年晚会。今天是一个非常特别的日子，但是对我来讲，我期待这一天很多年了，最近一直在想，在这个会上跟所有的同事、朋友、网商，所有的合作伙伴，我应该说些什么。

但也很奇怪，就像姑娘盼着结婚，新娘子到了结婚这一天，除了会傻笑，不知道该干

---

① 佚名. 马云卸任演讲：阿里巴巴的成功在于信任［EB/OL］.［2013-05-10］. http://tech.qq.com/a/20130511/000019.htm，有删改.

什么了。我们是非常幸运的人，十年前的今天是SARS（非典）在中国肆虐的时候，所有人都没有信心。但是阿里的年轻人，我们相信十年以后的中国会更好，十年以后电子商务会在中国受更多人的关注，很多人会用，但我真没想到，十年以后我们变成了今天这个样子。

这十年无数的人付出了巨大的代价，为了理想、为了坚持，走了十年，我一直在想，即使把现在阿里巴巴集团99%的东西拿掉，我们还是值得的，今生无悔，更何况我们今天有了那么多朋友，那么多相信的人，那么多坚持的人。

是什么东西让我们有了今天，是什么让马云有了今天，我是没有理由成功的，阿里没有理由成功，淘宝更没有理由成功，但是我们到今天为止居然走了这么多年，依然对未来充满理想，其实我在想是一种信任。

当所有人不相信这个世界，所有人不相信未来时候，我们选择了相信，我们选择了信任，我们选择十年以后的中国会更好，我们选择相信，我的同事会做得比我更好，我相信中国的年轻人会做得比我们更好。

二十年以前也好，十年以前也好，我从没想过，我连自己都不一定相信自己，我特别感谢我的同事信任我，当CEO很难，但是当CEO的员工更难。但现在，居然你会从一个你都没听见过的名字叫"闻香识女人"这里，付钱给她，买一个你从来没有见过的东西，经过成百上千千米，通过一个你不认识的人到了你的手上。

今天的中国拥有信任，每天2 400万笔淘宝网上的交易，意味着在中国每天有2 400万个信任流转着，在座所有的阿里人，淘宝、小微金服的人，我特别为大家骄傲，今生跟大家做同事，下辈子我们还是同事。因为你们，让这个时代看到了希望，在座的你们就像中国所有80后、90后那样，你们在建立着新的信任，这种信任让世界更开放、更透明、更懂得分享、更懂得承担责任，我为你们感到骄傲。"

二、影响诚信和道德价值观的因素

员工个人可能由于下列因素而作出不诚实、非法或不道德的行为：

1.不切实际的业绩目标，特别是短期业绩的压力。例如，为了实现预先设定的利润指标而在财务报告中虚报收入。

2.将奖金分配与业绩挂钩。例如，错报与业绩考核指标相关的财务信息。

3.内控制度不存在或无效。例如，敏感业务区域未设立严格的职责分工，这为偷窃公司资产或隐藏不良行为提供了可能。

4.组织高度分散，可能导致高层管理人员不清楚基层的行为，缺少必要的监管，因此，减少了基层舞弊被发现的机会。

5.内部审计职能薄弱，没有及时发现和报告不正确的行为。董事会缺少对高层管理人员的客观监管，可能导致管理人员凌驾于内控制度之上。

6.管理层对不正确行为的惩罚力度不够或不公开，从而失去了应有的威慑力。

☐ 复习思考题

1.内部环境因素在内部控制中的地位及作用如何？

2.何谓企业的组织架构？它分为哪几个层面？

3.如何理解企业发展战略的意义及其重要性？

4.如何理解人力资源管理中的主要风险？

5.如何理解企业的社会责任？它具体包括哪些内容？

6.如何理解企业文化？其作用有哪些？

7.如何理解诚信和道德价值观的意义？

美国苹果公司内
部控制分析与
启示

地王"撑死"
中冶谁之过

第四章

风险评估

引例　　　　　　　　　**熊猫直播关站之谜**

2019年3月30日，熊猫直播宣布正式关站。这个2015年横空出世的直播平台，由王思聪创立，有鹿晗、陈赫等众多流量明星支持，又入驻了PDD等众多知名主播，从一开始便赚足了眼球。在流量和资本的加持下，熊猫直播红极一时，迅速成为直播行业的三大巨头之一。然而，仅时隔三年多，资源与实力并存的熊猫直播为何会关站呢？

1.行业不景气，资金链断裂

互联网行业热度转移迅速，此前火爆的直播行业近年来增速放缓。中国网络视听节目服务协会发布的报告显示，2018年国内网络直播用户为3.97亿，较2017年年底同比减少2 533万，用户使用率为47.9%，较上年同比下降6.8%。行业不景气直接导致熊猫直播资金链断裂。

熊猫直播股权结构复杂，背后投资方多达19家。熊猫直播所属公司为上海熊猫互娱文化有限公司，大股东为持股40.07%的上海珺娱文化有限公司，王思聪100%持股上海珺娱文化有限公司；以周鸿祎为法人代表的北京奇虎科技有限公司持股熊猫直播19.35%，是第二大股东。上线以来，熊猫直播共获得了五次融资，但从2017年5月融资后，在长达22个月的时间内，熊猫直播没有任何外部的资金注入。22个月的融资缺口和王思聪等大股东的撤资导致熊猫直播外部输血空缺。而熊猫直播内部造血能力也不足：盈利项目薄弱，却高价竞买主播和赛事直播权、冠名和投资综艺节目，现金流出迅速。资金链的断裂直接导致了熊猫直播破产倒闭。

2.战略定位不明确

众所周知，熊猫直播是以电竞游戏起家的，但2015年的电竞，整个行业都处于蛮荒阶段，赛事环境不成熟，很难做大。2016年下半年，熊猫直播开始向泛娱乐直播平台转型，但其战略执行并不坚定：既想做泛娱乐，又想兼顾游戏直播。熊猫直播进入游戏直播的时间较晚，本就失去了一部分用户，再加上资金流并不强劲，无法做到有力的支撑，导致熊猫直播在两个方面垂直度都不够，自然难以为继。

3.内部分歧严重，管理松懈

熊猫直播虽然是王思聪创立的，但其一直使用360的技术，公司管理层分成了"技术系"和"校长系"两个派别，高管之间意见出现分歧，这为熊猫直播埋下了隐患。"为熊猫系"是技术出身，运营经验不足却位居高职，结果是产品运营每况愈下。此外，在宽松的管理氛围下，主播们也缺乏动力，一门心思偷懒划水。直播数量和品质双双下滑，不仅降低了用户黏度，也消磨了股东们的信心。

熊猫直播在关站公告中表示，从 2015 年 9 月 21 日内测开始到正式关站，熊猫直播运行了 1 286 天。回顾熊猫直播 1 286 天的生命轨迹，它曾因其创始人及 CEO 是王思聪而备受期待，也曾因估值高达数十亿元而红极一时，但公司内、外部隐藏的风险暴露了它的弱点，使它黯然离场。可以说，无视风险的态度以及缺乏对风险的有效评估是熊猫直播关站的根本原因之一。

第一节 目标设定

一、目标设定的含义

每个企业都面临来自内部和外部的风险，这些风险是对企业实现某些目标有不利影响的事件发生的可能性。风险评估是企业及时识别、系统分析与实现内部控制目标相关的风险，合理确定风险应对策略的互动过程。风险评估是管理各种风险的决策基础，而风险评估的前提是设立企业各个层面的风险目标。

COSO《内部控制——整合框架》（2013）原则 6 中指出："组织应设定清晰明确的目标，以识别和评估与目标相关的风险。"《企业内部控制基本规范》第三章第二十条规定，"企业应当根据设定的控制目标，全面系统持续地收集相关信息，结合实际情况，及时进行风险评估"。由此可见，目标设定是风险评估的起点，是风险识别、风险分析和风险应对的前提。

二、目标设定的内容

COSO《内部控制——整合框架》中列举了三种类别的目标，使组织可以关注内部控制的不同方面。这些目标分别是：运营目标，即运营的效果和效率，包括运营和财务业绩目标、保护资产以避免损失；报告目标，即内外部的财务和非财务报告的可靠性、及时性、透明度，以及监管者、标准制定机构和组织政策所要求的其他方面；合规目标，即遵守组织所适用的法律、法规及规章。这些目标既相互独立但又互相重叠。

《企业内部控制基本规范》第一章第三条规定，"内部控制的目标是合理保证企业经营管理合法合规、资产安全、财务报告及相关信息真实完整，提高经营效率和效果，促进企业实现发展战略"。在这五大目标中，战略目标是最高层次的目标，经营目标、资产目标[①]、报告目标与合规目标是建立在战略目标基础上的业务层面目标。

在企业内部控制目标的设定过程中，企业要根据自己的风险偏好和风险承受度首先制定企业层面的目标，即战略目标，然后再制定业务层面的目标，并对已经制定的目标进行

---

① 资产安全通常与经营目标有关，有些方面也可能涉及合规目标和报告目标，因此，COSO 没有将资产安全单独作为内部控制的目标。比如，资产贬值可能由于其使用率低下或单纯的经营决策不佳而引起（如销售产品价格过低或对信用政策放松导致坏账），这些与经营目标有关。又如，主体可能故意编制不准确的资产监管报告以规避检查和处罚，这又与合规目标、报告目标有关。

审核，以保证这些目标与企业的风险偏好、风险承受度相一致，具体如图4-1所示。

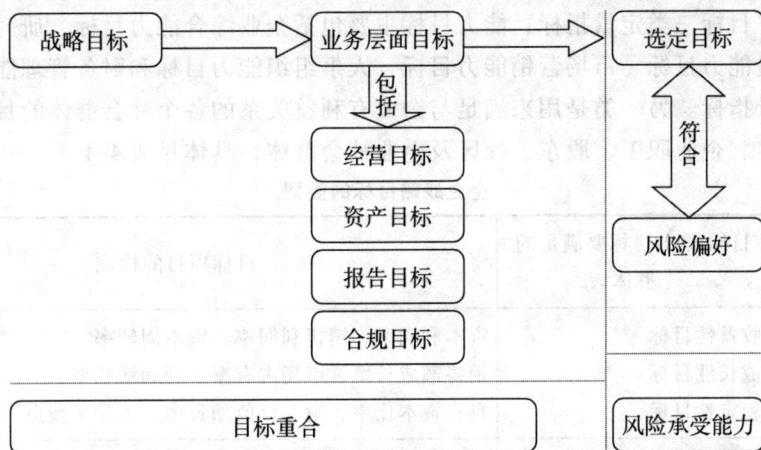

图4-1　目标设定

（一）战略目标的设定

战略目标是企业最高层次的目标，它与企业的使命和愿景相协调，并支持使命和愿景，是企业使命与愿景的具体化。

例如，华为的愿景是致力于把数字世界带入每个人、每个家庭、每个组织，构建万物互联的智能世界；其使命是：让无处不在的连接，成为人人平等的权利；让无所不及的智能，驱动新商业文明；所有的行业和组织，因强大的数字平台，而变得敏捷、高效、生机勃勃；个性化的定制体验不再是少数人的专属特权，每一个人个性得到尊重，潜能得到充分的发挥和释放。[①]上述愿景与使命，决定了华为的人工智能、数字化平台等战略目标。

1.战略目标的类型

战略目标往往不止一个，而是由若干目标组成的一个战略目标体系，如图4-2所示。

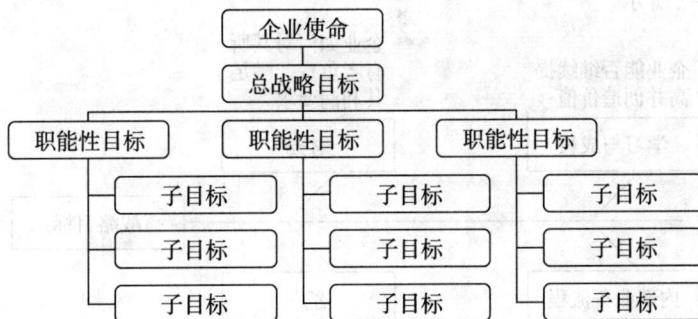

图4-2　企业的战略目标体系

从图4-2中可以看出，要在企业使命的基础上制定企业的总体战略，为了保证总目标的实现，再将其分解为各职能战略目标，即总战略目标是企业的主体目标，职能性目标是保证性的目标。

从战略目标的内容来看，战略目标可以分为两大类：一类是用来满足企业生存和发展

---

①　佚名. 愿景、使命与战略［EB/OL］. ［2019-07-17］. https://www.huawei.com/cn/about-huawei/corporate-information/value-propositions.

需要的目标，如业绩目标和能力目标，业绩目标主要包括收益性目标、成长性目标和安全性（稳定性）目标三类定量指标；能力目标主要包括企业综合能力目标、研究开发能力目标、生产制造能力目标、市场营销能力目标、人事组织能力目标和财务管理能力目标等一些定性和定量指标。另一类是用来满足与企业有利益关系的各个社会群体的目标。这些群体主要有顾客、企业职工、股东、社区及企业社会群体，具体见表4-1。

表 4-1　　　　　　　　　　　　　　　企业战略目标的类型

分类	目标项目/目标要满足的群体	目标项目的构成
业绩目标	收益性目标	资本利润率、销售利润率、资本周转率
	成长性目标	销售额成长率、市场占有率、利润增长率
	稳定性目标	自有资本比率、附加价值增长率、盈亏平衡点
能力目标	企业综合能力目标	战略决策能力、集团组织能力、企业文化、品牌商标
	研究开发能力目标	新产品比率、技术创新能力、专利数量
	生产制造能力目标	生产能力、质量水平、合同执行率、成本降低率
	市场营销能力目标	推销能力、市场开发能力、服务水平
	人事组织能力目标	职工安定率、职务安排合理性、直接间接人员比率
	财务管理能力目标	资金筹集能力、资金运用效率
社会贡献目标	顾客	提高产品质量、降低产品价格、改善服务水平
	企业职工	工资水平、职工福利、能力开发、士气
	股东	分红率、股票价格、股票收益性
	社区及企业社会群体	公害防治程度、利益返还率、就业机会、企业形象

而平衡计分卡（BSC）从财务、客户、内部业务流程和学习与成长四个维度将抽象的战略目标层层分解，有效地转化为具体的行动计划，从而大大提高了战略的执行能力和绩效表现，如图4-3所示。

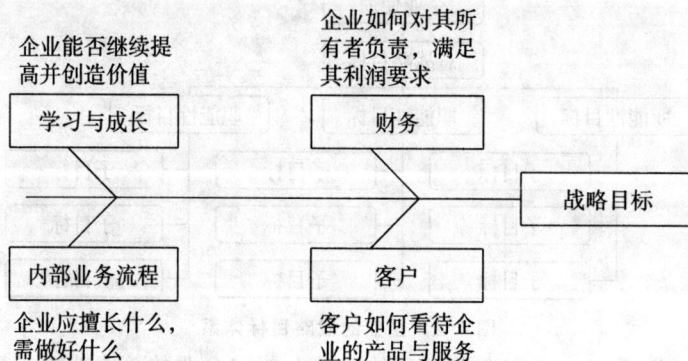

图4-3　基于平衡计分卡的战略目标

2.战略目标设定的步骤

企业在设定战略目标时，需要综合考虑：①企业过去和现在已经达成的目标；②所在行业的平均水平；③所在行业的最优水平或标杆业绩（benchmarking）；④依据使命和愿景，企业应该达到的水平。

战略目标需要通过董事会及员工的相互沟通来确定，同时还要有支持其实现的战略计划及年度预算。

战略目标的设定需要经过以下4个步骤：

（1）明确企业发展目标。企业在其中长期规划中应明确自身的发展目标和发展方向，通过培训、发放宣传手册、领导讲话等方式将企业层面的目标清晰地传达给员工。

（2）制定实现目标的战略规划。企业通过SWOT分析[1]，在了解自身的优势、劣势、机会和威胁的基础上制定帮助企业实现目标的战略规划。

（3）编制年度计划。企业根据制定的中长期战略规划，编制年度经营计划。该年度经营计划应符合企业中长期战略规划的效益目标、投资方向和投资结构。

（4）企业编制年度预算。企业应按照上下结合、分级编制、逐级汇总的原则编制全面预算，将战略目标进一步进行分解、细化与落实。

案例4-1　　福特汽车（中国）有限公司战略规划、目标设定实例[2]

2019年4月3日，在充分了解汽车行业的发展趋势以及公司现有资源和实力的基础上，福特汽车（中国）有限公司提出"福特中国2.0"战略计划，以提振福特公司在华业绩。

1.设定公司总体战略目标。

福特汽车（中国）有限公司的总战略目标是"更福特、更中国"，旨在将福特公司产品和服务融入更多中国元素，从而使福特汽车成为更迎合中国消费者的全球品牌，用"中国速度"在中国市场推出最具竞争力的产品和服务，开启福特汽车在中国的新时代。

2.设定公司具体战略计划。

（1）加快产品研发和产品投放速度。福特公司计划未来三年内在中国市场推出超过30款专为中国消费者打造的新车型，其中新能源车型是福特公司的利润增长点。

（2）组建包括中国创新中心、中国设计中心、中国产品中心和中国新能源车中心在内的四大实体中心，全力为福特公司下一阶段的在华发展提供技术支持。

（3）深入推进林肯品牌本土化进程。2019年林肯将进一步加速品牌、客户体验、产品以及团队四个方面的本土化战略，这也是业绩提升的关键。

（4）加速科技研发和应用。与相关科技公司结成战略合作，加速在车联网、移动出行、数字化解决方案、人工智能技术及数字化营销等领域的发展与探索。

（5）坚持本土人才培养，充分发挥本土人才的优势，提升中国消费者的消费体验。

3.在制订了三年具体战略计划的基础上，福特最高管理层也将这些计划细分到技术研究计划、产品开发计划、产能扩建计划、市场开发计划、人才发展计划、资本发展计划等具体工作目标上，以便对各部门进行业绩衡量，及时发现问题所在，并制定相应的应对措施。

由以上案例可知，正是通过实施这种系统化的战略规划过程，才为企业开展工作明确了具体的工作目标和衡量标准，使企业少走了弯路，大大提高了成功率。从实践结果来

---

① SWOT分析即强弱机危综合分析法，是一种企业竞争态势分析方法，通过评价企业的优势（strengths）、劣势（weaknesses）、机会（opportunities）和威胁（threats），用以在制定企业的发展战略前对企业进行深入全面的分析以及竞争优势的定位。其中，优劣势的分析主要是着眼于企业自身的实力及与竞争对手的比较，而机会和威胁分析将注意力放在外部环境变化对企业的影响上面。

② 佚名.陈安宁亮出福特中国战略规划［EB/OL］.［2019-04-10］. http://ep.ycwb.com/epaper/xkb/html/2019-04/10/node_7111.htm.

看，实施战略规划前的目标设定确实是一项非常重要而且有价值的工作。

（二）设定业务层面目标

业务层面目标包括经营目标、资产目标、报告目标和合规目标，它来自企业战略目标及战略规划，并制约或促进企业战略目标的实现。

1.业务层面目标的特征

在设定经营目标、资产目标、报告目标以及合规目标时，需关注这些业务层面目标的重要特征，如表4-2所示。

表 4-2 业务层面目标的特征

目标	特征
经营目标	应反映管理层在主体架构、行业因素及业绩等方面的选择 应考虑风险承受度 应反映主体所期望达到的运营和财务绩效水平 应形成资源配置的基础
资产目标	应反映资产在使用价值上的完整性 应反映资产在价值量上的完整性 应考虑风险承受度
报告目标	应符合适用的会计准则、外部标准和框架以及管理层的信息需要 应考虑精确度水平、准确性要求以及重要性水平 应反映主体的活动
合规目标	应反映外部法律法规及规章 应考虑风险承受度

一般来说，报告目标和合规目标比较容易实现，在企业的控制范围之内；而经营目标、资产目标比较难实现，取决于外部因素，比如，外部竞争对手的状况、环境因素、政治与法律因素等，但内部控制有助于减轻外部因素的影响。

2.业务层面目标设定的关注点

在确认目标设定是否适当时，管理层可以关注如下因素[①]：

（1）确立的目标应与战略重点保持一致；

（2）应明确目标的风险承受度；

（3）确立的目标应与适用于主体的法律法规、规章及标准保持一致；

（4）阐述目标时所运用的术语应具有明确性、可衡量性、可实现性、相关性以及时限性；

（5）目标应在主体及其分支机构内被有效贯彻；

（6）需要主体特别关注的其他情形应符合目标要求；

（7）在设定目标过程中要先确认目标的适当性，然后才能将其作为风险评估的基础。

3.业务层面目标设定的步骤

业务层面目标的设定一般需要经过4个步骤，具体如图4-4所示。

---

① COSO.《内部控制——整合框架》（2013）［M］. 财政部会计司，译. 北京：中国财政经济出版社，2014：65-67.

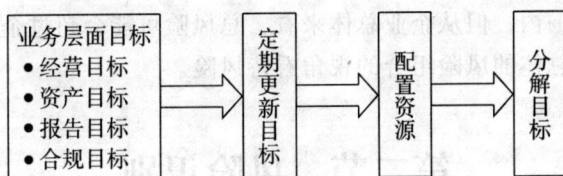

图4-4 业务层面目标设定步骤

（1）确定业务层面目标。企业的总目标及战略规划为业务层面目标的设定指明方向，业务层面根据自身的实际情况及总体目标的要求提出本单位的目标，通过上下不断沟通最终确定。

（2）根据企业的发展变化，定期更新业务活动的目标。

（3）配置资源以保证业务层面目标的顺利实现。企业在确定各业务单位的目标之后，将人、财、物等资源合理分配下去，以保证各业务单位有实现其目标的资源。

（4）分解业务目标并下达。企业确定业务层面的目标后，再将其分解至各具体的业务活动中，明确相应岗位的目标。

业务层面的目标应具体并具有可衡量性，并且与重要业务流程密切相关。例如，一家大型零售商设定的营运目标包括：

①以持续低于竞争对手的价格向客户提供更加丰富的商品；

②未来两个季度内将存货周转率提高至每年12次；

③在未来一年内降低5%二氧化碳排放量，减少和回收10%包装材料。

三、目标设定与风险偏好、风险承受度

目标设定是否科学、有效，取决于其是否符合企业的风险偏好和风险承受度。

（一）风险偏好

风险偏好是指企业在实现其目标的过程中愿意接受的风险的数量。可以从定性和定量两个角度对风险偏好加以度量。风险偏好与企业的战略直接相关，在战略制定阶段，企业应进行风险管理，考虑将该战略的既定收益与企业的风险偏好结合起来，目的是帮助企业的管理者在不同的战略之间选择与企业的风险偏好相一致的战略。

（二）风险承受度

风险承受度是指在企业目标实现的过程中对差异的可承受风险限度，是企业在风险偏好的基础上设定的对相关目标实现过程中所出现的差异的可接受水平，也被称作风险承受能力。也就是说，风险承受度包括整体风险承受能力和业务层面的可承受风险水平。例如，一家公司的目标市场份额是15%，同时公司还规定了对于市场份额的可接受范围，即10%~20%。又如，收入增长率的目标是40%，但允许有一定的偏差，比如35%~45%的收入增长率都可以接受。再如，要求产品的废品率是3%，但是最多允许5%的产品是废品。

在确定各目标的风险承受度时，企业应考虑相关目标的重要性，并将其与企业风险偏好联系起来。企业在风险承受度之内经营，能够使其在风险偏好之内向管理层提供更大的保证，进而对企业实现其目标提供更高程度的保证。

此外，企业应以风险组合的观点看待风险。对企业内每个单位而言，其风险可能落在

该单位的风险承受范围内，但从企业总体来看，总风险可能会超过企业总体的风险偏好范围。因此，应从企业总体的风险组合的视角看待风险。

第二节 风险识别

一、风险识别的含义

风险识别是对企业面临的各种潜在风险进行确认。这些风险来自企业内部和外部，可能会影响企业战略的执行和目标的实现。企业应采用一系列技术来识别可能影响企业发展的所有风险，这些风险既包括整体业务层面较为重大的风险，也包括单个业务或项目层面的次要风险。

COSO《内部控制——整合框架》（2013）原则7指出，组织应对影响其目标实现的风险进行全范围的识别和分析，并以此为基础来决定应如何管理风险。《企业内部控制基本规范》第三章第二十一条规定，"企业开展风险评估，应当准确识别与实现控制目标相关的内部风险和外部风险，确定相应的风险承受度"。

由此可见，风险识别是风险评估的基础，为风险分析和风险应对提供依据。风险识别能否全面地识别出企业面临的潜在风险，直接影响风险评估的质量以及内部控制目标的实现。

案例4-2 **"果汁大王"汇源为何深陷负债泥潭**[①]

2019年新年伊始，汇源果汁就接连披露了公司正在面临的还债难题，先是1月24日公告10亿元可换股债券本息违约，随后2月22日再次公告了2亿美元优先票据利息支付困难。而在这两个公告背后，是汇源果汁高负债以及面临退市的窘境。2018年4月汇源果汁发布的未经审计的业绩报告显示[②]，截至2017年年底，公司收入为53.82亿元，同比下降6.26%；公司负债总额高达114.02亿元，资产负债率为51.8%。2018年4月3日，汇源果汁因违规贷款给关联公司被勒令停牌，至今距离停牌时间已超过1年。

汇源果汁在国内深受百姓喜爱，是家喻户晓的"果汁大王"。它曾经意气风发，2007年在港交所创下规模最大IPO纪录，市值一度高达百亿元，但承载着一代国民记忆的"果汁大王"如今为何却逐渐衰落，负债累累？

收购失败，销售体系大损

汇源果汁的拐点出现在2008年，可口可乐开出179.2亿港元高溢价预收购汇源果汁，汇源果汁创始人朱新礼将这次收购看作是将汇源果汁推上国际舞台的好时机。为配合此次收购，汇源果汁不仅在上游领域进行了大量投资，同时也大幅削减了与可口可乐重复的销售渠道及销售人员。2007年年底，汇源果汁员工总人数为9 722人，销售人员为3 926人，到2008年年底总人数为4 935人，销售人员仅剩1 160人。2009年3月18日，收购方案因不符合《中华人民共和国反垄断法》的规定而被中国商务部叫停。在此之后，汇源果汁不得不重新建立销售渠道，员工暴增上万人。原本的原材料供应商进行大量投资的时候出现

---

① 屈丽丽. 汇源果汁：大农业梦下的百亿负债局［N］. 中国经营报，2019-03-16，有删改.
② 截至2019年6月，汇源果汁2017年年报与2018年年报仍未发布，公司股票也没有复牌.

了问题，加上产销不平衡带来的产能利用不足，致使业绩停滞不前。

债台高筑，资金压力增大

被可口可乐收购失败后，汇源果汁开始大量贷款融资，投资厂房设备、土地使用权等生产资料，以扩充产能。但这种做法并没有解决汇源产品单一的核心问题，反而增大了资金负担。此外，汇源已经对上游农业产业化园区有大规模投资，加上下游渠道大量裁减，其营业收入大打折扣，现金流开始紧张。接下来，汇源果汁将大量资金投入到广告营销中，但效果不佳，最终负债规模持续上升，面临资金流断裂的危险。

家族式管理，人员变动频繁

汇源是家族式管理模式，创始人朱新礼的女儿、女婿、弟弟和侄子都曾担任过汇源的高层领导。在该种管理模式下，职业经理人在汇源发挥的空间很小，要实现汇源的改革障碍很大。此外，自2013年汇源创始人朱新礼辞去总裁一职以来，汇源果汁的主帅位置人选一直在变更。据统计，朱新礼辞任后，前后有5人出任汇源的行政总裁，每人任职时间都不长，很少有超过两年的。高管变动带来的军心不稳和政策不持续使汇源错过了许多次翻盘的机会。

2019年4月，深陷债务泥潭的汇源果汁终于宣布与天地壹号、广州和智投资管理有限公司合资成立新公司。新公司注册资本为人民币60亿元，其中，天地壹号与广州和智投资管理有限公司合计出资人民币36亿元，占注册资本的60%；汇源果汁拟以"汇源"品牌等无形资产出资人民币24亿元，占注册资本的40%。最终，"果汁大王"选择廉价"卖身"解决其资金困境。

由以上案例可知，企业面临着各种内部与外部风险，及时、准确地识别各类风险，是有效应对风险的基础，也是企业持续健康发展的关键环节。

二、风险识别的内容

风险识别的主要内容包括以下两方面：①感知风险：通过调查和了解，识别风险的存在。按风险的来源，企业风险可以划分为内部风险和外部风险；按风险的层级，企业风险可以划分为组织层面的风险和交易层面的风险。②分析引起风险的内外部因素：通过归类分析，掌握引起风险的原因和条件，以及风险具有的性质。这两者是相辅相成、互相联系的。

（一）感知风险

一般来说，企业的主要风险包括但不限于表4-3中列举的各类风险，同样表4-3中的风险也不可能对所有企业全部适用。风险识别的第一步就是通过对企业高管、风险管理人员等进行访谈，识别出符合企业实际情况的风险。

表4-3中，战略风险、营运风险、财务风险是企业常见的内部风险。内部风险来源于企业的决策和经营活动，表现为与外界环境不相适应，或表现在企业本身的经营活动中，是来自企业各个流程和各个部门的风险。

自然风险、政治风险、市场风险、法律风险等是企业常见的外部风险。外部风险来自企业经营的外部环境，包括外部环境本身和外部环境的变化对企业目标的影响。COSO《内部控制——整合框架》原则9指出，组织应识别并评估对其内部控制体系可能造成重大影响的改变。因此，在风险识别过程中，应考虑该企业运营中监管、经济和物理等外部环境的变化以及由此引发的风险。

表 4-3	企业风险的类型	
战略风险	不确定性对企业战略目标实现的影响	
营运风险	因企业内部流程、人为错误或外部因素而令企业产生经济损失的风险	
	人为风险	因员工缺乏知识和能力、缺乏诚信或道德操守而引致损失的风险
	流程风险	因交易流程中出现错误而引致损失的风险
	事件风险	因内部或外部欺诈、市场扭曲、人为或自然灾害而引致损失的风险
	业务风险	因市场或竞争环境出现预期以外的变化而引致损失的风险
	信息系统风险	因系统失灵、数据的存取和处理、系统的安全和可用性、系统的非法接入与使用而引致损失的风险
财务风险	企业的财务收益与预期收益发生偏离，从而使企业有蒙受损失的可能性，包括筹资风险、投资风险和收益分配风险等	
自然风险	自然灾害、环境状况等自然环境因素导致的建筑物的损失、限制获取原材料，或者人力资本等方面的损失	
政治风险	因投资者所在国与东道国政治环境发生变化、东道国政局不稳定、政策法规发生变化给投资企业带来经济损失的可能性	
市场风险	产品市场风险	因市场变化、产品滞销等原因导致的产品跌价或不能及时卖出自己的产品
	金融市场风险	包括利率风险，外汇风险，股票与债券市场风险，期货、期权与衍生工具风险等
法律风险	因企业内外部的具体行为不规范，引起与企业所期望达到的目标相违背的法律上的不利后果发生的可能性	

案例 4-3   **新光集团的债务危机**[①]

新光集团是一家涉及饰品、高端制造业、地产、互联网、金融、投资等多个行业的大型集团，总资产约 800 亿元，曾一度风光无限。近年来资金实力雄厚的新光集团却深陷债务危机。2018 年 9 月底，新光集团多只债券违约，其信用评级从 AA⁺下调至 CC。此后，其旗下上市公司新光圆成被 ST，股价暴跌超 80%。新光集团所持 ST 新光股份全部被司法轮候冻结。

根据新光集团的公告，公司及其下属子公司（含新光圆成）共有金融机构有息负债总额约 340.85 亿元，其中直接债务融资工具约 121.13 亿元（已违约）。公司已披露的未能清偿到期债务的总额约 56.63 亿元。

债务危机发生后，包括银行、信托、基金、民间借贷者在内的大批债权人将新光集团告上法庭，其中 3 月份新增诉讼、执行案件就有近 10 起，涉及金额数十亿元。

2019 年 4 月 3 日，新光控股、ST 新光同时公告：发生债务危机以来，新光集团及其实

际控制人虽竭力制订相关方案、通过多种途径化解债务风险，但仍不能彻底摆脱其流动性危机。新光集团及其下属3家重整子公司于4月3日分别向金华中院申请重整。

回溯新光集团的债务危机，其实并非没有苗头，其债务风险是可以事先识别出来的。通过梳理新光集团的发行文件可以发现，该公司从2017年开始就密集甩卖资产。自2017年6月至2018年6月，新光集团处置各类子公司股权共获得51.19亿元现金流入。另外，新光集团还积极对外融资，至2018年8月底，新光集团7.1亿元的短期融资券以7.5%的利率在银行间市场成功发行。新光集团在债券违约前采取了一系列非常规手段，投资者本应该予以警惕。

对我国企业和金融机构来说，新光集团的债务危机事件值得深刻反思，应引以为戒。如果能及时识别各种风险，就有可能规避这样一场信用之殇。

需强调的是，COSO《内部控制——整合框架》（2013）原则8指出，组织应在评估影响其目标实现的风险时，考虑潜在的舞弊行为。通常，人们认为，日常生活中出现的各种财务舞弊是犯罪活动，已经超出了内外部审计师的专业范畴。但是，2002年《萨班斯-奥克斯利法案》发布时，人们对舞弊性财务活动的担忧达到了顶峰。为此，风险评估过程应当包括管理层对资产安全性和财务报表舞弊的风险评估。另外，管理层应考虑内外串通形成的腐败行为，这会直接影响企业实现目标的能力。对舞弊的检查和管理已经成为2013版COSO内部控制框架的重要元素。[①]

（二）分析引起的内外部因素

在初步识别企业存在的或潜在的风险后，企业应考虑所有与风险相关的内部与外部风险因素。外部风险因素既要考虑外部的各方利益相关者，如潜在的和现有的供应商、投资者、客户、竞争对手等，也要考虑法律法规、环境问题、潜在的自然灾害等。内部风险因素则覆盖至企业整体，上至企业的最高层，下至企业的各级运营部门、业务单元、分支机构还有下属职能部门。

企业外部风险因素包括但不限于表4-4中列示的因素。

表4-4　　　　　　　　　　　　　　　外部风险因素

外部风险因素	（1）经济形势、产业政策、融资环境、市场竞争、资源供给等经济因素
	（2）法律、法规、监管要求等法律因素
	（3）安全稳定、文化传统、社会信用、教育水平、消费者行为等社会因素
	（4）技术进步、工艺改进等科学技术因素
	（5）自然灾害、环境状况等自然环境因素
	（6）其他有关外部风险的因素

例如，一家服装进口商确定了企业的总体目标是成为高档时装业的领头羊，企业层面应考虑到的外部风险因素有：①供货渠道（包括质量、数量和外国制造商）的稳定性；②外汇汇率的波动；③接收运货的及时性以及海关检验耽搁的影响、海运公司的可靠性与运费；④国际上敌对事件和贸易禁运的可能性；⑤来自客户和投资者的压力，比如，要求抵制与某个国家的贸易往来等。除此以外，还应该考虑的因素有：经济状况好转还是恶化的影响，市场对产品是否接受，在该企业的市场范围内是否出现新的竞争对手，以及环境或

---

① 罗伯特 R. COSO内部控制实施指南（2013）［M］. 秦荣生，等，译. 北京：电子工业出版社，2015：84-85.

监管的法律、法规是否发生改变等。

企业内部风险因素包括但不限于表4-5中列示的因素。

表4-5 内部风险因素

内部 风险 因素	（1）董事、监事、经理及其他高级管理人员的职业操守，员工专业胜任能力等人力资源因素
	（2）组织机构、经营方式、资产管理、业务流程等管理因素
	（3）研究开发、技术投入、信息技术运用等自主创新因素
	（4）财务状况、经营成果、现金流量等财务管理因素
	（5）营运安全、员工健康、环境保护等安全环保因素
	（6）其他有关企业识别内部风险的因素

需要指出的是，内外部风险与内外部风险因素并不是一一对应的关系。引起外部风险的并不一定是外部风险因素，同样，内部风险也并非全由内部风险因素引起。以法律风险为例。一般认为，法律风险属于外部风险。但从引发法律风险的因素来源来看，既有企业以外的社会环境、法律环境、政策环境等因素引发的法律风险，比如，立法不完备、执法不公正以及合同相对人失信、违约、欺诈等；又有企业战略决策、内部管控、经营行为、经营决策等内部因素引发的法律风险，比如，企业自身法律意识淡薄、未设置较为完备的法律风险防范机制、对法律环境认知不够、经营决策欠考虑法律因素，甚至违法经营等。

《2017中国上市公司法律风险指数报告》[①]2018年10月20日在北京发布。报告披露2017年上市公司法律风险指数为23.993，创历年来新低，比2016年的24.495下降2.05%。整体来讲，上市公司的法律风险有所改善，其中金融业、采矿业、农林牧渔、住宿和餐饮业以及建筑业等是高法律风险行业。该报告还指出中国上市公司法律风险的新特点：公司治理风险日益突出，国有企业风险首次上升，多元化经营趋势下降，国际化风险日益提高，大量上市公司董事会规模没有达到法定规模等，这些方面需要上市公司重点关注。当日还首次发布了《2017中国上市公司合规指数报告》[②]，该报告指出，2017年上市公司整体合规水平持续有所改善。上市公司合规指数在2015年降到低谷后，从2016年开始逆转，2017年上市公司合规指数上升到96.530，比2016年的95.907上升0.623。上市公司合规指数最高的省份和自治区是河北、西藏和安徽，合规指数最低的省份和自治区是宁夏、山西和广西。[③]

总之，企业开展风险评估，应当准确识别与实现控制目标相关的内部风险和外部风险及其影响因素。需注意的是，这些影响企业风险的因素通常不是孤立存在的。例如，提高存款准备金的政策，会使利率、汇率、股票价格、房地产价格等都发生联动变化。在风险识别的过程中，企业应清楚它们彼此之间的关系，通过评估这种关系，才能确定采取何种风险应对措施是恰当的。

三、风险识别的方法

风险识别实际上就是收集有关风险因素、风险事故和损失暴露等方面的信息，发现导

---

① 中国上市公司法律风险与合规指数由法制日报社联合中国政法大学企业法务管理研究中心共同推出，自2008年以来，每年发布一次，旨在推动上市公司治理和运营的合规进程。
② 上市公司合规指数聚焦于上市公司违规情况的评价，主要选取非标报告、违规、高管责任及涉案资产四项指标，建立企业合规指数测评模型，对上市公司违规情况进行评分。
③ 佚名. 中国上市公司：您有一份2017年的"法律体检"报告，请查收！[EB/OL]. [2018-10-22]. http: //m. gmw.cn/2018-10/22/content_31801208.htm, 有删改.

致潜在损失的因素。风险识别的方法就是收集和分析这些信息的方法和技术。风险识别的方法一般有：财务报表分析法、流程图分析法、事件树分析法、现场调查法、保单对照法等。

（一）财务报表分析法

财务报表分析法是通过资产负债表、利润表、现金流量表和其他附表等财务信息的分析来识别风险事项。财务报表分析法是由 A.H.克里德尔 1962 年提出的事项识别方法。克里德尔认为，分析资产负债表等财务报表和相关的支持性文件，风险管理人员可以识别风险主体的财产风险、责任风险和人力资本风险等。这是因为风险主体的经营活动最终会涉及货币或财产，运用财务报表进行分析可以发现企业所面临的主要风险。

财务报表分析法具体分为以下几种主要方法：

1.趋势分析法

趋势分析是通过对一家企业连续数期的利润表和资产负债表的各个项目进行比较，以求出金额和百分比增减变动的方向和幅度，揭示当期财务状况和经营状况增减变化的性质及趋向。例如，进行资产负债表比较分析，如果发现企业大量举债而又缺乏按时偿还的能力，那么企业可能落入"举债—再举债—债上加债"的恶性循环之中，危及企业的生存。

趋势分析法通常包括横向分析法和纵向分析法。横向分析法又称水平分析法，是在会计报表中用金额、百分比的形式，将各个项目的本期或多期的金额与基期的金额进行比较分析，以观察企业经营成果与财务状况的变化趋势。纵向分析法又称垂直分析法，是对会计报表中某一期的各个项目，分别与其中一个作为基期金额的特定项目进行百分比分析，借以观察经营成果与财务状况的变化趋势。例如，企业资产负债率=总负债÷总资产×100%，该指标反映企业长期偿债能力，将该指标同以往年度的可比指标进行对比，能更加清楚地揭示出企业长期偿债能力的变化趋势，并能够进一步分析企业是否存在财务风险。

2.比率分析法

比率分析就是把财务报表的某些项目同其他项目进行比较，这些金额或者数据可以选自一张财务报表，亦可以选自两张财务报表。比率分析法可以分析财务报表所列项目与项目之间的相互关系，运用得比较广泛，主要有经营成果的比率分析、权益状况的比率分析、流动资产状况的比率分析。例如，资金利润率的大小反映资本投资的综合效果，如果其值很小乃至是负值，则企业的经营风险增大。存货周转率要适中，存货过多会浪费资金，存货过少则不能满足流转需求。

3.因素分析法

因素分析法也是财务报表分析中常用的一种技术方法，它是指把整体分解为若干个局部的分析方法，包括比率因素分解法和差异因素分解法。

（1）比率因素分解法

比率因素分解法，是指把一个财务比率分解为若干个影响因素的方法。例如，净资产收益率可以分解为总资产收益率和权益乘数两个因素的乘积，财务比率是财务报表分析的特有概念。在实际的分析中，分解法和比较法是结合使用的，比较之后需要分解，以深入了解形成差异的原因。分解之后还需要比较，以进一步认识其特征。不断的比较和分解，构成了财务报表分析的主要过程。

（2）差异因素分解法

为了解释比较分析中形成差异的原因，需要使用差异因素分解法。例如，将直接人工成本差异分解为价格差异和数量差异。差异因素分解法又分为定基替代法和连环替代法两种。

定基替代法是测定比较差异成因的一种定量方法。按照这种方法，需要分别用标准值（历史的、同业企业的或预算的标准）替代实际值，以测定各个因素对财务指标的影响。连环替代法是另外一种测定比较差异成因的定量分析方法。按照这种方法，需要依次用标准值替代实际值，以测定各个因素对财务指标的影响。

4.杜邦分析法

杜邦分析法是由美国杜邦公司创造并最先使用的一种财务分析方法，其最大的特点是把一系列的财务指标有机地结合在一起，利用各个指标之间的递进关系，揭示出指标之间的内在联系，找到造成某一个指标发生变动的相关因素，为公司经营者控制该项指标朝着良性的方向发生变动提供可靠的依据。

杜邦分析法是财务指标分解的综合方法，它以最能反映公司理财目标的指标——净资产收益率作为核心和出发点，通过指标的层层分解，揭示出各财务指标之间的内在联系和不同财务指标对股东权益收益率的影响关系。以万科企业股份有限公司（A股简称：万科A，股票代码：000002.SZ）为例，该公司 2018 年 12 月 31 日的杜邦分析如图 4-5 所示。

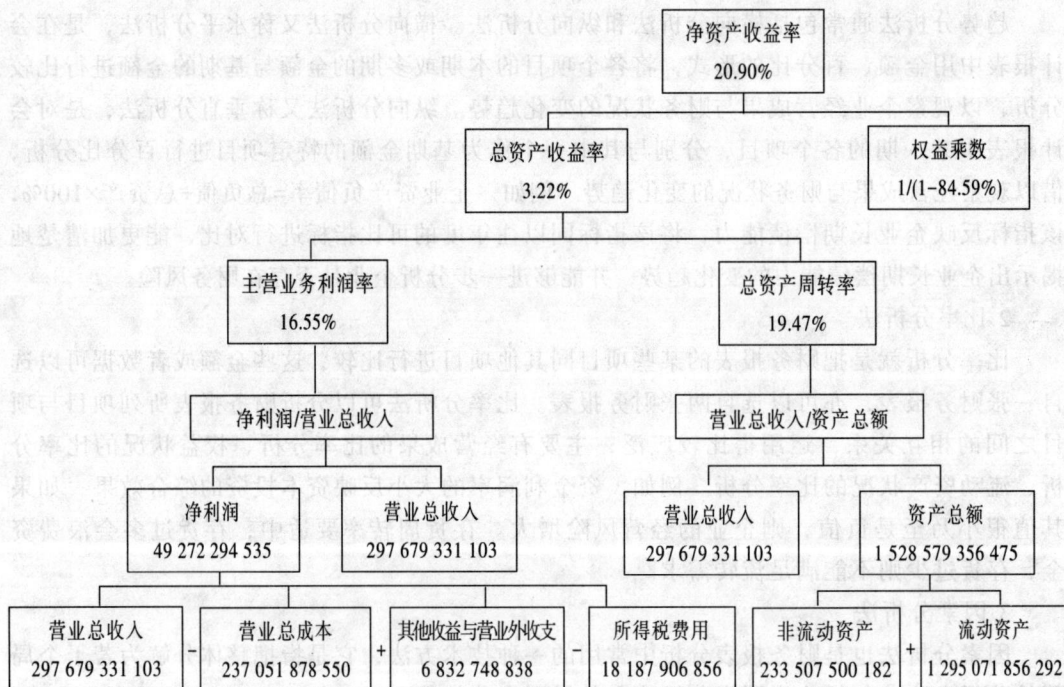

图 4-5　万科 A 2018 年杜邦分析图（部分）

经分析可知，万科 A 的净资产收益率（20.90%）远高于行业平均水平，这在很大程度上是由其高企的资产负债率（84.59%）决定的，同时也反映出公司可能面临较大的财务风险。万科 A 的主营业务利润率（16.55%）虽然较前两年有所提高，但低于行业平均值；其总资产周转率（19.47%）[1]比前两年明显降低，低于行业平均值。由此反映出该公司的

① 总资产周转率是用营业总收入除以期末资产总额计算得出。

盈利能力和经营效率均有待提高。

财务报表分析法能综合反映风险主体的风险状况，因为风险主体存在的许多风险都能够通过财务报表真实、可靠地反映出来。财务报表分析法的缺点是专业性较强，缺乏财务相关的专业知识就无法识别。另外，它不能反映以非货币形式存在的问题，如人员素质、体制改革和其他经济因素的变化等，因此财务报表分析法需要辅以其他识别方法。

（二）流程图分析法

流程图分析法是将风险主体的全部生产经营过程，按其内在的逻辑联系绘成作业流程图，针对流程中的关键环节和薄弱环节调查和分析风险。企业内部经营的流程图反映了各种经营活动的种类和顺序，它把企业看作一个加工单位，可以设法发现所有可能中断这个过程的偶然因素，对企业经营流程图的分析可以向风险主体揭示企业经营异常的方面，而这些方面常常存在特有的风险。

流程图有以下类型：

1.按照流程路线的复杂程度划分，可以分为简单流程图和复杂流程图

简单流程图是将主体的活动以大致流程进行分析，将其主要过程的内置联系和对这个过程中可能出现的风险进行分析，发现活动过程中可能存在的风险事项。简单流程图如图4-6所示。

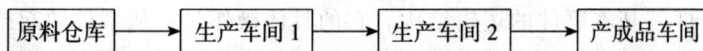

原料仓库　→　生产车间1　→　生产车间2　→　产成品车间

图4-6　简单流程图

复杂流程图是将主体所面临的风险事项，在风险主体的活动过程中的主要程序以及每一程序中的各个详细环节都进行分析。

2.按照流程的内容划分，可以分为内部流程图和外部流程图

内部流程图是以主体内部的活动为流程路线绘制的流程图，因而也称为生产制造程序流程图。

外部流程图（以某生产企业为例）是以产品的销售运输过程为流程路线绘制的流程图。外部流程图用以揭示企业从原料供应到制成产品，直到销售出去的全过程存在的风险。

3.按照流程图的表现形式划分，可以分为实物形态流程图和价值形态流程图

实物形态的生产流程图（以某生产企业为例）是以某种产品的生产全过程为基本流程路线，将主要生产经营活动以及各种辅助活动以实物形态反映在图表中，对每一过程、每一环节逐步进行调查分析，从中发现潜在的风险。简单的实物形态流程图如图4-7所示。如果该生产企业拥有其他产品，则需要绘制不同的流程图。

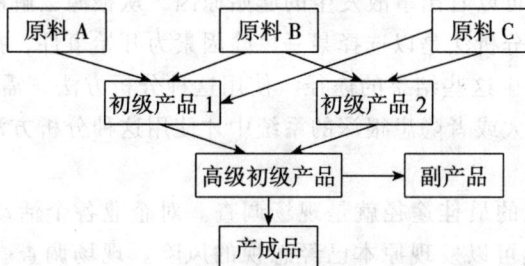

原料A　　原料B　　原料C
初级产品1　　初级产品2
高级初级产品　→　副产品
产成品

图4-7　简单的实物形态流程图

价值形态流程图则是以标有价值额度的流程路线来反映生产经营过程内在联系的流程图。在这一流程图中，通过货币价值额指标，可以更清楚地揭示风险主体各部门之间相互联系的程度，明确整个生产过程的关键部门和关键环节，以及生产过程中某一程序的中断给其他程序带来的影响。

流程图分析法最大的好处在于，促使工作人员熟悉主体运作中技术层面上的问题，可以将复杂的生产过程或业务流程简单化，从而增加发现公司中一些特殊问题的可能性。企业的生产工序、经营活动越复杂，越能够表现出流程图识别风险的优势，但流程图的绘制要耗费大量时间，另外也不能进行定量分析以判断风险发生可能性的大小，所以其应用仍然具有局限性。

(三）事件树分析法

事件树分析法又称故障树法，其实质是利用逻辑思维的规律和形式，从宏观的角度去分析事故发生的过程。它的理论基础是，任何一起事故的发生，必定是一系列事件按时间顺序相继出现的结果，前一事件的出现是随后事件发生的条件，在事件的发展过程中，每一事件有两种可能的状态，即成功和失败。这是我国标准委规定的事故分析的技术方法之一。

事件树法从某一风险结果出发，运用逻辑推理的方法推导出引发风险的原因，遵循风险事件—中间事件—基本事件的逻辑结构。它的具体操作是：从事件的起始状态出发，用逻辑推理的方法，设想事故的发展过程，然后根据这个过程，按照事件发生先后顺序和系统构成要素的状态，并将要素的状态与系统的状态联系起来，以确定系统的最后状态，从而了解事故发生的原因和发生的条件。

事件树分析法具有如下特点：

1.事件树分析是一个动态过程

事故的发生是一连串事件连续失败的结果，而且是一环扣一环，形成一个事故链，这些事故链相当于多米诺骨牌理论中的若干治理的骨牌，每一块骨牌就像企业的一个因素，一块倒了之后就可能引起多米诺骨牌一块挨着一块倒下。若中间环节事件有一个不失败，事故就不会发生了。

2.可以指出防止事故发生的途径

在分析所有可能的结果时，那些不会导致事故发生的结果就是防止事故发生的各种可能的途径。

3.能够找出消除事故的根本措施

从事件树的分析中可以看出事故发生的起始原因，从根源去解决事故。

由此可见，事件树分析法是以选择某一风险因素为开始事件，按照逻辑推理，推论其各种可能的结果以及产生这些结果的途径。使用这种分析方法，需要大量的资料和时间，所以一般只有在风险很大或者隐患很深的系统中才使用这种分析方法。

(四）现场调查法

获知主体经营情况的最佳途径就是现场调查。对企业各个活动场所进行检查，与各种员工或管理人员沟通可以发现原本已经忽视的风险。现场调查一般有三个步骤：调查前的准备，包括确定调查时间（开始的时间、持续时间的长短）和调查对象等；现场调查和访问，认真填写表格，形成调查报告与反馈。在实际调查之前先对企业情况作一个大致的了解，包括调查对象的名称、职能、年限、目前状况、故障状况和应采取的行动等项目，这样能达到更好的检查效果；风险人员对所关注的问题要具备一定的感性认识，同时还要关注那些并不明显的细节，这样则更容易发现主体的风险事项。现场调查中要注意带上专业管理人员，并且带上必备专业工具，还有照相机或录音笔之类便于记录现场情况的设备。

（五）保单对照法

保单对照法，是将保险公司现行出售的保单风险种类与风险分析调查表融合修改而成的，用于风险识别的问卷式表格，风险管理者可以根据这一表格与主体已有的保单加以对照分析，发现现存的风险事项。下面是美国某保险公司设计的保单对照分析表的部分内容，见表4-6。

表 4-6　　　　　　　　　　　　　**保单对照分析表（节选）**

一、财务风险

（一）有需要进行财产毁损基本防护但实际未执行的情形吗？

（1）自由建筑物和财物的直接毁损

（2）起源于财损的间接损失

（3）他人财产的直接毁损

（4）运送中财产的直接毁损

（二）被保物的风险保障足够吗？

1.自由的建筑物和财物

（1）对附有共保条款的保单，保额少于共保条款的要求吗？

（2）任何财产保险的保额少于其可保价值吗？

（3）财物价值波动剧烈吗？

（4）其他地点的财物有未投保的情形吗？

（5）重置成本保险有必要吗？

（6）商业财产保障适合吗？

（7）附有"售价"条款吗？

（8）附加任何批单可改变保障的情形吗？

（9）办公室财物特别保障适合吗？

（10）流动财产保单对财物提供了完好的保障吗？

2.间接损失（略）

3.他人财产（略）

4.运送中财产（略）

（三）财产保单的签订有不当之情形吗？

（四）节省保费可能吗？

二、犯罪风险

三、法律责任和工人补偿损失

保单对照法是从保险的角度，由保险专家设计，突出了对风险管理主体可保风险的调查，而对一些不可保风险事项的识别则具有相当的局限性。另外这种方法的使用要求风险管理人员具有丰富的保险专业知识，并对保单性质和条款有较深入的了解。

（六）其他方法

1.检查关键文档

经常检查关键文档是风险识别的好方法。关键文档包括：董事会会议的详细记录、资金申请表、公司指南、年度报告等，这些文件提供的信息并非详尽，却是风险识别中使用最为频繁的信息资源。

2.面谈

面谈有利于获取风险识别的重要信息资源。许多信息没有记录在文档文件里面，而只存在于经营管理人员和员工的头脑里。与不同层次不同领域的员工面谈以便增加识别潜在风险事项的信息资源。一般情况下，可以考虑和以下人员进行面谈：经营部门经理、首席财务官、法律顾问、人力资源部门经理、基层护理人员、工人和领班、外部人员等。与一般基层工人的谈话可以发现一些不安全的设备和操作方法，这些问题在正规的报告里面是不会反映出来的；而通过与高层管理者的面谈，可以知道最高管理层可以容忍的纯粹风险程度（即企业可以部分或全部消化的风险），以及希望转移的风险。

风险识别的方法很多，各有优缺点和适用的条件，没有绝对的适用所有风险识别的方法，所以风险主体要考虑风险识别方法的适用性。主体不同，风险识别的方法也不同，试图用其中一种方法来识别主体所面临的所有风险是不现实的。因此要根据风险主体的性质、规模以及每种方法的适用性结合使用，还要根据实际条件选择最优的识别方法或方法组合。需注意的是，风险识别是一个连续不断的、系统的过程，既要关注过去，也要着眼于将来，仅凭一两次有限的识别不能解决所有的问题，许多复杂的和潜在的风险事项需要经过多次识别才能获得最佳效果。

第三节　风险分析

一、风险分析的定义和内容

（一）风险分析的定义

风险分析是结合企业特定条件（如企业规模、经营战略等）在风险识别的基础上，运用定量或定性方法进一步分析风险发生的可能性和对企业目标实现的影响程度，并对风险的状况进行综合评价，以便为制定风险管理策略、选择应对方案提供依据。

风险分析是风险应对的基础，并为制定合理的风险应对策略提供依据，没有客观、充分、合理的风险分析，风险应对将无的放矢、效率低下。

（二）风险分析的内容

风险分析的内容复杂多样，通常是分析风险发生的可能性和影响程度。可能性表示一个给定事项将会发生的概率，影响程度则代表它的后果。一般来说，对识别出来的风险，从可能性和影响程度两个方面进行分析后，就可以根据分析的结果采取应对措施。此外，固有风险和剩余风险分析也是风险分析中的重要方面。[①]风险分析还涉及风险速度分析。

1.风险发生的可能性分析

可能性分析是指假定企业不采取任何措施去影响经营管理过程，将会发生风险的概率。可能性分析通常是通过对实际情况信息的收集和利用专业判断来完成的，科学的方法是依据数理统计原理，以数值为依据，根据现象特征，采用二项分布、泊松分布等数学模型，进行科学测算。

风险可能性分析的结果一般有"很少"、"不太可能"、"可能"、"很可能"和"几乎确定"五种情况。"很少"意味着在例外情况下可能发生；"不太可能"意味着在某些时候不太能够发生；"可能"意味着在某些时候能够发生；"很可能"意味着在多数情况下很可能发生；"几乎确定"意味着在多数情况下预期会发生。对可能性的定性测评见表4-7。

表 4-7　　　　　　　　　　　　　　　可能性的定性测评表

序号	描述符	详细描述举例
1	几乎确定	在多数情况下预期会发生
2	很可能	在多数情况下很可能发生
3	可能	在某些时候能够发生
4	不太可能	在某些时候不太能够发生
5	很少	在例外情况下可能发生

2.风险产生的影响程度分析

影响程度分析主要是指对目标实现的负面影响程度分析。风险影响程度的大小是针对既定目标而言的，因此对于不同的目标，企业应采取不同的衡量标准。按照影响的结果（通常是量化成数值），一般将风险划分为"不重要"、"次要"、"中等"、"主要"和"灾难性"五级。影响程度的定性分析见表4-8。

表 4-8　　　　　　　　　　　　　　　影响程度的定性分析

序号	描述符	详细描述举例
1	不重要	不受影响，较低的损失
2	次要	轻度影响（情况立刻受到控制），轻微的损失
3	中等	中度影响（情况需要外部支持才能得到控制），中等的损失
4	主要	严重影响（情况失控，但无致命影响），重大的损失
5	灾难性	重大影响（情况失控，对企业产生致命影响），极大的损失

在进行风险分析的过程中，公司应从自身的具体状况出发，运用适当的风险分析技术，定量或定性地评估相关事项，根据风险分析的结果，按风险发生的可能性及影响程度进行排序分析，分清哪些是主要风险，哪些是次要风险，从而筛选出企业的关键风险，为风险应对提供依据。

---

① 风险分析还可能涉及"风险速度"分析，即预期风险到来的速度分析。比如，监管要求的变化一般比较缓慢，而消费者偏好的变化较快，其"风险速度"也就更高。

案例4-4　　　　风险管理成效显著，浦发银行资产质量不断提高[①]

浦发银行近年来不断完善自身的风险管理体系。通过强化风险制度、政策与授信管理和持续优化风险计量与评级管理，浦发银行进一步夯实了风险管理基础，提升了全面风险管理能力。其中，浦发银行的授信管理是定期对授信客户实行分类管理和名单制管理，即风险的动态分析过程，根据授信客户面临的环境和社会风险的高低将客户分为A、B、C三类，A类为建设、生产、经营活动有可能严重改变环境原状且产生的不良环境和社会影响不易消除的客户；B类为建设、生产、经营活动将产生不良环境和社会影响但较易通过缓释措施加以消除的客户；C类为建设、生产、经营活动不会产生明显不良环境和社会影响的客户。其明确了影响分类的因素、具体标准和分类调查的方法，规定了分类的流程。对于A类和B类客户，提出了加强管理的措施，包括对其风险进展情况进行动态评估，并将相关结果作为其评级、信贷准入、管理和退出的重要依据，并在贷款"三查"、贷款定价和经济资本分配等方面采取差别化的风险管理措施等。

浦发银行一系列风险管理措施效果显著。截至2018年12月31日，浦发银行集团口径的不良贷款率为1.92%，较年初下降0.22%。不良贷款余额为681.43亿元，较年初减少3.76亿元，这两项"不良指标"实现了双降。另外，浦发银行90天以上逾期贷款与不良贷款之比持续保持在90%以内，资产质量进一步提高。

3.固有风险和剩余风险分析

固有风险是在管理层没有采取任何措施来改变风险的可能性或影响的情况下，影响主体目标实现的风险。在各级业务和流程中，固有风险是不可避免的。剩余风险是在管理层建立并采取风险应对措施之后所剩余的影响目标实现的风险。无论风险评估效力如何，剩余风险总是存在的，不可能降为零。风险分析首先应用于固有风险，一旦风险应对措施确定，管理层再考虑剩余风险。如果剩余风险仍超过各级管理层和董事会的可接受水平，管理层应当重新审视和修改风险的应对策略，或在某些情况下调整风险承受度。

二、风险分析的方法

根据《企业内部控制基本规范》第三章第二十四条的规定，企业应当采用定性与定量相结合的方法，按照风险发生的可能性及其影响程度等，对识别的风险进行分析和排序，确定关注重点和优先控制的风险。企业进行风险分析，应当充分吸收专业人员，组成风险分析团队，按照严格规范的程序开展工作，确保风险分析结果的准确性。

（一）定性分析的方法

定性分析的方法是目前风险分析中采用比较多的方法，它具有很强的主观性，往往需要凭借分析者的经验和直觉，或者国际标准和惯例，对风险因素的大小或高低程度进行定性描述，譬如高、中、低三级。

定性分析的操作方法多种多样，有问卷调查、集体讨论、专家咨询、人员访谈等。最常见的定性分析方法是风险评估图法。风险评估图法是把风险发生的可能性、风险发生后对目标的影响程度，作为两个维度绘制在同一个平面上（即绘制成直角坐标系）。风险评估图如图4-8所示。

---

① 佚名. 浦发银行"不良"实现双降 [EB/OL]. [2019-03-18]. https://m.baidu.com/sf? pd=realtime_article&openapi, 有删改.

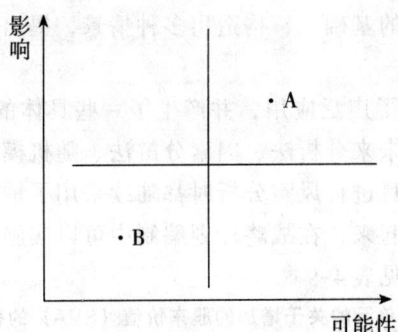

图4-8 风险评估图

与影响较小且发生的可能性较低的风险（图4-8中的点B）相比，具有重大影响且发生的可能性较高的风险（图4-8中的点A）亟待关注。需要注意的是，每种风险的重大程度及影响会因企业结构的不同而有所差别，所以企业应根据自身的经营特点来确定各风险因素影响程度的等级。

绘制风险评估图的目的在于对多项风险进行直观的比较，从而确定各风险管理的优先顺序和策略。例如，某公司绘制了风险评估图，如图4-9所示，根据风险发生的可能性和风险发生后的影响程度，将该图划分为A、B、C三个区域，A区域是低风险区域，B区域是中等风险区域，C区域是高风险区域。公司决定承担A区域中的各项风险且不再增加控制措施；严格控制B区域中的各项风险且专门补充各项控制措施；确保规避和转移C区域中的各项风险且优先安排实施各项防范措施。

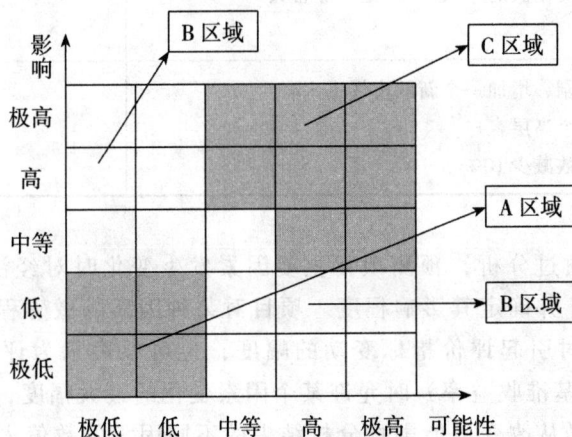

图4-9 风险评估图

（二）定量分析的方法

定量分析法，就是对构成风险的各个要素和潜在损失的水平赋予数值或货币计量的金额，从而量化风险分析的结果。

比较常用的定量分析法有情景分析法、敏感性分析、风险价值（Value-at-Risk，简称"VaR"）、压力测试等。

1.情景分析法

情景分析法是通过假设、预测、模拟等手段生成未来情景，并分析其对目标产生影响的一种分析方法。情景分析法适用于对可变因素较多的项目进行风险预测和识别。它在假定关键影响因素有可能发生的基础上，构造出多种情景，提出多种未来的可能结果，以便采取适当措施防患于未然。

情景分析法在国外得到了广泛应用，并产生了一些具体的方法，如历史情景重演法、目标展开法、空隙填补法、未来分析法、因素分解法、随机模拟法、风险坐标图等。一些大型跨国公司在对一些大项目进行风险分析时都陆续采用了情景分析法，例如管理当局试图把增长、风险和利润连接起来，在战略计划编制中可以实施情景分析，这里的风险是用增加的股东价值来评价的，见表4-9。

表 4-9　　　贯穿多个业务单元的关于增加的股东价值（SVA）的各种情景分析　　单位：百万美元

业务单元	主要潜在业务情景	股东价值的增加（减少）
1	风险评级降低20%	（150）
	消费者贷款减少10%	（120）
	竞争加剧，增加一个新的市场进入者	（100）
	银团中的收入减少15%	（80）
	失去一个高层客户	（50）
2	竞争加剧，增加一个新的市场进入者	（50）
	因为客户服务，收入减少10%	（30）
	失去一个高层客户	（20）
	不成功的新产品推出	（20）
	一个新的未决的"大"（不是"非常大的"）	（20）
	诉讼	
3	竞争加剧，增加一个新的市场进入者	（40）
	失去一个高层客户	（30）
	资产基数减少10%	（20）

2. 敏感性分析

敏感性分析是通过分析，预测项目主要因素发生变化时对经济评价指标的影响，从中找出敏感因素，并确定其影响程度。项目对某种因素的敏感程度可以表示为该因素按一定比例变化时引起评价指标变动的幅度，也可以表示为评价指标达到临界点（如内部收益率等于基准收益率）时允许某个因素变化的最大幅度，即极限变化。简言之，敏感性分析就是从改变可能影响分析结果的不同因素的数值入手，估计结果对这些变量的变动的敏感程度。那些对评价指标影响大的因素称为敏感因素，反之则称为非敏感因素。

例如，MM公司2020年拟投资新建一条生产线，预计初始投资额为40万元，使用期5年，按直线法折旧，无残值。预计自第1年年末起，该项目每年可实现销售量5 000件，产品单价为100元，单位变动成本为60元，公司预期收益率为10%，公司的所得税税率为25%。那么，该项目是否可以投资呢？如果销售单价上升了10%，或者单位变动成本下降了10%，又或者销售量上升了10%，在这三种情况下，该投资项目是否仍然可行呢？

在已知条件下，经过计算，可以得到，该项目的NPV= -58 828元，小于0，所以该项目不可行。

如果单价上升了10%，则NPV=83 325元，该项目可行。

如果单位变动成本下降了10%，则NPV=26 464元，该项目可行。

如果销售量上升了10%，则NPV=-1 967元，该项目不可行。

由此可知，单价、单位变动成本或销售量上升或下降相同的幅度（10%），NPV的变动幅度却不同。在此例中，NPV对于单价的变动更为敏感，其次是单位变动成本，最后是销售量。

反映敏感程度的指标是敏感系数，其计算原理如下：

$$某因素的敏感系数 = \frac{评价指标的变化（\%）}{该因素的变化（\%）}$$

（1）敏感系数的绝对值>1，即当某影响评价指标的因素变化时，评价指标会发生更大程度的变化，该影响因素即为敏感因素。

（2）敏感系数的绝对值<1，即评价指标变化的幅度小于影响因素变化的幅度，则该因素为非敏感因素。

（3）敏感系数的绝对值=1，即影响因素变化会导致评价指标产生相同程度的变化，则该因素也为非敏感因素。

作为企业的管理者，在掌握了有关因素对利润的敏感程度之后，接下来的任务就是如何利用敏感性分析帮助决策，以实现企业的既定目标。在这里，抓住关键因素，综合利用各有关因素之间的相互联系采取综合措施，是成功的关键。

虽然敏感性分析已得到广泛的应用，但也有其局限性。这种方法要求每一关键变量的变化是相互独立的。然而，管理层更感兴趣的是两个或两个以上关键变量的变化的综合影响。仅仅考虑独立的因素是不现实的，因为它们往往是相互影响的。

3.VaR

风险价值（VaR），是指在正常的市场条件和给定的置信水平（通常是95%或99%）下，在给定的特有期间内，某一投资组合预期所面临的潜在的最大损失金额。或者说，在正常的市场条件和给定的时间段内，该投资组合发生VaR损失的概率为给定的概率水平（置信水平）。它是为适应当前风险管理的需求而产生的，以规范的统计全面权衡市场风险的方法。VaR把对预期的未来损失的大小和该损失发生的可能性结合起来，不仅让投资者知道发生损失的规模，而且知道其发生的可能性，是一种数量化市场风险的重要量度工具。

设P_0表示资产在初始时刻的价格，P_t为资产在t时刻的价格，经过t时间后，市场价格的变化为P_t-P_0，即损益在$1-\alpha$的置信水平下，不超过VaR（记为VaR^P，上标P表示基于价格）。用数学公式表示：

$$Prob（P_t-P_0 \geqslant -VaR^P）=1-\alpha$$

定义$r_t=\ln P_t-\ln P_{t-1}$，为t时刻的单期收益率；$R_t=r_t$为t期收益率；VaR^R为R_t在置信度$1-\alpha$下的最坏情况（通常为负数，上标R表示基于收益率），即：

$$Prob（R_t \geqslant VaR^R）=1-\alpha$$

Robert F. Engle（1999）证明了VaR^P和VaR^R之间的转换关系式，如果得到了R_t的分布，就可以求出指定置信度下的VaR^R，即可得到VaR^P。

　　计算VaR常用的方法主要有3种：历史模拟法、方差-协方差法和蒙特卡罗模拟法。

　　（1）历史模拟法。这是一个完全估值模型，以历史可以在未来重复自身为假设前提，用给定时期所观察到的风险因子的变化来表示风险因子影响金融工具收益的市场因素，在此基础上，再得到整个组合收益的概率分布，最终求解出VaR值。

　　（2）方差-协方差法。它假定风险因子的变化服从特定的分布（通常是正态分布），通过历史数据分析和估计该风险因子收益分布的参数值（如方差），从而得出整个收益组合的特征值。

　　（3）蒙特卡罗模拟法。即先建立一个概率模型或随机过程，然后以随机产生的风险因子回报值来模拟组合的收益分布。

　　VaR的特点主要有：首先，VaR值可以用来简单明了地表示市场风险的大小，单位是人民币、美元或其他货币，没有任何技术色彩，没有任何专业背景的投资者和管理者都可以通过VaR值对金融风险进行评判；其次，可以事前计算风险，不像以往风险管理的方法都是在事后衡量风险大小；最后，不仅能计算单个管理工具的风险，而且能计算由多个管理工具组成的投资组合风险，这是传统风险管理方法所不能做到的。

　　VaR可以帮助企业解决资源配置的问题，在对企业的投资或投资组合的总体风险评估的基础上进行分解，决策者可据此进行判断，设置某类投资的资金上下限；VaR限额分解到子公司中，各子公司又可将VaR再分解到各自的子公司中去。这样，利用VaR方法进行风险控制，设置VaR限额，使各子公司都能明确自己的最大风险交易额（≤自身的VaR），以防止过度投机行为的出现，确保公司稳健经营。

　　VaR方法是机构投资者进行投资决策的有力分析工具。机构投资者应用该方法，在投资过程中对投资对象进行风险分析，将计算出的风险大小与自身对风险的承受能力加以比较，以此来决定投资额和投资策略，以减少投资的盲目性，尽可能减轻因投资决策失误所带来的损失。目前，VaR方法除了被金融机构广泛运用外，也开始被一些企业所采用，用来指导企业计量和分析市场风险。

　　4.压力测试

　　压力测试，是指在具有极端影响事件的情景下，分析评估风险管理模型或内控流程的有效性，发现问题，并制定改进措施的方法。极端情景是指在非正常情况下，发生概率很小，而一旦发生，后果十分严重的事情。它与情景分析中关注一个更正常规模的变化相反，压力测试一般被用作概率度量方法的补充。用来分析那些通过与概率技术一起使用的分布假设可能没有充分捕捉到的低可能性、高影响力的事件的结果。与敏感性分析类似，压力测试通常用来评估经营事项或金融市场中各种变化的影响。例如，产品生产缺陷的增加，外汇汇率的变动，衍生工具所基于的一个基础因素价格的变动，固定收益投资组合价值的利率增加，影响一个生产厂家运营成本的能源价格提高等。其目的是防止企业出现重大损失事件。

　　以运营风险管理为例。例如，一家企业已有一个稳定的生产环境和销售渠道，除发生极端情景以外，企业的生产和销售一般不会受到影响。因此，在日常交易中，该企业只需应用常规的风险管理策略和内控流程即可。采用压力测试的方法，是假设该企业在未来发生极端情况（如其财产被毁于地震、火灾、被盗等意外情况或生产的劣质产品使企业信用突降等），给企业造成了重大损失。而该企业常规的风险管理策略和内控流程在极端情景下不能有效防止重大损失事件发生，为此，该企业采取了购买保险或相应衍生产品、成立应急小组等措施。

案例4-5　　　　　　　　　　美联储的第八轮压力测试①

2018年6月美联储开展了自2009年以来第八轮压力测试。本轮压力测试分为两个环节，第一个环节是《多德-弗兰克法案》规定的测试内容：最低资本要求测试；第二个环节是质量环节（qualitative section），进一步在分析中纳入了银行自身的资本计划，评估银行在压力条件下的股息分红、股票回购或增发能力，以及资本充足水平是否达标。此次接受压力测试的有35家大型金融机构，其资产总额占到美国所有银行资产的80%。

压力测试第一环节的检测结果于2018年6月20日公布，参加测试的35家金融机构全部通过。在此次测试中，假设的极端不利情形包括全球经济严重衰退以及美国失业率大幅上升至10%等，这是美联储首次对银行业进行压力测试以来设定的最严格情形。测试结果显示，在上述假设的极端不利的经济环境下，从2018年第一季度至2020年第一季度，这35家银行的贷款损失总额将为5 780亿美元，整体一级普通资本充足率将从2017年第四季度的12.3%降至7.9%的最低水平，但仍高于美联储设定的4.5%的下限，这意味着即便世界经济发生严重衰退，这些银行仍有充足的放贷资金。

压力测试第二环节的检测结果于2018年6月28日公布，德意志银行未通过该环节的测试，也是唯一一家未通过测试的银行。美联储认为"整个公司的资本规划存在重大缺陷"，德意志银行在风险管理、数据管理以及应对压力测试的方法方面都存在问题，"德银目前的这些缺陷会影响其未来扩充资本的能力"。美联储还要求包括摩根大通在内的6家美国银行缩减股东分红的数额，高盛和摩根士丹利同意将该数额保持与去年持平的水平。美国运通、M&T银行和科凯国际集团也作出了相应的调整。

（三）两类分析方法的比较

定性分析法与定量分析法在实际应用中并非相互排斥，而是相互补充、相辅相成的。

理论上讲，通过定量分析可以对风险进行精确分析，而且定量分析的结果很直观，容易理解。但定量分析法的应用是以可靠的数据指标为前提的。事实上，在信息系统日益复杂多变的今天，定量分析所依据的数据的可靠性是很难保证的，再加上数据统计缺乏长期性，获得更多的数据需要更高的成本，由此使分析的细化很困难。此外，定量分析法虽然较精确，但许多非计量因素无法考虑。例如，国家的方针政策以及政治经济形势的变动，消费者心理以及习惯的改变，投资者的意向以及职工情绪的变动等，这些因素都是定量分析无法量化的。

与定量分析相比较，定性分析的可行性较好，但精确度不够。定性分析虽然可以将一些非计量因素考虑进去，但估计的准确性在很大程度上受到分析人员的经验和能力的影响，这不可避免地使风险分析结果因人而异，带有一定的主观随意性，且定性分析的结果也很难有统一的解释。

因此，风险分析中，定量分析与定性分析技术的结合是必要的，两者可以互补其不足。企业可以依据自身的特征决定采用的结合形式。

---

① 佚名. 美联储公布压力测试结果：德银未通过，高盛等6家被限制分红［EB/OL］.［2018-06-29］. https://baijiahao.baidu.com/s?id=1604571416695083630&wfr，有删改.

第四节　风险应对

一、风险应对的概念

风险应对是指在风险分析的基础上，针对企业所存在的风险因素，运用现代科学技术知识和风险管理方面的理论与方法，提出各种风险解决方案，经过分析论证与评价从中选择最优方案并予以实施，以达到降低风险的目的。

二、风险应对策略

《企业内部控制基本规范》第三章第二十六条规定，"企业应当综合运用风险规避、风险降低、风险分担和风险承受等风险应对策略，实现对风险的有效控制"。风险应对的具体策略见表4-10。

表 4-10 风险应对策略

风险规避	风险转移
完全放弃	保险转移
中途放弃	财务型非保险转移
改变条件	控制型非保险转移
风险降低	**风险承受**
损失预防	非计划性
损失抑制	计划性

（一）风险规避

风险规避（risk avoidance）是企业对超出风险承受度的风险，通过放弃或者停止与该风险相关的业务活动以避免和减轻损失的策略。风险规避能将特定风险造成的各种可能损失完全消除，因此，也有人将其称为最彻底的风险管理技术。

1.风险规避的方式

（1）完全放弃，是指企业拒绝承担某种风险，根本不从事可能产生某些特定风险的活动。例如，某IT企业打算开展软件外包业务，但是发现市场上开展此类业务的企业之间竞争极其激烈，于是该IT企业考虑完全放弃开展软件外包业务的计划。

（2）中途放弃，是指企业终止承担某种风险。例如，一个经销家庭日用品的企业在经销小儿麻痹疫苗的过程中发现，有缺陷的小儿麻痹疫苗在某些情况下会导致小儿麻痹症，于是决定终止这种经销活动，以免引发该产品责任索赔案。这种风险规避通常与环境的较大变化和风险因素的变动有关。由于发生了新的不利情况，经过权衡利弊后，认为得不偿失，故而放弃。

（3）改变条件，是指改变生产活动的性质、改变生产流程或工作方法等。其中，生产性质的改变属于根本的变化。例如，梧州电子仪器厂在开发生产高频接插件时，如果选择从日本引进全套设备，需要投资800万元，企业难以承受由此带来的财务压力，于是，企业采取逐步改变条件的策略，先投资200万元，引进散件和后续工序设备，待收回投资后再成套引进，最终使新产品开发获得成功。

案例4-6　　　　　主动调低并购估值，万业企业规避商誉风险[①]

2018年7月17日，万业企业称拟以现金及发行股份方式购买凯世通100%的股权，交易完成后，凯世通将成为万业企业的全资子公司。根据草案，凯世通估值约为9.7亿元，其中51%股权由上市公司分两期支付现金购买，首期支付3.98亿元，剩余现金款项支付与三年后业绩对赌及补偿挂钩，凯世通承诺在2018年至2020年度实现累计2.5亿元的净利润，否则需向并购方履行相应业绩补偿义务。凯世通的主要业务为太阳能离子注入机的研发、生产及销售，IC离子注入机的研发及市场推广等，该公司业务市场正处于初级阶段。

而2018年12月25日，万业企业发布公告称，将收购标的凯世通的整体估值由9.7亿元降至3.98亿元，公司拟以支付现金代替发行股份方式收购凯世通剩余49%的股权，决定终止2018年发行股份购买资产事项。凯世通方面表示接受此次交易的相关事项调整，最终万业企业以3.98亿元完成并购。面对估值结果的腰斩，万业企业表示，收购方案的调整降低了公司可能面临的风险，有利于凯世通长远发展，符合上市公司及全体股东利益。

关于调整估值结果的原因，万业企业表示：一是国内外光伏产业市场的不景气，产业整体年内投资意愿的萎缩；二是光伏产业链走向高端需要一定的时间。基于上述原因，凯世通2018年难以完成业绩承诺。为了帮助凯世通集中精力聚焦集成电路领域离子注入机的开发及制造，万业企业决定在调整凯世通估值结果的同时取消原有的业绩对赌，这有利于双方的长远发展。

此番主动调低并购标的估值，也降低了万业企业的商誉。如果并购方案没有改变，万业企业的商誉值会因并购大幅增加，而调整后的方案则会避免商誉过高问题。这种做法既顺应了当前的市场状况，又可以维护中小投资者的利益，避免二级市场减持引发"踩踏"，有效地规避了商誉风险。

2. 风险规避的优点和局限性

风险规避是通过中断风险源，规避可能产生的潜在损失或不确定性，是处理风险的一种有用的、极为普遍的方法。风险规避也是风险应对策略中最简单亦较为消极的方法。比如，一家企业为了避免企业出现坏账的风险而拒绝在任何情况下的赊销行为，即在规避该种风险的情况下，企业同时也失去了从风险中获益的可能性，更何况有些风险根本无法避免，因此，风险规避的适用范围受到一定限制。

（1）有些风险无法规避，对企业而言，有些基本风险（如世界性的经济危机、能源危机、自然灾害等）绝对无法规避；

（2）有些风险可以规避但成本过大，即对某些风险即使可以规避，但就经济效益而言也许不合适；

---

① 佚名. 万业企业规避商誉风险　调整并购标的估值至3.98亿元. [EB/OL]. [2018-12-27]. http://k.sina.com.cn/article_3164957712_bca56c1002000mi1r.html，有删改.

（3）消极地避免风险只能使企业安于现状，不求进取。一家企业固然可以借着不从事任何营业行为而避免风险，但从整体情况来看，一家企业没有营业行为自然也就没有营业收入，当然也就无法赚取利润，获得发展。

3.风险规避的适用范围

最适合采用风险规避策略的情况有：①某种特定风险所致的损失概率和损失程度相当大；②应用其他风险处理技术的成本超过其产生的效益，采用风险规避方法可使企业受损失的程度降到最低。

（二）风险降低

风险降低（risk reduction）是企业在权衡成本效益之后，准备采取适当的控制措施降低风险或者减轻损失，将风险控制在风险承受度之内的策略。风险降低的目的在于积极改善风险特性，使其能为企业所接受，从而使企业不丧失获利机会。因此，相对于风险规避而言，风险降低是较为积极的风险处理策略。

风险降低依目的的不同可以划分为损失预防和损失抑制两类。前者以降低损失概率为目的，后者以缩小损失程度为目的，如汽车安全气囊的装设是损失预防措施，而火灾警报器和自动喷淋系统则是损失抑制措施。

1.损失预防

损失预防是指在损失发生前，为了减少或消除可能引起损失的各项因素所采取的具体措施，也就是消除或减少风险因素，以便降低损失发生的概率，即做到预先防范。损失预防与风险规避的区别在于，损失预防不消除损失发生的可能性，而风险规避则使损失发生的概率为零。

例如，某建筑公司要盖一幢大楼，在施工合同签订时，明确索赔权利，防止违约；项目施工前，建立安全规程和制度，并对员工进行安全教育，防止事故发生；楼房交付使用前，得到相关部门的验证审批及相关责任人签字盖章，明确责任，防止交付后产生不必要的麻烦。

2.损失抑制

损失抑制，是指在事故发生过程中或事故发生后，采取措施减小损失发生范围或损失程度的行为，如通过给计划提供支持性的证明文件并授权合适的人做决策，应对偶发事件。

案例4-7　　　　　熊猫金控接连转让股权：拟降低经营风险①

2014年，原本主营烟花业务的熊猫金控投资了银湖网，进入互联网金融领域，此后又陆续投资熊猫金服、熊猫小贷等公司，大力拓展互联网金融领域，以"P2P"为主要业务。可是近两年，受网贷行业大环境等因素的影响，行业监管趋严，P2P平台的经营业务进一步收紧，运营成本大幅提升，持续盈利能力降低，面临较大的系统风险；此外，金融板块业务的部分合作渠道违约风险正逐渐增大。过去深入布局P2P业务的多家上市公司如今业绩大幅下滑，而熊猫金控更是难逃此劫，其预计2018年实现归属于上市公司股东净利润亏损4 116万至5 763万元。

为调整业务结构，降低公司经营风险，2019年2月2日，熊猫金控宣布将转让旗下

---

① 佚名. 拖累业绩、担忧风险上市公司频现"抛弃"P2P [EB/OL]. [2019-02-15]. https://baijiahao.baidu.com/s?id=1625536555913727918&wfr=spider&for=pc&sa=vs_ob_realtime，有删改.

P2P平台银湖网100%股权。银湖网的盈利能力在2018年第四季度恶化，2018年1—9月，银湖网实现营业收入6 496.9万元，净利润2 251.98万元；未经审计的2018年1—12月银湖网营业收入为8 737.2万元，净利润为922.9万元。但早在2018年9月15日，熊猫金控就已经公告将持有的湖南银港咨询管理有限公司70%股权转让，湖南银港旗下运营着网贷平台"熊猫金库"。接连剥离不良资产，这也是熊猫金控目前能降低经营风险的最佳之举。

事实上，一项风险降低的实践计划往往将损失预防和损失抑制两者结合起来，从而做到更有效地降低风险。比如，美国在20世纪70年代采取了限制高速公路车速的风险管理措施，一方面由于限制车速减小了车祸发生的概率，另一方面因为司机有更多的时间认识风险，同时又减小了车祸发生时或发生后的损失程度。

（三）风险分担

风险分担（risk sharing）又称风险转移，是企业准备借助他人力量，采取业务分包、购买保险等方式和适当的控制措施，将风险控制在风险承受度之内的策略。风险分担是一种事前的风险应对策略，即在风险发生前，通过各种交易活动，如业务外包、购买保险、租赁等，把可能发生的风险转移给其他人承担，避免自己承担全部风险损失。通过分担方式应对风险，风险本身并没有减小，只是风险承担者发生了变化。

风险分担的方式主要可以分为3种：财务型非保险转移、控制型非保险转移和保险转移。

1.财务型非保险转移

财务型非保险转移，是指利用经济处理手段转移经营风险。比较常用的手段有保证、再保证、证券化、股份化等。

（1）保证。保证是保证人与被保证人通过某种契约签署的，为使保证人履行相关义务以确保被保证人合法的既得利益的文件，其中有执行合约双方应尽责任的要求，如有违背，保证可能被取消或做相应调整。

（2）再保证。由于事项重大，为使被保证人的利益切实得到保护，在"保证"的基础上，由实力更强或声望更高的团体或个人通过合约或契约对被保证人所做的承诺。

（3）证券化。利用可转换债券、双汇率债券等金融工具方式，满足投资人、筹资方利益的需要，这是一种双赢的风险转移。

（4）股份化。它又叫公司化，指通过发行股票的方式，将企业风险转嫁给多数股东，这种操作实际上只是分散原始股东的风险，增强了企业抵抗风险的能力，而企业的运营风险并未得到转移。

2.控制型非保险转移

控制型非保险转移是通过契约、合同将损失的财务和法律责任转嫁给他人，从而解脱自身的风险威胁。其常用的方法有外包、租赁、出售、售后回租等。

（1）外包。外包又称转包或分包，转让人通过转包或分包合同，将其认为风险较大的业务转移给非保险业的其他人，从而将相应的风险全部或部分转移给承包人。

（2）租赁。出租人通过合同将有形或无形的资产交给承租人使用，承租人交付一定的租金，承租人对所租物只有使用权。

（3）出售。通过买卖契约将与财产或活动相关的风险转移给他人。

（4）售后回租。这是将出售和租赁合并操作的风险转移方式。为避免错过市场行情或由于资金紧张将资产整体卖掉，然后租回部分资产。

3.保险转移

保险，是指通过签订保险合同，向保险公司缴纳一定的保险费，在事故发生时就能获得保险公司的赔偿，从而将风险转移给保险公司。采用保险的方式，一方面，风险转移到保险公司之前，投保人须履行其义务，有责任缴付保险金；另一方面，当损失出现时，保险公司将会代替投保人承受因风险所带来的损失。企业对于自身不能控制、无法通过抑制实现转移的风险，或者根据外部与内部环境的变化对风险控制效果有一定的担忧时，可以采用投保的方式转移风险。控制型、财务型风险转移与保险型风险转移的比较见表4-11。

表4-11　　　　　　控制型、财务型风险转移与保险型风险转移的比较

风险转移	控制型、财务型	保险型
优点	①适用对象广泛，既可以是纯粹风险，也可以是投机风险；既可以是可保风险，也可以是不可保风险 ②直接成本低 ③操作手法灵活多样	①合同条款经过严密的审核 ②保证系数大、重大事项的投保，可能有再保险的保证 ③损失保证相对确定
局限	①由于受让人能力限制，操作和面临损失时，存在一定的不确定性 ②有关法律许可的限制 ③合同条文理解的差异，有时会引起经营效率与效果的问题	①受到合同条款的严格限制 ②费用相对高
使用条件	①以双赢为目的的合作关系 ②契约当事人对相关内容必须理解，争取一致 ③受让人有能力并愿意承担财务和法律责任	保险机构规定的业务事项

案例 4-8　　　　　暴雨来袭，保险撑起"保障伞"①

2018年7月24日，湖南省益阳市安化县突降暴雨，坐落于安化江南工业园内的湖南久扬茶业有限公司部分成品、半成品、原材料受到严重损坏，公司存货资产损失惨重，公司有关人员就该情况及时通知中国人寿财产保险股份有限公司衡阳市中心支公司。

接到报案后，保险公司理赔人员迅速赶往现场，核实原因，开辟绿色通道简化流程，最终赔付财产综合保险赔款84.8万元，将该公司的损失降到最小。

（四）风险承受

风险承受（risk acceptance），又称风险自留，是企业对风险承受度之内的风险，在权衡成本效益之后，不准备采取控制措施降低风险或者减轻损失，由自己承担的策略。风险

---

① 佚名. 2018年湖南保险行业十大典型理赔案例出炉［EB/OL］.［2019-03-12］. https://m.baidu.com/sf? pd= realtime_article&openap.

承受是企业明知可能有风险发生，但在权衡了其他风险应对策略之后，出于经济性和可行性的考虑将风险留下，若出现风险损失，则依靠企业自身的财力去弥补风险所带来的损失。风险承受的前提是自留风险可能导致的损失比转移风险所需代价小。

风险承受对策包括非计划性风险承受和计划性风险承受两种。非计划性风险承受是非计划的和被动的，主要是由风险识别过程的失误、风险的评价结果认为可以忽略、风险管理决策延误等原因造成的。如果在风险管理规划阶段已对一些风险有了准备，当风险事件发生时马上执行应急计划，自留风险就是计划性风险承受。风险自留的计划性主要体现在风险自留水平和损失支付方式两方面。风险自留水平，是指选择风险事件作为风险自留的对象。确定风险承受的水平可以从风险发生的概率及损失期望值大小的角度考虑，一般应选择风险发生概率小、损失期望值小的风险事件作为风险自留的对象。损失支付方式，是指风险承受应预先制订损失支付计划。常见的损失支付方式有：从现金净收入中支出；建立非常基金储备；建立风险准备金等。

在决定是否选择风险承受时，应考虑以下原则：①企业具有承受这些自留风险的能力；②同其他可行的风险应对策略相比，风险承受的预期损失较小。应用风险承受策略还应考虑到，风险的意外性扩大而使企业面临着更加严重的损失。甚至在极端情况下，风险承受可能使企业承担巨大风险，以至于可能危及企业的生存和发展。

风险承受策略的优点有：①成本较低。承受风险可以使企业直接避免许多费用支出。②控制理赔进程。相对于保险复杂的理赔过程及不能使企业满意的赔偿金额，风险承受避免了保险在理赔工作上的不及时和对企业恢复生产的延误。③提高警惕性。在采用风险承受策略的情况下，企业更加注重损失控制，会尽可能减少损失发生的概率和损失的严重程度。④有利于货币资金的运用。损失发生前，可以将不必支出的应急费用（如其他策略下的保险费用）用于生产经营，并获得一定的效益。

应用风险承受策略也存在一些弊端：①可能的巨额亏损。在特殊情况下，例如，发生自然灾害等，采用风险承受策略可能使企业面临承担巨额风险损失的危险。②可能产生更高的成本费用。在承受风险策略下，企业往往需要聘请专家进行指导和评估，在某些情况下，可能比采用其他策略支出的费用更大。③获得服务的种类和质量受限制。由于企业自身实力有限，当采用风险承受策略时，本来由保险公司提供的一些专业化服务就失去了作用。④可能造成员工关系紧张。例如，为企业职工安排福利补偿的问题，无论如何处理，在很多情况下都会有员工认为不公平，造成企业员工关系紧张。而如果通过企业外部保险公司来处理，则会避免该类情况的发生。

案例 4-9　　　　茅台集团拟筹建企业发展风险基金自留风险[①]

无论是在股市上还是在白酒市场上，茅台集团都具有举足轻重的地位，但茅台集团居安思危，对风险管理极其重视。2018 年 6 月，茅台集团召开了企业发展风险基金筹建方案专题会，会上指出，筹建企业发展风险基金能有效提高集团的风险应对能力，对茅台集团未来的发展至关重要。为此，要定性各类风险，识别生存风险和重大危机风险；要明确企业发展风险基金的来源，并规划好基金的统筹运营和提取机制。

---

① 佚名. 茅台集团拟筹建企业发展风险基金 [EB/OL]. [2018-06-13]. https://share.iclient.ifeng.com/news/shareNews? aid=sub，有删改.

茅台集团现阶段面临的风险主要来自以下三个方面：

1.产品供需矛盾将加剧

茅台酒的产能最多是5.6万吨，而当前茅台酒的产能是5万吨，生产扩建空间有限。面对逐步扩大的市场需求量，茅台酒的产能严重不足，未来茅台酒供需紧张的矛盾会加重。

2.环保压力仍然较大

茅台酒的生产水源主要是遵义市的赤水河，因此赤水河的环境保护至关重要，一旦水源被污染或受天气状况影响，对于茅台酒未来的生产经营将是致命一击。虽然国家已加强对赤水河的保护，但赤水河上游资源的开发和城镇化进程的加快都使赤水河的水质保护面临较大压力。

3.知识产权保护任重道远

高品质茅台酒深受市场追捧的同时，不少劣质茅台假酒接连出现，严重影响了茅台的品牌形象，因此，对于知识产权的保护工作仍需不断加强。

根据上述风险分析的结果，茅台集团选择筹建企业发展风险基金来主动承受风险，该风险应对策略在一定程度上能为茅台集团的未来发展提供保证。

三、选择风险应对策略

《企业内部控制基本规范》第三章第二十七条规定，"企业应当结合不同发展阶段和业务拓展情况，持续收集与风险变化相关的信息，进行风险识别和风险分析，及时调整风险应对策略"。因此，风险应对策略与企业的具体业务或者事项相联系，不同的业务或事项要采取不同的风险应对策略，同一业务或者事项在不同的时期要采取不同的风险应对策略，同一业务或事项在同一时期也可以综合运用多种风险应对策略。

选择风险应对策略时，应考虑以下因素：

1.风险承受度

企业抵抗风险的能力决定了企业能够承受多大的风险，也决定了企业应对策略的选择。企业抵抗风险的能力取决于多种因素，包括管理者的风险偏好、企业的资源和财力水平、企业的风险态度等。《企业内部控制基本规范》中强调，企业应当合理分析、准确掌握董事、经理及其他高级管理人员及关键岗位员工的风险偏好，采取适当的控制措施，避免因个人风险偏好给企业经营带来重大损失。

2.成本与效益

实际上每一种风险应对策略在设计和实施过程中都会产生一些直接或间接成本，这些成本要与其创造的效益相权衡。只有风险应对策略的成本小于其带来的收益时，这种风险应对策略才是可行的。

3.风险的特性

制定风险应对策略，必须以风险的特性为依据，对不同特性的风险制定相应的应对措施。例如，对于风险较大（超出企业的风险承受度）的业务，企业一般采用风险规避策略；对于自然灾害等不可抗力风险，企业一般采用风险转移策略。

4.可供选择的措施

对于某一特定风险，如果可以采取多种应对策略，那么风险应对措施的制定就需要在多种策略中进行比较，选择最有效的风险应对措施。

　　选定风险应对策略后，企业应当回顾已经确立的风险目标，以及这些目标的风险承受度，然后根据每个风险目标下已经识别的风险，重新评估风险发生的可能性及相互影响，进而对单个和整体风险的应对策略进行再评估，确保这些策略与企业整体风险偏好保持一致。

□ 复习思考题

　　1.企业战略目标按照怎样的步骤设定？

　　2.风险识别的方法有哪些？各种方法的优点和局限性是什么？

　　3.风险分析的核心内容是什么？

　　4.定量分析法和定性分析法有哪些具体方法？两类方法之间有何关系？

　　5.风险应对策略有哪些？各种策略的优点和局限性是什么？

　　6.选择风险应对策略时应考虑哪些因素？

中海油收购尼克
森是喜是忧

《中央企业全面
风险管理指引》

第五章

控制活动

引例　　　　　　　　　**华能集团的全面预算管理**

作为中国五大发电企业之一的中国华能集团公司（简称"华能集团"）近年来开始探索全面预算管理之路，并取得了显著成效。华能集团提出的经营管理模式是建立健全以预算为龙头、对标为主线、责任制为载体、绩效与薪酬挂钩的绩效管理机制，形成科学有效的指标、考核和薪酬分配三位一体的绩效管理体系。华能集团在推行全面预算管理的过程中主要做了以下几方面的工作：

首先，为了提高预算在生产经营和管理中的控制作用，提高企业管理水平，华能集团形成一套预算管理办法，并在预算机构的合理性、科目的科学配置、预算程序的严密性等方面持续改进，开展全面预算管理，保证企业生产经营和管理的有序进行。早在实施全面预算管理之初，华能集团就在总部单独成立了与规划发展部、财务部、审计部、营运协调部相平行的预算与综合计划部，专门负责华能集团的全面预算和综合计划管理工作。

其次，华能集团有效运用平衡计分卡等工具进行战略预算，形成以资金战略为中心的预算管理体系，将企业资金战略目标逐级分解转化为各种具体的业绩评价指标体系，并对这些指标的实现状况进行不同时段的考核，从而为资金战略目标的完成建立起可靠的执行基础。具体预算指标设定可分为财务指标和非财务指标，财务指标如：利润率、利润增长率、销售额、销售增长率、投资回报率、净资产收益率等；非财务指标如：质量、顾客满意度、市场占有率、投放市场的时机、培训措施、新产品或服务的销售额和功能等。通过这些绩效指标，对企业各阶段所需要的资金进行预算，从而达到有效使用资金的目的。

最后，华能集团还构建了弹性预算体系以及考核评价体系。其中，考核评价体系包括绩效考评分级分类制度、业绩考评指标、业绩考评方法和标准等内容，真正实现了预算管理的系统化。

在本案例中，华能集团以平衡计分卡为出发点，以资金预算为核心，建立和完善了其预算管理系统，不仅实现了平衡计分卡与资金预算的有机结合和互动互补，强化了对预算执行情况的实时控制，而且实现了企业预算管理的系统化，从而使企业价值得以持续提升。可以看出，预算作为内部控制的一种重要控制手段，在企业战略目标实现的过程中具有极其重要的作用。根据《企业内部控制基本规范》第二十八条的规定，控制措施一般包括：不相容职务分离控制、授权审批控制、会计系统控制、财产保护控制、预算控制、运营分析控制和绩效考评控制等。除上述控制措施以外，合同控制也是一种重要的控制措施。因此，本章主要对这些基本控制措施进行阐释。

第一节 不相容职务分离控制

一、不相容职务分离控制的定义

《企业内部控制基本规范》第二十九条规定，"不相容职务分离控制要求企业全面系统地分析、梳理业务流程中所涉及的不相容职务，实施相应的分离措施，形成各司其职、各负其责、相互制约的工作机制"。不相容职务分离控制的核心是内部牵制。不相容职务分离控制贯穿于企业经营管理活动的始终，是企业防范风险的重要手段之一。

不相容职务是指某些如果由一个部门或者一名员工担任，那么该部门或者员工既可以弄虚作假，又能自己掩饰舞弊行为的职务。这些职务通常包括：授权、批准、业务经办、会计记录、财产保管、稽核检查等。例如，某企业的出纳人员同时兼任货币资金的稽核与会计档案的保管，这就违反了不相容职务相分离的原则。如果该员工伪造签名，贪污企业的款项，他就有可能隐瞒对贪污款项的支票记录，使得舞弊行为被隐瞒而不被发现。可见，这3项职务必须由3个员工分别担任以便进行控制。

二、不相容职务分离的内容

企业在内部机构设置时应体现不相容岗位相分离的原则，特别是在涉及重大或高风险的业务处理程序时，必须考虑建立各层级、各部门、各岗位之间的分离和牵制。对于因机构人员较少且业务简单而无法分离处理的某些不相容职务，企业应当制定切实可行的替代控制措施。企业应当遵循不相容职务相分离的原则，综合考虑企业性质、发展战略、文化理念和管理要求等因素，形成各司其职、各负其责、相互制约、相互协调的工作机制，并确定具体岗位的名称、职责和工作要求等，明确各个岗位的权限和相互关系。

概括而言，不相容职务分离控制是指经济业务的可行性研究与执行要分离，决策审批与执行要分离，执行与记录、监督要分离，物资财产的保管与使用、记录要分离。根据大部分企业的经营管理特点和一般业务性质，需要分离的不相容职务主要有以下6种：（1）可行性研究与决策审批相分离；（2）业务执行与决策审批相分离；（3）业务执行与审核监督相分离；（4）会计记录与业务执行相分离；（5）业务执行与财产保管相分离；（6）财产保管与会计记录相分离。不相容职务分离控制图解如图5-1所示。

事实上，企业实际存在的不相容职务远不止这些，表5-1中列示了实际业务活动中常见的不相容岗位。需要注意的是，由于每一家企业所处行业、规模、经营性质与特点各不相同，企业应当根据具体业务流程和特点，完整、系统地分析和梳理执行该项业务活动所涉及的不相容职务，并结合岗位职责分工采取分离措施。

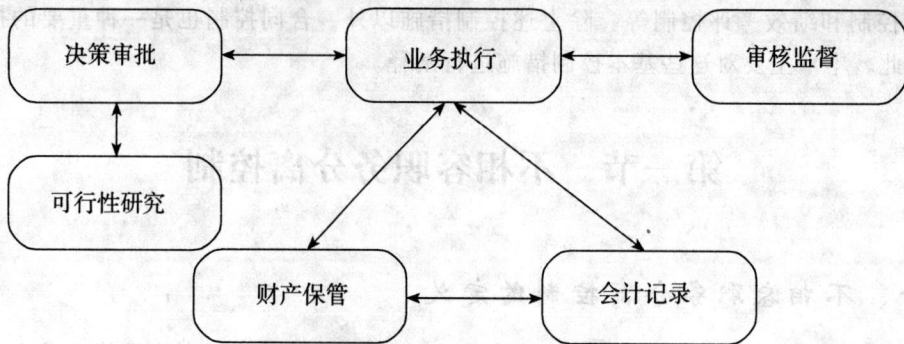

图5-1　不相容职务分离控制图解

表 5-1　　　　　　　　　　　实际业务中常见的不相容岗位

1.货币资金业务	6.固定资产业务
（1）货币资金支付的审批与执行 （2）货币资金的保管与盘点清查 （3）货币资金的会计记录与审计监督 （4）出纳人员不得兼任稽核、会计档案保管和收入、支出、费用、债权债务账目的登记工作 （5）支票保管职务与印章保管职务分离 （6）银行印鉴保管职务、企业财务专用章保管职务、法人名章保管职务	（1）固定资产投资预算的编制与审批，审批与执行 （2）固定资产采购、验收与款项支付 （3）固定资产投保的申请与审批 （4）固定资产处置的申请与审批，审批与执行 （5）固定资产取得与处置业务的执行与相关会计记录
2.采购与付款业务	7.销售与收款业务
（1）请购与审批 （2）采购合同的洽谈、订立不能由同一部门或同一人（生产、销售、财务）完成 （3）合同的谈判与审批 （4）询价与确定供应商 （5）采购合同的订立与审核 （6）货物的采购与货物的验收 （7）采购、保管、验收与相关会计记录 （8）付款的申请、审批与执行	（1）客户信用调查评估与销售合同的审批签订 （2）销售合同的审批、签订与办理发货 （3）销售货款的确认、回收与相关会计记录 （4）销售退回货品的验收、处置与相关会计记录 （5）销售业务经办与发票开具、管理 （6）坏账准备的计提与审批、坏账的核销与审批
3.存货业务	8.筹资业务
（1）存货的请购与审批，审批与执行 （2）存货的采购与验收、付款 （3）存货的保管与相关会计记录 （4）存货发出的申请与审批，申请与会计记录 （5）存货处置的申请与审批，申请与会计记录	（1）筹资方案的拟订与决策 （2）筹资合同或协议的审批与订立 （3）与筹资有关的各种款项偿付的审批与执行 （4）筹资业务的执行与相关会计记录
4.对外投资业务	9.成本费用业务
（1）对外投资项目的可行性研究与评估 （2）对外投资的决策与执行 （3）对外投资处置的审批与执行 （4）对外投资绩效评估与执行	（1）成本费用定额、预算的编制与审批 （2）成本费用支出与审批 （3）成本费用支出与相关会计记录
5.工程项目业务	10.担保业务
（1）项目建议、可行性研究与项目决策 （2）概预算编制与审核 （3）项目决策与项目实施 （4）项目实施与价款支付 （5）项目实施与项目验收 （6）竣工决算与竣工决算审计	（1）担保业务的评估与审批 （2）担保业务的审批与执行 （3）担保业务的执行和核对

另外，在实践中区分与实施不相容职务分离时，需要注意以下两点：

（1）不相容职务分离针对的对象是岗位，而不是部门。一般情况下，企业管理的组织架构先明确部门的定位和功能，然后再设定部门内岗位的职责和操作要求。不相容职务分离针对的是岗位职责，为具体事项操作动作的相互制约，而不是部门权责。即使一个操作流程的所有属性动作都在一个部门内完成，但只要这个部门内不相容职责交由不同的岗位人员操作，那么也就实现了内控中的制约原则。如在有些企业的采购流程中，采购申请、询比价、供应商选择和确定、采购合同拟定和签署、采购价格的商谈和确定等都是在采购部门完成的，那么只要采购中的执行、审批、记录、监督由部门内不同的人来执行，就可以认为不相容职务是分离的。

（2）建立岗位轮换和强制休假制度。因为员工长期在某个岗位工作，制度对其的威慑力就会逐渐削弱，容易引发员工的舞弊行为，并且由于长时间在一个岗位工作的员工容易积累很多资源并形成个人垄断资源，对企业利益产生潜在威胁，因此，为了更好地发挥不相容职务分离控制的作用，企业应当结合岗位特点和重要程度，明确关键岗位员工轮岗的期限和有关要求，建立规范的岗位轮换制度。通过岗位轮换，可以防范并及时发现岗位职责履行过程中可能存在的重要风险，强化职责分工的有效性。对于关键岗位的员工，企业可以实行强制休假制度。在休假期间，员工的工作由其他人员暂时接替，其工作会受到他人的监督，则舞弊被发现的概率会大大增加，员工实施并掩盖舞弊的机会将大大减少，舞弊的动机也会大大减弱。

案例5-1　　　　　财务人员舞弊案频发　加强内控刻不容缓

一则发生在秦皇岛市的企业财务主管贪污舞弊案件引起了人们的关注。近年来，企业财务人员贪污舞弊案件时有发生，每每都会给当事企业造成极大的损失。这不禁令人纳闷，此类案件为什么会屡屡发生？这些企业在内部控制方面存在哪些漏洞和不足？

2016年4月，秦皇岛公安局海港分局派出所成功破获一起涉案逾2000万元的特大职务侵占案。4月21日晚，海港分局海港派出所接到辖区内京德汽车公司4S店负责人报案，称其公司名下的分公司启晨汽车4S店出现2000余万元不明亏空，财务主管赵某存在职务侵占重大嫌疑。鉴于案情复杂，涉案金额巨大，接到报案后，海港派出所立刻开展了案件调查工作。

民警依法对嫌疑人赵某进行了传唤，并及时调取了京德汽车公司启晨汽车4S店1000余份账目清单，经过近24小时的连续讯问和调查取证工作，最终掌握了嫌疑人赵某自2014年3月至今先后197次侵占或挪用公司财务款项2020余万元的违法犯罪事实证据。经讯问，嫌疑人赵某交代了其于2013年年底迷上网络赌博，在入不敷出的情况下，发现网络银行交易具有延迟显示的特点，自2014年3月起利用担任启晨汽车4S店公司财务主管之便，以先侵占及挪用实收现金，后在账本中将其记录为刷卡消费的手段，先后197次侵占及挪用公司巨额款项用于网络赌博及消费的违法犯罪事实。

无独有偶，2015年12月，广西省柳州市柳江县也发生了一起同样性质的案件。某公司原财务主管兼会计卓某利用职务之便，在不到4年的时间里侵占公司759万余元。柳江县法院对卓某职务侵占一案进行宣判，依法判处其有期徒刑15年，并处没收个人财产20万元；责令其退赔柳州市某机械有限公司损失759万余元；查封卓某位于柳州市白沙路的房屋两套，扣押其奥迪牌汽车一辆。

　　据悉，柳州市柳江县某机械公司在2004年成立，卓某自公司成立就担任会计。随着公司规模扩大，深受领导信任的卓某被委任为公司的财务主管兼会计，负责公司的账目管理、员工工资发放及税款申报工作。自2010年开始，卓某开始沉迷于购买地下六合彩之中，并且购买金额越来越大，输得也越来越多，于是他利用职务便利，通过虚报工资等手段侵占公司资金，后又利用虚报应缴税额等方式将公司的资金占为己有。在随后近4年的时间里，卓某利用职务便利侵占公司的资金，还购买了房屋、商铺、汽车，将公司的资金挥霍一空。2014年1月，公司新聘的财务会计进行核账，才发现资金异常。经过核查，发现卓某涉嫌侵占公司资金700多万元。当年6月，畏罪潜逃的卓某在南宁被警方抓获。

　　上述案例中的企业存在不相容职务未分离、内部审计和监督工作缺失、管理体制不完善等问题。企业内部控制制度规定得很明确，管钱的员工不能管账，即企业的现金和财务账目一定要分开管理，而在第一个案例中，收款员收取现金后交给了会计，再由会计送交银行。会计将现金据为己有，在账目上记录为刷卡结账。这样，就造成了账目有相应的记录，而实际的款项却并没有到位的现象。

第二节　授权审批控制

一、授权审批控制的定义

　　根据《企业内部控制基本规范》第三十条的规定，授权审批控制要求企业按照授权审批的相关规定，明确各岗位办理业务和事项的权限范围、审批程序和相应责任。企业内部各级管理人员必须在授权范围内行使职权和承担责任；业务经办人员必须在授权范围内办理业务。完善的授权审批控制有助于明确权利和义务，层层落实责任，层层把关，最大限度地避免经营风险的发生。毫无疑问，授权审批控制也是防范企业风险的一种重要手段。

二、授权控制

　　清晰的权限指引可使不同层级的员工明确该如何行使并承担相应责任，也利于事后考核评价。"授权"表明了企业各项决策和业务必须由具备适当权限的人员办理，这一权限通过公司章程约定或其他适当方式授予。企业内部各级员工必须获得相应的授权，才能实施决策或执行业务。

（一）授权的种类

1.常规授权

　　常规授权是指企业在日常经营管理活动中按照既定的职责和程序进行的授权，用以规范经济业务的权力、条件和有关责任者，其时效性一般较长。这种授权可以在企业正式颁布的岗（职）位说明书中予以明确，或通过制定专门的权限指引予以明确。如销售部门确定销售价格的权力、财务部门批准费用报销的权力。常规授权的范围不宜太大，也不可太小，如果常规授权的范围太大，会使企业领导失去对重要业务的控制，从而冒较大的经营风险。因此，常规授权过大会削弱内部控制制度。反之，如果常规授权范围过小，凡事需要请示、批准，使常规授权名存实亡，也会削弱管理人员的工作积极性和责任心，从而对企业经营管理产生不利影响。

2.特别授权

特别授权一般是由董事会给经理层或经理层给内部机构及其员工授予处理某一突发事件（如法律纠纷）、作出某项重大决策、代替上级处理日常工作的临时性权力。

3.临时授权

临时授权本是特别授权的一种，但是管理实践中通常单列，主要针对的是企业管理者个体的授权，一般也是通过授权委托书进行明确。比如总经理出差期间将某些事项的决策权交给下属的某个副总，财务总监将一部分权限临时交给财务经理等，这样的情况经常发生。临时授权与常规授权一样，需要考虑不相容职务的分离，否则在授权阶段就存在较大的风险。

（二）授权控制的基本原则

1.授权的依据——依事而不是依人

企业应该本着有利于实现战略目标，有利于资源配置的目的来设置职务并进行授权，而不是仅凭被授权者的能力。如果因人授权，虽然充分考虑了被授权人的知识与才能，但却不能确保职权被授予了最合适的人员，不利于企业目标的实现。

2.授权的界限——不可越权授权

授权者对下级的授权，必须在自己的权限范围内，不能超越自己拥有的权限进行授权。

3.授权的"度"——适度授权

授权过程中对于"度"的把握是授权控制成败的关键，既不能贪恋权力，不愿下放，也不能过度授权。权力下放不到位会直接影响下级部门的工作效率和积极性；而过度授权则等于放弃权力，甚至出现滥用职权的现象。正确的做法是将下级在行使职责时必需的权力下放，并且做到权力和责任相匹配。对于重大事项的权限，不可轻易下放。

4.授权的保障——监督

相关人员在授权后应该给予适当的监督。如果放任不管，可能发生越权或滥用职权的行为；如果常加干涉，则授权形同虚设，不利于调动下属的主动性和创造性。对授权进行监督的重点主要是防止下级越权操作和"先斩后奏"的行为。

（三）授权的形式

授权一般以两种形式存在，即口头授权和书面授权。

1.口头授权

口头授权，是上级领导利用口头语言对下属进行工作交代，或者是上下级之间根据会议所产生的工作分配。这种授权形式一般适合于临时性与责任较轻的任务。

2.书面授权

书面授权，是上级领导利用文字形式对下属工作的职责范围、目标任务、组织情况、等级规范、负责办法与处理规程等进行明确规定的授权形式。这种授权形式适合比较正式与长期的任务。

企业应当尽量采用书面授权的形式明确相关人员的权限和责任界限，以避免出现口头授权形式下误解权责范围、滥用职权，以及出事之后相互推诿、无法问责等情况的发生。

案例5-2　　海康威视公司授权管理制度（2019年4月）（节选）①

第一章　总则

第一条　为完善公司的法人治理结构，加强内部控制和风险管理，提升公司的规范运作水平，保护公司股东、债权人及其他利益相关方的合法权益，根据《中华人民共和国公司法》（以下简称"《公司法》"）、《中华人民共和国证券法》、《深圳证券交易所股票上市规则》（以下简称"《上市规则》"）、《深圳证券交易所中小企业板上市公司规范运作指引》（以下简称"《中小板规范运作指引》"）等法律、法规、规范性文件以及《公司章程》的规定，结合公司实际情况，制定本制度。

……

第二章　决策权限的类别、授权方式

第七条　公司的决策权限分为一般权限和特别权限两个类别。

一般权限指对公司经营管理活动中经常性的、重复发生的事项的决策权限。

特别权限指出现超出或无法适用一般权限的特定事项或特殊业务时（例如采用项目总额制、授权总额制的经营事项），或者在发生突发、危机等临时性、紧急性事件时，授予的专项决策权限或临时性决策权限。

第八条　公司决策权限的授权包括制度自动授权和书面授权两种基本方式。

第九条　制度自动授权指公司依照《公司章程》，通过制定本制度、《总经理工作细则》及其他管理制度、规章等内部控制文件，明确各级决策机构、部门及相关人员的职责范围和决策权限。

……

第三章　一般权限

第十一条　公司及其控股子公司进行股权投资、管理与处分的决策权限如下：

1.股权投资：以投资额为指标，单笔大于等于净资产20%的，由股东大会审议批准；单笔大于等于净资产1%但小于净资产20%的，由董事会审议批准；单笔大于等于1亿元但小于净资产1%的，由董事会战略委员会审议批准；单笔小于1亿元的，由董事长审批。

……

第十二条　公司进行固定资产投资（包括但不限于：固定资产购置、建造、更新改造、租入）、管理与处分的决策权限如下：

1.固定资产投资：以投资额为指标，单笔大于等于净资产20%的，由股东大会审议批准；单笔大于等于净资产1%但小于净资产20%的，由董事会审议批准；单笔大于等于净资产0.3%但小于净资产1%的，或者同一项目连续12个月累计金额大于等于公司或其控股子公司拟部分或全部放弃对其下属子公司的同比例增资权或者优先受让权的，应当以公司或其控股子公司实际增资或者受让额与放弃同比例增资权或者优先受让权所涉及的金额之和为交易金额。

……

第十三条　公司进行无形资产投资（包括但不限于：无形资产购买、申请登记、获得许可）、管理与处分的决策权限如下：

---

①　案例节选自：《杭州海康威视数字技术股份有限公司授权管理制度》（2019年4月修订）（海康威视公告）。

1.无形资产投资

（1）知识产权：以投资额为指标，单笔大于等于净资产20%的，由股东大会审议批准；单笔大于等于净资产2%但小于净资产20%的，由董事会审议批准；单笔大于等于净资产0.5%但小于净资产2%的，或者同一项目连续12个月累计金额大于等于净资产1%但小于净资产2%的，由董事会战略委员会审议批准；单笔大于等于净资产0.3%但小于净资产0.5%的，或者同一项目连续12个月累计金额大于等于净资产0.5%但小于净资产1%的，由董事长审批；单笔小于净资产0.3%，或者同一项目连续12个月累计金额小于净资产0.5%的，由总经理审批。

......

第十六条　公司及其控股子公司向金融机构申请贷款或授信额度的决策权限如下：

1.以年度综合授信总额度为指标，连续12个月内累计大于等于净资产30%的，由股东大会审议批准；连续12个月内累计大于等于净资产10%但小于净资产30%的，由董事会审议批准；连续12个月内累计大于等于净资产5%但小于净资产10%的，由董事长审批；连续12个月内累计小于净资产5%的，由总经理审批。

......

第十八条　公司及其控股子公司进行实物资产报废与不良资产核销的决策权限如下：

1.实物资产报废

（1）库存，以账面净值为指标，单笔大于等于净资产20%的，由股东大会审议批准；单笔大于等于净资产0.1%但小于净资产20%的，由董事会审议批准；单笔大于等于净资产0.05%但小于净资产0.1%的，由董事长审批；单笔小于净资产0.05%的，由总经理审批。

（2）库存之外的其他实物资产报废，单笔大于等于净资产0.5%的，由股东大会审议批准；单笔大于等于净资产0.03%但小于净资产0.5%的，由董事会审议批准；单笔大于等于净资产0.01%但小于净资产0.03%的，由董事长审批；单笔小于净资产0.01%的，由总经理审批。

......

第四章　特别权限

第二十六条　对于采用项目总额制、授权总额制的交易事项，已根据本制度第三章规定履行相应决策程序的，可在已获得审批的额度范围内，通过制度自动授权或书面授权的方式制订该交易事项在具体执行、实施过程中的特别授权方案，形成特别权限。

第二十七条　除《公司章程》、本制度或公司其他管理制度、规章或特别授权的授权书另有规定之外，股东大会、董事会、董事会战略委员会、董事长、总经理及其他有权决策机构或人员对其特别权限不得进行转授权。

第五章　管理、监督检查

......

第六章　罚则

......

第七章　附则

......

三、审批控制

（一）审批控制的原则

1.审批要有界限——不得越权审批

越权审批就是超越被授权权限进行审批，通常表现为下级行使了上级的权力。如资金的调度权按规定属于总会计师，但总经理直接通知出纳将资金借给其他企业就属于越权审批的行为。

2.审批要有原则——不得随意审批

审批控制的目的是保证企业的所有行为有利于经营效果和效率的提高，最终实现控制目标。因此，即便审批人有一定的审批权限，也不能随意批准，而应该依据企业的有关预算、计划或者决议进行。在审批中，应贯彻集体决策的原则，实行集体决策审批或者联签制度。在综合正反两方面意见的基础上进行决策，而不应由少数人主观决策。

（二）审批的形式

同授权的形式一样，审批也应该尽量采用书面形式，采用书面形式既可以方便上级进行批示，又可以避免口说无凭，责任不清。此外，还便于监督检查人员对该活动的监控。

四、"三重一大"制度

对于重大决策、重大事项、重要人事任免及大额资金支付业务等，企业应当按照规定的权限和程序实行集体决策审批或者联签制度。任何个人不得单独进行决策或者擅自改变集体决策意见。"三重一大"的具体内容在本书的第二章第三节已有阐述，本章主要介绍"三重一大"事项的决策审批程序。

具体讲，"三重一大"事项决策审批程序如下：

1．"三重一大"事项提交会议集体决策前应当认真调查研究，提前告知所有参与决策人员，并为所有参与决策人员提供相关材料，经过必要的研究论证程序，充分吸收各方面意见，如重大的投融资项目应事前充分听取相关专家的意见；重要的人事任免应该事先征求相关企业主要投资者等主要利益相关者的意见；关于企业改制等关系企业员工切身利益的重大事件，应当听取企业工会的意见，并通过职工代表大会或者其他形式听取职工群众的意见和建议。

2．企业应当以会议的形式，对职责权限内的"三重一大"事项作出集体决策。不得以个别征求意见等方式作出决策。紧急情况下由个人或少数人临时作出决定的，事后应及时向相关领导部门报告；临时决定人应当对决策情况负责，相关负责部门应当在事后按程序予以追认。

3．决策会议的召开需要符合相关规定的人数。与会人员应充分讨论并发表意见，主要负责人应当最后发表总结性意见。若会议涉及多个事项，则应逐项研究决定。若存在严重分歧，一般应当推迟作出决定。会议决定的事项、过程、参与人及其意见、结论等内容，应当完整、详细记录并存档备查。

4．决策作出后，企业应当及时向股东或履行出资人职责的机构报告有关决策情况；企业负责人应当按照分工来组织实施，并明确责任部门和责任人。参与决策的个人对集体决策有不同意见的，可以保留或者向上级反映，但在没有作出新的决策前，不得擅自变更或者拒绝执行。如遇特殊情况需对决策内容作重大调整，则应当重新按规定履行决策程序。

5.建立"三重一大"事项决策审批的回避制度和决策考评制度；逐步健全决策失误纠正机制和责任追究制度。

案例5-3 　　未经股东大会审批 维力医疗"任性"招来监管函[①]

广州维力医疗器械股份有限公司（603309.SH，简称"维力医疗"）是一家以生产销售医疗卫生用塑料制品、医疗器械等为主要业务的上市公司。2015年12月维力医疗突然收到中国证券监督管理委员会广东监管局《关于广州维力医疗器械股份有限公司的监管关注函》，在该函文中，重点提及了公司在内部控制方面存在的几大问题，并着重突出了维力医疗在授权审批控制上存在的以下缺陷：

第一，委托理财事项未经股东大会审议。授权审批控制要求对于重大决策、重大事项、重要人事任免及大额资金支付业务等，企业应当按照规定的权限和程序实行集体决策审批或者联签制度，而2015年9月25日，维力医疗发布的《关于使用闲置自有资金进行现金管理的进展公告》称，2015年3月至公告日，公司在连续12个月内使用闲置自有资金进行委托理财的累积金额达2.25亿元，该项已经构成重大事项的条件，但该事项未经公司股东大会审议通过。回顾维力医疗此前的公告后发现，公司于2015年3月16日召开第二届董事会第五次会议，审议通过了《关于使用闲置自有资金进行现金管理的议案》。公司及全资子公司拟对最高额度不超过1.5亿元的闲置自有资金进行现金管理，用于购买保本型理财产品或结构性存款。以上资金额度在决议有效期内可以滚动使用。随后，维力医疗迅速付诸行动。公司陆续于2015年3月18日、5月8日、6月24日和7月1日，分别购买了1亿元、3 000万元、8 000万元和1 500万元的理财产品，累计理财金额为2.25亿元。

第二，股东大会、董事会运作不规范。一方面，重大事项决策审批应该建立回避制度，维力医疗于2015年4月27日召开了公司董事会薪酬与考核委员会会议及董事会会议对《关于发放公司2014年度高管绩效年薪的议案》进行审议并通过，但在审阅决策中公司副董事长兼总经理韩广源作为董事及董事会薪酬与考核委员会的委员参加会议，且在审议与其相关的议题时并未进行回避，违背了内部控制相关的回避制度。另一方面，决策会议的召开需要符合相关规定的人数，但维力医疗2015年的第二次临时股东大会的召开，董事未能全体出席会议，经理和其他高级管理人员未能全体列席会议，不符合决策会议的相关规定。

在该起案例中，维力医疗的"任性"操作无疑为A股上市公司中的一些财大气粗的次新股提供了一些警示：第一，公司选择将闲置的自有资金进行委托理财投资是正常决策，但在实施的过程中须遵守必要的审批程序；第二，重大事项的审批制度需要合乎规定，股东大会和董事会要规范运作。

第三节　会计系统控制

一、会计系统控制的定义

会计系统，是指企业为了汇总、分析、分类、记录、报告公司交易等而建立的方法和

---

① 案例改编自：曾剑.未经股东大会点头 维力医疗"任性"理财招来监管函［N］.每日经济新闻，2015-12-09.

记录的工作系统，它对内向管理层提供经营管理的信息，对外向投资者、债权人等提供相关的决策信息。

会计系统控制，是指利用记账、核对、岗位职责落实和职责分离、档案管理、工作交接程序等会计控制方法，确保企业会计信息真实、准确、完整。会计系统控制贯穿于企业整个经营管理活动，在控制投资业务、筹资业务、销售业务、担保业务、外包业务等风险方面发挥了重要的作用。根据我国《企业内部控制基本规范》第三十一条的规定，"会计系统控制要求企业严格执行国家统一的会计准则制度，加强会计基础工作，明确会计凭证、会计账簿和财务会计报告的处理程序，保证会计资料真实完整"。

二、会计系统控制的方法

（一）会计凭证控制

会计凭证控制，是指在填制或取得会计凭证时实施的相应控制措施，包括原始凭证与记账凭证的控制。会计凭证控制的内容主要包括：（1）严格审查。对取得的原始凭证要进行严格的审查，对不符合要求的原始凭证予以退回。（2）设计科学的凭证格式。凭证格式应当符合规定要求，便于核算与控制。做到内容及项目齐全，能够完整地反映业务活动的全貌。（3）连续编号。对记载经济业务的凭证按照顺序统一编号，确保每项经济业务入账正确，合理、合法。（4）规定合理的凭证传递程序。各个部门应当按照规定的程序在规定期限内传递流转凭证，确保经济业务得到及时的反映和正确的核算。（5）明确凭证装订与保管手续。凭证传递完毕，各个部门有关人员应当按照顺序，妥善保管，定期整理归档，按照规定存放保管，以备日后查验。

（二）会计账簿控制

会计账簿控制，是指在设置、启用及登记会计账簿时实施的相应控制措施。其具体内容包括：（1）按照规定设置会计账簿。（2）启用会计账簿时要填写"启用表"。（3）会计凭证必须经过审核无误后才能够登记入账。（4）对会计账簿中的账页连续编号。（5）会计账簿应当按照规定的方法和程序登记并进行错误更正。（6）按照规定的方法与时间结账。

（三）财务报告控制

财务报告控制，是指在编报财会报告时实施的相应控制措施。其具体内容包括：（1）按照规定的方法与时间编制及报送财务报告。（2）编制的会计报表必须由单位负责人、总会计师以及会计主管人员审阅、签名并盖章。（3）对报送给各有关部门的会计报表要装订成册，加盖公章等。

（四）会计复核控制

会计复核控制，是指对各项经济业务记录采用复查核对的方法进行的控制，其目的是避免发生差错和舞弊，保证财务会计信息的准确与可靠，及时发现并改正会计记录中的错误，做到证、账、表记录相符。会计复核控制的内容主要包括：（1）凭证之间的复核。（2）凭证与账簿之间、账簿与报表之间以及账簿之间的复核。会计复核工作应由具有一定会计专业知识、熟悉业务、责任心强、坚持原则的人员担任。复核人员必须对会计凭证、会计账簿、财务会计报表和所附单据认真审查、逐笔复核，复核过的凭证及账表应加盖名章。未经复核人员复核的，出纳人员不得对外付款，会计人员不得对外签发单据或上报报表。

三、会计系统控制的内容

(一) 会计准则和会计制度的选择

企业管理层应当依据企业具体情况选择适用的会计准则和相关会计制度。例如根据规模和行业性质，分别采用《企业会计准则》《企业会计制度》《小企业会计准则》等。

(二) 会计政策选择

企业的会计政策，是指企业在会计确认、计量和报告中采用的原则、基础和会计处理方法。企业管理层应当以真实、公允地反映企业状况为标准来选择适当的会计政策，变更会计政策时要说明合理变更的原因。

(三) 会计估计确定

会计估计，是指企业对其结果不确定的交易和事项以最近可利用的信息为基础所作出的判断。企业管理层需要依据企业的真实情况，作出合理的会计估计。若资产和负债的当前状况及预期未来经济利益和义务发生了变化，则会计估计也需要作出相应改变。

(四) 文件和凭证控制

企业应当对经济业务文件进行记录并且相关的凭证需要连续编号，避免业务记录的重复或遗漏，同时也便于业务查询，并在一定程度上防范舞弊行为的发生。例如，企业对产品出入库单预先编号，这样可以有效控制产品的流动，不会出现产品的无故短缺。

(五) 会计档案保管控制

会计档案是指会计凭证、会计账簿和财务报表等会计核算专业资料，是记录和反映企业经济业务的重要历史资料和证据。企业应当详细记录且妥善保管合同、协议、备忘录、出资证明等重要的法律文书，作为企业重要的档案资料以备查用。

案例5-4　　　　会计资料遗失　公司无法按期披露年报[①]

2019年4月30日是上市公司披露上一年度年报的最后时限，但是，上海中毅达股份有限公司（简称"*ST毅达"）年报仍然"难产"。根据我国《证券法》的相关规定，上市公司必须按期披露其年报。不能如期披露年报将会为公司带来退市的风险，那么是什么原因使*ST毅达甘冒"退市"风险而迟迟不披露年报呢？

事实上，早在2019年4月1日，*ST毅达就发布了《关于预计无法在法定期限内披露定期报告的风险提示公告》，该公告中明确表示，由于公司前任管理层"失联"直接导致公司无法正常披露其2018年年度报告和2019年第一季度报告。

对*ST毅达管理层"失联"事件回顾如下：

2018年12月25日，*ST毅达原控股股东大申集团有限公司（简称"大申集团"）股票质押式回购违约，被法院裁定将其所持有的*ST毅达股份交付信达证券，如果交付完成，信达证券将成为*ST毅达的第一大股东。基于此，信达证券要求*ST毅达披露其详细权益变动报告书，但*ST毅达一直不予配合，信达证券无奈将此情况反映给监

---

① 案例改编自：视野.会计资料遗失 *ST毅达无法按期披露年报[J].中国会计视野，2019（4）。

管机构。

2019年1月7日，上海证券交易所发布公告称联系不到*ST毅达公司的信息披露经办人员，也未能取得公司新任董事长张培的联系方式。

2019年1月10日，上海证券交易所发布《关于督促*ST毅达尽快恢复信息披露有效来源的监管通报》，要求*ST毅达核实有关情况，并尽快配合相关股东履行信息披露义务，并称通过*ST毅达的上任独立董事仍不能联系到该公司董事长。

2019年1月11日晚，*ST毅达4位独立董事发布公告称，4名独立董事均无法与公司取得联系并提示风险。

至此，*ST毅达管理层彻底"失联"，管理层的"失联"，除了影响企业的正常经营治理外，首当其冲的危害就是影响了公司的年报编制和正常披露，这主要是由于公司的营业执照原件（正副本）、公章、财务章等证照印章以及公司会计凭证、财务账簿等相关的会计档案下落不明，年报编制工作无法开展。

对此，中证中小投资者服务中心（简称"投服中心"）应上海证监局的建议并经过充分研究论证，于2019年3月14日提请召开临时股东大会。在该临时股东大会上，通过了免去原来多名董事、选举产生新的董事会成员的决议，成立了新的领导班子。通过会议内容还可以看出，*ST毅达要恢复正常状态仍然有很多难题需要克服，但首先要解决的就是公司的年报编制问题。

尽管公司于2019年4月22已经取得了此前遗失的公司原公章、财务章、合同专用章等印鉴，以及公司营业执照原件（正副本）等部分财务凭证等资料，但公司财务相关资料数量较多、内容繁杂，需要较长的时间进行甄别、核实，因而在2019年4月30日前披露年报几乎是不可能的事情。

该事件是展示公司会计档案和对公司会计档案保管控制的重要性的A股市场上的一个鲜活的例子。

（六）组织和人员控制

企业应当依法设置会计机构，配备会计从业人员。从事会计工作的人员，必须取得会计从业资格证书。会计机构负责人应当具备会计师以上专业技术职务资格。国有大中型企业应当设置总会计师。设置总会计师的企业，不得设置与其职权重叠的副职。

（七）建立会计岗位制度

企业应根据自身规模大小、业务量多少等具体情况设置会计岗位。一般大中型企业设置会计主管、出纳、流动资产核算、固定资产核算、投资核算、存货核算、工资核算、成本核算、利润核算、往来核算、总账报表、稽核、综合分析等岗位。小型企业因业务量较少，应适当合并减少部分岗位。这些岗位可以一人一岗、一人多岗，也可以一岗多人，但出纳人员不得兼任稽核、会计档案保管和收入、费用、债权债务账目的登记工作。

（八）业务流程控制

企业应当采用业务流程图的形式清晰反映其业务流程（业务流程图是由特定的符号组成，反映业务处理程序及部门之间相互关系的图表，它既是企业管理的有效工具，也是评价企业内部控制的重要手段），使得员工能够充分理解企业的业务流程，从而清楚自己在整个业务流程中的地位，采取适当的工作方式履行自己的岗位责任。

第四节　财产保护控制

一、财产保护控制的定义

保证资产安全是《企业内部控制基本规范》规定的内控目标之一。《企业内部控制基本规范》第三十二条规定，"财产保护控制要求企业建立财产日常管理制度和定期清查制度，采取财产记录、实物保管、定期盘点、账实核对等措施，确保财产安全"。这里所述的财产主要包括企业的现金、存货以及固定资产等。它们在企业资产总额中的比重较大，是企业进行经营活动的基础，因此企业必须加强实物资产的保管控制，保证实物资产的安全与完整。

二、财产保护控制的措施

（一）财产档案的建立和保管

企业应当建立财产档案，全面、及时地反映企业财产的增减变动，以实现对企业资产的动态记录和管理。企业应妥善保管涉及财产物资的各种文件资料，避免记录受损、被盗、被毁。由计算机处理、记录的文件材料需要有所备份，以防数据丢失。

（二）限制接触

限制接触，是指严格限制未经授权的人员对资产的直接接触，只有经过授权批准的人员才能接触资产。限制接触包括限制对资产本身的接触和通过文件批准方式对资产使用或分配的间接接触。

一般情况下，对货币资金、有价证券、存货等变现能力强的资产必须限制无关人员的直接接触。现金的保管与记账人员相分离，平时将现金放在保险箱并由出纳人员保管钥匙；支票、汇票、发票、有价证券等易变现的非现金资产一般采用确保两个人同时接近资产的方式加以控制，或在银行租用保险柜存放这些特殊资产；对于实物财产如存货、固定资产等的控制，可以让保管人员看管，或安装监视系统、采取防盗措施。

（三）盘点清查

盘点清查，是指定期或不定期地对存货、固定资产等进行实物盘点和对库存现金、银行存款、债权债务进行清查核对，说明资产管理上出现错误、浪费、损失或其他不正常现象，应当及时分析原因，查明责任，提出处理意见，出具清查报告，并将其结果及处理办法向企业的董事会或相关机构报告，完善管理制度。一般来说，盘点清查范围主要包括存货、库存现金、票据、有价证券以及固定资产等。

案例5-5　　　　盘点清查困难　多家公司存货"爆雷"[①]

存货是企业重要的流动资产，上市公司财报中披露的存货水平是资本市场投资者关注并借以分析企业财务状况的重要依据，此外，在公司财务报告公告前夕，公司出于维持或提升股价、获取贷款、保住上市地位等原因，会进行利润操纵，而存货由于其品种繁多、

---

① 案例改编自：常佳瑞.多家存货公司"暴雷"[N].中国证券报，2018-02-01.

流动性强、计价方式多样等特点，成为被操纵的重灾区，存货盘点对公司经营管理就显得尤为重要。

存货盘点的目的是及时发现并清理呆滞品，提高资产使用效率。其具体的流程是：第一，每月对重点库存进行抽样盘点；第二，每个季度对重点库存进行全盘；第三，每年对所有库存进行全盘。对期末存货进行盘点，可以及时发现并清理呆滞品，提高资产使用效率。

然而，距离2017年年报披露的最后时间还有三个月，多家上市公司的存货盘点却接连出现问题，且原因多种多样，有的甚至让人哭笑不得。表5-2列示了抚顺特钢、獐子岛、皇台酒业和深桑达A公司存货盘点的基本情况。

表5-2　　　　　　　　　　　　　　　　多家公司存货盘点情况表

公司名称	存货盘点发现的问题	问题出现的原因	预期带来的影响
抚顺特钢	存货等实物资产不实	形成原因较为复杂，具体情况需进一步核实	可能导致公司2017年及调整后以前年度实现归属于上市公司股东的净利润为负，从而出现连续亏损的情形，且净资产为负值；公司股票可能存在被实施退市风险警示、暂停上市或终止上市的风险
獐子岛	存货异常，需计提跌价准备或核销处理	部分海域的海水温度异常导致扇贝部分死亡	投资者情绪低落，预期股价一字跌停
皇台酒业	存货亏损：库存成品酒出现严重亏库的问题	公司正在核查亏库原因	公司将全额计提资产减值损失，对2017年度业绩产生较大影响
深桑达A	库存钢材鉴定为假冒产品	交易对方存在合同诈骗	该业务形成的库存钢材3 139.04吨，存货合同金额1.06亿元，神彩物流付出的货款总额为8 763万元，但具体损失还在评估当中

从表5-2可以看出，不同行业的公司受行业所限，存货管理确实存在难以规避的风险。例如对獐子岛这类农业企业来说，历来存货盘点较难。农业类企业的存货多为生物资产，"看山难数树，看池难点鱼"。生物资产的活动性使得其数量盘点一直是审计难以解决的问题。此外，一些生物资产的存放地点特殊，如在深山、水下等，审计人员难以进行实地盘点。

但即便如此，通过表5-2可以看出企业在存货管理控制中仍存在诸多的管理不善问题。例如，盘点清查中要求企业在发现存货管理上错误、浪费、损失或其他不正常现象时应当及时分析原因，查明责任。但是，抚顺特钢和皇台酒业在发现存货实物不实或者库亏时竟不能及时找到问题的原因，这不得不让人怀疑公司的存货管理制度。而且对于存货盘点较为困难的獐子岛，这也不是其第一次出现存货盘点异常问题，2014年10月，獐子岛就曾经公告宣称其超百万亩虾夷扇贝"因灾"绝收，在资本市场引起轩然大波，其扇贝一会儿"饿死"，一会儿"跑了"的消息，让人怀疑其是否利用存货操纵公司业绩。

可见，盘点清查作为一项重要的存货管理制度不仅在发现并清理呆滞品、提高资产使用效率上具有重要作用，对揭示公司经营管理中的其他问题同样具有重要意义。

（四）财产保险

财产保险控制，是指运用财产投保（如火灾险、盗窃险、责任险等），增加实物资产受损后的补偿程度或机会，从而将意外情况发生、资产受损时给企业带来的影响降到最低程度，分担不确定性所带来的风险，目前已经成为企业防范和规避资产风险的重要手段。企业可以根据实际情况考虑，对其重要、易损或特殊的财产投保，向保险公司交付保险费，保险公司按保险合同的约定对所承保的财产及其有关利益因自然灾害或意外事故造成的损失承担赔偿责任，使得企业可以在意外情况发生时通过保险获得补偿，减轻损失程度。

第五节　预算控制

一、全面预算和预算控制

（一）全面预算

全面预算，是指企业对一定期间的经营活动、投资活动、财务活动等作出的预算安排。全面预算作为一种全方位、全过程、全员参与编制与实施的预算管理模式，凭借其计划、协调、控制、激励、评价等综合管理功能，整合和优化配置企业资源，提升企业运行效率，成为促进实现企业发展战略的重要途径。

全面预算是由经营预算（也称业务预算）、资本预算与财务预算等一系列预算组成的相互衔接和钩稽的综合预算体系，如图5-2所示。

其中，经营预算是明确所有的日常经营活动如销售、采购、生产等需要多少资源以及如何获得和使用这些资源的计划，如销售预算、采购预算、生产预算等；资本预算包括投资预算和筹资预算两类。资本预算是公司对将要进行的长期工程和将要引进的固定资产等的投资和筹资计划，如研究与开发预算、固定资产投资预算、银行借款预算等；财务预算是一系列专门反映公司未来一定预算期内预计财务状况和经营成果，以及现金收支等价值指标的各种预算的总称。财务预算具体包括预计资产负债表、预计利润表和现金收支预算等内容。

（二）预算控制

《企业内部控制基本规范》第三十三条规定，"预算控制要求企业实施全面预算管理制度，明确各责任单位在预算管理中的职责权限，规范预算的编制、审定、下达和执行程序，强化预算约束"。

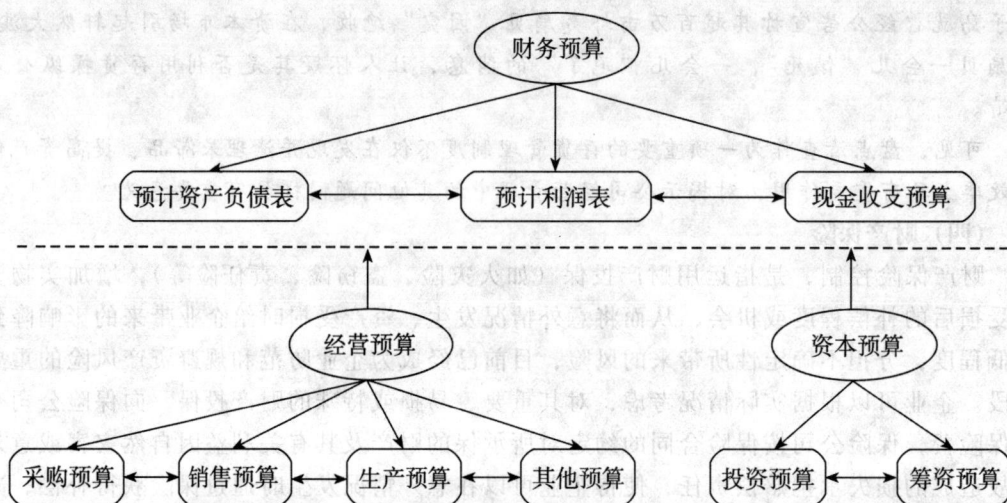

图 5-2　全面预算体系

通过预算控制，企业可以规范组织的目标和经济行为过程，调整与修正管理行为与目标偏差，保证各级目标、策略、政策和规划的实现。因此，预算控制作为管理控制系统的一种模式，是确保战略目标最终实现的一种有效机制。

二、全面预算的作用

有效的全面预算具有以下4个主要作用[①]：

（一）企业实施内部控制、防范风险的重要手段与措施

预算本身并不是最终目标，企业的最终目标是企业采取管理与控制手段来实现对企业风险的有效控制并达成企业目标，因此，全面预算的本质是企业内部管理控制的一项工具。全面预算的制定和实施过程，就是企业不断用量化的工具，使自身所处的经营环境与拥有的资源和企业的发展目标保持动态平衡的过程，也是企业在此过程中对所面临的各种风险的识别、预测、评估与控制过程。因此，《企业内部控制基本规范》将预算控制列为重要的控制活动和风险控制措施，并专门制定了《企业内部控制应用指引第15号——全面预算》，旨在引导和规范企业加强全面预算管理各环节的风险管控。

（二）企业实现发展战略和年度经营目标的有效方法和工具

"三分战略、七分执行"，企业战略制定得再好，如果得不到有效实施，终不能实现企业的最终目标，甚至可能因实际运营背离战略目标而导致经营失败。通过实施全面预算，将根据发展战略制定的年度经营目标进行细化、分解、落实，可以使企业的长期战略规划和年度具体行动方案紧密结合，从而实现"化战略为行动"，确保企业发展目标的实现。《企业内部控制应用指引第2号——发展战略》中明确规定，企业应当编制全面预算。

（三）有利于企业优化资源配置、提高经济效益

全面预算是为数不多的能够将企业的资金流、实物流、业务流、信息流、人力流等相整合的管理控制方法之一。全面预算以经营目标为起点，以提高投入产出比为目的，其编制和执行过程就是将企业有限的资源加以整合，协调分配到能够提高企业经营效率效果的

[①] 财政部会计司．企业内部控制规范讲解［M］．北京：经济科学出版社，2010.

业务、活动、环节中去，从而实现企业资源的优化配置，增强资源的价值创造能力，提高企业经济效益的过程。

（四）有利于实现制约和激励

全面预算可以将企业各层级之间、各部门之间、各责任单位之间等内部权、责、利关系予以规范化、明细化、具体化、可度量化，从而实现出资者对经营者的有效制约，以及经营者对企业经营活动、企业员工的有效计划、控制和管理。通过全面预算的编制，企业可以规范内部各个利益主体对企业具体的约定投入、约定效果及相应的约定利益；通过全面预算的执行及监控，可以真实反馈内部各个利益主体的实际投入及其对企业的影响并加以制约；通过对全面预算执行结果的考核，可以检查契约的履行情况并实施相应的奖惩，从而调动和激励员工的积极性，最终实现企业目标。

案例5-6   全面预算管理有效发挥"指挥棒"作用①

中国首钢集团（简称"首钢集团"）始建于1919年，于1958年建起了中国第一座侧吹转炉，1964年建成了中国第一座30吨氧气顶吹转炉，在中国最早采用高炉喷吹煤技术，20世纪70年代末首钢二号高炉成为当时中国最先进的高炉。改革开放以来首钢集团获得巨大发展，成为以钢铁业为主，兼营采矿、机械、电子、建筑、房地产、服务业、海外贸易等多种行业，跨地区、跨所有制、跨国经营的大型企业集团。在中国企业联合会按2006年数据评选的中国制造业500强中，首钢销售收入列第10位；在中国企业500强中首钢列第36位。1978年，首钢的钢产量达到179万吨，成为全国十大钢铁企业之一。2012年美国《财富》杂志评选的"全球最大五百家公司"排行榜中，首钢排名第295位。首钢集团取得今天的成就离不开其完善的全面预算管理体系。

全面预算管理是为数不多的几个能把组织的所有关键问题融合于一个体系之中的管理控制方法，首钢集团的全面预算管理体系内容主要体现在：

第一，全面预算管理体系的初步建立。在编制年度预算过程中，首钢集团努力探索财务预算与战略规划紧密衔接，坚持经营计划与经营预算相互支撑，集团总预算、专项预算和平台公司分预算相辅相成，最终形成了以管理关系为主线、满足集团内部管理需求的预算报表体系和以产权关系为纽带、满足国资委需求的外部预算报表体系，实现全员、全要素、全流程、全级次覆盖，全面预算管理体系初步建立。

第二，全面预算管理体系的逐步完善。为规范、夯实全面预算管理体系，首钢集团结合集团管控需要和客观实际，修订完成了首钢集团全面预算管理制度，围绕预算目标的实现，确立了预算编制、执行、调整、分析、评价、考核的闭环管理体系，完善全面预算管理体系，保障战略规划落地。

首钢集团实施的全面预算管理取得了显著的成效，主要体现在：

第一，增强了业务和财务融合。强化了财务指标与业务指标协同、经济效益与工资增长协同，导向多创效益、多做贡献等，较好解决了财务预算指标与业务生产预算指标间衔接不紧密、存在"两张皮"的问题；坚持业务先导，推进业务与财务的融合，通过全面预算把企业的人财物全部纳入进来，把经营管理的全过程都管控起来，改变了之前业务与财务分割，部门专业管理与综合预算没有实现统一的问题；首钢全面预算改革的一个重点，

---

① 案例改编自：首钢集团官网《全面预算管理有效发挥"指挥棒"作用——从变化中看管理能力提升系列报道之二》，http://shougang.com.cn/sgweb/html/sgyw/20170823/1184.html，2017-12-29。

就是对指标体系进行了重新设计，建立了预算指标体系，作为各单位预算编制、执行控制及考核的重要内容和依据，建立预算目标指标体系既考虑了平台管理单位、直管单位和要素单位，又考虑到各部门的情况。

第二，强化了管理层的全面管理意识。通过实施全面预算管理，各层级管理者、经营者更加关注企业的整体财务状况。以前各单位管理者很少关注自己企业的资产、负债、净资产是多少，现金流量如何。现在对现金流量状况、综合财务指标的重视程度明显提高。以前管理者把精力集中在企业内部的生产、运行管理，现在更关注市场及经营环境的变化，进行系统经营运作的市场主体意识明显增强。

第三，增强公司内部人员的协作性。全面预算的实施，改变了"管事不管钱"的做法，例如，以前集团内部提出上项目时，很少考虑资金来源。而在全面预算管理下，提出上项目，就必须有资金来源，就需要考虑是否已把有限的资金用在最需要的地方，是否做到了投入产出价值最大化等综合因素。通过实施全面预算管理，扭转了过去这些"管事不管钱"的经营思维，变为"管事也要管钱"。

常言道，凡事预则立，不预则废。全面预算管理是现代化企业不可或缺的重要管理模式。近年来，首钢扎实推进全面预算管理，在健全和完善全面预算管理体系方面迈出新步伐，实现经营管理事前规划、事中控制、事后考核的全过程闭环，有效发挥了经营的"指挥棒"作用，促进经营管理能力不断提升和优化。

三、全面预算的实施主体

《企业内部控制应用指引第15号——全面预算》第四条指出，"企业应当加强全面预算工作的组织领导，明确预算管理体制以及各预算执行单位的职责权限、授权批准程序和工作协调机制"。企业设置全面预算管理体制，应遵循合法科学、高效有力、经济适度、全面系统、权责明确等基本原则。其实施主体一般分为全面预算管理决策机构、工作机构和执行单位3个层次，如图5-3所示。

（一）决策机构——预算管理委员会

预算管理委员会是预算管理的领导机构和决策机构，应作为预算控制的最高级别控制主体承担监控职责。预算管理委员会成员由企业负责人及内部相关部门负责人组成，总会计师或分管会计工作的负责人应当协助企业负责人负责企业全面预算管理工作的组织领导。预算管理委员会主要负责拟订预算目标和预算政策，制定预算管理的具体措施和办法，组织编制、平衡预算草案，下达经批准的预算，协调解决预算编制和执行中的问题，考核预算执行情况，督促完成预算目标。

（二）工作机构——预算管理工作机构

预算管理工作机构履行预算管理委员会的日常管理职责，对企业预算执行情况进行日常监督和控制，收集预算执行信息，并形成分析报告。预算管理工作机构一般设在财会部门，其主任一般由总会计师（或财务总监、分管财会工作的副总经理）兼任，工作人员除了财务部门人员外，还应有计划、人力资源、生产、销售、研发等业务部门人员参加。

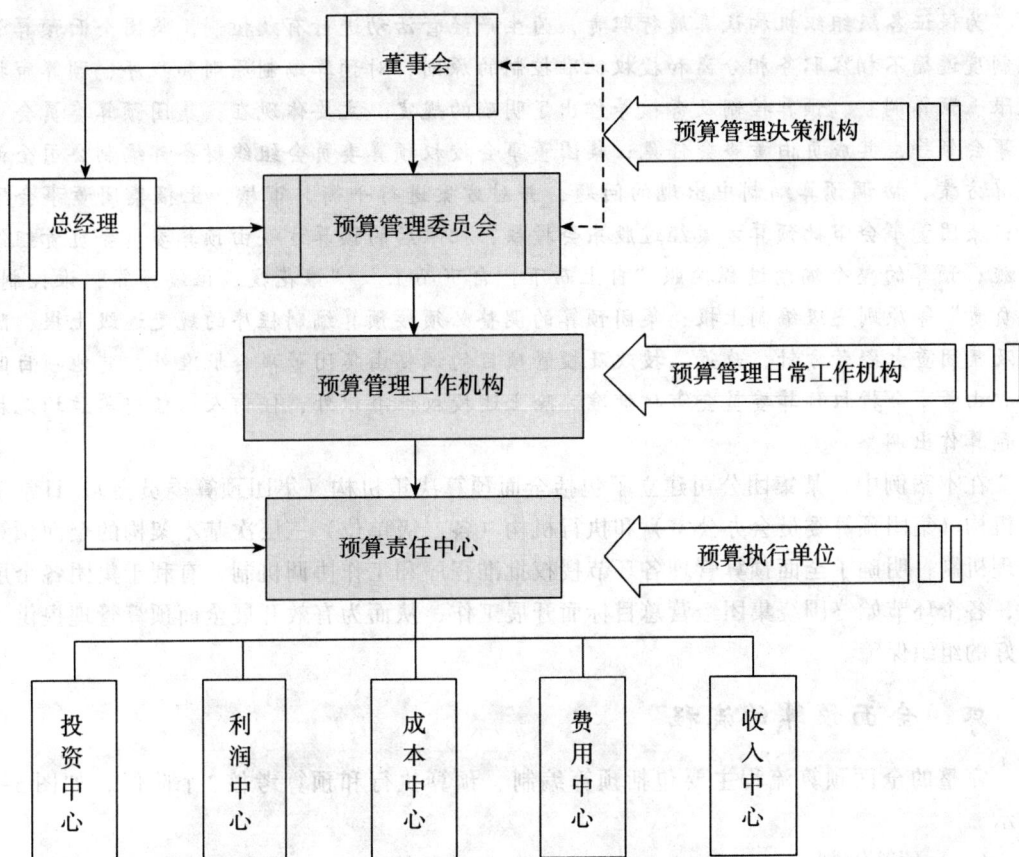

图5-3　全面预算实施的主体

（三）执行单位——各责任中心

各责任中心既是预算的执行者，又是预算执行的监控者，各责任中心在各自职权范围内以预算指标作为生产经营行为的标准，同预算指标比较，进行自我分析，并上报上级管理人员以便采取相应措施。企业内部预算责任单位的划分应当遵循分级分层、权责利相结合、责任可控、目标一致的原则，并与企业的组织机构设置相适应。

案例5-7　　　　　　　　　**实施主体健全、提供组织保障**[①]

某集团公司以钢铁生产为主，兼营机械制造、建筑安装、工业设计、房地产等业务，自1996年开始实施全面预算管理。为了确保全面预算的权威性以及集团整体目标与局部目标的协调统一，根据全面预算管理的特点，结合生产经营管理的要求，建立了集团预算委员会，由集团主要领导及各专业主管部门领导组成，下设办公室。各二级单位根据集团的有关规定设立相应的组织结构，由集团赋予相应的权限和职责。集团预算委员会办公室设在财务部，是预算委员会的日常办事机构。为此，财务部成立了预算成本科，该科担负着两大管理职能，即负责公司预算的管理和经济责任制的落实，集预算的编制、分解、分析和考核等职责于一体。这样，既克服了经济责任制管理方式中存在的部门之间难以进行良好沟通的缺陷，又使财务部在履行预算委员会赋予的管理职能时，可以按照公司预算控制的程序认真协调好各管理职能部门之间的业务关系。

[①]　财政部会计司.企业内部控制规范讲解（2010）[M].北京：经济科学出版社，2010.

为保证各级组织机构认真履行职责，为生产经营活动进行有效控制，集团全面预算管理制度遵循不相容职务相分离和授权批准控制的原则，对预算编制原则和程序、预算审批权限、预算调整、预算控制及考核等作出了明确的规定。主要体现在：集团预算委员会由董事会领导，其成员由董事会任免；集团董事会授权预算委员会组织财务部编制公司全面预算方案，协调预算编制中出现的问题，并对方案进行平衡、审核，上报集团董事会审批；集团董事会审批预算方案经过股东会授权，批准后的预算方案由预算委员会负责组织实施；预算的整个编制过程按照"自上而下，自下而上"、"谁花钱，谁编预算，谁控制，谁负责"等原则逐级编制上报；集团预算的调整必须按预算编制程序的规定逐级上报，除涉及集团重大经营方针、政策、技改及投资项目的调整由集团董事会批准外，其他项目的调整由董事会授权预算委员会审核批准。除上述授权批准以外，任何人、任何单位均无权对预算作出调整。

在本案例中，某集团公司建立了包括全面预算决策机构（集团预算委员会）、日常工作机构（集团预算委员会办公室）和执行机构（各二级单位）三层次基本架构的全面预算管理机制，明确了全面预算管理各环节授权批准程序和工作协调机制，有利于集团各个层次，各个环节始终围绕集团经营总目标而开展工作，从而为有效开展全面预算管理提供了较好的组织保障。

四、全面预算的流程

完整的全面预算流程主要包括预算编制、预算执行和预算考核3个阶段，如图5-4所示。

（一）预算编制

预算编制主要由预算制定、预算审批和预算下达3个方面构成。

预算编制是企业预算总目标的具体落实以及将其分解为责任目标并下达给预算执行者的过程。预算编制是预算控制循环的一个重要环节，预算编制质量的高低直接影响预算执行的结果，也影响对预算执行者的绩效考评。因此，预算制定应根据企业实际需要选用合理的方法进行。

预算审批，是指企业全面预算应该按照《公司法》等相关法律、法规及企业章程的规定报经审议批准。

预算下达，是指企业全面预算经过审议批准后应及时以文件形式下达执行。

企业在预算编制环节应当关注以下风险：不编制预算或预算不健全，可能导致企业经营缺乏约束或盲目经营；预算目标不合理，编制不科学，可能导致企业资源浪费或发展战略难以实现。

（二）预算执行

预算执行是全面预算的核心环节。预算执行即预算的具体实施，它是预算目标能否实现的关键。预算执行主要包括预算指标的分解及责任落实、预算执行控制、预算分析和预算调整等4部分。

预算管理委员会以董事会批准的企业年预算为依据，分解预算指标，将整个企业的预算分解为各责任中心的预算，并下达给各责任中心，以此来约束和考评责任主体；各责任中心以下达的预算为依据，安排生产经营活动，并指定专门预算管理员登记预算台账，形

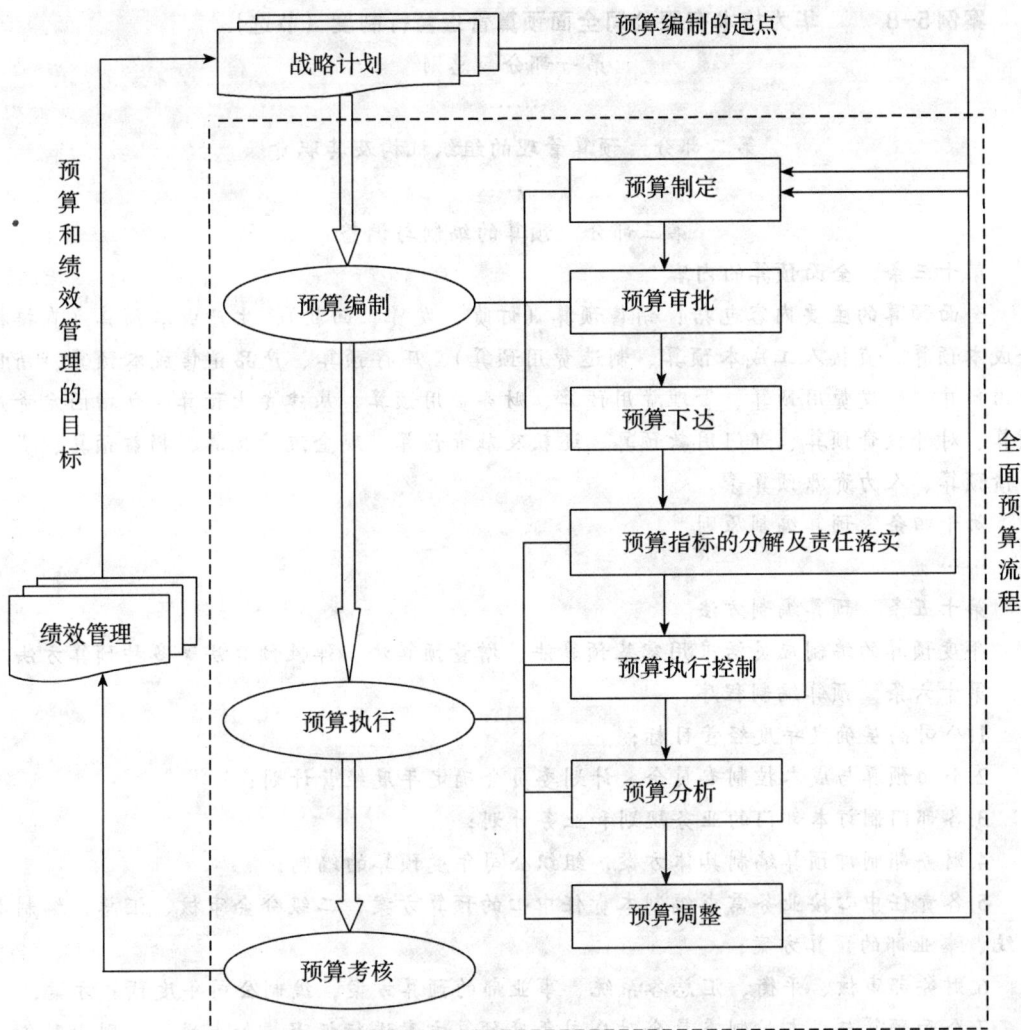

图5-4　全面预算流程[①]

成预算执行统计记录，定期与财务部门核对；在预算执行的过程中，对于预算内支出按照预先授权审批，对于预算外支出需要提交预算管理委员会审议；财务部门对各责任中心的日常业务进行财务监督和审核，重点是财务支出的审核，尤其是成本支出和资本支出。

企业在预算执行环节应当关注以下风险：预算缺乏刚性、执行不力，可能导致预算管理流于形式。

（三）预算考核

预算考核是对企业内部各级责任部门或责任中心预算执行结果进行评价，将预算的评价结果与预算执行者的薪酬相挂钩，实行奖惩制度，即预算激励。预算考核应该科学合理、公开公正，确保预算目标的实现，真正发挥预算管理的作用。

企业在预算考核环节应当关注以下风险：预算考核不严，也可能导致预算管理流于形式。

---

① 财政部会计司.企业内部控制规范讲解（2010）[M].北京：经济科学出版社，2010.

案例5-8　　华为技术有限公司全面预算管理暂行制度（节选）①

第一部分　总则

......

第二部分　预算管理的组织机构及其职责

......

第三部分　预算的编制与调整

第十三条　全面预算的内容

全面预算的主要内容包括：销售预算（订货、发货、回款）、生产成本预算（直接材料成本预算、直接人工成本预算、制造费用预算）、库存预算、产品销售成本预算、销售费用预算、研发费用预算、管理费用预算、财务费用预算、基建支出预算、新增固定资产预算、对外投资预算、部门用款预算、还款及融资预算、现金流量预算、损益预算、资产负债预算、人力资源预算等。

第十四条　预算编制原则

......

第十五条　预算编制方法

年度预算的编制应灵活采用零基预算法、增量预算法、弹性预算法等多种预算方法。

第十六条　预算编制程序

1.公司高层确定年度经营目标；

2.全面预算与成本控制委员会、计划委员会确定年度经营计划；

3.各部门制订本部门的业务规划和业务计划；

4.财务部制订预算编制具体方案，组织公司年度预算的编制；

5.各责任中心按业务需求编制本责任中心的预算方案，二级分会审核、汇总、编制本系统、事业部的预算方案；

6.财务部审核、平衡、汇总各系统、事业部的预算方案，编制公司年度预算方案；

7.全面预算与成本控制委员会对公司年度预算方案进行评审，如未通过，则由财务部组织公司年度预算方案的调整，并将调整后的预算方案报委员会评审；

8.财务部将全面预算与成本控制委员会审议通过的公司年度预算方案报公司总裁审批，并将批准后的预算下发各二级分会。

第十七条　预算审批

各系统、事业部的预算方案经二级分会审批后报全面预算与成本控制委员会审议，公司年度预算方案经公司总裁批准后生效。

第十八条　预算调整

当公司的总体经营环境或业务需求出现了较大的变化时，年度预算要做相应的调整。各系统、事业部、责任中心的预算调整，应当编制预算调整方案，严格按照审批权限进行审批。责任中心的预算调整方案必须由责任中心主管或预算业务责任人签字后提交给上级预算管理部门；各系统、事业部的预算调整方案由各系统、事业部的主管或预算业务责任人签字后提交给财务部。财务部审核、平衡、汇总各系统、事业部的预算调整方案，编制

---

① 案例来自 https://wenku.baidu.com/view/69a58455effdc8d376eeaeaad1f34693daef10b0.html，有改动。

公司年度预算调整方案，经全面预算与成本控制委员会审议后报公司总裁审批。公司年度预算调整方案经公司总裁批准后生效。

第十九条　计划与预算

销售计划和生产计划是全面预算编制的上游环节，计划体系与预算体系应建立通畅的接口，销售计划和生产计划的变动应及时反馈给财务部。

第二十条　人力资源预算

人力资源预算是全面预算的重要内容，人力资源管理部是公司人力资源预算的责任部门，必须组织编制公司人力资源预算并定期进行预算执行情况分析。

第四部分　预算的执行、分析与评价

第二十一条　预算执行

各系统、事业部、责任中心的预算由该系统、事业部、责任中心的主管组织执行。

第二十二条　预算分析数据库

各级预算管理机构要加强文档建设，积累预算分析的历史数据，建立本部门的预算分析数据库，对本部门的业务量等关键数据进行统计。

第二十三条　月度预算执行分析

全面预算与成本控制委员会、各二级分会、各级责任中心必须召开月度预算执行分析会，对预算执行情况进行分析，并及时将月度预算执行分析报告提交给上级预算管理部门。预算分析的重点是发现业务开展中的问题，找出原因，制定对策予以改进并跟踪上月问题的实际改进效果。预算分析要结合部门业务规划和业务计划的完成情况进行。

第二十四条　滚动预测

每月末，各二级分会、责任中心必须对次月至年末的所有预算项目按业务变化进行滚动预测，滚动预测的结果由责任人签字后及时提交给上级预算管理部门。

第二十五条　预算跟踪与反馈

对预算执行中出现的重大问题，各级预算管理部门必须及时进行调查、跟踪并向上级预算管理部门提交调查报告。

第二十六条　预算评价原则

……

第二十七条　预算控制与超预算

公司实行柔性控制与刚性控制相结合的预算控制。在公司不同的发展阶段，对于不同的项目，预算控制的程度有所不同。对扩张性部门，要跟踪项目管理，探索项目管理的合理性，费用安排的合理性，以提高核心竞争力为目的来使用预算，突破应有报告；对服务性部门，要严格实行预算控制。偏离预算的行动未必一定是错误的，围绕着公司核心竞争力为目标，以业务为主导，在履行合适审批程序的条件下可以超预算，但事后要向财务部作出专门的书面报告，重大事项要向全面预算与成本控制委员会报告，通过滚动预算，进行预算控制。

第五部分　附则

……

第六节 运营分析控制

一、运营分析控制的定义

运营分析，是指以统计报表、会计核算、管理信息、计划指标和相关资料为依据，运用科学的分析方法对一段时期内的经营管理活动情况进行系统的分析研究，旨在真实地了解经营情况，发现和解决经营过程中的问题，并按照客观规律指导和控制企业经营活动。

《企业内部控制基本规范》第三十四条规定，"运营分析控制要求企业建立运营情况分析制度，经理层应当综合运用生产、购销、投资、筹资、财务等方面的信息，通过因素分析、对比分析、趋势分析等方法，定期开展运营情况分析，发现存在的问题，及时查明原因并加以改进"。

二、运营分析控制的流程

运营分析控制的流程一般包括以下 4 个阶段：

（1）数据收集。企业各职能部门应根据本部门运营分析的目的收集相关数据，一方面在履行本部门职责过程中应注意相关数据的收集与积累，另一方面可以通过外部各种渠道（如网络媒体、行业协会、中介机构、监管部门等）广泛收集各种数据。

（2）数据处理。数据是血液、是资产，但也可能是垃圾。也就是说，不是所有的数据都能够产生有用的信息。企业各职能部门只有对数据进行有效的清理与筛选，即消除噪声和删除不合格的数据，数据才能变成有用的信息。

（3）数据分析。企业各职能部门围绕本部门运营分析的目的采用各种分析方法（包括对比分析法、比率分析法、趋势分析法、因素分析法、综合分析法等）对处理后的数据进行分析，充分挖掘数据背后所隐藏的原因或规律，并对未来经营作出预测。

（4）结果运用。在数据分析结果的基础上形成总结性结论，并提出相应的建议，从而对发展趋势、策略规划、前景预测等提供重要的分析指导，为企业的效益分析、业务拓展提供有力的保障。

三、运营分析控制的方法

（一）比较分析法

比较分析法是运营分析最基本的方法，有纵向比较法和横向比较法。纵向比较公司历史数据，可以知道公司某一方面的变动情况，纵向比较法也称水平分析法；横向与同行业其他上市公司比较，可以衡量公司在同行业中的竞争力和地位。

（二）比率分析法

比率分析法是利用两个或若干相关数据之间的某种关联关系，运用相对数形式来考察、计量和评价，借以评价企业运营状况的一种分析方法。

（三）趋势分析法

趋势分析法，是根据企业连续若干会计期间（至少3期）的分析资料，运用指数或动态比率的计算，比较与研究不同会计期间相关项目的变动情况和发展趋势的一种财务分析方法，也叫动态分析法。

（四）因素分析法

因素分析法，是通过分析影响重要指标的各项因素，计算其对指标的影响程度，来说明指标前后期发生变动或产生差异的主要原因的一种分析方法。因素分析法按分析特点可以分为连环替代法和差额计算法两种。

（五）综合分析法

综合分析法，是指将反映企业运营各个方面的指标纳入一个有机的整体之中，以系统、全面、综合地对企业运营状况进行分析与评价。目前在实践工作当中应用比较广泛的综合分析体系包括杜邦财务分析体系、可持续增长率分析体系、EVA价值树分析体系等。

案例5-9　　　　　　　　**杜邦分析助推企业提质增效**[①]

昆仑燃气结合自身行业特点，将杜邦财务分析体系融入企业财务管理信息系统，将杜邦财务分析体系与全面预算管理体系相互融合，搭建了以杜邦分析为基础的财务分析体系。其具体措施体现在：搭建了针对燃气业务的"一个全面、三个集中"为核心的统一的预算、资金、核算、税价、资产管理体系；根据不同业务和不同时间段，对各类预算进行科学合理的细分；通过杜邦财务分析体系实现预算的强化执行等。昆仑燃气利用杜邦分析的特点对企业财务分析体系进行的一系列改革，在助力企业绩效提升方面取得了显著效果，体现在：

第一，以杜邦分析为基础的财务分析体系是公司的"晴雨表"。杜邦财务分析体系的建立逻辑是基于企业的各个财务指标之间的既定关系，昆仑燃气建立以杜邦分析为基础的财务分析体系，并将其模型化，即按照确定的路径将各个财务指标及其相关关系进行列示，进一步将各财务指标层层分解，使其能够一目了然地展示企业的基本财务状况和经营成果。一旦企业某个财务指标出现了异常，根据建立的财务分析体系即能追根溯源，寻找财务异常的原因，进而为企业经营决策和建立风险预警提供重要依据。

第二，杜邦分析法的信息化应用促进了公司现代化财务管理系统的发展。将杜邦财务分析体系引入财务管理系统中，当既定的模型建立之后，各个指标数据和指标之间的关系可以快速和清晰地呈现，避免了每一次的繁琐计算和统计，数据精确又节省财务成本。同时，杜邦财务分析体系的可视图的展示有利于清晰展示企业的财务状况，便于财务人员和企业管理人员准确捕捉企业问题，是企业现代财务管理系统的重要发展。可见，利用财务共享服务系统和经营分析决策系统进行财务分析，既能够及时提供客观、真实、准确和完整的数据指标，又能优化分析过程，实施标准化、集中化的分析处理，有效降低财务运营成本，提高了工作效率，保证了分析的及时性和准确性。

第三，杜邦财务分析体系的建立与全面预算管理体系相互融合，实现战略性协同。杜

[①] 曹凯晨，李小光，冒泗农．财务分析助推企业提质增效——杜邦分析法在昆仑燃气财务分析中的应用［J］．财务与会计，2017（24），有改动。

邦财务分析体系的建立是企业经营管理的部分内容，将其与全面预算管理结合起来有利于从全局角度思考企业的发展问题，实现更为合理的管控。昆仑燃气已经对城市燃气和LPG两大业务推行了全面预算管理，将各预算指标的完成情况纳入绩效考核体系。通过杜邦财务分析体系对纳入绩效考核体系的各预算指标进行分析，查找影响企业全面预算实施和股东财富最大化的各指标并分析可能的原因。可见，杜邦财务分析体系与全面预算管理的结合能够帮助企业从整体上实现关键点的控制，实现整体协调和平衡。

第七节　绩效考评控制

一、绩效考评控制的定义

绩效考评是指运用科学的方法，对企业或其各分支机构一定经营期间内的生产经营状况、资本运营效益、经营者业绩等进行定量和定性的考核、分析，作出客观、公正的综合评价。作为一个反馈控制手段，绩效考评在内部控制中作用显著。

《企业内部控制基本规范》第三十五条规定，"绩效考评控制要求企业建立和实施绩效考评制度，科学设置考核指标体系，对企业内部各责任单位和全体员工的业绩进行定期考核和客观评价，将考评结果作为确定员工薪酬以及职务晋升、评优、降级、调岗、辞退等的依据"。

案例5-10　　　　　　　商业银行绩效考核须警惕不当激励①

近年来，一些银行业机构热衷于赚"热钱""快钱"，风险事件和违法违纪案件频发，这与银行内部的绩效考核机制中的不当激励有密切的关系。

我国银行绩效考核机制中不当激励的表现形式主要是：

第一，过度关注结果。对于大多数商业银行而言，更多关注分支机构经营计划和指标完成的结果而非过程，考核指标完成得如何成为评价分支机构及高管的唯一依据，"唯业绩论"的思想根深蒂固，促使一些分支机构的高管和员工走捷径、冲业绩，走上违规甚至违法的歧途。

第二，过度重视形式。一些银行业机构一味追求业务发展而忽视内部管理、产品研发和系统建设，通过财务资源配置与考核指标相结合的手段，引导分支机构壮大业务规模，促使一些分支机构为完成绩效而套取财务费用，通过各种手段"做指标"，导致业务水分大、风险高、违规多，经营指标严重失真。

第三，过度重视规模。调查显示，部分银行业机构规模类指标占比仍高达60%，一些上级行对分支机构还是简单地以规模占比、规模排名论英雄，忽视下级行规模快速扩张背后潜藏的各类风险和违规行为。如某银行开业后扩张迅速，不到一年时间，资产规模、存款规模均破百亿元，但在"三违反""三套利"专项现场检查中，发现其资产水分高，违规情况严重。

第四，缺乏长期激励。薪酬结构过于单一，以工资等短期支付为主，缺乏股权激励等

① 案例改编自：陆宇锋，孙劼，吴婧.商业银行绩效考核须警惕不当激励［J］.中国农村金融，2017（17）。

长效机制。短期激励约束机制被简单地视为推动业务发展的手段，在各业务线和部门的层层传导下，考核指标变动频繁，层层加码，考核体系日趋庞大，不仅加大了分支机构的经营压力，也加剧了短期行为倾向，影响业务发展的合规性和可持续性。

第五，监管制度缺失。银行业机构存在后续监督不力的问题，审计和监察部门对绩效考核质量未能开展检查和评价，未能及时察觉和揭示业绩弄虚作假等违规行为。

针对我国银行业中存在的过度激励问题，应该在如下方面进行改进：一是树立正确的绩效考核理念。银行业机构应树立稳健的绩效观，不断完善绩效考评体系，自上而下转变"重量轻质，重营销轻管理，重眼前轻长远，重市场占有轻品牌打造"的经营理念，充分发挥激励约束机制对稳健经营和科学发展的引导作用。二是强化绩效考核体系建设。银行业机构应按照相关要求对绩效考核制度框架进行梳理，查漏补缺，整合对各类机构的考核办法，探索更为全面和系统的考核机制。三是完善绩效考核监督评价机制。指定专门部门对绩效考评过程和结果进行独立监督；加强内审部门的监督复核，对基层经营单位绩效的真实性进行审计，防止其弄虚作假，确保绩效考评制度执行到位。

二、绩效考评控制的流程

企业进行绩效考评，一般按照制订绩效计划、执行绩效计划、实施绩效评价、编制绩效评价报告的流程进行。

（一）制订绩效计划

企业应根据战略目标，综合考虑绩效评价期间宏观经济政策、外部市场环境、内部管理需要等因素，结合业务计划与预算，按照上下结合、分级编制、逐级分解的程序，在沟通反馈的基础上，编制各层级的绩效计划。

绩效计划是企业开展绩效评价工作的行动方案，包括构建指标体系、分配指标权重、确定绩效目标值、选择计分方法和评价周期、拟定绩效责任书等一系列管理活动。制订绩效计划通常从企业级开始，层层分解到所属单位（部门），最终落实到具体岗位和员工。

（二）执行绩效计划

审批后的绩效计划，应以正式文件的形式下达执行，确保与计划相关的被评价对象能够了解计划的具体内容和要求。绩效计划下达后，各计划执行单位（部门）应认真组织实施，从横向和纵向两方面落实到各所属单位（部门）、各岗位员工，形成全方位的绩效计划执行责任体系。

绩效计划执行过程中，企业应建立配套的监督控制机制，及时记录执行情况，进行差异分析与纠偏，持续优化业务流程，确保绩效计划有效执行。

（三）实施绩效评价

绩效管理工作机构应根据计划的执行情况定期实施绩效评价，按照绩效计划的约定，对被评价对象的绩效表现进行系统、全面、公正、客观的评价。

具体的实施流程为：评价主体按照绩效计划收集相关信息，获取被评价对象的绩效指标实际值，对照目标值，应用选定的计分方法，计算评价分值，并进一步形成对被评价对象的综合评价结果；绩效评价过程及结果应有完整的记录，结果应得到评价主体和被评价对象的确认，并进行公开发布或非公开告知。

（四）编制绩效评价报告

绩效管理工作机构应定期或根据需要编制绩效评价报告，对绩效评价的结果进行反映。绩效评价报告根据评价结果编制，反映被评价对象的绩效计划完成情况，通常由报告正文和附件构成，报告正文包括评价情况说明和管理建议，报告附件包括评价计分表、问卷调查结果分析、专家咨询意见等。

绩效评价报告应根据需要及时报送薪酬与考核委员会或类似机构审批，企业应定期通过回顾和分析，检查和评估绩效评价的实施效果，不断优化绩效计划，改进未来绩效管理工作。绩效评价报告是企业管理会计报告的重要组成部分，应确保内容真实、数据可靠、分析客观、结论清楚，为报告使用者提供满足决策需要的信息。

绩效考评控制的流程如图5-5所示。

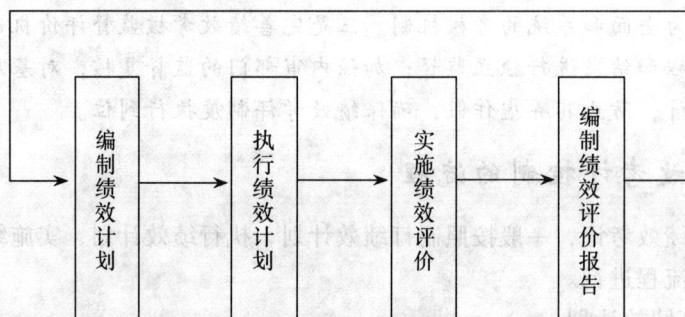

图5-5 绩效考评控制流程

三、绩效考评控制的方法

目前，人们广泛接受并在实践中得到普遍应用的绩效考评控制方法主要有3种：关键绩效指标法（KPI）、经济增加值法（EVA）和平衡计分卡（BSC）。

（一）关键绩效指标法（KPI）

关键绩效指标法，是指基于企业战略目标，通过建立关键绩效指标（Key Performance Indicator，简称KPI）体系，将价值创造活动与战略规划目标有效联系，并据此进行绩效管理的方法。

关键绩效指标，是对企业绩效产生关键影响力的指标，是通过对企业战略目标、关键成果领域的绩效特征分析，识别和提炼出的最能有效驱动企业价值创造的指标，可单独使用，也可与经济增加值法、平衡计分卡等其他方法结合使用。

关键绩效指标选取的方法主要有关键成果领域分析法、组织功能分解法和工作流程分解法。关键绩效指标的权重分配应以企业战略目标为导向，反映被评价对象对企业价值贡献或支持的程度，以及各指标之间的重要性水平，单项关键绩效指标权重一般设定在5%~30%，对特别重要的指标可适当提高权重。对特别关键、影响企业整体价值的指标可设立"一票否决"制度，即如果某项关键绩效指标未完成，无论其他指标是否完成，均视为未完成绩效目标。

关键绩效指标法的主要优点：一是使企业业绩评价与战略目标密切相关，有利于战略目标的实现；二是通过识别的价值创造模式把握关键价值驱动因素，能够更有效地实现企业价值增值目标；三是评价指标数量相对较少，易于理解和使用，实施成本相对较低，有利于推广实施。

关键绩效指标法的主要缺点是：关键绩效指标的选取需要透彻理解企业价值创造模式和战略目标，有效识别核心业务流程和关键价值驱动因素，指标体系设计不当将导致错误的价值导向或管理缺失。

案例 5-11　　　　　　　莲花味精应收账款内部控制案例研究①

2010 年 4 月 29 日莲花味精收到河南证监局《关于对莲花味精信息披露问题的监管关注函》，函称"通过非正式调查发现公司存在涉嫌虚增会计利润、重大诉讼事项未及时履行信息披露义务等违反证券法律法规的行为，并于 2010 年 4 月 25 日正式对公司立案调查"。这则消息引起了全社会对这个模范企业的广泛关注。

通过对该公司的应收账款分析可以发现，莲花味精的应收账款存在诸多疑点：

第一，应收账款结构欠合理。莲花味精的应收账款中一年内到期的应收账款比例远低于行业平均水平，而且这一比例还在持续下滑：2006 年该比例为 50.21%，2007 年为 31.14%，2008 年为 17.44%。而且让人费解的是，公司三年以上应收账款的比例在逐年增加，但公司应收账款的坏账准备计提比例只有 15%，这远远低于其他上市公司的水平，按正常标准，莲花味精应按照 50% 的比例进行计提。第二，单项金额重大的应收账款的确认标准欠妥当。莲花味精年报中按风险类别不同将应收账款划分为以下三类，即单项金额重大的应收账款，单项金额不重大但按信用风险特征组合后该组合的风险较大的应收账款和其他不重大应收账款，其重要性的标准受到质疑。

那么莲花味精应收账款出现问题的原因是什么呢？相关人士分析认为其与未将应收账款的可收回性纳入销售人员的绩效考核体系中有重大的关系。管理人员为了完成销售指标，缺乏长远风险控制规划，他们通常选择最大限度地调动销售人员的积极性，只将工资报酬与销售任务挂钩，而忽视产生坏账的可能性，导致公司上至管理人员、下至一线销售人员的风险意识不强。一线销售人员为了个人利益，只关心完成销售任务，领自己的报酬，根本不关心企业是不是真的能收回该笔资金，对这部分应收账款，企业也没有采取有效措施要求有关部门和销售人员全权负责追款，应收账款大量沉积下来，造成三年以上应收账款比重越来越高。企业为了回笼资金维持经营，只能选择继续销售，行业竞争的加剧，导致销售收入往往只能以应收账款的形式收回，造成应收账款账龄结构的恶化。

莲花味精应收账款管理中的问题又该如何解决呢？首先，最为重要的是将应收账款的可收回性纳入销售人员的绩效考核指标体系。其次，设置制约制度，销售部门的应收账款的记录必须以经销售部门核准的销售发票和发运账单等为依据，以防止不存在的应收账款被虚列，信贷部门定期编制应收账款的账龄分析表，从中分析是否有虚列或不能收回的应收账款，根据应收账款的明细账户定期编制应收账款余额核对表，并将该表寄给客户请其确认。再次，要及时进行信息沟通，为使应收账款风险评估在不同职能部门、不同层次全方位地运作有效，建议管理层编制一套通用的风险报告语言，这样才有助于企业管理者的及时了解和沟通。

---

① 案例改编自：施天霞，李奇丽，陈蓉.莲花味精应收账款内部控制案例研究［J］.会计之友，2011（5）。

（二）经济增加值法（EVA）

经济增加值（Economic Value Added，EVA）方法是经济基础绩效考评模式的典型代表。EVA并不是一项全新的创造，它的思想起源于经济利润的理念，其最大的优点就是不仅考虑了债务成本，而且考虑了股东权益资本成本。EVA指标在利用会计信息时，尽量进行调整以消除会计失真的影响，更加真实地反映一家企业的业绩。此外，与净利润不同，EVA指标的设计着眼于企业的长期发展，而不是短期行为，因此，应用该指标能够鼓励经营者做出能给企业带来长远利益的投资决策，如新产品的研究和开发、人力资源的建设等。而且，应用EVA能够建立有效的报酬激励系统，将管理者的报酬与衡量企业业绩的EVA指标相挂钩，正确引导管理者的努力方向，促使管理者充分关注企业的资本增值和长期经济效益。正是由于EVA有上述优点，所以国务院国资委从2010年1月起正式引入EVA考核中央企业负责人的经营业绩。

EVA方法的局限性在于：（1）由于EVA评价系统所选择的评价指标是唯一的（即EVA指标），从而造成评价主体只关心管理者决策的结果，而无法了解驱动决策结果的过程因素，结果EVA评价系统只能为战略制定提供支持性信息，而为战略实施提供控制性信息这一目标则不易达到；（2）EVA指标的计算十分复杂，其难点主要体现在EVA的会计调整与资本成本的计算两个方面，这两个问题的存在增加了EVA计算的复杂程度，从而对EVA的应用造成了一定的负面影响；（3）EVA的概念与方法由美国的思腾思特公司率先提出，某些方面与中国企业的实际状况不符。因此，需根据我国的实际环境状况对EVA进行调整，只有这样，才能使EVA真正发挥出作用。

案例5-12　　央企实施经济增加值考核　提升央企管理能力[①]

随着我国经济步入"新常态"，国有企业改革也进入"深水区"。中央国有企业在近10年的改革实践中逐步建立了内部控制体系、风险管理体系、全面预算体系和以经济增加值（EVA）为核心的业绩评价体系，对于提升央企管理能力、增强核心竞争力起到了重要作用，经济增加值考核便是如此。

C1集团2008年开始试点EVA业绩评价，集团按业务分为18个板块，涉及数百家成员单位，业务面大、人员多、资产结构复杂。集团领导非常重视EVA指标的分析评比，在财务部下设专门的部门和人员负责统计和监控各成员单位的月收入、利润、EVA等指标排名，并在全集团通报。每月经济分析会上，EVA指标排名前三位和后三位的单位领导要汇报EVA管理中的经验、存在的问题并提出改进意见。集团总经理根据汇报现场指示，以下达总经理指令的方式把整改措施、奖惩措施固定下来。这项措施促使各成员单位负责人将工作重心转向企业的价值创造，有利于成员单位的目标与集团整体目标和发展方向保持一致。

C2集团是一家特大型能源企业集团。该集团考虑到国家的货币紧缩政策，在国资委设置5.5%的资本成本率基础上，对内以6%的更高比例计算EVA，实施考核并每月公布评价结果，以保证资金成本收回，创造企业内部正确的价值导向。

C3集团是一家大型高科技企业，控股6家上市公司，下属共有500余家企事业单位。下属某上市公司在其EVA价值管理体系中强调EVA运营动态监测，通过EVA决策分析模

---

① 牟乐海，彭业廷. EVA价值管理的经验与启示——基于5家央企的多案例分析［J］. 财务与会计，2015（14），有改动。

型和信息化平台，可以清晰、直观地看到业务板块 EVA 指标的数据构成，分析不同指标数据对 EVA 的贡献份额，从而识别影响 EVA 的关键驱动因素，发现公司运行中的经营短板，为管理层决策提供数据支持。

C4 集团下属某子公司将 EVA 业绩考核指标目标写进领导人业绩考评责任书中。

C5 集团将预算管理与 EVA 指标结合执行监控，通过绩效短板、管理短板分析等方法对 EVA 指标进行排名，最后对执行结果进行评价。

可见，EVA 的运行监控已经成为央企 EVA 价值管理的常规方法。

（三）平衡计分卡（BSC）

平衡计分卡，是指基于企业战略，从财务、客户、内部业务流程、学习与成长 4 个维度，将战略目标逐层分解转化为具体的、相互平衡的绩效指标体系，并据此进行绩效管理的方法。

1992 年，哈佛商学院教授罗伯特·卡普兰（Robert Kaplan）和复兴全球战略集团创始人戴维·诺顿（David Norton）在《哈佛商业评论》上联合发表了一篇名为"平衡计分卡：驱动业绩的评价指标"的文章。该文章是以 1990 年参与项目小组的 12 家公司试用这一新型绩效考评方法所得到的实证数据为基础的。[1]这篇文章在理论界和实务界引起了巨大轰动。之后，他们发表一系列的文章和著作，进一步解释了企业在实践中应该如何运用平衡计分卡作为控制战略实施的重要工具。卡普兰和诺顿的这些文章和著作集中体现了平衡计分卡自产生以来的发展历程：不仅评价指标不断丰富和创新，而且系统本身逐渐从单纯的绩效考评提升到了战略管理的高度。

平衡计分卡的基本形式，就是将影响企业运营的各种因素划分为 4 个主要方面，即财务、客户、内部运营和学习与成长等，并针对这 4 个主要方面，设计出相应的评价指标，以便系统、全面地反映企业的整体运营状况，为企业的平衡管理和战略的实现服务。因此，平衡计分卡是以企业的战略为导向，以管理为核心，以各个方面相互影响、相互渗透为原则，建立起来的一个网络式的绩效考评系统。

平衡计分卡作为一种绩效考评系统，其优点在于：（1）将目标与战略具体化，加强了内部沟通。（2）有效地实现了指标间的平衡，强调了指标间的因果关系。（3）兼顾了不同相关利益者的利益，有利于获取和保持竞争优势。（4）兼顾非财务业绩计量，增强了过程控制和结果考核的联系。

平衡计分卡的局限性在于：（1）在评价目标的确定方面，尽管平衡计分卡从不同方面关注了客户、员工等利益相关者的利益，但忽略了通过利益相关者分析来认识企业经营目标和发展战略，因而不能准确地确定提高利益相关者满意度的关键动因。（2）在评价指标的选择方面，平衡计分卡对于如何选择特定的绩效考评指标并没有具体展开。正是由于这种因果关系的不明确，导致平衡计分卡遭到了许多的质疑。另外，非财务评价指标的设计和计算也是一个难题。（3）在评价方法方面，平衡计分卡并没有给出明确的答案，单个指标的计分方法、权重的确定是一个产生问题的重要领域。卡普兰和诺顿并没有对其所使用的不同指标说明如何进行权衡（trade-off）。如果不能明确如何在大量的指标中进行权衡，计分卡就无法达到"平衡"。

---

[1]　1990 年，美国的诺兰诺顿学院设立了一个为期 1 年的项目，专门从事一种新的内部管理绩效考评模式的开发，一共有 12 家公司参与了这一次开发项目，包括苹果电脑公司、杜邦公司、通用汽车公司、惠普公司、壳牌公司等。

案例 5-13   **平衡计分卡在华为的应用**①

平衡计分卡的理念在 21 世纪初引入中国后，在一些大企业集团得以践行。以下是华为运用平衡计分卡的案例。华为在对下属子公司、地区部门设计关键绩效指标（KPI）时运用了平衡计分卡的理念，追求平衡、综合的评价。华为 KPI 的选取如图 5-6 所示。

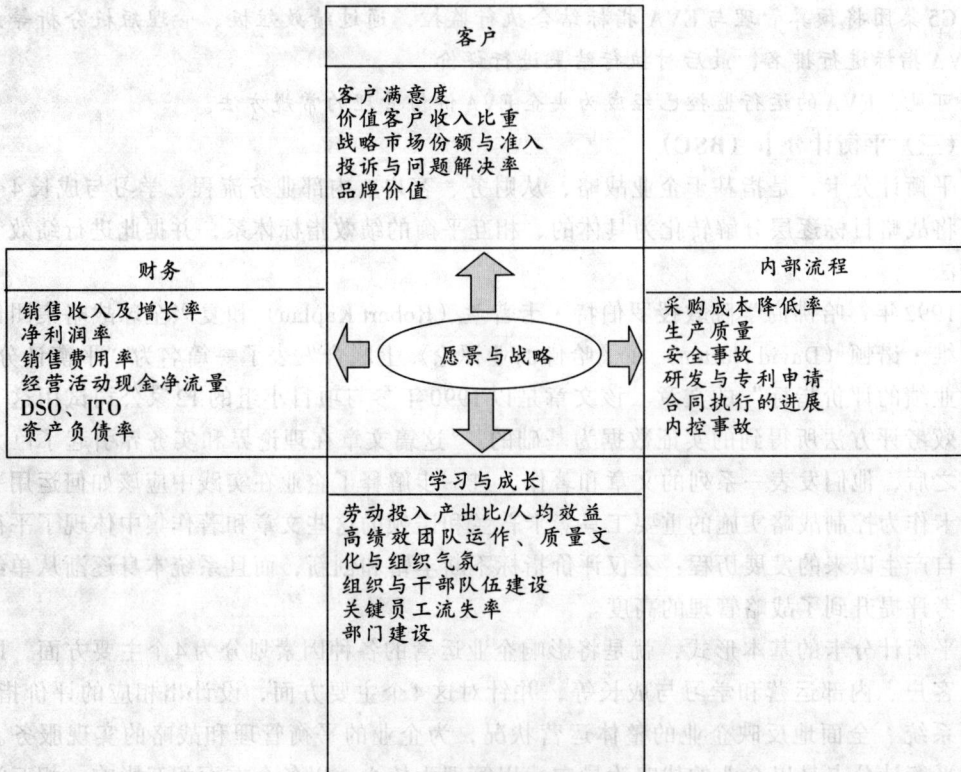

图 5-6 华为 KPI 的选取

财务指标仅仅是子公司 KPI 的一部分。我们需警惕过度关注财务指标，轻视非财务指标的心理。财务 KPI 的选取依据是什么呢？财务管理的目的是企业价值最大化，企业健康体现为增长性、盈利性、流动性三者（俗称财务金三角）的平衡。

财务 KPI 的选取应围绕财务金三角，每个角度都应选取切合子公司实际的指标，而不应偏颇于单一方面。另外，"三角"自身的构成要尽可能多元化、细化。增长性、盈利性、流动性指标的选择要有代表性、总括性、典型性，需体现公司价值增长点和管理改进的方向。以华为为例，某地区部门选定的财务 KPI 见表 5-3。

表 5-3   **华为财务 KPI 结构比率一览表**

	KPI 指标	权重
增长性	合同额	10
	收入	20
	服务收入	5
	小计	35

---

① 案例改编自：指尖上的会计. KPI 落地——来自华为的案例分析［EB/OL］（2016-03-02）http://shuo.news.esnai.com/article/201603/128142.shtml.

续表

KPI指标		权重
盈利性	销售毛利率	10
	净利润	15
	销售费用率	3
	内部运作费用率	2
	小计	30
流动性	回款	15
	DSO	5
	ITO	10
	超长期应收账款占比	5
	小计	35
总计		100

需说明的是，华为对地区部门KPI的选取并非一成不变，根据董事会战略意图总部每年会重新审视KPI并有所增减。如2005年要求地区部门由销售机关向利润中心转变，KPI增加了"净利润"；2006年加强应收账款管理，KPI增加了企业销售变现天数（DSO）；2008年为加强库存管理，KPI增加了"ITO"。KPI的遴选对于华为管理改进的作用是明显的，譬如，CN地区部门2006年DSO下降了62天，2008年ITO下降了97天，资产周转效率显著提升，节省了大量的资金成本。

选定KPI后，需要给KPI赋予权重。KPI权重设置需考虑两个因素：第一，子公司发展的薄弱点；第二，母公司的业绩期望。如，华为近年来发展迅猛，对现金流的需求日趋迫切，因此近年来华为总部相继增加了DSO、ITO等KPI，并加大了流动性考核权重。从表5-3不难看出华为地区部门KPI架构中增长性、盈利性、流动性权重比为3.5∶3∶3.5。从这一权重结构不难解读华为的考核牵引意图：实现有利润和现金流支撑的规模增长。

KPI选取、权重设置是母、子公司绩效评价的基础。KPI选取体现了母公司的牵引意图，权重设置反映了母公司的着力重点。二者实质意义重于形式，对权重设置尤不可马虎，否则，同样的绩效可能得出相去甚远的考核结果。

KPI选定及权重设置后，母公司需制定目标并下发给子公司。母公司是绩效评价的主体，子公司是客体，客体对信息的占有比主体更充分。目标须经足够努力方能实现，"跳起来够得着"才是目标，但把目标定在这样的位置是不易的。一方面由于信息不对称，另一方面在于目标博弈中双方谈判能力的高低。在KPI目标下达时，常见以下四类问题：

1.会哭的孩子有奶喝。母公司下目标的基准是将自身承接的目标放大（如加成20%），按子公司上年绩效扩张性分派，特殊情况个别调整。但每次目标博弈，总有子公司能找出种种理由把目标再压低一点。

2.鞭打快牛。对上年绩效好的子公司，目标层层加码。曾有子公司高管戏言：三季度ITO 76天，四季度ITO成了70天，为了避免来年目标更"苛刻"，只有四季度认栽，把

ITO 做到 90 天了。

3. 同情"弱者"。某些子公司上一年度考核较差，未见经营管理有显著改进，本年绩效却明显好转。虽非绝对，但不可否认，上级会尽量不让同一子公司连续两年完不成目标。

4. 打埋伏。吃不透子公司的"家底"，目标未能锁定子公司的实际能力。年末多留"余粮"，来年自然能轻松斩获"战果"。

给子公司下目标要客观，同时做到子公司之间公正，一方面需要目标制定者有开放的心态，另一方面需要母公司加强对子公司的监控，力求减轻信息不对称的影响。

第八节　合同控制

一、合同控制的定义

《企业内部控制应用指引第16号——合同管理》对合同的定义作出了明确的规定，合同是指企业与自然人、法人及其他组织等平等主体之间设立、变更、终止民事权利义务关系的协议，其中不包括企业与职工签订的劳动合同。

所谓合同控制，就是企业通过梳理合同管理的整个流程，分析关键风险点，并采取有效措施，将合同风险控制在企业可接受范围内的整个过程。

二、合同控制的意义

在市场经济环境中，合同已成为企业最常见的契约形式，甚至可以说，市场经济就是合同经济。然而，合同管理往往又是企业内部控制中最容易疏忽和薄弱的环节。如果企业未订立合同、未经授权对外订立合同、合同对方主体资格未达要求、合同内容存在重大疏漏和欺诈，可能导致企业合法权益受到侵害；如果合同未被全面履行或监控不当，又可能导致企业诉讼失败、经济利益受损；合同纠纷处理不当，则可能损害企业利益、信誉和形象。

因此，加强合同管理对于企业防范和降低合同风险、促进长期可持续发展具有重要意义。具体而言，加强合同管理有助于防范企业法律风险，维护合法权益；有助于降低企业营运风险，提高经营管理水平；有助于控制企业财务风险，提升资金使用效率。

三、合同业务的一般流程

合同业务的一般流程大致可分为两个阶段：合同订立和合同履行。合同订立阶段主要包括合同调查、订立前的谈判、合同文本拟订、合同审批、合同签署等环节；合同履行阶段主要包括合同履行、合同补充和变更、合同解除、合同结算、合同登记等环节。具体的合同控制流程如图5-7所示。

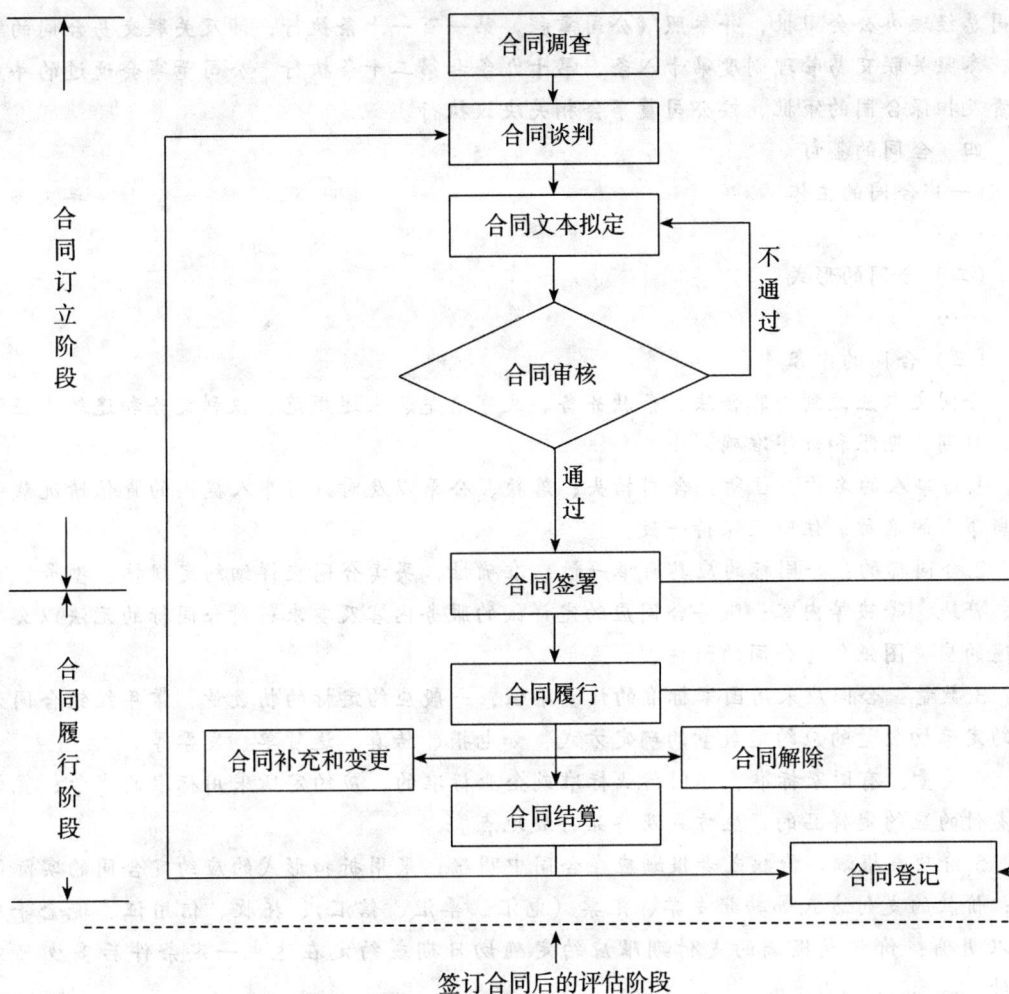

图 5-7 合同控制流程图①

案例 5-14 合同管理制度（节选）②

一、目的

为规范公司合同的管理，防范与控制合同风险，有效维护公司的合法权益，根据《中华人民共和国合同法》《公司章程》等法律、法规和规范性文件的规定制定本制度。

二、适用范围

……

三、审批权限

根据公司章程、总经理工作细则以及关联交易管理制度的相关规定，单笔金额在 500 万元以内的合同，每年董事长书面授权公司总经理审批，并责成总经理签署相关法律文书；单笔金额超过 500 万元不满 1 000 万元的合同由公司董事长审批，责成公司法定代表人签署相关法律文书，并参照《公司章程》第一百一十条执行；超过 1 000 万元的合同由

---

① 财政部会计司. 企业内部控制规范讲解 [M]. 北京：经济科学出版社，2010.
② 节选自：《天津泰达股份有限公司合同管理制度》（公司公告），2017.4.12。

公司总经理办公会审批，并参照《公司章程》第一百一十条执行；涉及关联交易合同的审批，参照关联交易管理制度第十八条、第十九条和第二十条执行。公司董事会通过的年度融资及担保合同的审批，按公司董事会相关决议执行。

四、合同的签订

（一）合同的主体

……

（二）合同的形式

……

（三）合同的内容

合同文本应做到内容合法、条款齐备、文字清楚、表述规范、权利义务和违约责任明确，日期、期限和数字准确。

1.当事人的名称、住所：合同抬头、落款、公章以及对方当事人提供的资信情况载明的当事人的名称、住所应保持一致。

2.合同标的：合同标的应具有唯一性、准确性，买卖合同应详细约定规格、型号、商标、产地、等级等内容；服务合同应约定详细的服务内容及要求；对合同标的无法以文字描述的应将图纸作为合同的附件。

3.数量：合同应采用国家标准的计量单位，一般应约定标的物数量，常年经销合同无法约定确切数量的应约定数量的确定方式，如电报、传真、送货单、发票等。

4.质量：有国家标准、部门行业标准或企业标准的，应约定所采用标准的代号；凭样品支付的应约定样品的产生方式及样品存放地点。

5.价款或报酬：价款或者报酬应在合同中明确，采用折扣形式的应约定合同的实际价款；价款的支付方式如转账支票、汇票（电汇、票汇、信汇）、托收、信用证、现金等应予以明确；价款或报酬的支付期限应约定确切日期或约定在达成一定条件后多少日内支付。

6.履行期限、地点和方式：履行期限应具体、明确，无法约定具体时间的，应在合同中约定履行期限的方式；合同履行地点应力争作对本方有利的约定，如买卖合同一般约定交货地点为本公司仓库或本公司的住所地；约定具体地名的应明确至市辖区或县一级；买卖合同在合同中一般应约定交付的手续，即合同履行的标志，如托运单、仓库保管员签单等。

7.合同的担保：合同中对方当事人要求提供担保或本方要求对方当事人提供担保的，应结合具体情况根据《担保法》的要求办理相关手续。

8.合同的解释：合同文本中所有文字应具有排它性的解释，对可能引起歧义的文字和某些非法定专用词语应在合同中进行解释。

9.保密条款：对技术类合同和其他涉及经营信息、技术信息的合同应约定保密承诺与违反保密承诺时的违约责任。

10.合同联系制度：履行期限长的重大经济合同应当约定合同双方联系制度。

11.违约责任：根据《合同法》做适当约定，注意合同的公平性。

12.解决争议的方式：解决争议的方式可选择仲裁或起诉，选择仲裁的应明确约定仲裁机构的名称，双方对仲裁机构不能达成一致意见的，可选择第三地仲裁机构。

（四）合同的审批程序

1.签订合同前，业务人员或公司指定的其他谈判人员应按照本制度规定合同主体对对方当事人的有关情况进行审查，并复印对方当事人的法人营业执照及专业资格证书留存。

2.业务需求部门主办人员与对方当事人商谈后拟好合同草案，合同草案经外聘律师进行审核，出具律师意见（政府部门、金融机构等类似部门拟定的格式化合同无需律师审核）。

3.业务部门修改合同，填写合同审批单，与律师意见一并通过OA系统报部门负责人审核，主管部门负责人全面审核，在审批单上签批审核意见后，将合同文本及有关资料转报业务需求部门分管领导审核。

4.业务需求部门分管领导对合同文本及相关资料进行审核，并签署意见后提交法务部进行审核。

5.法务部对合同审核后提交法务部分管领导，由其提出审核意见，无误后提交总经理审批。

6.总经理及董事长审核通过后提交总经理办公室用印。《合同审批单》包含用印审批流程。《合同审批单》各审批者均签署同意，视为用印审批通过，具体用印流程按《天津泰达股份有限公司用印管理制度》执行。

7.合同授权订立时，被授权人员必须办理"专项授权委托代理证明书"后，方可有权正式签署合同。

（五）合同签署程序

……

（六）合同文本管理程序

……

五、合同的履行

（一）合同的执行与反馈

1.公司及所属子公司应当按照合同约定全面履行自己的义务，并随时督促对方当事人及时履行其义务。

2.在履行合同过程中，业务经办部门有关人员，在合同实施的过程中定期向公司法务部报送《合同履行进度季度报表》，对于合同履行完毕、正在履行以及存在的问题及变化事项进行统计说明。

（二）合同的中止、变更、解除、终止

1.经办人员若发现并有确切证据证明对方当事人有下列情况之一的，应立即中止履行合同，并及时书面上报部门负责人处理，部门负责人审核后报分管领导。

2.合同订立后，如因主、客观条件发生变化，需要变更合同内容的，合同经办人员应及时向部门负责人及分管领导请示报告，变更需按合同订立时的审批流程进行审批。

3.合同订立后，如因主、客观条件发生变化，需要解除的，按照合同订立时的审批权限进行逐层审批。

4.合同因履行完毕、解除等原因有效终止的，合同主管实施单位应依规定填写《合同履行进度季度报表》，报总经理办公室盖作废章。

（三）合同的评估

公司法务部应当至少于每年年末对合同履行的总体情况和重大合同履行的具体情况进行分析评估，对分析评估中发现的合同履行中的重要问题，应及时向公司分管领导汇报。

六、合同纠纷的调解、仲裁和诉讼

……

七、罚则

（一）合同经办人员出现下列情况之一，给公司造成损失的，公司将依法向责任人员追偿损失：……

（二）合同经办人员出现下列情况之一，给公司造成损失的，公司酌情向有关人员追偿损失：……

（三）公司职员在签订、履行合同过程中触犯《中华人民共和国刑法》，构成犯罪的，将依法移交司法机关处理。

八、附则

……

四、合同控制的措施

企业需要建立一系列制度体系和机制保障，促进合同管理的作用得到有效发挥。企业加强合同控制的措施主要包括：

（一）建立分级授权管理制度

企业应当根据经济业务性质、组织机构设置和管理层级安排，建立合同分级管理制度。属于上级管理权限的合同，下级单位不得签署。对于重大投资类、融资类、担保类、知识产权类、不动产类合同上级部门应加强管理。下级单位认为确有需要签署涉及上级管理权限的合同，应当提出申请，并经上级合同管理机构批准后办理。上级单位应当加强对下级单位合同订立、履行情况的监督检查。

（二）实行统一归口管理

企业可以根据实际情况指定法律部门等作为合同归口管理部门，对合同实施统一规范管理，具体负责制定合同管理制度，审核合同条款的权利义务对等性，管理合同标准文本，管理合同专用章，定期检查和评价合同管理中的薄弱环节，采取相应控制措施，促进合同的有效履行等。

（三）明确职责分工

公司各业务部门作为合同的承办部门负责在职责范围内承办相关合同，并履行合同调查、谈判、订立、履行和终结责任。公司财会部门侧重于履行对合同的财务监督职责。

（四）健全考核与责任追究制度

企业应当健全合同管理考核与责任追究制度，开展合同后评估，对合同订立、履行过程中出现的违法违规行为，应当追究有关机构或人员的责任。

案例5-15　　两年时间102份"李鬼合同"银行内控BUG频出[①]

苏州银行近年来不良贷款持续增加，内控漏洞频出，市场关注不断。

最近又被曝出"内鬼"违规贷款案件：苏州银行洋河支行客户经理徐某在两年多的时间里共102次为不具有公务员等身份的借款人签订"公务贷""精英贷"等合同，先后骗取苏州银行洋河支行贷款合计2720万元，被判处有期徒刑8年6个月。

案件的结果让人信服，但让人难以理解的是徐某作为银行的一名普通客户经理是如何绕开贷款到放款的若干流程中的审核的？以风险管控为核心的银行为何出现了如此大的漏洞两年内都不自知？其风控防控是否合规？相关人士认为这起案例恰恰是苏州银行合同控制方面存在的几大问题导致的：

1.公司的授权管理制度存在问题。下级单位认为确有需要签署涉及上级管理权限的合同，应当提出申请，并经上级合同管理机构批准后办理。上级单位应当加强对下级单位合同订立、履行情况的监督检查。但在该案中徐某仅有客户经理的权限，却能够为不具有公务员等身份的借款人签订"公务贷""精英贷"等个人借款合同，说明上级单位对下级单位的授权管理制度并不完善。

2.合同监控不当，导致诉讼失败使经济利益受损。合同订立之前、之中、之后都应该对合同尽到监督检查义务。经法院查明，2015年10月14日，徐某在张某的介绍下，仅一天之内就为三人编造了虚假的公务员身份，通过签订"公务贷"个人借款合同，从苏州银行洋河支行分别挪用资金人民币20万元、20万元及8万元，两人更是伙同无业者陈某，一年内先后为7名借款人办理虚假"公务贷"，挪用苏州银行洋河支行贷款166万元人民币，两年的时间里苏州银行都没有发现该漏洞，表明其在合同履行和监控上存在缺陷。

3.合同控制制度并不完善。企业应该根据实际情况指定法务部门等作为合同归口管理部门，对合同实施统一规范管理，具体负责制定合同控制制度，审核合同条款的权利义务对等性，管理合同标准文本，管理合同专用章等。在本案例中，徐某利用职务之便，私刻公章，伪造材料，为不具有公务员等身份的借款人签订"公务贷""精英贷"等个人借款合同，表明苏州银行在合同控制制度上存在内部控制漏洞。

事实上，此前苏州银行早已发生过类似案例。例如，2017年2月20日，苏州银行淮安支行因贷后资金监控不力，贷款资金被挪用，作为商票保贴业务质押存单，被中国银行业监督管理委员会淮安银监分局罚款人民币20万元；同年9月8日，苏州银行泰州分行又因贷前调查不全面、贷款资金被挪用，严重违反审慎经营规则，被泰州银监分局罚款人民币20万元。这进一步表明了苏州银行在合同控制制度上的缺陷，未来其应该加强合同控制，防控类似风险。

□ 复习思考题

1.内部控制的主要控制活动有哪几种？它们之间具有什么关系？

2.何为不相容职务分离控制？它的内容包括什么？

3.何为授权审批控制？它的基本原则包括哪些？

---

① 金丽.苏州银行内控BUG频出 两年时间签订102份李鬼合同[N].投资时报，2018-11-01，有改动。

4.何为会计系统控制？它的内容包括什么？

5.何为财产保护控制？它的具体控制措施有哪些？

6.什么是预算控制？全面预算的作用有哪些？

7.何为运营分析控制？它的具体方法有几种？

8.何为绩效考评控制？实践中存在几种绩效考评模式？

9.何为合同控制？其控制流程包括哪些环节？

关于全面预算管
理的若干认识

中海集团再现
"资金门"

第六章

信息与沟通

引例　　　　　　　　　　大众"尾气门"事件①

2015年9月，美国环保署报告称大众汽车公司违背了大气保护相关法律，大众汽车过度排放尾气的丑闻曝光。调查显示，2008至2015年期间，大众汽车在全球范围内销售了逾1 100万辆使用排放作弊软件的柴油车，这些汽车的实际氮氧化物排放量是法定标准的4倍。大众汽车排放测试造假的行为至少导致了欧洲1 200起早逝现象，其中每人的寿命最多或减少10年。

大众汽车集团（Volkswagen）是一家有着近80年历史的德国汽车制造商，其总部位于德国南部的沃尔夫斯堡（Wolfsburg）。大众汽车集团故意使用某些发动机控制软件，使汽车在实验室测试条件下自动减少尾气中污染物的排放量，例如氮氧化物等，以符合法定尾气排放标准。但在真实道路驾驶中，汽车尾气排放不符合正常标准，造成污染物排放超标40多倍。大众"尾气门"事件的原因可以归纳为三点：首先，大众汽车采用指挥式的管理结构和命令式的领导风格；其次，企业的组织目标是由内部少数管理人员制定的，而他们与一线员工并没有直接的沟通或者交流很少；最后，大众目前大部分管理者都是内部提拔的德国人，储备人才差异性较小。因此大众内部的信息传递和沟通机制并不通畅，管理结构和人才储备不利于改善现有的信息沟通现状。

"尾气门"事件表明，有效的信息与沟通对企业的成功是至关重要的。信息与沟通必须以一定的形式、在一定的时间范围内识别、获取和沟通有关的信息。信息能保证人们识别、获取和沟通其履行职责的形式和时机。信息系统通过利用内部生成的数据和来自外部渠道的信息，为管理风险和制定决策提供管理报告信息。沟通是组织内部交换意见的工具。有效的沟通表现在组织中信息向下、平行和向上的流动。沟通也是组织与外部环境（例如客户、供应商、监管者和股东之间）联系的桥梁。每家企业都要及时识别和获取与管理该主体相关的内部业务数据信息和外部事项或活动等信息，在适当的时机将这些信息传递给员工，以保证员工能有效履行内部控制和风险管理职责。

① 刘海啸，邵智超，谭项林. 从组织行为学角度分析大众"尾气门"事件［J］. 中国管理信息化，2017，20（2）：74-75.

第一节 内部信息传递

一、内部信息传递的内涵

《企业内部控制应用指引第17号——内部信息传递》中规定，内部信息传递是指企业内部管理层级之间通过内部报告的形式传递生产经营管理信息的过程。

自2008年发布《企业内部控制基本规范》至今，产业经济结构已从工业经济转变为互联网信息时代经济，第四次工业革命即信息革命爆发，现代服务业异军突起，服务业已占到目前我国经济总量的50%左右。信息在企业内部进行有目的的、及时的、准确的、安全的传递，对贯彻企业发展战略、正确识别生产经营中的风险、及时纠正操作错误、提高决策质量具有重要作用。例如企业中的财务信息共享本身也是内部信息传递的一种表现形式，内部信息传递以信息系统为载体，将生成的业务数据传递给企业中的各个部门和各个岗位员工。内部信息传递的信息数据即为企业的内部管理报告，内部管理报告和内部信息传递是等效的，包括资金管理报告、销售管理报告、采购管理报告、生产管理报告、资产管理报告、投资管理报告、融资管理报告等。

要了解内部信息传递的流程，首先应该知道信息是什么、信息具有哪些特征。只有这样，才能很好地理解和把握信息搜集、组织和传递活动。

信息是对人有用的、能够影响人们行为的数据。信息是数据的含义，是人们对数据的理解，是数据加工后的结果。数据是信息的载体，没有数据便没有信息，因此信息不能单独存在。要想获得信息就要先获得载荷信息的数据，再对其进行加工。将数据加工成信息有时很简单，有时很复杂，有时需要很多数据、经过复杂的加工过程才能得到信息。在一家企业内，一般来说，地位越高的管理者所需要的信息越需要加工和处理。图6-1是企业中的基层、中层和高层管理者对信息的需求特征。

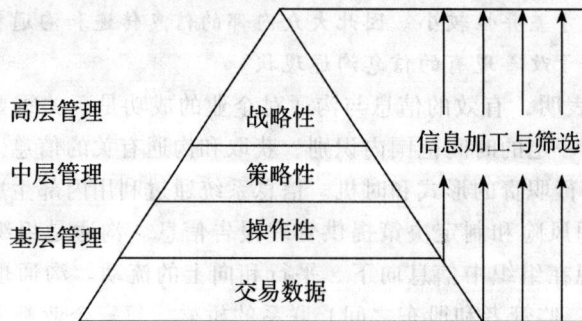

图6-1 基层、中层和高层管理者对信息的需求特征

信息还有下面一些特征：

（1）共享性。一方面，同一内容的信息可以在同一时间为多人所用；另一方面，同一内容的信息可以被多次使用，通过传递可实现信息共享。

（2）可传递性。信息是事物存在方式的直接或间接显示。它依附于一定的载荷媒体（声、光、电、磁、语言、表情、文字、数字、符号、图形、图像等）进行呈现、传递和扩散。这些载荷媒体就是我们所说的广义的数据。信息技术极大地扩展了信息的扩散范围，提高了信息的传递速度和共享程度。

（3）可编码性。信息可以用标准符号（如数字、字母等）来表示。在信息社会中将有更多的信息以数字形式表示。它的采集、存储、处理、传输都是数字化的，因此极易识别、转换、传递和接收，也更易于处理。

（4）具有价值。信息是一种资源，同样有其效用和成本。信息的效用表现为，可能为使用者提供新的知识或创造新的价值，可能为使用者的特定决策减少不正确性。信息成本包括收集、输入、处理、存储以及信息形成与传递过程中的全部耗费。

显然，信息的价值取决于效用与成本的关系：

信息价值=信息效用−信息成本

可见，信息效用越大，信息的价值就越大，而成本越高，信息的价值就越小。另外，信息价值也受信息质量的影响。所谓信息质量是指有用的信息所必须具备的基本品质特性，如相关性、准确性、时效性、简明性、清晰性、可定量性、一致性等。人们总是希望所用信息能够同时达到各项质量特性的最大化，但在现实生活中，这种理想化的境界很难达到。因此，常常需要对上述各项质量特性作出权衡与取舍，必须针对面临的具体问题，决定侧重点，以便最佳地满足对信息的各方面要求。

二、内部信息传递的总体要求

根据有效信息的要求，结合信息的特性，企业内部信息传递应该遵循以下基本原则：

（一）及时有效性原则

及时有效性原则是指在信息传递过程中，必须做到在经济业务发生时及时进行数据搜集，尽快进行信息加工，形成有效形式，并尽快传输到指定地点和信息使用者。如果信息未能及时提供，或者及时提供的信息不具有相关性，或者提供的相关信息未被有效利用，就可能导致企业决策延误，经营风险增加，甚至可能使企业较高层次的管理陷入困境，不利于对实际情况进行及时有效的控制和矫正，同时也将大大降低内部报告的决策相关性。

及时有效性原则有两重含义：一是收集信息要及时，对企业发生的经济活动应及时在规定期间内进行记录和存储，而不延至下期；二是报送要及时，信息资料（如管理报告）应在决策制定时点之前及时报送给指定的信息使用者。如果信息未能及时提供，则可能导致企业决策延误，甚至发生错误决策，增加经营风险，甚至导致企业管理陷入困境。比如，如果各种预算执行信息在企业内不能做到及时传递，那么，企业不能及时有效地对实际生产经营进行控制，产生的偏差也就无法得到及时纠正，这将给企业带来巨大的经营和财务风险。

（二）反馈性原则

反馈性原则是指在信息传递过程中，相同口径的信息能够频繁地往返于信息使用者和信息提供者之间，把决策执行情况的信息及时反馈给信息使用者，帮助信息使用者证实或者修正先前的期望，以便其进一步决策。反馈性原则有两重含义：一是要建立多种渠道，及时获得决策执行情况的反馈信息；二是用户要科学地分析和评价所获得的反馈信息，恰当地调整决策。

（三）预测性原则

预测性原则是指企业传递和使用的经营决策信息需要具备预测性的功能。信息预测性的功能在于提供提高决策水平所需的那种发现差别、分析和解释差别，从而在差别中减少不确定的信息。预测性原则有两重含义：一是提供给使用者的信息不一定就是真实的未来信息，因为未来往往是不确定的；二是预测信息与未来的信息必须有着密切的关联，必须具有符合未来变化趋势的可预测的特征，即具有相关性。要使企业内部传递的信息具备相关性，还要注意排除过多低相关的冗余信息。否则，信息过载不仅会增加信息传递成本，还会耗费管理当局的精力，降低决策效率，影响决策效果。

（四）真实准确性原则

内部传递的信息能否满足使用者的需要，取决于信息是否"真实准确"。真实准确性原则是指企业内部传递的信息符合事件或事物的客观实际，包括范围的真实准确性、内容的真实准确性和标准的真实准确性。虚假或不准确的信息将严重误导信息使用者，甚至导致决策失误，造成巨大的经济损失。内部报告的信息应当与所要表达的现象和状况保持一致，若不能真实反映所计量的经济事项，就不具有可靠性。

真实准确性是信息的生命，也是对整个内部信息传递工作的基本要求。提供真实准确的信息是企业投资者及其他利益相关者作出经济决策的重要依据。如果信息不能真实反映企业的实际情况，不但信息使用者的需求不能满足，甚至还会误导信息使用者，使其作出错误的决策，直接导致其经济利益受到损失。

（五）安全保密性原则

安全保密性原则，又称"内部性原则"，是指内部信息传递的服务对象仅限于内部利益相关者，即企业管理当局，因而具有一定的商业机密特征。企业内部的运营情况、技术水平、财务状况以及有关重大事项等通常涉及商业秘密，内幕信息知情者（包括董事会成员、监事、高级管理人员及其他涉及信息披露有关部门的涉密人员）都负有保密义务。这些内部信息一旦泄露，极有可能导致企业的商业秘密被竞争对手获知，使企业处于被动境地，甚至造成重大损失。这与财务会计信息，尤其是公众公司的财务会计信息不同。公众公司的财务会计信息必须公开和透明，而专供管理当局使用的管理信息则不一定要公开。

（六）成本效益原则

成本效益原则是经济管理活动中广泛适应性的要求，因为任何一项活动，只有当收益大于成本时才是可行的。判断某项信息是否值得传递，首先就必须满足这个约束条件。具体来说，提供信息发生的成本主要包括：搜集、处理、审计、传输信息的成本，对已传递信息的质询进行处理和答复的成本，诉讼成本，因传递过多信息而导致的竞争劣势成本等。提供信息带来的可计量收益包括：增加营业收入、降低人工成本、降低物料成本、改善产品质量、提高生产能力、降低管理费用、提高资金周转率等。提供信息带来的不可计量收益包括：企业流程与系统作业整合性的提高、生产自动化与透明化的提高、需求反应速度的提高、管理决策质量的改善、企业监控力度的加强等。目前，实务操作中的主要问题是，信息传递的成本和收益中有许多项目是难以确切计量的，而且成本也不一定落到享受收益的使用者头上。除了专门为其提供信息的使用者之外，其他使用者也可能享受收益。这一问题的存在决定了成本效益原则至今只能是一种模糊的价值判断。它的真正落实也许只有等到实现有偿使用信息或者实现信息内部转移定价的未来时代了。

三、内部信息传递的基本流程

企业的内部控制活动离不开信息的沟通与传递。企业在生产、经营和管理过程中需要不断地、反复地识别、采集、存储、加工和传递各种信息，以使得企业各个层级和各个岗位的人员能够履行各自担负的职责。信息传递是一种方式或几种方式的组合，基于企业外部的行业环境数据和企业内部经营管理的数据，可以自上而下传递，可以自下而上传递，也可以平行传递。企业内部信息传递是在基层、中层和高层三个维度开展的。

传递的信息以不同形式或载体呈现。其中，对企业最为重要的、最普遍的信息传递形式就是内部报告，亦称内部管理报告。内部报告是指企业在管理控制系统中为企业内部各级管理层以定期或者非定期的形式记录和反映企业内部管理信息的各种图表和文字资料的总称。内部报告在企业内部控制中起着非常重要的作用：一方面，内部报告可以为管理层提供更多的企业生产、经营和管理信息，为管理层合理有效地制定各种决策提供支持和服务；另一方面，内部报告还可以检查和反馈管理层决策的执行情况，帮助管理层监控和纠正在政策执行中出现的错误和偏差。因此，企业需要加强包括内部报告在内的企业内部信息传递，全面评估内部信息传递过程中的风险，建立科学的内部信息传递机制，确保信息的相关性和可靠性，提高内部报告的质量，安全、及时、准确地传递信息，充分、高效地利用内部报告。

内部信息传递流程是根据企业生产经营管理的特点来确定的，其形式千差万别，没有一个最优的方案。一般来说，内部信息传递至少包括三个阶段：一是信息形成阶段，二是信息使用阶段，三是信息评价阶段。

以内部报告为例，内部报告形成阶段的起点是报告中指标的建立；根据所确定的报告指标，确定所要搜集和存储的相关信息；对搜集的信息进行加工，以一种美观的和可理解的表现形式组织这些信息，形成内部报告；审核形成的内部报告，如果不符合决策要求，就要重新修订或补充有关信息，直到达到标准为止。

内部报告使用阶段的起点是内部报告向指定位置和使用者的传递。使用者获得内部报告后，要充分地理解和有效地利用其中的信息，以评价业务活动和制定相关决策；与此同时，要定期对企业内部报告的全面性、真实性、及时性、安全性等进行评估，一旦发现不妥之处，要及时地进行调整。图6-2列示了内部信息传递的基本流程。

案例6-1 沃尔玛的管理体制与内部信息沟通[①]

美国沃尔玛公司总裁萨姆·沃尔顿曾说过："如果你必须将沃尔玛管理体制浓缩成一种思想，那可能就是沟通。因为它是我们成功的真正关键之一。"在信息化建设方面，沃尔玛投入了大量资源，1979年建立门店与总部之间相联结的卫星网络和1991年与供应商建立 Retail Link 系统，两大工程是建设企业内部信息生态链的基础，促进了沃尔玛内部的信息沟通，并以此为契机实现企业的竞争优势。

借助自己的商业卫星，沃尔玛实现了信息系统全球联网，其领先高效的信息系统备受业界推崇。通过信息网络，全球4 000多家门店可在一小时之内对每种商品的库存、上架、销售量等信息全部盘点一遍，并将产品库存信息和销售信息传递给相关部门，以便制

---

① 叶乃溪，王晰巍，崔凤玲，等. 基于信息生态链的企业绿色信息协同模式研究 [J]. 情报科学，2013，31（7）：23-27，120.

订相应的运营计划。同时，全球的零售店都配备了包括卫星监测系统、客户信息管理系统、配送中心管理系统、财务管理系统、人事管理系统等多种信息化系统。这些系统在沃尔玛内部形成了一条有效的信息生态链，传递着企业内部运转及外部需求信息，促进沃尔玛内部可持续战略的实现。企业信息化是一个长期的工作过程，企业价值链涉及供应商、客户、金融机构、政府部门以及企业内部的每个部门，业务流程的每个环节都存在信息化的可能和需求，每个环节的信息化深度也不尽相同，这对企业内部信息传递提出更高和更加细化的设计需求。

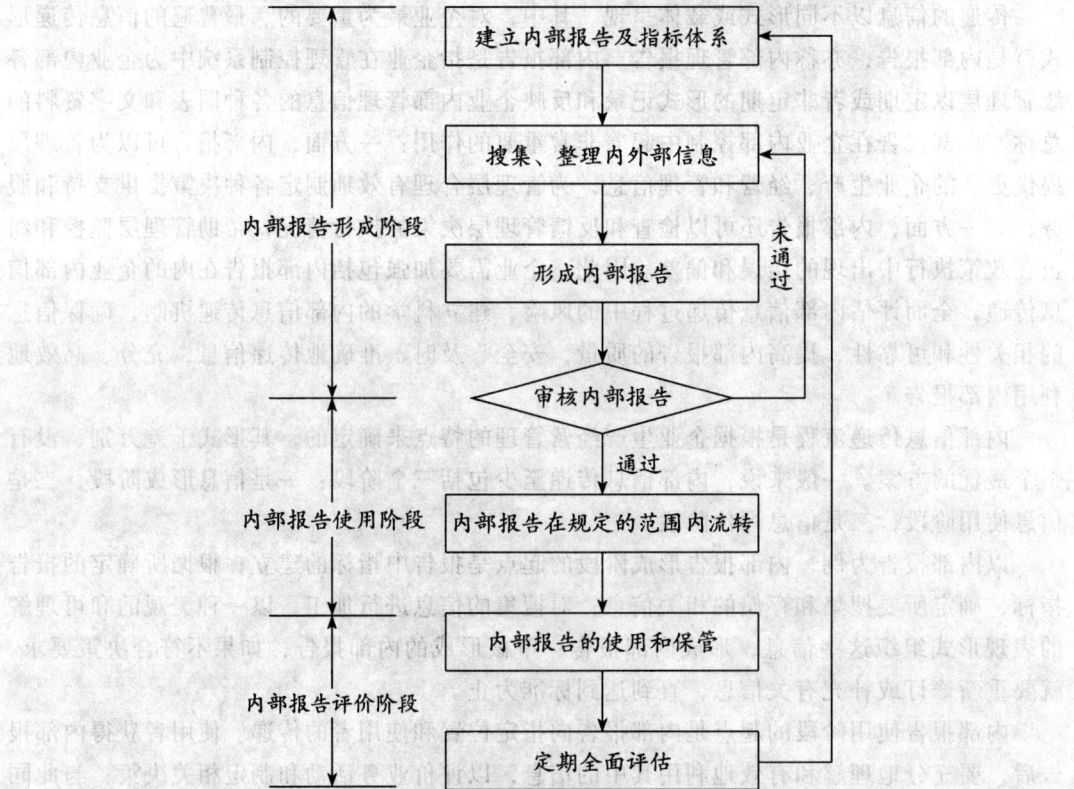

图6-2　内部信息传递的基本流程

四、内部信息传递各环节的主要风险点及控制措施

（一）规范内部信息传递的行为主体及责任

传统企业内部管理模式下的业务活动数据分散在不同的业务部门中，由于受到部门管理权限的限制，财务部门难以实时进行财务数据记录与处理工作，由此产生信息不对称问题，甚至造成一定程度上的信息闭塞。实现全方位的信息共享，是企业全流程内部控制与风险防范的基石。在内部信息传递行为主体及责任规范方面，主要风险点如下：

内部信息传递行为主体不明确，责任不清晰。在互联网信息系统环境下，内部信息传递的范围覆盖全流程业务节点，包括企业中所有与内部控制相关的信息部门、业务部门、财务部门等。规范内部信息传递的行为主体及其责任是加强内部信息传递的基础，是信息系统环境下内部控制有效实施的关键因素。因此企业应当在制度中明确界定内部信息传递各层级行为主体的职责。具体来说，应当对内部信息传递过程中的内部报告审核权限进行管理，对各层级行为主体予以分工，通过信息系统将决策层、管理层、执行层和监管层的四层行为主体权力固化。

（二）建立内部信息传递沟通机制

开放的网络环境、信息流区块链的兴起，使得企业对信息系统层面内部控制的要求日趋提高。由于企业的管理运营模式和信息系统不衔接等原因，企业内部信息传递容易产生信息孤岛的现象。在建立内部信息传递沟通机制方面，主要风险点可以细分为以下两个方面：

1.内部信息传递沟通机制不适用。从横向上看，各业务部门信息需求者通过业务流程信息系统开放式平台获取前后端业务部门的相关信息；从纵向上看，上层管理者和下层企业员工通过信息系统掌握企业内部控制的整体情况。但每家企业的业务内容不同，管理模式存在差异，企业信息系统建设水平不一。若直接套用其他企业的内部信息传递沟通机制，信息系统建设可能无法满足现有的内部控制要求，审批审核等岗位职权划分不恰当等，从而内部信息传递容易产生风险，导致"业财结合"不畅、内部控制目标不能有效达成。

2.内部信息传递部门间协调不通畅。若想在信息系统层面建立内部信息传递与沟通的有效机制，需要各业务部门间、各业务部门与财务部门间的信息系统进行有效衔接。各业务部门之间协调不畅通则无法保证内部信息传递机制的有效执行。基于信息系统的要求，企业应当定义自己的内部控制流程集，确保内部控制流程中的各个组织节点、业务节点和岗位节点在信息传递过程中保持适当协调和无缝对接，做到内部报告及时有效传递，有助于企业决策的落实与实施。

（三）建立内部报告和指标体系

内部报告仅仅是信息传递的一种形式或载体，决定企业内部信息传递有效性最关键的问题在于报告中承载的信息。企业首先应该理清究竟应该编制哪些内部报告，进而确定各个报告中的指标如何设置。内部报告信息的采集和加工都是由报告中的指标来决定的。因此，内部报告指标的选择，既是内部报告传递的起点，也是决定内部报告质量的基础。内部报告指标体系的科学性直接关系到内部报告信息的价值。企业要根据自身的发展战略、生产经营、风险管理的特点，建立系统的、规范的、多层级的内部报告指标体系。内部报告指标体系中应该包含关键信息指标和辅助信息指标，还要根据企业内部和外部的环境变化，建立指标的调整和完善机制，使指标体系具有动态性和权变性。

内部报告指标体系的设计最重要的依据是企业内部报告使用者的需求，要为具有不同信息使用目的的用户提供诸如生产管理、经营决策、财务管理、业绩评价、风险评估、资源配置等相关决策信息。在建立内部报告指标环节，主要风险点又可以具体细分为以下方面：

1.未以企业战略和管理模式为指导设计内部报告及指标体系。任何企业决策都要以企业总体战略目标为指导和依据，因此，在设计用于决策的内部报告指标时，也必须围绕企业战略。当内部报告指标远离了企业战略或者企业自身没有明确的战略时，内部信息传递就无法实现为企业战略实施提供的服务，企业战略目标也就难以实现了。同时，内部报告的组成和内容还需配合企业内部管理控制的程序和方法，使内部报告更好地为企业管理控制服务。例如，如果企业管理采用的预算管理模式没有预算报告和考核报告，预算管理就不能实施。

2.内部报告体系或者指标体系不完整或者过于复杂。在构建内部报告体系及其指标体系时，可能出现报告或指标体系不完整，即遗漏重要信息的情况。这样一来，指标不能够全面反映决策需要的信息，导致内部报告对决策的有用性降低。相反，另一种情形就是内部报告数量过多，各个报告中设立的指标过于复杂，使报告使用者难以理解和驾驭，这样也会干扰决策的制定，降低决策质量。

3.指标体系缺乏调整机制。社会经济发展日新月异，企业的内部和外部环境瞬息万变。如果内部报告指标体系确定后一成不变，就很难与生产经营快速变化的环境相适应。当内部报告指标不适应企业决策信息的要求时，其价值也就丧失了。

4.指标信息难以获得或者成本过高。有些企业内部报告指标只能在理论上讲得通，但是，在实际操作中，其指标所需信息的辨认和采集工作难度很大，成本很高。那么，根据内部信息传递的可用性和成本效益原则，这样的指标就不应该设置，否则将降低内部信息传递的效率和效果。

（四）搜集整理内外部信息

企业各种决策的制定离不开各种来源的信息的支持。企业需要根据内部报告指标，搜集和整理各种信息，以便企业随时掌握有关市场状况、竞争情况、政策变化及环境的变化，保证企业发展战略和经营目标的实现。在搜集整理内外部信息的过程中，主要风险点又可以具体细分为以下几方面：

1.搜集的内外部信息不足或者过多。在搜集信息的过程中，由于某些原因，未能搜集或者未能及时搜集到反映经济活动的信息，就会造成无法决策或者决策拖延；有些时候，由于企业信息的来源过多，如行业协会组织、社会中介机构、业务往来单位、市场调查、来信来访、网络媒体、政府监管部门、会计账簿、经营管理资料、调研报告、专项信息、内部刊物、办公网络等渠道都会获得成千上万的各种信息，这就可能导致信息冗余。信息过多不但增加了信息处理的成本，也降低了总体信息的相关性，同样会干扰决策。

2.信息内容不准确。目前，企业内外部各种信息的来源复杂，有些信息的准确性无法保证。此外，在信息搜集和录入过程中，可能由于人为破坏或者操作疏忽而产生错误信息。决策者如果根据不准确的信息进行决策，很可能导致决策错误。

3.信息搜集和整理成本过高。成本效益原则是信息搜集的约束条件。某一信息的搜集成本过高时，超过了其带来的收益，就会使企业"得不偿失"。生产和传输该信息就失去了意义。

（五）编制及审核内部报告

企业各职能部门应将收集的有关资料进行筛选、抽取，然后根据各管理层级对内部报告的需求和先前制定的内部报告指标建立各种分析模型，提取有效数据，进行汇总、分析，形成结论，并提出相应的建议，从而对生产经营活动、资源配置效率、战略执行情况等提供信息反馈，对企业的发展规划、前景预测等提供重要的分析和指导，为企业的效益分析、业务拓展提供有力的决策支持。因报告类型不同、反映的信息特点不同，企业内部报告的格式不尽一致。但是，编制内部报告的总体原则就是信息要完整，内容要与决策相关，表述要能够便于使用者理解。一般情况下，企业内部报告应当包括报告名、编号、执行范围、内容、起草或制定部门、报送和抄送部门、时效要求等。此外，编制完成的内部报告要经过有关部门和人员的审核。只有通过审核的内部报告，才能进行传递。审核不合格的报告，要发回编制单位，分析原因，进行修订。在编制及审核内部报告的过程中，主要风险点又可以具体细分为以下几方面：

1.内部报告内容不完整或难以理解。内部报告的内容要根据事先设置的指标来编制。但是，指标计量的信息未能取得或者信息不符合分析模型的要求而无法得出结论，则会导致内部报告的内容缺失。内部报告内容不完整，将降低信息的相关性和可靠性，直接影响对决策的支持程度。另外，由于内部报告制作者的经验和水平的局限，形成的内部报告还可能由于内容表述含糊不清、抽象晦涩，或者与使用者的知识背景不符，导致报告使用者对报告内容难以理解。这样，也会降低内部报告的使用价值。

2.内部报告编制不及时。按照编制的时间不同，内部报告分为定期报告和非定期报告两大类。非定期报告包括异常事件报告、临时查询报告和按照使用者某种特定要求提供的非常规报告等。定期报告应在每个报告周期结束后、在指定的时点前编制完成。非定期报告中的异常事件报告应在事件发生后最短的时间内完成，临时查询报告和非常规报告应在相关的决策需要制定的时间之前完成。缺乏及时性的内部报告，不能及时反馈信息，无法支持决策，也就失去了其存在的价值。

3.未经审核即向有关部门传递。内部报告编制完成后，要经过一个独立于报告编制岗位的审核。如果没有对内部报告进行审核，就不能及时发现内部报告中由于人为故意或者疏忽造成的错误，也就无法保证内部报告的质量。

（六）内部报告传递

内部报告中的信息多为企业内部生产经营管理信息，涉及企业的商业秘密。因此，内部报告在传递过程中需要有严密的流程和安全的渠道。一方面，为了提高信息的共享性和利用程度，企业应当充分利用信息技术，强化内部报告信息的集成和共享，拓宽内部报告的传递渠道；另一方面，信息技术广泛和深入的应用也增加了信息非法传递、使用和披露的风险。在内部报告传递的过程中，主要风险点又可以具体细分为以下几方面：

1.缺乏内部报告传递规范流程。内部报告涉及企业的重要信息，对企业内部控制和管理决策具有重大的影响。由于企业信息系统的快速发展，企业需要编制和传递越来越多的内部报告，同时，也有越来越多的企业利益相关者使用内部报告。如果企业缺乏规范和完善的内部报告传递制度，或者内部报告传递具有较大的随意性，则内部报告在传递过程中会面临较大风险，其完整性、真实性、及时性和可靠性均无法得到保证。

2.内部报告误传递或丢失。内部报告在传递过程中，由于人为故意或者疏忽，可能出现内部报告错误传递，包括传递时间错误、传递地点错误、接收人错误等，甚至可能出现内部报告在传递中丢失的情况。这样会给企业的信息安全带来巨大威胁。

3.内部报告传递系统中断。信息技术在企业信息系统中广泛应用，因而其在信息传递中具有举足轻重的作用。企业在得益于计算机、数据库和网络带来的信息快速传递的好处的同时，也往往会遭遇到因为系统的各种故障而导致的信息系统中断，进而无法及时使用和传递系统中的重要信息，影响相关决策的制定。

（七）内部报告的使用和保管

对于内部报告的使用，要做到有效使用和安全使用。内部报告有效使用是要求企业各级管理人员充分利用内部报告进行有效决策，管理和指导企业的日常生产经营活动，及时反映全面预算的执行情况，协调企业内部相关部门和各单位的运营进度，严格地进行绩效考核和责任追究，以确保企业实现发展战略和经营目标。企业应当有效利用内部报告进行风险评估，准确识别和系统分析企业生产经营活动中的内外部风险，确定风险应对策略，以实现对风险的有效控制。在内部报告使用的过程中，主要风险点又可以具体细分为以下几方面：

1.企业管理层在决策时没有使用内部报告提供的信息。良好的内部报告设计会给企业管理层的决策予以信息方面的支持。然而，如果内部报告在设计上没有体现决策者的需求，或者内部报告的表述不能够为决策者所理解，那么决策者就会放弃对内部报告的利用。

2.商业秘密通过企业内部报告被泄露。如果企业没有建立和实施内部报告的保密制度，内部报告的使用者在使用过程中没有对内部报告进行妥善保管，就可能导致企业的重要信息和机密信息在这一过程中被泄露，严重时，可能导致企业面临巨大的经济损失，甚至要为此承担法律责任。

（八）内部报告的评估

随着企业内外部环境的不断变化，企业的内部报告体系和内部报告传递机制的适用性可能改变。企业应当对内部报告体系是否合理、完整，内部信息传递是否及时、有效，进行定期的评估。经过评估发现内部报告及其传递存在缺陷的，企业应当及时进行修订和完善，确保内部报告提供的信息及时、有效。在内部报告评估的过程中，主要风险点又可以具体细分为以下几方面：

1.企业缺乏完善的内部报告评估机制。内部报告及其指标体系和传递机制的构建，是需要与相应的环境相适应的。如果企业内外部环境发生变化，而内部报告的内容和传递方式没有随之调整的话，内部报告的作用就会大打折扣，甚至丧失。如果企业缺乏完善内部报告评估机制，就不能定期且有效地对内部报告进行全面评估，这将大大影响企业内部报告的有效性和经济价值。

2.未能根据评估结果对内部报告体系及其传递机制进行及时调整。企业定期对其内部报告系统及其传递机制进行评估后，如果没有及时地调整那些在评估中被认为已经不合时宜的内部报告、控制指标和传递制度，那么内部报告就无法保持其有效性和经济价值。

第二节　信息系统

案例6-2　　　　　　　　　华为云平台的构建①

华为充分、有效地引进外部云，汇集国内外高端资产云、科技云、信息云和人才云，提高了资源利用效率，降低了资源研发损耗，实现资源的有效配置和优势互补。例如：与IBM、德州仪器、摩托罗拉、惠普等公司建立联合实验室，与美国3COM公司、西门子、

---

① 张玉明，王孚瑶.云创新模式构建要素与实现路径——基于华为公司的案例研究［J］.科技进步与对策，2016，33（1）：16-21.

英飞凌等组建合资公司以及与摩托罗拉合作共建研发中心等，都是华为云创新探索的实践。截至目前，华为已与全球多个国家和地区的电信运营商联合建立了20多个创新中心，合作完成的创新课题已有100多个，比较有代表性的创新成果如融合计费平台、IP微波、SingleRAN等，对现代通信服务业产生了巨大的影响。

华为不仅将云技术应用于联合创新平台，进行资源整合与科技创新，同时也建立了基于云技术的内部控制信息系统，实现了各个业务之间信息、数据、流程、岗位、权限的统一性和体系性，比较之前的信息孤岛、数据断片、流程断裂、岗位责任不明、审批权限不清的各个业务和财务信息系统具有巨大的优势。

一、信息系统的定义

（一）信息系统

按照《企业内部控制应用指引第18号——信息系统》的规定，信息系统是指企业利用计算机和通信技术，对内部控制进行集成、转化和提升所形成的信息化管理平台。

信息系统是由计算机硬件、软件、人员、信息流和运行规程等要素组成的。信息系统在改变企业传统运营模式的同时，也对传统的内部控制观点和控制方法产生了深远的影响。企业原有的内部控制越来越不适应企业的业务发展和管理的提升。信息系统的实施触发了企业管理模式、生产方式、交易方式、作业流程的变革，为管理工作的重心从经营成果的反映向经营过程的控制转移创造了技术条件。

（二）信息系统的开发方式

信息系统的开发建设是信息系统生命周期中技术难度最大的环节。在开发建设环节，要将企业的业务流程、内控措施、权限配置、预警指标、核算方法等固化到信息系统中，因此开发建设的好坏直接影响信息系统的成败。

开发建设主要有自行开发、外购调试、业务外包等方式。各种开发方式有其各自的优缺点和适用条件，企业应根据自身实际情况合理选择。

1.自行开发

自行开发就是企业依托自身力量完成整个开发过程。其优点是开发人员熟悉企业情况，可以较好地满足本企业的需求，尤其是具有特殊性的业务需求。通过自行开发，还可以培养、锻炼自己的开发队伍，便于后期的运行和维护。其缺点是开发周期较长、技术水平和规范程度较难保证，成功率相对较低。因此，自行开发方式的适用条件通常是企业自身技术力量雄厚，而且市场上没有能够满足企业需求的成熟的商品化软件和解决方案。例如百度的搜索引擎就偏重于自行开发。

2.外购调试

外购调试的基本做法是企业购买成熟的商品化软件，通过参数配置和二次开发满足企业需求。其优点是：开发建设周期短；成功率较高；成熟的商品化软件质量稳定，可靠性高；专业的软件提供商具有丰富的实施经验。其缺点是：难以满足企业的特殊需求；系统的后期升级进度受制于商品化软件供应商产品更新换代的速度，企业自主权不强，较为被动。外购调试方式的适用条件通常是企业的特殊需求较少，市场上已有成熟的商品化软件和系统实施方案。大部分企业的财务管理系统、ERP系统、人力资源管理系统等多采用外购调试方式。

3.业务外包

业务外包是指委托其他单位开发信息系统。其优点是：企业可以充分利用专业公司的专业优势，量体裁衣，构建全面、高效满足企业需求的个性化系统；企业不必培养、维持庞大的开发队伍，相应节约了人力资源成本。其缺点是：沟通成本高，系统开发方难以深刻理解企业需求，可能导致开发出的信息系统与企业的期望有较大偏差；同时，由于外包信息系统与系统开发方的专业技能、职业道德和敬业精神存在密切关系，也要求企业必须加大对外包项目的监督力度。但是外包信息系统也可能泄露企业机密信息。业务外包方式的适用条件通常是市场上没有能够满足企业需求的成熟的商品化软件和解决方案，企业自身技术力量薄弱，或出于成本效益原则考虑不愿意维持庞大的开发队伍。

（三）信息技术过程控制体系

由于企业的运营过程跟信息技术（IT）是分不开的，实务界越来越认识到保持IT严谨的独立性、由IT创造价值及传递其价值的重要性，所以产生了法规遵从的需要及有效控制风险从而获益的需要。为了帮助企业成功地把自己的企业和IT目标结合起来，以应对今日的企业挑战，国际信息系统审计与控制协会（ISACA）提出《信息和相关技术的控制目标》（COBIT）。COBIT是一个基于IT治理概念的、面向IT建设过程中的IT治理实现指南和审计标准，被认为是COSO框架的补充框架。COBIT的目标是为信息系统设计提供具有高度可靠性和可操作性的、公认的信息安全和控制评价标准。最新版的COBIT 5框架如图6-3所示。

COBIT鼓励以业务流程为中心，实行业务流程负责制。COBIT提出了促成企业IT的治理和管理的五大关键原则。

第一，满足利益相关者需求。企业存在的目的是为利益相关者创造价值，这些价值的创造通过保持效益达成与风险和资源使用优化之间的平衡来实现。COBIT通过应用IT提供所有的必要的程序和促成因素来支持价值创造，企业可以通过目标级联，自定义COBIT以适合其自身的情况。

第二，端到端覆盖企业。COBIT将企业IT治理融合到企业治理中，包含企业内的所有职能部门与流程，并考虑到所有端到端的和企业范围的IT相关的治理和管理的促成因素，也就是说，它包括企业内部和外部的，与企业的信息和涉及的IT的治理与管理相关的每种东西和每个人。

第三，采用单一集成框架。目前存在许多IT相关标准和最佳实践，每一个均提供一部分IT活动的指导，COBIT与其他相关标准和框架保持高度一致，并因此能够成为企业IT治理和管理的总体框架。

第四，启用一种整体的方法。COBIT 5定义了7类促成因素来支持企业IT综合的治理和管理系统的实施，它们分别为：（1）原则、政策和框架；（2）流程；（3）组织结构；（4）文化、伦理道德和行为；（5）信息；（6）服务、基础设施和应用程序；（7）人才、技能和竞争力。

第五，区分管理和治理。COBIT中这两个概念包括不同种类的活动，需要不同的组织结构以及为不同的目的服务。COBIT流程参考模型详细地定义和描述若干治理和管理流程，它代表在企业IT相关活动中经常发生的所有流程。

商业目标

IT 目标

COBIT

企业 IT 治理流程

评估、指导和监控

| EDM01 确保治理框架设置和维护 | EDM02 确保收益支付 | EDM03 确保风险优化 | EDM04 确保资源优化 | EDM05 确保利益相关者透明 |

企业 IT 管理流程

原则、政策和框架 / 流程 / 组织结构 / 文化、伦理道德和行为 / 信息 / 服务、基础设施和应用程序 / 人才、技能和竞争力

AP001 管理 IT 管理模型框架
AP002 管理战略
AP003 管理企业架构
AP004 管理创新
AP005 管理投资组合
AP006 管理预算和成本
AP007 管理人力资源
AP008 管理关系
AP009 管理服务协议
AP0010 管理供应商
AP0011 管理质量
AP0012 管理风险
AP0013 管理安全

信息

调整、计划和组织

IT 资源

检测、评估和分析

MEA01 检测、评估和分析性能和合规
MEA02 检测、评估和分析内部控制系统
MEA03 检测、评估和分析与外部需求的符合性

构建、发展和实施

交付、服务和支持

BAI01 管理方案和项目
BAI02 管理需求定义
BAI03 管理解决方案识别和构建
BAI04 管理可用性和能力
BAI05 管理组织变革启用

BAI06 管理变更
BAI07 管理变更验收和过渡
BAI08 管理知识
BAI09 管理资产
BAI10 管理配置

DSS01 管理运营
DSS02 管理服务请求和事故
DSS03 管理问题
DSS04 管理持续性
DSS05 管理安全服务
DSS06 管理业务流程控制

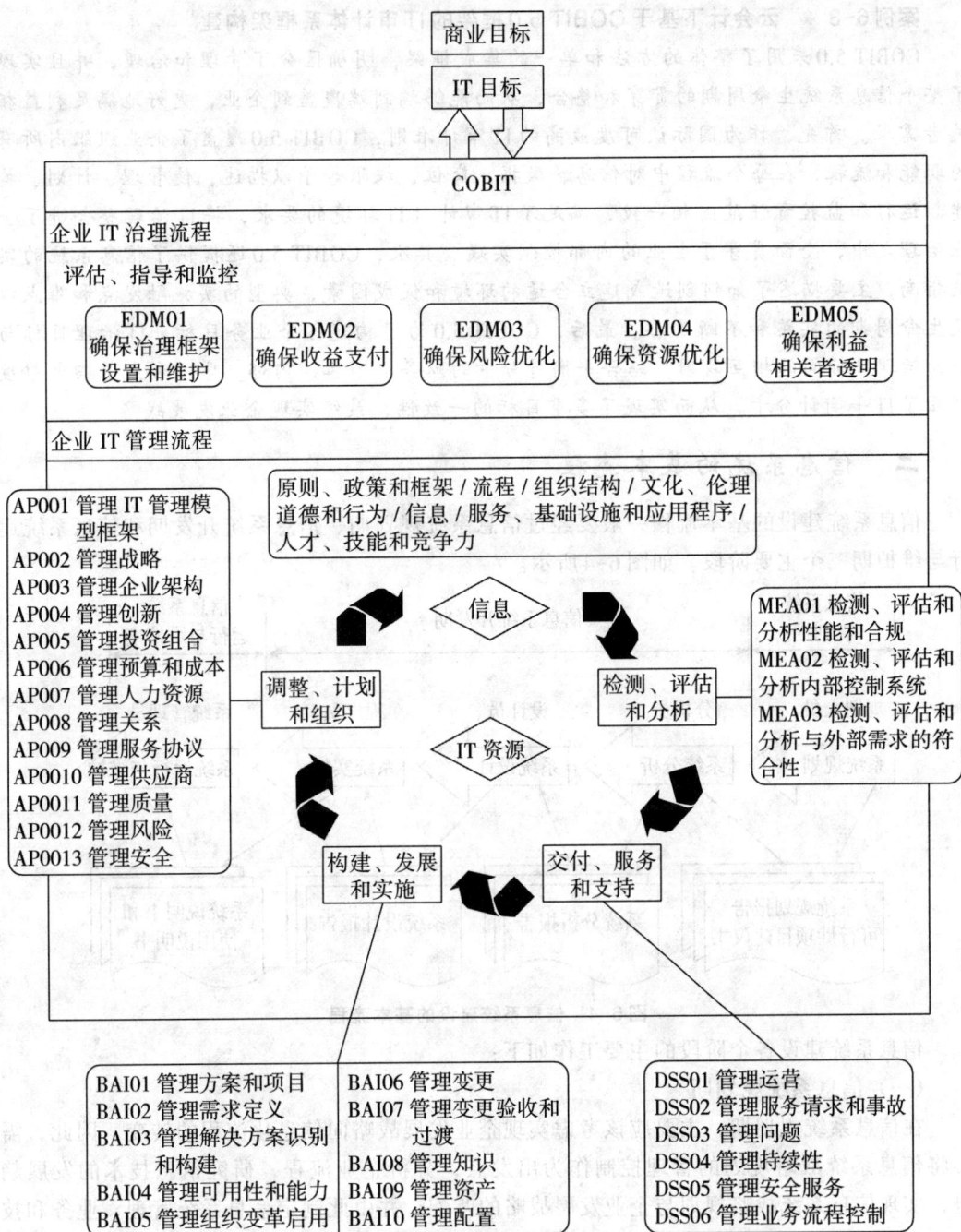

图 6-3 COBIT 5 框架

COBIT 最初被管理者看作由 IT 控制的最佳实践组合而成的一个基准工具，因为用它可以弥合控制要求、技术问题和企业风险三者间的缺口。由于 COBIT 对控制的强有力关注，内外部审计师均将其应用于财务报告审计、经营和合规审计之中。因此，在"信息系统主要风险点分析"和"信息系统关键控制措施设计"中，主要应参考 COBIT 框架提供的基于风险的 IT 控制基准工具和最佳实践。

案例6-3　　云会计下基于COBIT 5.0框架的IT审计体系框架构建[①]

COBIT 5.0采用了整体的方法和单一的集成框架,明确区分了管理和治理,并且实现了整个信息系统生命周期的贯穿和整合,从而能够端到端覆盖到企业,更好地满足利益相关者需求。首先,作为国际认可度最高的IT审计准则,COBIT 5.0覆盖了企业组织内所有的职能和流程,在每个流程中对信息、数据、岗位、权限等予以描述,使管理、计划、构建、运行和监控责任范围相一致,满足了IT审计对IT环境的要求,将IT治理整合进了企业治理之中,全面贯穿于企业的内部控制实践。其次,COBIT 5.0还提供了信息系统的实施指南,主要描述了如何创造或建立合适的环境和促成因素、典型的实施触发点和难点以及生命周期的实施和不断改善。最后,COBIT 5.0为了构建各个业务目标、IT治理目标与企业治理目标间的相互映射,结合平衡计分卡的财务、顾客、内部、学习和成长四大维度创立了IT平衡计分卡,从而实现了多重目标的一致性,最终实现企业发展战略。

二、信息系统的基本流程

信息系统建设的基本流程一般要经过信息系统规划期、信息系统开发期和信息系统运行与维护期三个主要阶段。如图6-4所示。

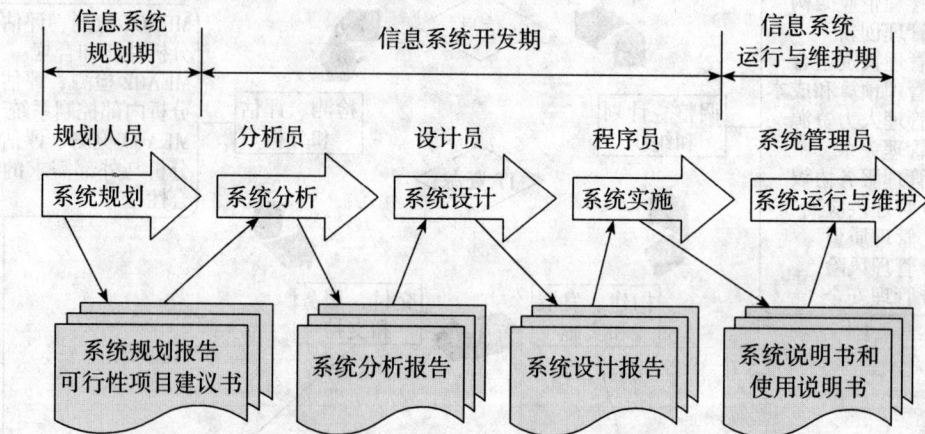

图6-4　信息系统建设的基本流程

信息系统建设各个阶段的主要工作如下:

(一)信息系统规划期

在信息系统规划期,主要应该考虑实现企业发展战略向信息化流程的转变。因此,需要将信息系统战略规划的管理控制作为出发点,分析企业流程,研究信息技术的发展趋势,实现信息系统战略规划与企业发展战略的匹配,并由此制定信息系统管理、业务和技术三个方面的规范。同时,信息系统管理部门与企业各个层面的管理者、业务部门和最终用户要进行充分的沟通,以实现业务需求向信息化流程的转移。在此基础上,根据信息系统规划进行项目立项和可行性研究,以确定信息系统建设方案。

信息系统规划时期包括战略规划和项目计划。

战略规划通常将完整的信息系统分成若干子系统,并分阶段建设不同的子系统。比如,制造企业可以将信息系统划分为财务管理系统、人力资源管理系统、MRP(销售、

---

① 程平,范珂.云会计下基于COBIT 5.0框架的IT审计体系[J].会计之友,2016(18):28-132.

采购、库存、生产）系统、计算机辅助设计和制造系统、客户关系系统、电子商务系统等若干子系统。项目就是指本阶段需要建设的相对独立的一个或多个子系统。

项目计划通常包括项目范围说明、项目进度计划、项目质量计划、项目资源计划、项目沟通计划、风险对策计划、项目采购计划、需求变更控制、配置管理计划等内容。项目计划不是完全静止、一成不变的。在项目启动阶段，可以先制订一个基本的项目计划，确定项目主要内容和重大事项，然后根据项目的大小和性质以及项目进展情况进行调整、充实和完善。

（二）信息系统开发期

信息系统开发期的任务是完成软件的设计和实现，具体包括系统分析阶段、系统设计阶段、系统实施阶段三个阶段。

1. 系统分析阶段

系统分析又称为用户需求分析。需求分析的目的是明确信息系统需要实现哪些功能。该项工作是系统分析人员和用户单位的管理人员、业务人员在深入调查的基础上，详细描述业务活动涉及的各项工作以及用户的各种需求，从而建立未来目标系统的逻辑模型。

2. 系统设计阶段

系统设计是根据系统分析阶段所确定的目标系统逻辑模型，设计出一个能在企业特定的计算机和网络环境中实现的方案，即建立信息系统的物理模型。系统设计包括总体设计和详细设计。总体设计的主要任务是：第一，设计系统的模块结构，合理划分子系统边界和接口。第二，选择系统实现的技术路线，确定系统的技术架构，明确系统重要组件的内容和行为特征，以及组件之间、组件与环境之间的接口关系。第三，数据库设计，包括主要的数据库表结构设计、存储设计、数据权限和加密设计等。第四，设计系统的网络拓扑结构、系统部署方式等。详细设计的主要任务包括程序说明书编制、数据编码规范设计、输入输出界面设计等内容。

3. 系统实施阶段

系统实施阶段是编程和测试阶段。这个阶段的任务包括计算机等设备的购置、安装和调试、程序的编写与调试、人员培训、数据文件转换、系统调试与转换等。编程阶段是将详细设计方案转换成某种计算机编程语言的过程。编程阶段完成之后，要进行测试。测试主要有以下目的：一是发现软件开发过程中的错误，分析错误的性质，确定错误的位置并予以纠正。二是通过某些系统测试，了解系统的响应时间、事务处理吞吐量、载荷能力、失效恢复能力以及系统实用性等指标，以便对整个系统作出综合评价。

（三）信息系统运行与维护期

系统投入运行后，需要经常进行维护和评价，记录系统的运行情况，根据一定的标准对系统进行必要的修改，评价系统的工作质量和经济效益。信息系统的运行与维护主要包含三方面的内容：日常运行维护、系统变更和安全管理。

在信息系统开发的过程中，每一阶段有其独立的任务和成果，每一阶段使用规定的方法和工具，编制出阶段文档（阶段文档是阶段之间的管理控制点，需要经过正式的管理检验才能进入下一阶段工作；各阶段形成的文档资料共同构成了关于系统开发生命周期整体质量的审计证据）。前一阶段是后一阶段的基础和指导。只有完成了前一阶段的任务，才能进入下一阶段，不能跨越阶段。每个阶段完成后，都要进行复查。如果发现问题，要停止前行，沿着所经历的阶段返回。在实践中，上述开发阶段会被分解成若干子阶段，每个子阶段还能够往下被分解为特定开发工程更为详细的活动。

三、信息系统开发的主要风险点及其控制措施

信息系统开发至少应当关注下列主要风险：第一，信息系统缺乏规划或规划不合理，可能造成信息孤岛或重复建设，导致企业经营管理效率低下；第二，系统开发不符合内部控制要求，授权管理不当，可能导致无法利用信息技术实施有效控制。

（一）信息系统开发的主要风险点

1.信息系统规划期的主要风险点

（1）系统架构无法有效服务战略规划的风险

企业的信息系统规划应该服从于企业总体战略规划，为企业总体战略规划服务。只有满足"战略、组织、技术"三项特征，把信息系统规划作为常规工作循环开始建立，才能把企业的信息化建设推进到一个更高的"战略、组织、技术"层次和水平。

信息孤岛现象是不少企业信息系统建设中存在的普遍问题。其根源在于，这些企业往往忽视战略规划的重要性，缺乏整体观念和整合意识。这就导致有的企业财务管理信息系统、销售管理信息系统、生产管理信息系统、人力资源管理系统、办公自动化系统等各自为政、孤立存在的现象，削弱了信息系统的协同效用，甚至引发系统冲突。在实践中，对项目定义不充分是信息系统失败的最重要的原因之一。在任何一个信息系统或者遗留系统（legacy system）的开发和实施过程中，对项目计划的明确定义是信息系统成功的一个关键要素。由于遗留系统是一个松散耦合的信息系统，因此对项目的拙劣定义只会影响一些功能性领域。但是，在一个集成的信息系统中，对项目的定义不充分明确会影响整个企业。很多企业没有考虑商业目标、实施战略、系统架构（landscaping）、技术需求、成本等就盲目采纳信息技术（IT）。由于缺乏把信息系统与商业战略集成起来的、内在一致的实施战略而导致信息系统失败。

（2）信息技术无法有效满足业务需求的风险

当前IT系统越来越多地对业务经营活动进行自动化处理，这就需要IT提供必要数量的控制程序。如果内部控制呈现的是独立于业务活动、事后反映和检查性特征，而不能与业务活动融为一体，呈现过程监督和预防性特征，则会导致信息技术无法有效满足业务需求的风险。

案例6-4　　　　　国家电网公司的管理突破与创新①

传统IT系统之下，存在企业财务系统、销售系统、生产系统、办公系统等各自为政、孤立存在的现象，削弱了信息系统的协同效用，无法为企业整体业务活动提供支持，甚至引发系统冲突。2015年国务院政府工作报告中首次提出"互联网+"行动计划，着力于推动移动互联网、云计算、大数据、物联网等与现代制造业结合，促进电子商务、工业互联网和互联网金融健康发展。

国家电网公司从成立之初，就将信息系统建设作为企业管理的重中之重，发展至今，企业信息化已经达到了一个较高的水平。基于云计算技术推出的智擎云操作系统，打通了

① 张玉缺. 云计算下的企业业财融合运作模式研究——以国家电网为例 [J]. 会计之友. 2018（24）：58-60.

企业发展的信息"大动脉",推动了传统业务转型。该操作系统基于双态IT的理念,一方面在稳态IT层面,架构了多种具有业务流程固定、数据模型稳定、业务逻辑复杂、负载变化不大等特性的应用,实现稳定运行;另一方面开发敏态IT,用于承载具有业务灵活变化、资源水平扩展要求高、负载波动明显、事务弱等特性的应用,实现敏捷创新。

国家电网的"国网云"平台不仅实现了业务应用的全覆盖,而且将财务管理整合到一体化的信息系统之中,对各个业务的职责、权限、流程等进行智能化、集成化的监控,各个部门之间通过云平台建立互联互通机制,加快了业务财务一体化进程。其中,企业管理云为企业管理、分析决策、综合管理类业务应用提供资源和服务;公共服务云为电力营销、客户服务、电子商务等业务应用提供资源和服务;生产控制云为调控运行及其管理业务提供资源和服务;财务管理云为企业整体业务活动提供基础和支撑。

2.信息系统开发期的主要风险点

(1)信息系统自行开发方式的主要风险点

信息系统自行开发通常包含项目计划、系统分析、系统设计、编程和测试、上线等环节。

①项目计划环节

项目计划环节的主要风险是:信息系统建设缺乏项目计划或者计划不当,导致项目进度滞后、费用超支、质量低下。

②系统分析环节

系统分析环节主要存在可行性研究的风险和需求分析的风险。系统分析环节的主要风险是:第一,需求本身不合理,对信息系统提出的功能、性能、安全性等方面的要求不符合业务处理和控制的需要。第二,技术上不可行、经济上成本效益倒挂,或与国家有关法规制度存在冲突。第三,需求文档表述不准确、不完整,未能真实、全面地表达企业需求,存在表述缺失、表述不一致甚至表述错误等问题。

③系统设计环节

系统在设计环节要保证其规范性和适应性。系统设计环节的主要风险是:第一,设计方案不能完全满足用户需求,不能实现需求文档规定的目标。第二,设计方案未能有效控制建设开发成本,不能保证建设质量和进度。第三,设计方案不全面,导致后续变更频繁。第四,设计方案没有考虑信息系统建成后对企业内部控制的影响,导致系统运行后衍生新的风险。

④编程和测试环节

编程和测试环节的主要风险是:第一,编程结果与设计不符。第二,各程序员编程风格差异大,程序可读性差,导致后期维护困难,维护成本高。第三,缺乏有效的程序版本控制,导致重复修改或修改不一致等问题。第四,测试不充分。单个模块正常运行但多个模块集成运行时出错,开发环境下测试正常而生产环境下运行出错,开发人员自测正常而业务部门用户使用时出错,导致系统上线后可能出现严重问题。

⑤上线环节

系统上线是将开发出的系统(可执行的程序和关联的数据)部署到实际运行的计算机环境中,使信息系统按照既定的用户需求来运转,切实发挥信息系统的作用。上线环节的主要风险是:第一,缺乏完整可行的上线计划,导致系统上线混乱无序。第二,人员培训不足，不能正确使用系统，导致业务处理错误，或者未能充分利用系统功能，导致开发成本浪费。第三，初始数据准备设置不合格，导致新旧系统数据不一致、业务处理错误。

（2）业务外包方式的主要风险点

信息系统外包风险是由许多不确定因素造成的。那么，信息系统外包风险系数究竟有多大呢？国内暂时还没有详尽的数据。不过，关于信息系统外包服务的成功率可以作为参考。Gartner 曾指出：中国的信息系统外包服务市场仍不够成熟，大约 50% 的信息系统外包服务合同是以不能让用户满意的方式提交的。如此高比例的信息系统外包服务合同不能让用户满意，信息系统外包服务风险也不容乐观。因此，信息系统外包不仅仅是一个成本决策，也是有效管理风险的战略决策。企业在进行信息系统外包时，必须正确评估并努力控制信息系统外包风险。

业务外包各个环节中的主要风险如下：

①选择外包服务商。

这一环节的主要风险是：由于企业与外包服务商之间本质上是一种委托-代理关系，合作双方的信息不对称容易诱发道德风险，外包服务商可能作出损害企业利益的自利行为，如偷工减料、放松管理、信息泄密等。

②签订外包合同。

这一环节的主要风险是：由于合同条款不准确、不完善，可能导致企业的正当权益无法得到有效保障。

③持续跟踪评价外包服务商的服务过程。

这一环节的主要风险是：企业缺乏外包服务跟踪评价机制或跟踪评价不到位，可能导致外包服务质量水平不能满足企业信息系统开发需求。

（3）外购调试方式的主要风险点

选择外购调试方式进行信息系统建设，应当采用公开招标等形式择优选择供应商或开发单位。

①选择软件产品选型和供应商。

在外购调试方式下，软件供应商的选择和软件产品的选型是密切相关的。这一环节的主要风险是：第一，软件产品选型不当，产品在功能、性能、易用性等方面无法满足企业需求。第二，软件供应商选择不当，产品的支持服务能力不足，产品的后续升级缺乏保障。

②选择服务提供商。

大型企业管理信息系统（例如 ERP 系统）的外购实施不仅需要选择合适的软件供应商和软件产品，也需要选择合适的咨询公司等服务提供商，以指导企业将通用软件产品与本企业的实际情况有机结合。这一环节的主要风险是：服务提供商选择不当，削弱了外购软件产品功能的发挥，导致无法有效地满足用户需求。

（二）信息系统开发的关键控制措施

1.系统规划

为了规避信息系统规划的重要风险，应当从以下 3 个方面入手：第一，企业必须制订信息系统开发的战略规划和中长期发展计划，并在每年制订经营计划的同时制订年度信息系统建设计划，促进经营管理活动与信息系统的协调统一。第二，企业在制定信息化战略过程中，要充分调动和发挥信息系统归口管理部门与业务部门的积极性，使各部门广泛参与、充分沟通，提高战略规划的科学性、前瞻性和适应性。第三，信息系统战略规划要与企业的组织架构、业务范围、地域分布、技术能力等相匹配，避免相互脱节。

为了确保信息系统的商业价值和投资回报，满足最终用户期望，进而提高业务盈利能力，须通过信息系统投资预算管理，持续地改进信息系统的成本有效性。信息系统投资预算管理的内容包括：预测并分配预算；根据预测，测量并评价业务价值。

2.系统开发

（1）自行开发

在自行开发时，为保证信息系统的有效运行，必须全力做好信息系统的管理控制工作。首席信息官（CIO）应通过下列手段对信息系统进行管理控制：①规划，建立一个组织的信息系统的目标；②组织，筹集、分配实现目标所需的人、财、物资源；③控制，对信息系统实施总体控制，如确定系统所需费用、分析系统可创造价值、控制系统人员的业务活动。

①项目计划环节

针对项目计划环节的主要风险，应该采取以下措施：第一，企业应当根据信息系统建设整体规划提出分阶段项目的建设方案，明确建设目标、人员配备、职责分工、经费保障和进度安排等相关内容，按照规定的权限和程序审批后实施。第二，企业可以采用标准的项目管理软件（比如 Office Project）制订项目计划，并加以跟踪。在关键环节进行阶段性评审，以保证过程可控。

②系统分析环节

针对系统分析环节的主要风险，应该采取如下控制措施：第一，信息系统归口管理部门应当组织企业内部各有关部门提出开发需求，加强系统分析人员和有关部门的管理人员、业务人员的交流，经综合分析提炼后形成合理的需求。第二，编制表述清晰、表达准确的需求文档。需求文档是业务人员和技术人员共同理解信息系统的桥梁，必须准确表述系统建设的目标、功能和要求。第三，企业应当建立健全需求评审和需求变更控制流程。依据需求文档进行设计（含需求变更设计）前，应当评审其可行性，由需求提出人和编制人签字确认，并经业务部门与信息系统归口管理部门负责人审批。

③系统设计环节

针对系统设计环节的主要风险，应该采取的控制措施有：第一，系统设计负责部门应当就总体设计方案与业务部门进行沟通和讨论，信息系统归口管理部门和业务部门应当对选定的设计方案予以书面确认。第二，企业应参照《计算机软件产品开发文件编制指南（GB8567-88）》等相关国家标准和行业标准，提高系统设计说明书的编写质量。第三，企业应建立设计评审制度和设计变更控制流程。第四，在系统设计时应当充分考虑信息系统建成后的控制环境，将生产经营管理业务流程、关键控制点和处理规程嵌入系统程序，实现手工环境下难以实现的控制功能。第五，应当针对不同的数据输入方式，强化对进入系统数据的检查和校验功能。第六，系统设计时，应当考虑在信息系统中设置操作日志功能，确保操作的可审计性。对异常的或者违背内部控制要求的交易和数据，应当设计由系统自动报告并设置跟踪处理机制。第七，预留必要的后台操作通道。

④编程和测试环节

针对编程和测试阶段的主要风险，应该采取的控制措施有：第一，项目组应建立并执行严格的代码复查评审制度。第二，项目组应建立并执行统一的编程规范。第三，应使用版本控制软件系统（例如CVS），保证所有开发人员基于相同的组件环境开展项目工作，协调开发人员对程序的修改。第四，应区分单元测试、组装测试（集成测试）、系统测试、验收测试等不同测试类型，建立严格的测试工作流程。

⑤上线环节

针对系统上线环节的主要风险，应该采取的控制措施有：第一，企业应当制订信息系统上线计划，并经归口管理部门和用户部门审核批准。上线计划一般包括人员培训、数据准备、进度安排、应急预案等内容。第二，系统上线涉及新旧系统切换的，企业应当在上线计划中明确应急预案，保证新系统失效时能够顺利切换回旧系统。第三，系统上线涉及数据迁移的，企业应当制订详细的数据迁移计划，并对迁移结果进行测试。用户部门应当参与数据迁移过程，对迁移前后的数据予以书面确认。

案例6-5　　　　　　　　南南铝自行开发生产信息系统的应用[①]

广西南南铝加工有限公司（以下简称"南南铝"）的主营业务是生产大规格、高性能铝合金板带，其产品规模庞大、应用广泛，主要面向航空航天、轨道交通、汽车、船舶用材市场。随着企业业务扩大化，生产任务日益增多，业务部门逐渐暴露出了人、财、物分离，授权审批不明确，业务过程监控不及时等亟待解决的问题。

为了解决以上问题，也为了提高业务运行效率、减少生产成本，南南铝自行开发生产信息系统，用于订单管理、批次卡管理、工艺管理、物料管理、计划、机台投入（产出）、质量、包装、打证、入库等全过程的生产数据管理。将业务整合到信息化平台之后，订单跟踪可以直接线上进行，改单时可以实时通知相关业务人员，确保了订单流通的及时性和存档的安全性；各个生产数据直接在信息系统中反映，减少了由于人为失误而导致的误差，物料管理、产品管理清晰，提高原材料入库到产品出库的准确性，减少生产成本，提升管理效率。南南铝的生产信息系统上线至各功能模块正常使用后，预计公司每年产量将增加2.13%。

（2）业务外包

目前信息系统外包关注的焦点是怎样有效地管理和控制信息系统外包项目的实施。在此过程中，如何降低信息系统外包风险，提高外包成功率，成为企业进行信息系统外包的重中之重。

①选择外包服务商。

针对这一环节的主要风险，应该采取的主要控制措施是：第一，企业在选择外包服务商时要充分考虑服务商的市场信誉、资质条件、财务状况、服务能力、对本企业业务的熟悉程度、既往承包服务成功案例等因素，对外包服务商进行严格筛选。第二，企业可以借助外包业界基准来判断外包服务商的综合实力。第三，企业要严格外包服务审批及管控流程，对信息系统外包业务，原则上应采用公开招标等形式选择外包服务商，并实行集体决策审批。

②签订外包合同。

针对这一环节的主要风险，应该采取的主要控制措施是：第一，企业在与外包服务商

①　邹晓源. 自行开发生产信息系统在经济生产中的应用及保护——以南南铝为例［J］. 法制与经济，2017（6）：31-33.

签约之前，应针对外包可能出现的各种风险损失，恰当拟订合同条款，对涉及的工作目标、合作范畴、责任划分、所有权归属、付款方式、违约赔偿及合约期限等问题作出详细说明，并由法律部门或法律顾问审查把关。第二，开发过程中涉及商业秘密、敏感数据的，企业应当与外包服务商签订详细的"保密协定"，以保证数据安全。第三，在合同中约定付款事宜时，应当选择分期付款方式，尾款应当在系统运行一段时间并经评估验收后再支付。第四，应在合同条款中明确要求外包服务商保持专业技术服务团队的稳定性。

③持续跟踪评价外包服务商的服务过程。

针对这一环节的主要风险，应该采取的主要控制措施是：第一，企业应当规范外包服务评价工作流程，明确相关部门的职责权限，建立外包服务质量考核评价指标体系，定期对外包服务商进行考评，并公布服务周期的评估结果，实现外包服务水平的跟踪评价。第二，必要时，可以引入监理机制，降低外包服务风险——不断评价外包商的财务能力；监督外包合同条款的执行；通过要求外包供应商定期提供一个第三方的审计报告或由客户的内部审计人员和外部审计人员定期审计其控制，对外包商控制的可靠性进行监督，确保外包商提供安全、可靠的信息系统资源；建立外包灾难恢复控制，并定期评价这些控制。如果外包商发生灾难事项，企业也应设计自己的灾难恢复程序。

（3）外购调试

在外购调试方式下，一方面，企业面临与委托开发方式类似的问题，企业要选择软件产品的供应商和服务提供商、签订合约、跟踪服务质量，因此，企业可采用与委托开发方式类似的控制措施。另一方面，外购调试方式也有其特殊之处，企业需要有针对性地强化某些控制措施。

①软件产品选型和供应商选择。

针对这一环节的主要风险，应该采取的主要控制措施是：第一，企业应明确自身需求，对比分析市场上的成熟软件产品，合理选择软件产品的模块组合和版本。第二，企业在软件产品选型时应广泛听取行业专家的意见。第三，企业在选择软件产品和服务供应商时，不仅要评价其现有产品的功能、性能，还要考察其服务支持能力和后续产品的升级能力。

②服务提供商选择。

针对这一环节的主要风险，应该采取的主要控制措施是：在选择服务提供商时，不仅要考核其对软件产品的熟悉、理解程度，还要考核其是否深刻理解企业所处行业的特点、是否理解企业的个性化需求、是否有过相同或相近的成功案例。

四、信息系统运行与维护的主要风险点及其控制措施

（一）信息系统运行与维护的主要风险点

信息系统的运行与维护主要包含三方面的内容：日常运行维护、系统变更和安全管理。

1.日常运行维护的主要风险点

日常运行维护的目标是保证系统正常运转，其主要工作内容包括系统的日常操作、系统的日常巡检和维修、系统运行状态监控、异常事件的报告和处理等。这一环节的主要风

险是：第一，没有建立规范的信息系统日常运行管理规范，计算机软硬件的内在隐患易于爆发，可能导致企业信息系统出错。第二，没有执行例行检查，导致一些人为恶意攻击会长期隐藏在系统中，可能造成严重损失。第三，企业信息系统数据未能定期备份，可能导致损坏后无法恢复，从而造成重大损失。

2.系统变更的主要风险点

系统变更主要包括硬件的升级扩容、软件的修改与升级等。系统变更是为了更好地满足企业需求，但同时应加强对变更申请、变更成本与进度的控制。这一环节的主要风险是：第一，企业没有建立严格的变更申请、审批、执行、测试流程，导致系统随意变更。第二，系统变更后的效果达不到预期目标。

3.安全管理的主要风险点

安全管理的目标是保障信息系统安全。信息系统安全是指信息系统包含的所有硬件、软件和数据受到保护，不因偶然和恶意的原因而遭受破坏、更改和泄露，信息系统能够连续正常运行。这一环节的主要风险是：第一，硬件设备分布物理范围广，设备种类繁多，安全管理难度大，可能导致设备生命周期短。第二，业务部门信息安全意识薄弱，对系统和信息安全缺乏有效的监管手段。少数员工可能恶意或非恶意滥用系统资源，造成系统运行效率降低。第三，对系统程序的缺陷或漏洞安全防护不够，导致遭受黑客攻击，造成信息泄露。第四，对各种计算机病毒防范清理不力，导致系统运行不稳定甚至系统瘫痪。第五，缺乏对信息系统操作人员的严密监控，可能导致舞弊和利用计算机犯罪。

案例6-6　　　　　　　　2018年全球重大网络与信息安全事件①

信息安全事件无小事，小到一个城市的医保系统，大到全球化公司Facebook，一旦发生网络和信息安全问题，不仅严重影响业务的运行，降低经营绩效，还会对企业的声誉和形象产生重大的影响。以下列示了2018年全球发生的重大网络和信息安全事件：

（1）2018年1月，由于英特尔处理器存在一个底层设计缺陷，芯片层面出现了重大的安全漏洞，迫使Linux和Windows投入巨大资源重新设计内核。（2）2018年1月，美国Hancock Health系统遭受勒索软件SamSam攻击，迫使医院整体网络暂停，以避免勒索软件继续传播，医护人员只能利用纸和笔代替计算机来继续工作。（3）2018年3月，Facebook陷入数据泄露事件，欧盟、美国、英国等众多国家（地区）纷纷对此进行抨击，Facebook遭遇史上最大公关危机，股价大跌，市值大幅度缩水。（4）2018年5月，360公司Vulcan团队发现，去中心化的区块链网络中，一个节点出现安全漏洞可能引发成千上万的节点遭到攻击，进而冲击到整个数字货币系统。（5）2018年6月，阿里云程序员上线一个自动化运维新功能时，错误触发了一个未知代码bug，导致部分产品访问链路中断，影响产品服务。

4.系统终结的主要风险点

系统终结是信息系统生命周期的最后一个阶段。在该阶段，信息系统将停止运行。停止运行的原因通常有：企业破产或被兼并、原有信息系统被新的信息系统代替。这一环节的主要风险是：第一，因经营条件发生剧变，数据可能泄密；第二，信息档案的保管期限

---

① 佚名．盘点2018上半年国内外重大网络与信息安全事件［EB/OL］．［2018-07-04］.http://www.info2soft.com/4699.html.

不够长。

（二）信息系统运行与维护的主要控制措施

1.日常运行维护的主要控制措施

针对日常运行维护的关键风险点，应该采取如下控制措施：第一，企业应制定信息系统使用操作程序、信息管理制度以及各模块子系统的具体操作规范，及时跟踪、发现和解决系统运行中存在的问题，确保信息系统按照规定的程序、制度和操作规范持续稳定运营。第二，切实做好系统运行记录，尤其注意系统运行不正常或无法运行的情况，应将异常现象、发生时间和可能的原因作出详细记录。第三，企业要重视系统运行的日常维护。在硬件方面，日常维护主要包括各种设备的保养与安全管理、故障的诊断与排除、易耗品的更换与安装等。这些工作应由专人负责。第四，配备专业人员负责处理信息系统运行中的突发事件，必要时应会同系统开发人员或软硬件供应商共同解决。

2.系统变更的主要控制措施

针对系统变更的关键风险点，应该采取如下控制措施：第一，企业应当建立标准流程，来实施和记录系统变更，保证变更过程得到适当的授权与管理层的批准，并对变更进行测试。信息系统变更应当严格遵照管理流程进行操作。信息系统操作人员不得擅自进行软件的删除、修改等操作，不得擅自升级、改变软件版本，不得擅自改变软件系统的环境配置。第二，系统变更程序（如软件升级）需要遵循与新系统开发项目同样的验证和测试程序，必要时还应当进行额外测试。第三，企业应加强紧急变更的控制管理。第四，企业应加强对将变更移植到生产环境中的控制管理，包括系统访问授权控制、数据转换控制、用户培训等。

3.安全管理的主要控制措施

针对信息系统安全的关键风险点，应该采取如下控制措施：

（1）建立信息系统相关资产的管理制度，保证电子设备的安全。硬件和网络设备不仅是信息系统运行的基础载体，也是价值昂贵的固定资产。企业应在健全设备管理制度的基础上，建立专门的电子设备管控制度。关键信息设备（例如银行的核心数据库服务器），未经授权，不得接触。

（2）企业应成立专门的信息系统安全管理机构，由企业主要领导负责，对企业的信息安全作出总体规划和全方位的严格管理。企业应强化全体员工的安全保密意识，特别要对重要岗位员工进行信息系统安全保密培训，并签署安全保密协议。

（3）企业应当按照国家相关法律、法规以及信息安全技术标准，制定信息系统安全实施细则。根据业务性质、重要程度、涉密情况等确定信息系统的安全等级，建立不同等级信息的授权使用制度，采用相应技术手段保证信息系统运行安全有序。

（4）企业应当有效利用信息系统技术手段，对硬件配置调整、软件参数修改严加控制。对于重要的计算机设备，企业应当利用技术手段防止员工擅自安装、卸载软件或者改变软件系统配置，并定期对上述情况进行检查。

（5）企业委托专业机构进行系统运行与维护管理的，应当严格审查其资质条件、市场声誉和信用状况等，并与其签订正式的服务合同和保密协议。

（6）企业应当采取安装安全软件等措施防范信息系统受到病毒等恶意软件的感染和破坏。对于通过互联网传输的涉密或者关键业务数据，企业应当采取必要的技术手段，以确保信息传递的保密性、准确性、完整性。

（7）企业应当建立系统数据定期备份制度，明确备份范围、频度、方法、责任人、存放地点、有效性检查等内容。系统首次上线运行时应当完全备份，然后根据业务频率和数据重要性程度，定期做好增量备份。

（8）企业应当建立信息系统开发、运行与维护等环节的岗位责任制度和不相容职务分离制度，防范利用计算机舞弊和犯罪。企业应建立用户管理制度，加强对重要业务系统的访问权限管理，避免将不相容职责授予同一用户。企业应当采用密码控制等技术手段进行用户身份识别。重要的业务系统应当采用数字证书、生物识别等可靠性强的技术手段来识别用户身份。对于发生岗位变化或离岗的用户，用户部门应当及时通知系统管理人员调整其在系统中的访问权限或者关闭账号。企业应当定期对系统中的账号进行审阅，避免存在授权不当或非授权账号。对于超级用户，企业应当严格规定其使用条件和操作程序，并对其在系统中的操作全程进行监控或审计。

（9）企业应积极开展信息系统风险评估工作，定期对信息系统进行安全评估，及时发现系统安全问题并加以整改。

4.系统终结的主要控制措施

针对系统终结环节的关键控制点，应该采取如下主要控制措施：第一，要做好善后工作。不论因何种情况导致系统停止运行，都应将废弃系统中有价值或者涉密的信息进行销毁、转移。第二，严格按照国家有关法规制度和对电子档案的管理规定（比如审计准则对审计证据保管年限的要求）妥善保管相关信息档案。

案例 6-6　　　　　　　蚂蚁金服信息安全战略布局①

在大数据智能化蓬勃发展的新时代，信息系统安全是企业风险管理的重要内容。习近平总书记在第二届世界互联网大会开幕式上的讲话中指出：中国正处在互联网快速发展的历史进程之中，"十三五"时期，中国将大力实施网络强国战略，推动"互联网+"行动计划。

目前我国电商和互联网金融行业之中，蚂蚁金服的信息安全系统是规模最大、战线最长的系统之一，其防控体系覆盖了集团旗下的全部业务，领域众多，内容庞大。信息安全战略布局在企业业务运行中主要体现在以下两个方面：在实时交易监控方面，风险管理中心对所有的交易进行7×24小时的实时监控，开发并部署了80多套风控模型、8 000多条风控规则，对风险进行多维度的识别、分析和评价，最后采用一系列风险控制方法进行控制。在安全认证方面，蚂蚁金服构建了传统模式和互联网模式结合的"核身平台"，旨在建设互联网环境下的集成化、智能化的大数据平台，用集成化的思路整合传统的和创新的安全产品，为不同应用场景提供可定制化、可运营的解决方案，通过数据分析、数据建模，从账户认证提升到自然人的认证，提升信息系统的安全性、稳定性。

五、信息系统实践的新变化

党的十九大报告提出"推动互联网、大数据、人工智能和实体经济深度融合，在中高端消费、创新引领、绿色低碳、共享经济、现代供应链、人力资本服务等领域培育新增长

① 崔传桢.助力"互联网+"行动：解读阿里巴巴的网络安全——基于"互联网+"行动下阿里巴巴集团和蚂蚁金服集团信息安全及战略布局［J］.信息安全研究，2016，2（5）：384-395.

点、形成新动能。"我国产业经济结构已从工业经济逐步发展成为互联网信息时代的经济，互联网在市场经济的资源配置中发挥着巨大的作用，随之而来的是以网民为生产者、以数据为生产资料、以运算为生产力的新型生产关系。在互联网环境下，各个经济活动业务流程的信息都可以实现互联互通，大数据智能化、移动端云技术、信息流区块链、人工智能的兴起和蓬勃发展，更是直接改变了信息获取、加工、传递、存储、检索的方式，由此催生出电子发票、电子档案、图像识别、机器学习等16个新技术（如图6-5所示），在提升信息处理的效率和准确性的同时，也给信息系统层面的内部控制实践带来了新的变化。

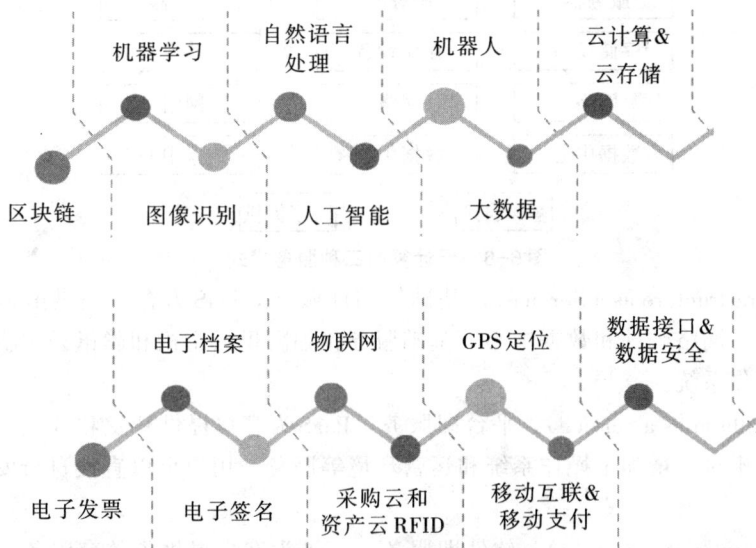

图 6-5　信息系统实践的 16 个新技术

在移动互联网时代，国内外的事务所相继引入了审计和财务机器人，将人工智能技术和财务与审计工作相结合。相比于人工，审计与财务机器人能够占用少量的人力资源，降低工作成本，且具备较高的工作效率和精确度，对传统的审计和财务会计行业形成了极大的冲击。

新时代的内部控制应该积极进行技术研发工作，充分利用区块链、人工智能、大数据和云平台等新技术作为支撑，打破时间和空间限制，打造服务清单式的标准化平台，由项目制转变为产品制，为客户提供高效优质的服务。

（一）云计算

美国 Argonne 国家实验室的资深科学家、Globus 项目的领导人 Ian Foster 将云计算定义为："云计算是由规模经济驱动，为互联网上的外部用户提供一组抽象的、虚拟化的、动态可扩展的、可管理的计算资源能力、存储能力、平台和服务的一种大规模分布式计算的聚合体。"云计算可以通过网络调用各种资源，以达到大规模计算的目的。云计算具有以下特点：（1）超大规模；（2）虚拟化；（3）高可靠性；（4）通用性；（5）高可扩展性；（6）按需服务；（7）成本较低；（8）潜在的危险性。

云计算存在三种常见的服务模式，如图6-6所示。

IaaS	PaaS	SaaS
应用	应用	应用
安全	安全	安全
数据库	数据库	数据库
操作系统	操作系统	操作系统
虚拟主机	虚拟主机	虚拟主机
服务器	服务器	服务器
存储设备	存储设备	存储设备
网络	网络	网络
数据中心	数据中心	数据中心

客户自理　　　　　商家提供

图6-6　云计算的三种服务模式

IaaS（Infrastructure as a Service），基础架构即服务。IaaS为客户提供虚拟主机、服务器、存储设备、网络硬件和数据中心等基础服务，如阿里云主机和腾讯云主机服务，用户需自行安装操作系统。

PaaS（Platform as a Service），平台即服务。PaaS为客户提供开发和分发应用的解决方案，提供计算平台，增加了操作系统和运营环境等服务，用户可以直接自行安装自己需要的应用。

SaaS（Software as a Service），软件即服务。SaaS为客户提供了整套服务，包含软件服务。通过网络，任何远程服务器均可以接入运行。SaaS服务是我们最常见的云服务模式，比如手机云服务、网页中的云服务等。

云计算环境下，企业可选择公有云内控模式进行内部控制的信息化建设，即企业直接租用或者购买服务方提供的内部控制系统，降低了系统的开发成本和管理成本。同时，在公有云内控模式下，各个部门之间通过互联网，能够实现信息的快速传递和共享，打破各个业务和财务之间的壁垒。

（二）大数据

大数据是指由多种来源搜集，以多元化形式存在的庞大数据组，其所涉及的数据量规模巨大，难以利用现行主流软件工具处理数据。大数据可以在一定时间内实现数据的收集、分析、处理，为决策者提供有用信息。大数据的4V特点：Volume（大量）、Velocity（高速）、Variety（多样）、Value（价值）。

从技术角度看，大数据与云计算的关系就像一枚硬币的正反面一样密不可分。大数据能够实现对海量数据的挖掘，但是却无法用单台计算机进行处理，必须以云计算为基础，依托云计算的分布式处理、分布式数据库、云存储和（或）虚拟化技术。

大数据的出现，对企业内部控制产生了诸多影响。首先，运用大数据，企业能够准确识别并评估内部管理，外部政策、行业以及客户存在的风险。其次，大数据分析作为一项控制活动，能够通过运营分析、绩效考评等方式增强控制活动的成效，提高控制活动的灵活性。再次，大数据审计模式的出现，解决了审计抽样的缺陷，推动审计从抽样审计向综合审计发展，帮助企业更好地实现价值发现和利用。最后，大数据有助于对企业进行实时、全面的监督，为内部监督提供有力支撑。

案例6-8　　　　　**大数据在财务共享服务中心的应用**[①]

大数据技术的发展加速了现代财务管理转型、升级，推动企业经营管理模式从传统型转变为财务共享型。特别地，财务职能在集团主体的财务管理中发挥重要作用。财务共享服务中心作为一种新的企业集中财务管理模式，正在许多跨国公司和国内大型集团公司广泛应用。

财务共享服务中心是一种有效的运行模式，能够解决大型集团公司财务职能建设中重复投入和效率低下的弊端。财务共享中心能够集中统一处理不同分公司业务数据。建立财务共享中心以后，全集团的财务会切分为战略财务、共享财务、业务财务等职能，通过业务流程再造、整合以及优化，把大型集团下子公司的基础会计的职能剥离，按业务条线进行职能分工，建立专业小组，在财务共享中集中处理若干子公司的同一项业务，把所有的流程化、标准化的事项，通过信息化手段来集中处理。提高了财务核算的效率，同时减少了编制差错和人为调整因素带来的风险，强化了财务管控力度。这样一来，财务人员可以将更多精力放到财务数据的分析、财务准则的制定、优化会计办法等工作中来，实现财务会计向管理会计转型，使价值记录型财务向价值创造型财务转变。

（三）区块链

区块链技术是分布式数据存储、点对点传输、共识机制、加密算法等计算机技术的新型应用模式。区块链本质上是去中心化的分布式数据库，是服务于分布式账簿的互联网点对点底层技术。

因其去中心化、分布式储存以及多中心协作等特点，区块链技术逐步与会计工作的技术与方法相结合，增强了财务信息的真实性和可靠性。

首先，区块链便于信息追溯，提高了会计信息质量。公司利用区块链技术，建立分布式的财务系统，公司中的员工将经济活动录入区块链，经过其余员工的确认核实后经济活动才能被录入财务系统。录入时的员工核实、信息追溯以及录入后的全网监控，保证了公司经济活动信息的准确性和真实性。

其次，区块链增强了财务数据的稳定性和可靠性。公司的财务信息经过验证，添加至区块链后，就会永久存储起来，同时，如果试图修改数据库中的信息，少于51%节点的会计人员是无效的。区块链的不可篡改性阻碍了不法者出于自身利益或者被迫篡改资料信息的行为发生。

在区块链应用背景下，公司治理的边界不断扩大，内部控制环境也发生了新变化。企业需加强信息系统的内部控制，尤其是对网络数据安全以及信息化系统运行的内部控制。

案例6-9　　　　　**远光软件：区块链业务值得期待**[②]

远光软件抓住电力体制改革的契机，旗下的子公司不断完善以购售电系统、配网营销系统、发电厂营销管控系统为基础的电能全产业链产品体系。截至2017年，远光软件已

①　王晓蕾. 财务共享服务中心在我国企业中的运用探析 [J]. 财会学习, 2018 (24)：22-23.
②　佚名. 远光软件：区块链业务值得期待 [J]. 股市动态分析, 2018 (22)：44.

与多个咨询、本地信息化、云平台项目进行合作，为不同的电力主体提供信息化服务，其中包括大唐江苏、葛洲坝集团、东北售电以及上海祖润等。

根据《中国区块链产业发展白皮书》，2016年国内区块链企业融资金额呈现爆发式增长，一大批优秀的企业投入到区块链产业中，区块链产业活力迸发。远光作为国内信息系统的供应商，成立区块链应用事业部。近几年全面推进了区块链在资本、技术、应用、合作等方面的布局，逐步形成了电子政务、财务支付、资产资金管理、合同保全和身份认证等应用场景下的完整解决方案，为客户打造新一代价值流通网络，为区块链技术在能源互联、社会治理方面的应用打下坚实基础。

（四）人工智能

人工智能(AI)又称为机器智能。著名研究型大学——麻省理工学院（Massachusetts Institute of Technology，简称"麻省理工"或MIT）的学者温斯顿将AI解释为"人工智能是解决如何让计算机完成之前由人类才能完成的工作"。该领域的研究主要包括机器人、语言识别、图像识别、自然语言处理、智能检索和专家系统等。

2017年，国家出台《新一代人工智能发展规划》，首次将人工智能上升为国家战略。2018年，习近平总书记在主持中共中央政治局第九次集体学习时强调，人工智能是引领新一轮科技革命和产业变革的战略性技术，具有溢出带动性很强的"头雁"效应，加快发展新一代人工智能是我们赢得全球科技竞争主动权的重要战略抓手，是推动我国科技跨越发展、产业优化升级、生产力整体跃升的重要战略资源。

在人工智能技术下，人类简单、重复、标准化、流程化的工作可以由人工智能取代。财务工作中，会计核算工作需要按照一定的会计准则和相关制度来处理，人工智能能够通过学习规则，实现会计账目处理。目前在会计核算时已经用到了电子发票、智能凭证、图像技术、银行互联和网上预约报账等技术，比如德勤财务机器人，能够替代财务流程中的手工操作，对数据进行录入、合并以及汇总，在满足合法合规的基础上，提高了工作的效率和质量。

案例6-10   **"科大讯飞"人工智能技术应用**[①]

2010年开始，"科大讯飞"开始对深度神经网络（DNN）语音识别进行研究，并随后推出了首个基于深度学习框架的商用中文语音识别系统。此后，研发团队不断探索，以一年半左右为周期进行技术更新，提高实际场景语音识别的准确率。"科大讯飞"结合自己的研发经验，不断推进技术研发，技术持续迭代、优化，实现语音识别系统的全面升级。"科大讯飞"语音识别的核心效果保持每年30%的相对提升，目前讯飞输入法的场景识别率已经达到98%以上。通过在感知智能领域的不断探索与研发，凭借在认知智能领域的出色成绩，2017年，"科大讯飞"正式被认定承建我国首个认知智能国家重点实验室，这也是我国在认知智能领域的首个国家级重点实验室。

"科大讯飞"始终遵循市场需求导向为产业赋能，其人工智能技术已经深入教育、医疗、政法和汽车等多个关键社会民生领域。语音识别技术的应用，能够快速识别并录入信息，提高了工作效率和准确率。

---

① 淦凌云，卫萌. 科大讯飞：从语音到AI的前行之路 [J]. 中国工业和信息化，2019（04）：42-46.

（五）电子发票

电子发票是指没有纸质发票作为载体的全数字化发票。作为信息时代的产物，电子发票与普通发票一样，均通过税务局统一发放，提供给商家使用。发票采用统一防伪技术，发票号码采用全国统一编码，在电子发票上附有电子税局的签名机制，实现对电子发票的全方位管控。

自 2015 年 12 月 1 日起，我国增值税电子发票系统在全国范围推行。以电脑以及手机等作为电子发票的载体，使电子发票的获取更加便捷，节省开票时间；电子发票系统的开发，实现了对电子发票的申请、领用、开具、流转、通知、查验等全流程管控；此外，电子发票中包含企业的业务信息，有利于企业建立大数据系统，将业务信息与财务信息相结合，实现业务财务一体化。

案例 6-11　　　　　京东电子发票项目的建设与应用[①]

作为我国最大的自营 B2C 电子商务企业，京东在电子发票领域进行不断的探索与创新，并于 2013 年 6 月 27 日开出我国第一张电子发票，于 2014 年 6 月 27 日实现了电子发票以无纸化方式入账，在 2016 年至 2017 年期间，京东已开具超过 10 亿张电子发票。

京东在电子发票系统建设方面进行了一系列探索和实践。2013 年 6 月，京东网上商城在自营电子商务平台上，首次开具了电子发票。中国电子商务领域首张电子发票诞生于京东总部；2013 年 10 月，面向北京个人消费者，京东正式推广全品类电子发票；2013 年 12 月，电子发票使用者扩大至北京以外地区的个人消费者；2014 年 6 月，京东开出国内首张对公可报销电子发票；2015 年 8 月，京东开具全国首张增值税发票系统升级版电子发票；2016 年，京东继续推动电子发票的推广，同年 12 月，电子发票覆盖全国 28 个省、自治区、直辖市；2017 年 5 月，京东加大对电子发票的覆盖度，将电子发票服务提供给除自营外的第三方商家；2018 年 5 月，京东自营商品系统默认开具电子发票，并全部下线纸质发票选项。

电子发票系统包含开票资格申请、开票以及校验对比等模块，对电子发票进行全流程管控。同时，可以将电子发票信息传至税务机关，税务机关能够全面及时掌握企业的交易信息，根据信息进行税务核实，实现准确高效的"信息管税"目标。

第三节　沟通

一、沟通的内涵

沟通，即信息交流，是指将某一信息传递给客体或对象，以期客体作出相应反应的过程。按沟通的渠道划分，沟通可以分为正式沟通和非正式沟通。正式沟通是指在企业正式结构、层次系统进行沟通。非正式沟通是指通过正式系统以外的途径进行沟通。按沟通的对象划分，沟通可以分为内部信息沟通和外部信息沟通。内部信息沟通是指企业生产和服务的经营管理所需的内部信息、外部信息在企业内部的传递与共享。外部信息沟通是指企

---

① 刘梅玲，蔡磊，吴婧. 京东电子发票项目的建设与应用 [J]. 会计之友，2018（24）：49-53.

业与利益相关者之间信息的沟通。

内部信息沟通的载体是内部管理报告，而外部信息沟通的载体是外部财务报告。两种报告的信息内容是有交叉的，内部管理报告包括财务信息以便于管理层做决策，而外部财务报告包括管理信息以便于外部信息使用者了解财务信息的真实性和合理性。企业的经营状况信息通过资产负债表来体现，对于不同的信息使用者，信息沟通的载体有所不同（如图6-7所示）。

资产负债表

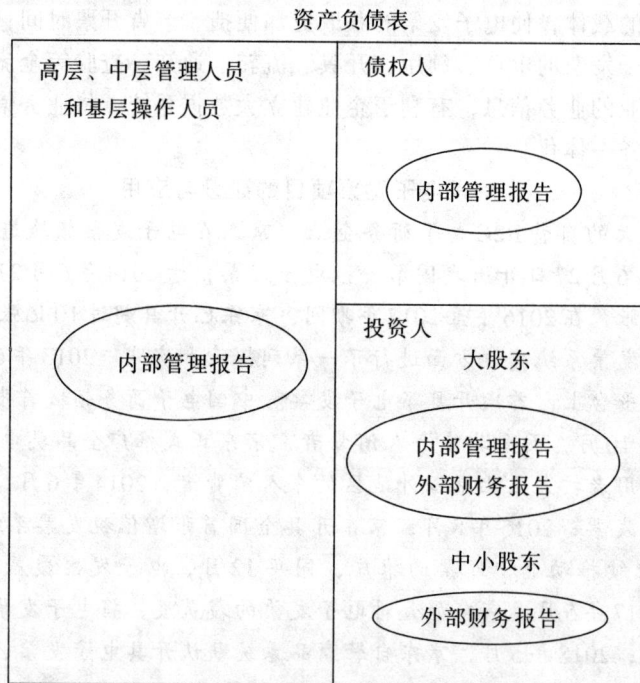

图6-7　信息沟通载体

沟通是把信息提供给适当的人员，以便他们能够履行与经营、财务报告和合规相关的职责。但是，沟通还必须在更广泛的意义上进行，以便处理期望、个人和团体的职责以及其他重要问题，没有沟通就不可能实现控制。沟通是技术性的，已经在管理工作中得到广泛的应用，但比技术更有意义的是企业组织内外部的有效交流。

案例6-12　　　　　　　　小米公司的管理沟通分析①

从制度和流程设计的角度来看，小米坚持适度管理的原则，即根据管理目的，尽量简化管理流程，提高管理效率，降低管理成本。公司没有考勤制度和KPI考核制度，一切以客户满意度作为员工绩效的衡量标准，把顾客放到第一位，做到了"适度"的轻管理。这种管理制度为小米的经营提供了有效的管理支撑。

无"KPI"的薪酬考核制度主观上强调员工的自我驱动，给予员工在工作上更多的尊重和自主权。从马斯洛需求层次理论的角度来看，小米管理制度的创新带给员工尊重需求的满足，这种需求的实现促使企业管理者与员工之间的双向沟通。在沟通过程中，信息的发送者与接收者不断变换位置，且发送者是用协商讨论、寻求意见和建议的方式面对接收者，员工的信息发出以后能够及时被公司内部管理者听取并反馈意见，传递准确的内部管

① 陈奕君. 基于马斯洛需求层次理论分析小米公司管理沟通案例研究 [J]. 商场现代化，2018（18）：116-117.

理信息，使员工有机会反馈意见，产生平等感和归属感，增强自信和责任感，有助于建立公司与员工之间高效的信息反馈机制。在工作团队中，来自组织的尊重使每一个人都成为沟通中的主动者，使专业技能得到最大的展现，提高内部信息传递的效率效果。去KPI的管理制度，建立了互相信任的沟通机制，增强管理者同员工之间的信任关系。员工尊重需求的实现，加大了员工作为内部管理信息使用者积极表达想法的动力，有利于企业收集到助力未来发展的合理建议，加强公司结构平行、上下多方面的沟通交流，促进企业建立相互尊重和信任的沟通文化。

二、内部沟通的主要风险点及控制措施

充分的内部沟通对企业控制环境、控制活动、风险评估等各方面都起着至关重要的作用。企业所采取的沟通方式要能够达到顺畅沟通的目的，使员工了解自己应承担的责任、应实现的目标以及这些目标对企业的影响。有效的信息沟通需要合理考虑来自不同部门和岗位、不同渠道的相关信息，并进行合理筛选和相互核对。

除了接收相关数据以便管理他们的活动以外，所有人员，尤其是那些有着重要的经营或财务管理职责的人员，需要从最高管理层那里取得一条明确的信息，即必须严格履行内部控制的职责。这条信息的明晰性及其沟通的有效性都很重要。此外，具体的责任也必须界定清楚。每个人都需要了解内部控制体系的相关部分、它们如何运行以及它们各自在系统中的作用与职责。

内部信息沟通基本上等同于内部信息传递，都以内部管理报告作为载体。内部信息沟通贯穿于内部信息传递的基本流程中，即内部信息的形成、使用和评价的各个阶段，通过不同的内部沟通方式，实现信息在企业内部的有效传递。同时两者在侧重点上有细微的差别。内部信息传递更侧重于内部信息在企业各层级间生成和传递的整合机制，而内部信息沟通更侧重于将沟通的方式和载体固化到流程中的各个岗位上。

企业员工应当采取电子沟通、书面沟通、口头沟通等多种方式，实现所需的内部信息、外部信息在企业内部准确、及时地传递和分享，确保董事会、管理层和企业员工之间有效沟通，其中：

（1）电子沟通包括互联网、电子邮件、电话传真、视频、微信等方式。这种沟通方式在现代企业中已经开始扮演越来越重要的角色，尤其是互联网信息时代的背景下，网络媒介多元化蓬勃发展，随之而来的就是内部沟通方式的多种多样。但是由于网络的开放性及技术上的要求，信息的安全性是值得考虑的问题。

（2）书面沟通包括例行或专题报告、调查研究报告、员工手册、内部刊物、教育培训资料等方式。书面沟通以文字为媒体，其优点是比较规范、信息传递准确度高、信息传递范围广、有据可查、便于保护。但是，书面沟通也存在缺点，如为了形式规范而耗用较长的时间，导致成本效益不对等，并且缺少反馈或反馈机制不灵敏等。

（3）口头沟通包括例行会议、专题会议、座谈会、讲座等形式。在这种形式下，沟通迅速、灵活且反馈及时，但是往往由于信息的汇总及传递机制不到位导致信息失真的可能性较大。

内部沟通应当重点关注以下风险点：

（1）明确的职责和有效的控制

各部门定期组织对本部门员工进行相关岗位培训，使员工明确其行为要达到的目标以

及自己的职责与他人的职责如何相互影响。

人事部门根据公司制定的各种绩效考核办法对各级人员进行绩效考核，并及时将考核结果反馈给被考核人，以有效检查各级人员对其职责的理解和有效控制。

（2）不同层级的内部沟通与交流

实现企业的内部信息沟通，就是在企业组织架构中的各层级间通过内部管理报告的中间载体进行信息传递（如图6-8所示）。

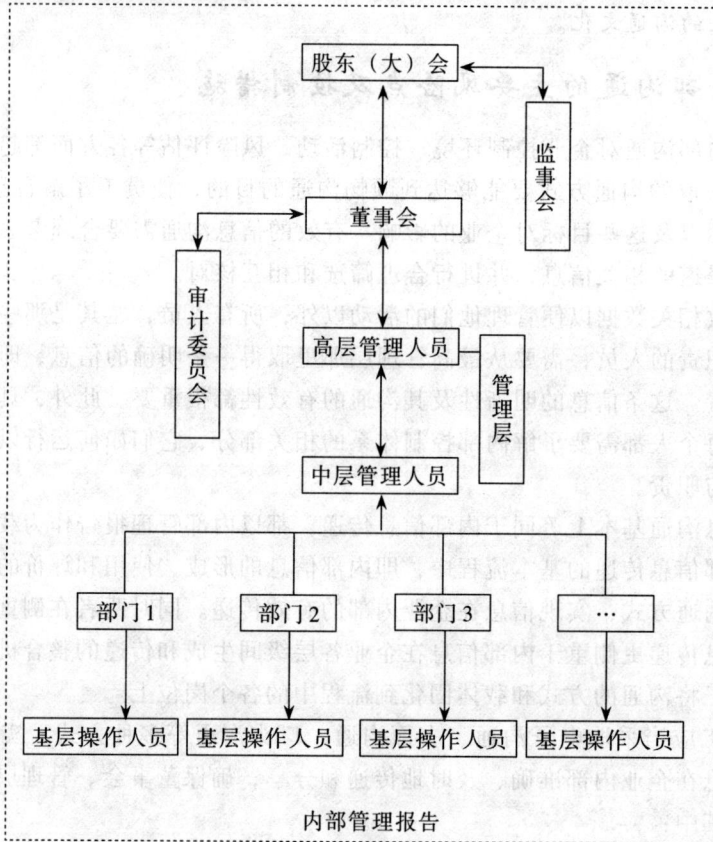

图6-8　内部信息传递

管理层定期向董事会就最新的业绩、发展、风险、重要事件或事故等问题进行汇报。

公司管理层定期或不定期召开各种会议，及时与相关职能部门领导、下属单位负责人就生产、运营等情况进行沟通、交流。

财务部门应该定期向各部门交流和通报财务状况、经营成果、预算执行情况等，还定期将应收账款情况反馈给销售（信用）部门和清欠办公室。

生产部门应该与销售部门定期沟通，以确保生产出的产品不至于积压或者生产不至于满足不了市场的需求。

采购部门、下属单位采购部门应该定期组织与其他业务部门就采购需求、价格信息、采购经验等方面进行沟通与交流。

员工除了正常向其直属上级汇报工作这一沟通渠道之外，还可以通过各种方式与本单位主要领导进行直接沟通。将公司各职能部门负责人的联系方式公布在通讯录上，员工可以通过电话、邮件、视频、面谈等方式与其直接进行沟通、交流。

公司员工需要有在组织中向上传递重要信息的渠道，可以通过书信（可匿名）、电话、电子邮件、视频等形式，向审计部门或内部控制与企业风险管理部门反映违规违纪问题及有关意见、建议和要求。在问题发生时，每天处理重要经营事项的一线员工常常处在认识问题的最佳位置。销售代表或客户主管可能了解重要客户的产品设计需求。生产人员可能发现高成本的流程缺陷。采购人员可能面临来自供应商的不当刺激。会计部门的员工可能知悉销售额或库存的虚报，或发觉出于私人利益使用主体资源的情形。要想使这些信息得以向上汇报，必须既有开放的沟通渠道，又有明确的倾听意愿。员工必须相信他们的上级确实想了解问题，并且将会有效地解决问题。同时，公司应规定对举报的处理时限及查报结果的要求。对举报属实、查处后为公司挽回或减少重大损失的，应酌情奖励举报人。

公司组织开展合理化建议活动，鼓励员工对公司管理、生产、研发等各方面提出合理化建议，并对有突出贡献的单位和个人给予适当的奖励。

管理层与董事会及其委员会之间的沟通至关重要。管理层必须让董事会了解最新的业绩、发展、风险、主要行动以及其他任何相关的事项或情形。与董事会沟通越好，董事会就能越有效地行使监督职责，在重大事项上起到尽责的董事会的作用，并提供建议和忠告。反过来也一样，董事会也应该与管理层沟通所需的信息，并进行指导和反馈。以管理层与审计委员会的沟通为例，审计委员会可能关注的问题包括：公司主要的经营风险是什么？这些风险是否在财务报表中适当地反映出来了？对于未能在财务报表中反映出来的重大风险，管理层对此是如何处理的？向公司董事会提供的关于公司业绩的相关信息，与通过财务报告和信息披露向投资者提供的业绩信息是否一致？管理层应就上述问题尽量与审计委员会成员沟通。

三、外部沟通的主要风险点及控制措施

若要实现良好的内部控制，不但要有适当的内部沟通，外部沟通也是必不可少的。企业有责任建立良好的外部沟通渠道，对外部有关方面的建议、投诉和收到的其他信息进行记录，并及时予以处理、反馈。有效的外部沟通既可以扩大企业的影响力，又可以使企业获得很多有效内部控制的重要信息。通过开放的沟通渠道，客户和供应商就能够对产品或服务的设计或质量提供非常重要的信息，从而使公司能够应对不断变化的客户需求和偏好。政府出台相关政策法律，对企业的生产、运营管理实行外部监督；同时企业提供的税务、社会责任等信息为政府的行业监管提供依据。银行通过管理层提供的财务报告了解企业的现金流量情况和偿债能力。外部审计师对主体经营和相关业务活动以及控制体系的了解，可以为管理层和董事会提供重要的控制信息；同时通过财务报告检验企业财务信息的真实可靠性并为外部信息使用者出具审计意见。

外部沟通应当重点关注以下几个风险点：

1.与投资者和债权人的沟通

投资者和债权人是企业资本的提供者，也是企业风险的主要承担者。因此，企业有必要向他们及时报告企业的战略规划、经营方针、投融资计划、年度预算、经营成果、财务状况、利润分配方案以及重大担保、合并分立、资产重组等方面的信息。

现如今，视频会议已经成为管理层与财务分析师进行沟通的一种常见形式。如果公司

财务报表数据难以及时反映公司经营的基本面，那么采取视频会议的形式进行沟通更有效。在20世纪90年代，美国公司通常与分析师和机构投资者举行非公开的见面会。然而，根据2000年10月在美国开始生效的《公平披露原则》（Regulation Fair Disclosure），证券交易委员会（SEC）力促企业将这些见面会公开。《公平披露原则》要求，向证券分析师和专业投资者非公开提供的重要信息，必须同时（或者迅速地在提供信息之后）向公众披露。2006年8月，我国在《公平披露原则》的基础上出台了《上市公司信息披露管理办法》，进一步强调了可能对上市公司股票及衍生品种交易价格产生较大影响的重大事件不得通过业绩说明会、调研会等形式私下提前向证券分析师等特定对象单独披露、透漏或泄漏。虽然《公平披露原则》减少了管理层在私人会议中披露的信息量，然而最近的研究显示，该原则通过减少选择性披露，使得视频会议提高了分析师预测的准确性和一致性。

我国企业应当根据《中华人民共和国公司法》《中华人民共和国证券法》等法律、法规以及企业章程的规定，通过股东（大）会、投资者会议、定期报告等方式，向投资者和债权人提供企业信息，听取他们的意见和要求，妥善处理企业与投资者和债权人之间的关系。

由证监会颁布的《上市公司与投资者关系工作指引》中规定：上市公司与投资者关系工作的基本原则包括充分披露、合规披露、投资者机会均等、诚实守信、高效低耗、互动沟通，以此来促使公司管理层高度重视与投资者之间的沟通。企业应当多渠道、多层次地与投资者和债权人进行沟通，增强他们以及潜在投资者对企业的了解和信心。

财务报告是管理层与外部投资者沟通的重要媒介。财务报告向投资者们解释了他们的钱是如何用于投资的，这些投资的业绩如何，以及公司当前业绩是如何与公司整体的企业文化和发展战略保持一致的。

财务报告不仅提供了公司已发生交易的记录，还反映了公司管理层对于公司未来的估计和预测。例如，财务报告中包括对于坏账的估计、对于有形资产使用寿命的预测，此外，财务报告中还隐含了一种预测，即公司的支出在未来将会产生超过成本的现金流量收益。与外部投资者相比，公司管理层更容易对公司的未来作出准确的预测，因此，财务报告是一种潜在的与投资者进行沟通的有效方式。然而，如同我们已经讨论过的那样，投资者们也很容易对管理层提供的财务报告产生怀疑。美国的《萨班斯-奥克斯利法案》要求CEO和CFO必须保证公司的财务报告公允地反映了公司的财务业绩，同时保证公司的内部控制足以支持财务报告。该项要求增加了公司管理层的责任和义务，同时也减轻了外部投资者的怀疑。

案例6-13　Bilibili"广告门"与顺丰快递员"被打门"事件危机沟通策略比较[①]

2016年5月23日，有网友发现，在《火影忍者》等5部新番动画开头，均出现了一段长度为15秒的贴片广告。而早在2014年10月，Bilibili就曾对用户作出承诺：B站上的正版新番，永远不会出现视频贴片广告。这一承诺一直都被其用户称为"业界良心"，因此这次添加商业广告的行为备受用户关注。

2016年4月17日上午9时40分左右，北京市东城区富贵园小区内一位顺丰快递员不小心与某私家车发生刮蹭。该车主随后对快递小哥进行了长时间的辱骂，并不断动手打

① 丁月章，何岑成. 企业利用新媒体平台进行危机沟通的策略——以Bilibili"广告门"和顺丰快递员"被打门"事件为例［J］. 经营与管理，2017（4）：12-15.

人。而快递小哥除了说一句"对不起"之外，没有还手，而是一直在躲闪。事件被曝光之后，立刻掀起了网民的激烈声讨。

Bilibili虽然在危机爆发时期处理不够及时，危机发生后将近24小时后才给予回应，但是由于公司高层亲自发布声明，并在"知乎"社区上作出回应，给出了极具说服力的原因和解决方案，对用户关心的广告问题予以承诺，态度诚恳，言辞真挚，与用户形成有效的信息沟通，维持了公众对企业的信心，遏制了危机扩散。同时，将公众注意力由"广告"，转向此次至真至诚的"危机处理"上，不仅未丧失公信力，反而提升了企业形象。

顺丰快递在危机爆发期处理更加及时，言辞诚恳。总裁在微信朋友圈亲自表明态度，言辞坚决，在危机处理期和后遗期，官方微博实时跟进事件处理进程，利用新媒体平台有效遏制了危机扩散，同时巩固了企业形象。

根据Bilibili"广告门"、顺丰快递员"被打门"危机处理的成功做法，总结出利用新媒体平台进行危机沟通的3项基本策略：一是把握危机实质，及时作出反应。危机爆发后，企业应进行舆情调查，针对公众最关心的问题对症下药，及时制订解决方案，切不可草率判断，错过危机沟通的最佳时机。否则，危机信息传导趋于恶化，引发更大的纷争。二是态度诚恳真诚，言辞谦虚真挚。面临此次突发性小型危机，两家企业不仅没有任何否认、避嫌、不闻不问的倾向，反而是企业高层亲自出面发布声明，这种"小危机，大作为"之举，让广大群众看到了企业的责任心与诚意。三是利用社交媒体驱动，选择适用平台。这两起危机处理的一大亮点，是选取了合理的危机声明发布平台，都是首先发布在受众面较小的"知乎"社区或微信朋友圈，再通过信息传播转发至受众面较大的新浪微博，利用微博"驱动力量"的助推作用，使声明得以传递和反馈，有效化解危机，间接地提升企业形象。

2. 与客户的沟通

客户是企业产品和服务的接受者或消费者。企业经营目标的实现依赖于客户的配合。企业可以通过客户座谈会、走访客户等多种形式，定期听取客户对消费偏好、销售政策、产品及服务质量、售后服务、货款结算等方面的意见和建议，收集客户需求和客户的意见，妥善解决可能存在的控制不当问题。

3. 与供应商的沟通

供应商处于供应链的上游，对企业的经营活动有很强的制约能力。企业可以通过供需见面会、订货会、业务洽谈会等多种形式与供应商就供货渠道、产品质量、技术性能、交易价格、信用政策、结算方式等问题进行沟通，及时发现可能存在的控制不当问题。

4. 与中介机构的沟通

这里的中介机构主要包括外部审计师和律师。外部审计师对企业的财务报告进行审计，通过一系列完善的审计程序通常能够发现企业日常经营以及财务报告中存在的问题。外部审计师会关心如下问题：公司主要的经营风险是什么？这些风险是否在公司的财务报表中被适当地反映出来了？我们的审计测试应侧重于哪些方面？我们对公司业绩的评估是否与外部投资者以及分析师的评估相一致？如果不一致，我们是否忽略了某些方面，或者管理层在披露时是否误报了公司的真实业绩？企业应当定期与外部审计师进行会晤，听取外部审计师关于财务报表审计、内部控制等方面的建议，以保证内部控制的有效运行以及双方工作的协调。企业在组织经济活动时，不可避免地要与其他企业发生经济纠纷，因此需要聘请律师来帮助处理纠纷，以保障企业的利益。同时，由于我国的经济法规逐渐健全和细分，企业需要熟悉经济法规的专业人员参与经济项目的制定与实施过程。企业可以根据法定要求和实际需要，聘请律师参与有关重大业务、项目和法律纠纷的处理，并保持与律师的有效沟通。

5. 与政府监管机构的沟通

政府监管机构对企业的经营方针和战略有重要的影响。企业应当及时向政府监管机构了解监管政策和监管要求及其变化，并相应完善自身的管理制度。同时，企业应认真了解自身存在的问题，积极反映诉求和建议，努力加强与政府监管机构的协调。

沟通是双向的。在传递信息后，信息传递者的任务并没有结束，还应积极从信息接受者那里获取反馈信息，以促进信息获取质量的改进和信息传递程序的优化。通过沟通，企业员工能够明确他人的信息需求，并对自己的职责有更清晰的认识，从而有助于工作的顺利完成和效率的提高。

案例 6-14　　　　　长生生物信息系统层面内部控制缺陷分析及优化建议[①]

一、缺陷分析

1. 外部信息披露不够全面。2018 年 7 月 15 日，长春长生生物科技有限责任公司（简称"长生生物"）突然曝出该公司狂犬病疫苗生产不合规、存在严重造假，引起轩然大波。此事件与 2017 年 11 月该公司"百白破"疫苗不合规事件如出一辙。该公司在 2017 年度财务报告中并未披露公司及其控股股东、实际控制人的诚信状况，更未披露当年公司针对"百白破"疫苗不合规事件的处罚及整改情况，外部信息传递不够透明影响了投资者的进一步决策；而且公司隐瞒疫苗生产方式重大变化的行为违背了信息传递的真实准确性原则，损害了消费者利益，侵害了其人身安全。存在欺瞒行为的外部信息沟通不仅让长生生物失去了信誉，更使其以退市告终。

2. 内部信息反馈机制失效。一方面，在 2017 年"百白破"疫苗出现问题后，企业管理层未据此信息对疫苗生产体系开展全面自查工作，未认真查找效价不合格的原因，未能强化质量管控，信息反馈后并未进行相应的整改措施，信息反馈机制形同虚设。另一方面，参与造假事件的一线员工极有可能是知情的，但是他们并未及时反馈信息，可能是因为员工害怕承担疫苗报废的责任而选择隐瞒事实，也有可能是因为企业尚未建立设置反馈渠道的全流程信息系统，使得不合格疫苗难以得到及时处理。

二、优化建议

1. 加强信息对外披露全面性。及时、准确、全面地向外部信息使用者进行信息披露，一方面可以在最大程度上保障投资者权益，避免投资者因接收不全面信息而蒙受损失，进而对公司丧失信心；另一方面可以增强公司信誉，维护其负责可靠的形象。此外，公司应适当披露与产品质量相关的生产数据和设备信息，提高信息的真实性与信服力，以增加消费者对产品质量的信心。

2. 建立有效的反馈纠错机制。在制度执行层面，企业应落实评价监督制度，及时发现执行过程中存在的偏差，并在决策时予以纠正，避免造成不可弥补的损失，降低类似问题再次发生的概率。在系统优化层面，企业应建立健全信息反馈渠道，及时传递生产过程中

① 唐大鹏，沈菡，高宝媛. 健康中国战略下生物制品类上市公司内部控制优化——基于长生生物案例［J］. 财政监督，2019（9）：61-66.

发现的问题，使信息系统起到为各层级管理人员和操作人员服务的作用，使信息传递满足生产经营的需要。在信息系统运行过程中，也应安排监察人员进行定期跟踪和评价，以降低信息系统设计与公司实际需求不匹配的风险。

□ 复习思考题

1. 内部信息传递的基本流程和传递原则是什么？
2. 内部信息传递各环节的主要风险点及其控制措施有哪些？
3. 信息系统开发方式有哪几种？
4. 信息系统开发的主要风险点有哪些？相应的控制措施是什么？
5. 信息系统运营与维护的主要风险点有哪些？相应的控制措施是什么？
6. 沟通有哪些渠道和哪些方式？
7. 内部沟通的要点有哪些？
8. 外部沟通的要点有哪些？

国内电力企业的
"信息孤岛"和
国家电网公司的
"SG186工程"

中国五矿的战略
质询会制度

第七章
业务活动控制

引例　　　　　　长生生物强制退市背后：内部控制存在重大缺陷①

　　长春长生生物科技有限责任公司（以下简称"长生生物"）于1992年8月27日成立。2018年7月15日，长生生物却被国家药品监督管理局通报：长春长生生物科技有限责任公司违法违规生产"冻干人用狂犬病疫苗"。2018年7月16日，长生生物发布公告，对有效期内所有批次的冻干人用狂犬病疫苗全部实施召回，同时该公司的相关产品证书已被收回。然而，长生生物的涉事疫苗销量占我国国内市场份额约四分之一。随后，长生生物董事长等18名犯罪嫌疑人被批捕。该公司名下34个银行账户全部遭冻结，28亿元投资项目被暂停。2018年9月，吉林省高新技术企业认定管理机构研究决定，从2017年度起取消长春长生生物科技有限责任公司高新技术企业资格。随后，2018年10月16日，国家药监局和吉林省食药监局分别对长生生物作出多项行政处罚，长生生物被处罚款91亿元。此外，深圳证券交易所于2018年11月16日已启动对长生生物重大违法强制退市机制。2019年1月14日，该公司收到深圳证券交易所重大违法强制退市决定。

　　长生生物"疫苗造假"案件中，该公司内部控制存在重大缺陷问题。长生生物2017年度营业收入15.53亿元，较之2016年的10.18亿元，增长了52.60%，2015年重组后近三年（2015年至2017年，下同）的平均复合增长率达到39.74%。该公司2017年度净利润为5.68亿元，较之2016年的4.29亿元，增长了32.45%，近三年平均复合增长率为39.17%。该公司2017年度销售费用为5.83亿元，占销售收入的37.53%，同比增长152.52%，远远高于当年营业收入52.60%的增幅，也远高于同行业公司平均水平。然而，在长生生物登记的销售人员仅有25人，5.83亿元的销售费用平均分摊至仅有的25名销售人员，平均每个销售人员就要花掉2 331.85万元，这样算来这个数据无法令人信服。2017年度，该公司研发投入1.22亿元，占营业收入的7.87%，研发人员数量153人，占公司员工总数的14.96%。公司的研发投入远低于可比疫苗上市公司研发经费平均投入水平，而销售费用高达5.83亿元；可见长生生物不注重研发，反而更加注重销售，更加激进地追求利润最大化。

　　针对长生生物的上述情况，深圳证券交易所在第一时间采取相应的监管措施：首先，

---

① 改编整理自2018年7月20日"中国新闻网"的报道，"深交所公开谴责长生生物：内部控制存在重大缺陷"。

对长生生物的情况进行了电话问询，要求该公司立即对通报事项进行披露并作出相关回应，与此同时，连续两次向该公司发出关注函，力求督促该公司核实涉事产品的具体情况、重大事项披露是否及时以及行政处罚对公司的影响；其次，要求该公司根据药监部门的现场督查情况及时披露进展以及履行信息披露义务；此外，在事件前期，深圳证券交易所在对该公司2017年年报的审查过程中，已经重点关注到该公司疫苗销售大幅增长、研发支出异于同行、大额购买理财产品等情况可能存在问题，已经向该公司发出年报相关的问询函，要求该公司补充说明相关事项并对外披露。

深圳证券交易所于2018年7月20日公开表示：经对长生生物信息披露情况的全面梳理、核查后发现，该公司未及时披露被有关机关调查的相关信息，该公司的内部控制存在重大缺陷。由于长生生物的上述行为涉嫌违反相关规定，深圳证券交易所已启动对该公司及相关当事人的公开谴责的纪律处分程序。可见，长生生物在销售业务和研究开发等环节有着严重的内部控制缺陷，进而导致其产品安全无法得到保证。那么，长生生物又应该如何进行企业的内部控制缺陷整改呢？

根据财政部、证监会等五部委2010年联合发布的18项企业内部控制应用指引的规定，其中涉及企业业务活动的一共有9项，具体包括资金活动、采购业务、资产管理、销售业务、研究与开发、工程项目、担保业务、业务外包、财务报告等，本章将对这9项业务活动的内部控制进行重点讲解。

第一节　资金活动控制

资金是企业生产经营的血液，是企业生存和发展的重要基础，决定着企业的竞争能力和可持续发展能力。资金活动，是企业筹资、投资和资金营运等活动的总称。影响资金活动的因素众多且不确定性较大。资金活动中的潜在风险大多为重要风险。一旦风险转变为现实，对企业危害重大，不仅影响企业的可持续发展，甚至事关企业的生死存亡。加强资金活动风险控制，对于促进企业有效地组织资金活动、防范和控制资金风险、保证资金完整和安全、提高资金使用效益等具有重要意义。

一、资金活动内部控制的总体要求

（一）树立战略导向观念

战略是企业经营和发展的总体导向。在资金活动中，企业应当遵循相关的法律及监管要求，根据自身的发展战略，科学确定投融资及资金营运的目标和规划。

（二）建立科学决策机制

管理的中心活动是决策，决策的正确与否事关企业的生存和发展，特别是企业的筹资、投资决策，更是决定了企业经营活动的整体格局。加强企业资金活动的内控，应该围绕决策这个核心，建立起科学的决策机制，通过各种措施提高决策科学性与决策效率。企业在资金活动战略规划决策上，应当根据自身的发展规律，综合考虑宏观经济政策、市场环境、环保要求等因素，结合本企业发展实际，科学地确定投融资目标和规划。如果目标不明确，决策不正确，控制措施就难以准确、到位，资金活动也就难以顺利、有效地进行。

（三）完善管控制度

根据《企业内部控制应用指引第6号——资金活动》的要求，企业应建立和完善严格的资金授权、批准、审验、责任追究等相关管理制度，加强资金活动的集中归口管理，明确筹资、投资、营运等各环节的职责权限和不相容岗位相分离的要求，规范资金活动的执行。建立完善的监督检查和项目完成后的评价制度，跟踪资金活动内部控制的实际效果，据以修正制度、完善内部控制，并通过责任追究制度，确保资金活动安全有效地进行。

（四）严格执行制度

企业资金活动的管控，不仅需要完善的制度，还要严格执行。为了使资金活动内部控制制度得到切实有效的实施，企业财会部门应负责资金活动的日常管理，参与投融资方案等的可行性研究。总会计师或分管会计工作的负责人应当参与投融资决策过程。企业必须识别并关注资金活动的主要风险来源和主要风险控制点，然后针对关键风险控制点制定有效的控制措施，集中精力管控关键风险。

（五）实行资金集中管控

企业加强资金的集中管控，有利于实现资金在企业内部的相互调剂，降低整体资金成本，提高资金使用效率。企业有子公司的，应当采取合法有效措施，强化对子公司资金业务的统一监控。信息技术的发展为企业实现资金集中管控提供了便利条件。有条件的企业集团，应当探索财务公司、资金结算中心等资金集中管控模式。

（六）合理设计流程

企业在设计资金活动相关内控制度时，其本质是对资金业务的控制方法进行设计，所以应重点明确各种资金活动的业务流程，确定每一个环节、每一个步骤的工作内容和应该履行的程序，并将其具体到部门和人员。

（七）抓住关键控制点

企业对资金活动的内部控制不可能面面俱到，因此，企业必须识别并关注主要风险来源和主要风险控制点，以提高内部控制的效率。具体而言，企业应该针对流程中的每一个环节、每一个步骤，认真细致地进行分析，根据不确定性的大小、危害性的严重程度等，明确关键的业务、关键的程序、关键的人员和岗位等，从而确定关键的风险控制点，并制定有效的控制措施。

案例7-1　　　　明珠集团资金集中管理模式的探索与实践[①]

三门峡黄河明珠（集团）有限公司（以下简称"明珠集团"）是一家以水力发电为主业，包含水电施工、机电检修、金属冶炼、工程监理、对外贸易等多种产业在内的跨地区、多元化企业集团。多年来，集团通过实施资金集中管理，较大幅度地提升了企业财务管理水平，有力地支持了企业的快速发展，取得了较好的成效。

在实施资金集中管理前，明珠集团存在许多问题：（1）母子公司资金分散，资金资源缺乏整合。（2）企业信用等级不高，融资成本难以降低。（3）重大资金运作失控，财务风险出现敞口。（4）缺乏资金信息平台，集团战略实施受到影响。（5）资金违规操作现象明显，资金安全难以保障。（6）资金预算流于形式，资金收支管理粗放。1999年，明珠集团成立资金结算中心，隶属于集团母公司财务部，作为明珠集团的专职资金管理部门，全

---

① 马彦坤. 明珠集团资金集中管理模式的探索与实践 [J]. 财务与会计，2016（13）.

面负责集团的资金集中统一管理。其主要职责是负责集团各成员企业的资金集中统一管理与控制，调度集团内部各项资金，办理集团成员企业之间的资金结算及内部资金融通业务，以及负责集团内外部银行账户管理等。具体措施有：（1）设立内部银行账户，全面监控资金往来。（2）模拟商业银行运作，开展内部资金融通。（3）实时调控资金方向，保证资金使用合规。（4）直接对冲内部交易，降低内部交易成本。通过改革，明珠集团的资金集中管理模式在实践中取得了一定成效，但随着集团规模的扩大，出现了一些新的问题，因而近几年公司对资金集中管理模式进行了不断完善：改进资金管理模式，引入银企直联技术；持续完善相关制度，不断丰富管理手段。明珠集团的资金集中管理模式在实践中不断探索发展，有力地支持了集团的快速发展。

二、资金活动业务流程

企业资金活动包括筹资、投资和资金营运活动。筹资活动的业务流程主要包括拟订筹资方案、筹资方案论证、筹资方案审批、筹资计划的编制与实施等。投资活动的业务流程主要包括拟订投资方案、投资方案可行性论证、决策审批、投资计划的编制与实施以及投资项目的到期处置。资金营运活动主要是指从资金流入形成货币资金开始，经过采购业务、生产业务、销售业务、还本付息、利润分配以及税收等不断循环的过程。资金活动业务流程图如图7-1所示。

三、资金活动的关键风险点及控制措施

（一）筹资活动的关键风险点及控制措施

筹资活动作为企业资金活动的起点，筹集企业投资和日常生产经营活动所需的资金。筹资活动的内部控制，不仅决定着企业是否能够筹集到投资、生产经营以及未来发展所需的资金，还决定着筹资成本和筹资风险，进而影响企业的发展状况。

筹资活动的关键风险点及控制措施包括以下几方面内容：

1.拟订筹资方案

该环节的主要风险有缺乏经营战略规划、对企业资金现状认识不清、筹资方案内容不完整、考虑不够周密、测算不准确等。

企业首先应该制定经营发展战略，这样才能有效地指导企业的各项活动。企业筹资应当根据经营战略，确立筹资目标和规划，结合年度全面预算与资金现状等因素，拟订筹资方案，明确筹资用途、规模、结构、方式和期限等相关内容，对筹资成本和潜在风险作出充分估计。境外筹资还应考虑所在地的政治、经济、法律、市场等因素。一个完整的筹资方案应包括筹资金额、筹资形式、利率、筹资期限、资金用途等内容。

2.筹资方案论证

该环节的主要风险有对筹资方案论证不科学、不全面等。

企业应当对筹资方案进行科学论证，进行可行性研究，防范筹资风险。筹资方案论证应从以下几个方面进行：

（1）筹资方案的战略评估：主要评估筹资方案是否符合企业发展战略，筹资规模是否适当等。筹资的目的是满足企业经营发展需要，因此筹资方案要符合企业整体发展战略。确定筹资规模时也应考虑战略。既不可盲目筹集过多资金，因为资金都是有成本的，资金

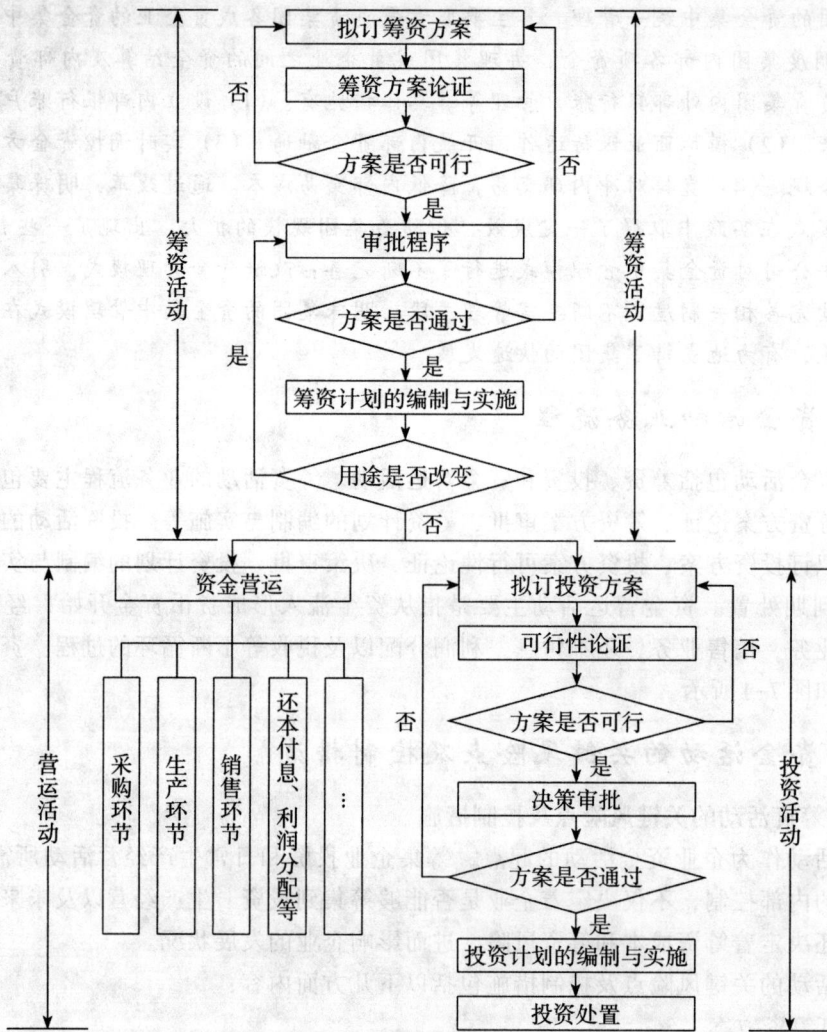

图7-1　资金活动业务流程图

闲置会增加企业财务负担；同时也应避免筹资不足，以免影响投资和生产经营活动的开展。

（2）筹资方案的经济性评估：主要分析筹资方案是否经济，是否以最低的筹资成本获得所需资金。因此，应合理地选择股票、债券等筹资方式以及筹资期限。在风险相同的情况下，应尽可能地降低筹资成本。筹资期限也应考虑实施战略过程中资金的流入量和流出量，避免过长或过短，从而导致资金闲置或多次筹资。

（3）筹资方案的风险评估：对筹资方案面临的风险，如利率、汇率、宏观经济形势、货币政策等因素进行预测分析。如债权方式带来的到期还本付息压力以及股权方式带来的控制权转移或稀释的风险等，并对可能出现的风险采取有效的防范措施。

重大筹资方案应当形成可行性研究报告，全面反映风险评估情况。企业可以根据实际需要，聘请具有相应资质的专业机构进行可行性研究。

3.筹资方案审批

该环节的主要风险有缺乏完善的授权审批制度、审批不严等。

主要控制措施包括：第一，企业应当按照分级授权审批的原则对筹资方案进行严格审批，重点关注筹资用途的可行性和相应的偿债能力。重大筹资方案，应当按照规定的权限和程序实行集体决策或者联签制度。筹资方案需经有关部门批准的，应当履行相应的报批程序。第二，筹资方案发生重大变更的，应当重新进行可行性研究并履行相应的审批程序。

4.筹资计划的编制与实施

该环节的主要风险有筹资计划不完整、筹资成本支付不力、缺乏对筹资活动的严密的跟踪管理等。

主要控制措施包括：

第一，财务部门应根据批准的筹资方案制订严密的筹资计划。严格按照规定权限和筹资计划筹集资金。企业通过银行借款方式筹资的，应当与有关金融机构进行洽谈，明确借款规模、利率、期限、担保、还款安排、相关的权利义务和违约责任等内容。双方达成一致意见后，签署借款合同，并据此办理相关借款业务。企业通过发行债券方式筹资的，应当合理选择债券种类，对还本付息方案作出系统安排，确保按期、足额偿还到期本金和利息。企业通过发行股票方式筹资的，应当依照《中华人民共和国证券法》等有关法律、法规和证券监管部门的规定，优化企业组织架构，进行业务整合，并选择具备相应资质的中介机构协助企业做好相关工作，以确保符合股票发行条件和要求。

第二，企业应当加强债务偿还和股利支付环节的管理，对偿还本息和支付股利等作出适当安排。企业应当按照筹资方案或合同约定的本金、利率、期限、汇率及币种，准确计算应付利息，与债权人核对无误后按期支付。企业应当选择合理的股利分配政策，兼顾投资者近期和长远利益，避免分配过度或不足。股利分配方案应当经过股东（大）会批准，并按规定履行披露义务。

5.会计系统控制

该环节的主要风险有缺乏有效的筹资会计系统控制、会计记录和处理不准确等，导致未能如实反映筹资状况。

主要控制措施包括：第一，企业应当加强筹资业务的会计系统控制，建立筹资业务的记录、凭证和账簿，按照国家统一会计准则和制度，正确核算和监督资金筹集、本息偿还、股利支付等相关业务。第二，妥善保管筹资合同或协议、收款凭证、入库凭证等资料，定期与资金提供方进行账务核对，确保筹资活动符合筹资方案的要求。

（二）投资活动的关键风险点及控制措施

投资活动作为企业的一种重要的营利活动，它的开展情况对于筹资成本的补偿、企业利润的创造和企业发展战略的实现等具有重要意义。

投资活动的关键风险点及控制措施包括以下几方面内容：

1.拟订投资方案

该环节的主要风险有投资方案与公司发展战略不符、风险与收益不匹配、投资项目未突出主业等。

主要控制措施包括：第一，企业应当根据发展战略、投资目标和规划，合理安排资金投放结构，科学确定投资项目，拟订投资方案，合理确定投资规模，权衡投资项目的收益和风险。第二，企业选择投资项目应当突出主业，谨慎从事股票投资或衍生金融产品等高风险投资。境外投资还应考虑政治、经济、法律、市场等因素的影响。第三，企业采用并购方式进行投资的，应当严格控制并购风险，重点关注并购对象的隐性债务、承诺事项、可持续发展能力、员工状况及其与本企业治理层及管理层的关联关系，合理确定支付对价，确保实现并购目标。

2.投资方案可行性论证

该环节的主要风险有论证不全面、不科学，如未对投资目标、规模、方式、资金来源、风险与收益等作出客观评价。

主要控制措施包括：第一，企业应当加强对投资方案的可行性研究，重点评价投资方案是否符合企业发展战略、投资规模是否合适、投资方式是否恰当、资金来源是否可靠、风险是否处于可承担范围内以及收益是否稳定可观等，保证筹资成本的足额补偿和投资的盈利性。第二，对于重大投资项目，应该委托具备相应资质的专业机构进行可行性研究并提供独立的可行性研究报告。

3.投资方案决策审批

该环节的主要风险有缺乏严密的授权审批制度、审批不严等。

主要控制措施包括：第一，企业应当按照职责分工、审批权限以及规定的程序对投资项目进行决策审批，重点审查投资方案是否可行，投资项目是否符合国家产业政策及相关法律、法规的规定，是否符合企业投资战略目标和规划，是否具有充足的资金支持，投入资金能否按时收回，预期收益能否实现，以及投资和并购风险是否可控等。第二，重大投资项目，应当按照规定的权限和程序实行集体决策或者联签制度。投资方案需经有关管理部门批准的，应当履行相应的报批程序。

4.投资计划的编制与实施

该环节的主要风险有投资计划不科学、缺乏对项目的跟踪管理。

主要控制措施包括：

第一，企业应根据审批通过的投资方案编制详细的投资计划，确定不同阶段的资金投入数量、项目进度、完成时间、质量要求等，并报经有关部门批准。投资活动需与被投资方签订投资合同或协议的，应签订合同并在合同中明确出资时间、金额、方式、双方权利义务和违约责任等内容。

第二，企业应当指定专门机构或人员对投资项目进行跟踪管理，做好投资项目的会计记录和处理，及时收集被投资方经审计的财务报告等相关资料，定期组织投资效益分析，关注被投资方的财务状况、经营成果、现金流量以及投资合同的履行情况；发现异常情况，应当及时报告并妥善处理。

5.投资项目的到期处置

该环节的主要风险有处理不符合企业利益、缺乏责任追究制度等。

主要控制措施包括：企业应当加强投资收回和处置环节的控制，对投资收回、转让、核销等决策和审批程序作出明确规定。重视投资到期本金的回收；转让投资应当由相关机构或人员合理确定转让价格，报授权批准部门批准，必要时可委托具有相应资质的专门机构进行评估；核销投资应当取得不能收回投资的法律文书和相关证明文件。对于到期无法收回的投资，企业应当建立责任追究制度。

6.会计系统控制

该环节的主要风险有缺乏有效的投资会计系统控制，会计记录和处理不及时、不准确等。

主要控制措施包括：第一，企业应当加强对投资项目的会计系统控制，根据对被投资方的影响程度，合理确定投资会计政策，建立投资管理台账，详细记录投资对象、金额、持股比例、期限、收益等事项，妥善保管投资合同或协议、出资证明等资料。第二，企业财会部门对于被投资方出现财务状况恶化、市价当期大幅下跌等情形的，应当根据国家统一的会计准则和制度规定，合理计提减值准备、确认减值损失。

（三）资金营运活动的关键风险点及控制措施

资金营运是指企业日常生产经营中各类资金的组织和调度，保证资金正常循环周转的活动。资金营运有广义与狭义之分。广义的资金营运是企业利用筹资取得的资金营利的活动；狭义的资金营运是与投资活动相对立的活动，是企业投资形成项目或资产后，有效利用项目或资产营利的活动，包括采购、生产、销售、成本补偿和利润分配的全部过程。在本节中，资金营运指的是狭义的资金营运。

资金营运活动中的主要风险有资金调度不合理、营运不畅（可能导致企业陷入财务困境或资金冗余）、资金活动管控不严（可能导致资金被挪用、侵占、抽逃或遭受欺诈）。

资金营运活动内部控制应注意以下几点：

1.资金平衡

企业应当加强对资金营运全过程的管理，统筹协调内部各机构在生产经营过程中的资金需求，切实做好资金在采购、生产、销售等各环节的综合平衡，注意资金流在数量和时间上的合理配置，全面提升资金营运效率。

2.预算管理

企业应该充分发挥全面预算管理在资金营运中的作用，严格按照年度全面预算的要求组织协调资金，确保资金及时收付，实现资金的合理占用和营运良性循环。企业应当严禁资金的体外循环，切实防范资金营运中的风险。

3.有效调度

通过内部资金的有效调度，可以调剂余缺，提高资金使用效率。企业应当定期组织召开资金调度会或资金安全检查，对资金预算的执行情况进行综合分析。发现异常情况，应及时采取措施妥善处理，避免资金冗余或资金链断裂。企业在营运过程中出现临时性资金短缺，可以通过短期融资等方式获取资金；出现短期闲置资金，在保证安全性和流动性的前提下，可以通过购买国债等多种方式来提高资金效益。

4.会计系统控制

企业应当加强对营运资金的会计系统控制，严格规范资金的收支条件、程序和审批权限。营运资金应及时入账，不得账外设账。严禁收款不入账、设立"小金库"。办理资金收付业务，应当明确支出款项的用途、金额、预算、限额、支付方式等内容，并附原始单据或相关证明；履行严格的授权审批程序后，方可安排资金支出。办理资金收付业务，应当遵守现金和银行存款管理的有关规定，严禁将办理资金支出业务的相关印章集中于一人保管。

案例7-2　　　　内控缺陷致蓝丰生化3亿元资金不翼而飞[①]

蓝丰生化全资子公司方舟制药3亿多元银行存款不翼而飞引发市场高度关注。蓝丰生

---

① 改编整理自2018年4月10日《中国证券报》的报道，"蓝丰生化内控缺陷：3亿不翼而飞　出纳挪用千万资金"，作者：任明杰、陈澄。

化表示，收购方舟制药后一直无法掌控其财务状况，消失的3亿多元资金可能被方舟制药董事长王宇挪用到其投资的公司。2019年4月9日，蓝丰生化就此召开董事会，宣布免去王宇方舟制药董事的职务，委派公司总经理刘宇担任方舟制药董事长，并成立整顿处置工作小组对此次事件进行全面调查。事件的具体发生过程如下：

王刚（化名）是江苏公证天业会计师事务所的一名注册会计师，2018年3月18日，该事务所受蓝丰生化委托，对方舟制药进行年报审计。王刚前往方舟制药的开户行进行现场询证。但是，现场询证的情况却令王刚大为震惊。银行余额相比于账上余额少了3亿多元。3亿多元不翼而飞，这绝不是小事，于是王刚第一时间以书面函的形式，将这一紧急事态告知蓝丰生化审计委员会，同时转给蓝丰生化的所有高管。作为方舟制药董事长的王宇，应该是唯一清楚这3亿多元去向的人。虽然方舟制药已经被蓝丰生化收购，成为蓝丰生化的全资子公司，但是王宇仍然掌握着方舟制药的实际控制权。

蓝丰生化在2015年5月以11.8亿元收购方舟制药100%股权，基本确立了"农化+医药"双产业战略发展格局。方舟制药成为蓝丰生化在医药产业中的唯一战略支点。在收购方舟制药后，蓝丰生化成功扭转了业绩连年低落甚至亏损的惨状，2016实现净利润1.07亿元，成功扭亏为盈。当然，最大的功劳应该属于方舟制药，仅方舟制药该年贡献的净利润就高达0.92亿元，占蓝丰生化净利润的85.92%。此后，蓝丰生化将转型的希望全部寄托在方舟制药身上。

通常情况下，如此重要的全资收购是需要由上市公司派驻董事长和财务总监的。然而，在真正派驻时却被王宇以"业绩对赌期保持管理层稳定"的理由拒绝了。最终，蓝丰生化还是成功向方舟制药派驻了一名财务人员，但该财务人员却被方舟制药隔离在财务体系之外。这无疑埋下了蓝丰生化的内部控制缺陷隐患。

然而，蓝丰生化的内部控制不完善早在另一桩财务事件中有所体现。除了此次3亿多元银行存款不翼而飞外，两个月前蓝丰生化还披露过一起更加离奇的财务事件。2017年7月，蓝丰生化出纳王某因车祸事故长期住院治疗，其工作被蓝丰生化另一名员工接替。王某存在通过扣留每个月部分银行利息的方式挪用公司资金的行为。随后的进一步调查中发现，王某这种"蚂蚁搬家"的行为，竟然已持续5年时间，涉案金额约1 300万元。1 300万元被挪用的案件中，王某一人掌控公司的付款制单和付款审核。而且，两枚银行印鉴均由王某一人保管，完全无视内部控制中不相容职务相互分离的原则。3亿多元资金不翼而飞事件，也充分暴露出蓝丰生化存在的内部控制缺陷问题。

此外，蓝丰生化监事会对公司内部控制存在重大缺陷所涉及事项进行了专项说明，监事会识别出公司财务报告内部控制存在的重大缺陷：蓝丰生化在内部资金管理（特别是对全资子公司的资金监管）方面存在重大缺陷，存在公司原银行出纳利用职务之便占用公司资金的情形，以及全资子公司陕西方舟制药有限公司原董事长兼法定代表人王宇未履行有关付款审批程序向其关联公司及自然人转移大量资金的情形。该重大缺陷已包含在蓝丰生化内部控制自我评价报告中。由于存在上述重大缺陷及其对实现控制目标的影响，蓝丰生化未能按照《企业内部控制基本规范》规定的标准于2017年12月31日在所有重大方面保持有效的财务报告内部控制。在经历"内忧"和"外患"之后，蓝丰生化意识到公司的内控制度确实存在重大缺陷，亟待整改。

第二节　采购业务控制

采购，是指购买物资（或接受劳务）及支付款项等相关活动。采购环节是企业生产经营活动的起点，是企业"实物流"的重要组成部分，同时又与"资金流"密切相关。企业采购业务涉及请购、审批、供应商选择、物资质量和价格、采购合同订立、验收和支付等众多环节，出现差错和舞弊的风险较大，决定了企业的生存和可持续发展。企业应根据《企业内部控制应用指引第7号——采购业务》的规定，梳理采购流程、明确采购业务的关键风险点、提出针对性的控制措施。

一、采购业务的总体要求

（一）完善采购管理制度

企业应当结合实际情况，全面梳理采购业务流程，完善采购业务相关管理制度，统筹安排采购计划，明确请购、审批、购买、验收、付款、采购后评估等环节的职责和审批权限。确保管理流程科学合理，能够较好地保证物资和劳务供应顺畅。

（二）严格执行与监控

企业各部门按照规定的审批权限和程序办理采购业务，落实责任制，建立价格监督机制，定期检查和评价采购过程中的薄弱环节，采取有效控制措施，确保物资和劳务采购能够经济、高效地满足企业的生产经营需要。

二、采购业务流程

采购业务流程主要包括请购与审批、购买、验收与付款三大环节，具体如图7-2所示。

三、采购业务的关键风险点及控制措施

（一）编制需求预算和采购预算

采购业务从预算开始，包括需求预算和采购预算。需求部门根据生产经营需要向采购部门提出物资需求预算。采购部门根据需求预算和现有库存物资情况，统筹安排采购预算。该环节的主要风险有需求预算和采购预算安排不合理、采购与生产经营计划不协调等。

主要控制措施包括：第一，需求部门应根据实际生产经营需要，准确、及时地编制需求预算，并且不能在提出需求计划时指定或变相指定供应商。第二，采购部门根据需求预算和现有库存情况，统筹安排采购预算，并按规定的权限和程序经相关负责人审批后将其作为企业刚性指令严格执行。

（二）采购申请与审批

该环节的主要风险包括：缺乏采购申请制度，请购审批不当或越权审批；对市场变化趋势预测不准确，造成库存短缺或积压、企业生产停滞或资源浪费等情形。

主要控制措施包括：第一，企业应当建立采购申请制度，依据购买物资或接受劳务的

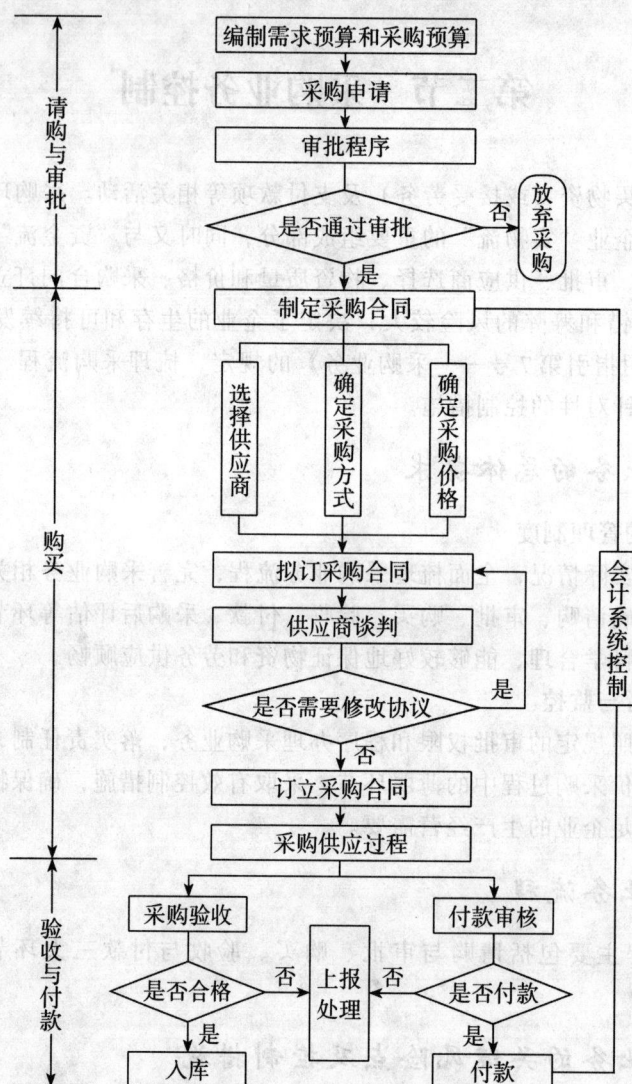

图7-2 采购业务流程图

类型，确定归口管理部门，授予相应的请购权，明确相关部门或人员的职责权限及相应的请购和审批程序。第二，企业可以根据实际需要设置专门的请购部门，对需求部门提出的采购需求进行审核，并进行归类汇总，统筹安排企业的采购计划。第三，具有请购权的部门对于预算内采购项目，应当严格按照预算执行进度办理请购手续，并根据市场变化提出合理的采购申请。对于超预算和预算外采购项目，应先履行预算调整程序，由具备相应审批权限的部门或人员审批后，再行办理请购手续。

（三）选择供应商

该环节的主要风险包括：缺乏供应商评估和准入制度以及供应商管理系统和淘汰制度，供应商评估不严、供应商选择不当、采购物资质次价高、采购舞弊行为等。

主要控制措施包括：第一，企业应当建立科学的供应商评估和准入制度，确定合格供应商清单，并按规定的权限和程序审核批准后，将其纳入供应商网络。第二，择优确定供应商，与选定的供应商签订质量保证协议。第三，建立供应商管理信息系统和供应商淘汰制度，对供应商提供物资或劳务的质量、价格、交货及时性、供货条件及其资信、经营状况等进行实时管理和综合评价，并根据评价结果对供应商进行合理选择和调整。

（四）确定采购方式和采购价格

该环节的主要风险包括：采购方式选择不当、招投标或定价机制不科学、定价方式不合理、缺乏对重要物资价格的跟踪监控、采购价格过高等。

主要控制措施包括：

第一，企业应当根据市场情况和采购计划合理选择采购方式。大宗采购应当采用招标方式，合理确定招投标的范围、标准、实施程序和评价规则；一般物资或劳务等的采购可以采用询价或定向采购的方式并签订合同协议；小额零星物资或劳务等的采购可以采用直接购买等方式。

第二，企业应当建立采购物资定价机制，采取协议采购、招标采购、谈判采购、询比价采购等多种方式合理确定采购价格，最大限度地降低市场变化对企业采购价格的影响，实现以最优性价比采购到需求的物资的目标。大宗采购等应当采用招投标方式确定采购价格；其他商品或劳务的采购，应当根据市场行情制定最高采购限价，并对最高采购限价适时调整。

（五）订立采购合同

该环节的主要风险包括：未订立采购合同或未经授权对外订立采购合同、合同内容存在重大疏漏和欺诈等。

主要控制措施包括：企业应当根据采购需要、确定的供应商、采购方式、采购价格等情况拟订采购合同，准确描述合同条款，明确双方权利、义务和违约责任，按照规定权限签订采购合同。对于影响重大、涉及较高专业技术的合同或法律关系复杂的合同，应当组织法律、技术、财会等专业人员参与谈判，必要时可聘请外部专家参与相关工作。

案例7-3　　因向关联方超额采购，贝因美被"点名"需加强内控[①]

2018年11月9日，深圳证券交易所向贝因美公司下发了监管函引起了广大股东的注意，该监管函指出：贝因美公司主要存在向控股股东贝因美集团旗下的关联公司超额采购、资产减值等情况未及时提交董事会审议并履行信息披露等两项问题。深圳证券交易所提醒贝因美公司：作为上市公司，应诚实守信、规范运作并希望该公司能够及时提出整改措施。

1992年贝因美初创成立，而作为公司形式的贝因美婴童食品股份有限公司则成立于1999年。贝因美公司（002570）于2011年4月12日在深圳证券交易所正式挂牌上市。贝因美2018年一季报显示：该公司2018年第一季度实现营业收入5.44亿元，同比下降35.8%，而食品加工制造行业平均营业收入增长率为10.82%；归属于上市公司股东的净利润791.55万元，同比下降27.54%，而食品加工制造行业平均净利润增长率为9.68%；公司每股收益为0.01元。该公司以"亲子顾问，育儿专家"为品牌定位，主要从事婴幼儿食品的研发、生产和销售等业务。该公司始终坚持将提升产品品质作为保持企业可持续发展的核心优势。贝因美公司一直坚持建立、实施且不断完善生产质量管理体系，应用最新且优质的生产工艺与专业设备。

---

① 改编整理自2018年11月17日《新京报》的报道，"向关联方超额采购被点名，贝因美内控需加强"，作者：郭铁。

监管函显示，贝因美公司2017年前三季度，分别向关联方杭州比因美特孕婴童用品有限公司、宁波妈妈购网络科技有限公司预付采购款项8 034.06万元、8 776.13万元，两项预付采购款项分别超出公司股东大会审议通过的交易额度2 184.06万元、2 926.13万元。此外，贝因美公司披露的2017年年报显示：该公司对各项资产计提减值准备总额为5.34亿元，该金额是贝因美公司2016年净利润的68%。然而，贝因美公司却并未在2018年2月底前将这一事项提交董事会审议并履行信息披露义务。随后，贝因美公司针对上述问题在2018年11月16日的公告中表示：公司在整改过程中发现了自身关联交易管控流程不够细化的问题，同时发现信息传导有效性不足，其中具体体现为部分岗位人员对关联交易认知度不高，内部控制的有效性亟待加强。此外，公告中声明：公司已收回了超额预付款及利息，同时已在公司的财务管理部落实专人及时审核。

然而，贝因美公司的内控不足问题曾多次受监管关注。事实上，贝因美公司早在2018年2月回复深圳证券交易所问询时就曾承认公司存在若干问题，具体分别体现在业绩预测不严谨且多次变更、应收账款授信及收款管理薄弱、向控股股东下属公司超额采购、会计将公司误收款项错记成"预收账款"等四大内部控制和财务管理缺陷，当然其中两项均与控股股东贝因美集团有关。而在2018年1月21日，贝因美公司的公告将2017年度业绩预告进行了向下修正，修正为亏损8亿~10亿元，但是，该公司多名高管均表示"无法保证公告内容的真实、准确、完整"。深圳证券交易所在向贝因美公司下发问询函后，要求贝因美公司对内部控制是否存在重大风险等问题进行相应的回复。贝因美公司在2018年2月21日回复问询时，列举了上述超额采购事实，同时承认了公司关联交易管控存在一定缺陷。

（六）管理供应过程

该环节的主要风险有缺乏对采购合同履行的跟踪管理、运输工具和方式选择不当、忽视投保等，造成采购物资损失或无法保证供应。

主要控制措施包括：第一，企业应建立严格的采购合同跟踪制度，依据采购合同中确定的主要条款跟踪合同的履行情况，对有可能影响生产或工程进度的异常情况，出具书面报告并及时提出解决方案。第二，评价供应商供货情况，并根据生产建设进度和采购物资特性，选择合理的运输工具和运输方式，办理运输投保，尽可能地降低采购物资损失，保证物资及时供应。第三，对采购过程实行全程登记制度，确保各项责任可追究。

（七）验收

该环节的主要风险有缺乏验收制度、验收程序不规范、验收标准不明确、对验收过程中的异常情况未作处理等，可能造成采购损失或影响生产。

主要控制措施包括：第一，企业应当建立严格的采购验收制度，明确验收程序和验收标准，确定检验方式，由专门的验收机构或验收人员对采购项目的品种、规格、数量、质量等相关内容进行验收，出具验收证明。涉及大宗和新、特物资采购的，还应进行专业测试。第二，对于验收过程中发现的异常情况，负责验收的机构或人员应当立即向企业有权管理的相关机构报告，相关机构应当查明原因并及时处理。第三，对于不合格物资，采购部门依据检验结果办理让步接收（如降级使用、挑选使用、返工使用等）、退货、索赔等事宜。

（八）付款

该环节的主要风险有付款审核不严、付款不及时、付款方式不当、预付款项损失等，可能造成企业资金损失或信用损失。

主要控制措施包括：第一，企业应当加强采购付款的管理，完善付款流程，明确付款审核人的责任和权力，严格审核采购预算、合同、相关单据凭证、审批程序等，审核无误后按照合同规定及时办理付款。第二，严格审查采购发票的真实性、合法性和有效性。发现虚假发票的，应查明原因，及时报告处理。第三，重视采购付款的过程控制和跟踪管理。发现异常情况的，应当拒绝付款，避免出现资金损失和信用受损。第四，合理选择付款方式，并严格遵循合同规定，防范付款方式不当带来的法律风险，保证资金安全。超过转账起点金额的采购应通过银行办理转账。第五，加强预付账款和定金的管理。对涉及大额或长期的预付款项，应当定期进行追踪核查，综合分析预付账款的期限、占用款项的合理性、不可收回风险等情况。发现有疑问的预付款项，应当及时采取措施。

（九）退货

该环节的主要风险有缺乏退货管理制度、退货不及时等，给企业造成损失。

主要控制措施包括：企业应当建立退货管理制度，对退货条件、退货手续、货物出库、退货货款回收等作出明确规定，并在与供应商的合同中明确退货事宜，及时收回退货货款。涉及符合索赔条件的退货，应在索赔期内及时办理索赔。

（十）会计系统控制

该环节的主要风险有缺乏有效的采购会计系统控制，会计记录、采购记录与仓储记录不一致，会计处理不准确、不及时等，导致未能如实反映采购业务以及采购物资和资金损失。

主要控制措施包括：第一，企业应当加强对购买、验收、付款业务的会计系统控制，详细记录供应商情况、请购申请、采购合同、采购通知、验收证明、入库凭证、商业票据、款项支付等情况，确保会计记录、采购记录与仓储记录一致。第二，指定专人通过函证等方式，定期与供应商核对应付账款、应付票据、预付账款等往来款项。

案例7-4　云投集团全方位采购管理服务平台之"彩云电子招标"[①]

"彩云电子招标采购平台"是云投集团全方位采购管理服务的标志性平台，这一平台集云计算、大数据、人工智能技术于一身，于2018年12月12日正式在云投集团上线。彩云电子招标采购平台基于大数据、物联网、人工智能及云储存等技术搭建，是汇集招标采购管理、供应商管理、数据统计分析、监督管理于一体的全流程企业采购管理平台，能够实现企业采购管理闭环式管理，提供标准化、规范化、自动化、智能化的全方位采购管理服务。云投集团是省政府的投资主体、融资平台和经营实体，该集团的战略定位为省政府推进全省经济社会发展的战略工具。同时，彩云电子招标采购平台也是云投集团"融信贯产"战略的重要平台之一，该平台将传统业务互联网化，打破行业地域限制，能够实现远程开标、异地开标及全程无纸化，为集团招标采购过程的透明、高效、节能、环保提供了一体化解决方案。

云投集团作为云南省最大的综合性投资控股集团、中国投资协会国有投资公司专业委

[①]　改编整理自2018年12月14日"中国政府采购招标网"的报道，"云投集团'彩云电子招标采购平台'上线 打造全方位采购管理服务"，作者：李晶晶。

员会的副会长单位、云南省投资协会会长单位，集团公司拥有员工5 395人，拥有控股子公司9个，分别为云南省电力投资有限公司、云南省铁路投资有限公司、云南省旅游投资有限公司、云南省林业投资有限公司、云南省医疗投资管理有限公司、曲靖市燃气有限公司、云南云投建设有限公司、云南云投镇雄矿业能源开发有限公司、云南省旅游酒店投资有限公司（暂名），参股项目64个，同时也是富滇银行的第一大股东，红塔证券的第二大股东，丽江旅游的第三大股东，中银国际并列第三大股东。截至2010年年底，集团合并报表总资产达到551亿元，比2006年年初总资产165.22亿元增长234%，为拉动云南投资总量增长，特别是产业引导和培育作出了积极贡献。据云投集团招标常务副总经理崔传启介绍，该平台能够实现数据实时推送。与此同时，该平台还获取国家认证认可的三星检测认证，平台系统合法合规且有保障。该平台融合大数据、人工智能等技术手段实现智能化评标，进而提升评标效率，进一步提高评标的准确性和公正性。此外，该平台系统内置的国际化模块，可轻松实现多国语言自动切换，助力护航云投集团海外招标采购的推行。当然，该平台也充分考虑了安全问题。彩云电子招标采购平台通过了公安部信息安全"等保三级"认证，基于全球领先的SAAS云架构，分别从物理安全、主机安全、应用安全、网络安全、业务安全、数据安全等多个层次保障系统安全。

据云投集团副总裁刘峰透露，彩云电子招标采购平台上线后，招标采购全流程将实现电子化与信息化，力图全面实现招标采购全过程的管理制度化、制度流程化、流程系统化、系统智能化，最终实现强主业、防风险，向市场提供优质的数字化招标采购服务，向"基于数字化驱动的全过程工程咨询"方向发力、发展。

第三节　资产管理控制

资产是企业生产经营活动的物质基础。《企业内部控制应用指引第8号——资产管理》中所称的资产是指企业拥有或控制的存货、固定资产和无形资产。资产管理贯穿于企业生产经营的全过程，是企业生产经营活动平稳有序进行的重要保障。企业的资产管理不仅包括防范资产被偷被盗、非法占用，还包括提高资产使用效能等。加强各项资产管理，保证资产安全完整，提高资产使用效能，对于维持企业正常生产经营以及促进企业发展战略的实现有重要的意义。在2017年制定的《小企业内部控制规范（试行）》中，提及对重要资产进行相应管理，具体体现在本节的无形资产内容中，对作为企业核心技术的无形资产进行重点管理。

一、资产管理的总体要求

（一）全面梳理资产管理流程

企业应当加强各项资产管理，全面梳理资产管理流程，包括各类存货、固定资产和无形资产"从进入到退出"的各个环节，如固定资产可以从取得、验收、登记造册、投保、运行维护、更新改造、盘点、处置等环节进行梳理，确保管理流程科学合理、管理要求有效落实。

（二）查找管理薄弱环节

通过全面梳理资产管理流程，应及时发现资产管理中的薄弱环节，并采取切实有效的措施加以改进。在资产管理中，应重点关注下列风险：存货积压或短缺，可能导致流动资金占用过量、存货价值贬损或生产中断；固定资产更新改造不够、使用效能低下、维护不当、产能过剩，可能导致企业缺乏竞争力、资产价值贬损、安全事故频发或资源浪费；无形资产缺乏核心技术、权属不清、技术落后、存在重大技术安全隐患，可能导致企业法律纠纷、缺乏可持续发展能力。

（三）重视投保

企业应当重视和加强各项资产的投保工作，采用招标等方式确定保险人，降低资产损失风险，同时要防范资产投保舞弊。企业尤其应该注重固定资产的投保管理，严格按照固定资产投保管理制度要求，安全投保。

二、存货管理

存货包括原材料、周转材料、在产品、半成品、产成品或商品等。企业代管、代销、暂存、受托加工的存货也应纳入本企业的存货管理。

（一）存货管理的业务流程

存货管理的业务流程主要有存货取得、验收入库、存货保管、领用发出以及销售处置等，具体如图7-3所示。

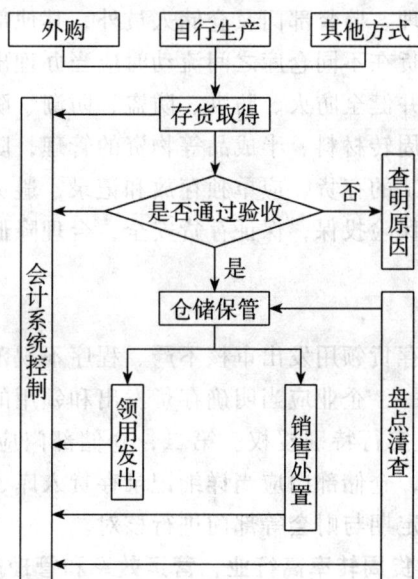

图7-3 存货管理业务流程图

（二）存货管理的关键风险点及控制措施

1.存货取得

存货取得方式有外购、委托加工、自制等。该环节的主要风险有：存货预算编制不科学、采购计划不合理，可能造成存货积压或短缺；取得方式不合理，不符合成本效益原则。

主要控制措施包括：第一，企业应当根据各种存货采购间隔期和当前库存，综合考虑企业生产经营计划、市场供求等因素，充分利用信息系统，合理确定存货采购日期和数量，确保存货处于最佳库存状态。第二，企业应当本着成本效益原则，确定不同类型存货的取得方式。

2.验收入库

该环节的主要风险有：验收程序和方法不规范、标准不明确，可能造成账实不符、质量不合格等问题。

主要控制措施包括：企业应当重视存货验收工作，规范存货验收程序和方法，对入库存货的数量、质量、技术规格等方面进行查验，验收无误方可入库。企业应针对不同的存货取得方式，关注不同的验收重点：（1）外购存货的验收，应当重点关注合同、发票等原始单据与存货的数量、质量、规格等的核对是否一致。涉及技术含量较高的货物，必要时可委托具有检验资质的机构或聘请外部专家协助验收。（2）自制存货的验收，应当重点关注产品质量。只有通过检验合格的半成品、产成品才能办理入库手续；不合格品应及时查明原因、落实责任、报告处理。（3）其他方式取得存货的验收，应当重点关注存货来源、质量状况、实际价值是否符合有关合同或协议的约定。

3.存货保管

该环节的主要风险有：存货储存保管方式不当、监管不严，可能造成存货被盗、流失、变质、损坏、贬损、浪费等。

主要控制措施包括：企业应当建立存货保管制度，定期对存货进行检查。重点关注下列事项：企业内部除存货管理、监督部门及仓储人员外，其他部门和人员接触存货，应当经过相关部门特别授权；存货在不同仓库之间流动时应当办理出入库手续；应当按仓储物资所要求的储存条件贮存，并健全防火、防洪、防盗、防潮、防病虫害和防变质等管理规范；加强生产现场的材料、周转材料、半成品等物资的管理，防止浪费、被盗和流失；对代管、代销、暂存、受托加工的存货，应单独存放和记录，避免与本单位存货混淆；结合企业实际情况，加强存货的保险投保，保证存货安全，合理降低意外事件造成的存货损失风险。

4.领用发出

该环节的主要风险有：存货领用发出审核不严、程序不规范，造成存货流失。

主要控制措施包括：第一，企业应当明确存货发出和领用的审批权限，大批存货、贵重商品或危险品的发出应当实行特别授权。第二，仓储部门应当根据经审批的销售（出库）通知单发出货物。第三，仓储部门应当详细记录存货入库、出库及库存情况，做到存货记录与实际库存相符，并定期与财会等部门进行核对。

案例7-5　收账款和存货周转率高行业，营运效率和管理能力凸显[①]

良品铺子食品有限公司是一家致力于开发与推广特色休闲食品的全国直营连锁企业，自2006年8月创立以来，就确立了"立足武汉，占领华中，辐射全国"的发展战略。先进的经营理念、优秀的管理团队、和谐的企业文化彰显着良品铺子顽强的生命力。良品铺子的每一件产品都是严格按照"六层品质把关"产品质量体系进行生产制作、物流配送和上柜的。"六层品质把关"包括：①生产商甄选；②原料精选；③口味定制；④生产过程监

---

① 改编整理自2019年1月28日"中国财经时报网"的报道，"良品铺子：收账款和存货周转率高行业，营运效率和管理能力凸显"，作者：佚名。

控；⑤快捷物流保新鲜；⑥上柜前质检。良品铺子以诚挚的信誉、热情的服务、严格的品控和高品质的商品，让消费者享受美味的同时，快乐感受健康生活。

良品铺子预披露更新的招股说明书中的内容显示，良品铺子的应收账款周转率和存货周转率均高于可比公司（好想你、盐津铺子、来伊份等公司）平均水平，这无疑显示出良品铺子具有较强的营运效率和管理能力。基于应收账款周转率的角度分析，该指标是反映公司应收账款周转速度的比率。它说明一定期间内公司应收账款转为现金的平均次数。根据金融界上市公司研究院的分析，休闲食品行业企业应收账款周转率之间的差异主要与其经营模式、销售渠道有关。具体而言，通过商超、线上平台销售的企业，因结算通常存在账期，应收账款周转速度相对较慢。而通过直营零售方式销售的企业，回款及时，应收账款周转速度相对较快。

然而，良品铺子应收账款周转率高于好想你和盐津铺子，具体可以对比2016年至2018年良品铺子与可比公司的应收账款周转率，对比三年数据发现，良品铺子三年的应收账款周转率分别为51.29、58.54和30.96，好想你三年的应收账款周转率均低于11.23，盐津铺子三年的应收账款周转率均低于18.33，而这三年应收账款周转率的行业均值分别为27.15、29.71和16.99。良品铺子的应收账款周转率明显高于好想你、盐津铺子和行业均值，其主要原因是在良品铺子的渠道比例中，线上平台、线下直营和加盟都有，整体优势明显。然而，好想你、盐津铺子因销售渠道中商超销售占比相对较高，导致期末应收账款较高，应收账款周转率较低。

此外，2016年至2018年良品铺子的存货周转率分别为5.19、6.25和4.17，高于行业均值，且2017年和2018年均高于其他可比公司，这表明良品铺子的存货周转速度较快，存货管理水平较高。因此，良品铺子的应收账款周转率和存货周转率均高于可比公司平均水平，这显示出其较强的营运效率和管理能力。

5.盘点清查

存货盘点清查既要关注数量，又要关注存货质量。该环节的主要风险有：盘点清查制度不完善、盘点计划不合理以及执行不严等，造成盘点工作流于形式、无法查清存货的真实情况。

主要控制措施包括：第一，企业应当建立存货盘点清查制度，结合本企业的实际情况确定盘点周期、盘点方法、盘点流程等相关内容。第二，企业至少应当于每年年度终了开展全面盘点清查，存货盘点前要拟订详细的盘点计划，确定盘点方法、时间、人员等。第三，严格按照盘点计划进行盘点清查，核查存货数量，及时发现存货减值迹象。盘点清查结果应当形成书面报告。盘点清查中发现的存货盘盈、盘亏、毁损、闲置以及需要报废的存货，应当查明原因、落实并追究责任，按照规定权限批准后处置。

6.销售处置

销售处置是指存货的正常对外销售以及存货因变质、毁损等进行的处置。存货销售环节的控制参照本章第四节——销售业务控制。存货报废处置环节的主要风险有处置责任不明确、审批不严等，可能导致企业利益受损。

主要控制措施包括：企业应定期对存货进行检查，及时了解存货的存储状态，对于存货变质、毁损、报废或流失，要分清责任，分析原因，并编制存货处置单，报经批准后及时处置。

7. 会计系统控制

该环节的主要风险有：会计记录和处理不及时、不准确，不能反映存货的实际情况，不能起到加强存货管理的作用。

主要控制措施包括：财务部门应根据原始凭证对各环节存货数量和金额进行及时登记；定期与仓储部门等其他相关部门核对，确保账实相符；对于账实不符或减值现象，及时作出账务处理。

案例 7-6   存货管理成效显著，现金流呈现好转趋势[①]

跨境通宝电子商务股份有限公司（简称"跨境通"），前身是创立于 1995 年的百圆裤业，于 2011 年 12 月在深圳交易所 A 股市场挂牌上市，股票代码 002640。随着全球化与互联网化的发展，跨境电商行业快速崛起，公司在 2014 年 7 月，通过重大资产重组进入跨境电商。目前，跨境通已成为中国 A 股市场一家以品牌产品对外输出为主的跨境电商企业。跨境通不仅保留原有的服装零售业务，更是发力跨境电商，将国内各类 3C 电子产品、服装服饰、美容等各类品牌产品供应给全球客户。目前，跨境通的跨境电商业务已覆盖到包括美国、加拿大、英国、德国、俄罗斯、法国、西班牙等全球 200 多个国家与地区。

跨境通 2017 年财报显示，该公司净利润增长为 90.7%，从该公司 2018 年一季报净利润增长为 65.1% 的数据可知，公司业绩持续爆发符合预期。跨境通 2017 年实现收入 140.2 亿元，同比增长 64.2%，其中，归属于母公司的净利润为 7.5 亿元，四季度单季同比增长 111.4%；EPS 为 0.52 元，拟每 10 股派 0.53 元，股息率为 0.27%。此外，跨境通 2018 年一季度收入同比增长 74.4%，达 46.2 亿元，归属于母公司的净利润同比增长 65.1%，达 2.6 亿元。其中，环球易购跨境出口业务收入增长 48.2%，帕拓逊收入增长 79.6%。跨境通预计 2018 年上半年业绩同比增长 50% 至 80%，环球易购和帕拓逊盈利能力不断增强，优壹电商并表增厚利润。

考虑从规模效应带动盈利能力提升，跨境通的现金流得到了趋势明显的改善。从利润表来看，该公司 2017 年毛利率上升至 49.8%，净利率上升至 5.5%。其中，2017 年下半年仓储物流费率下降至 12.9%，自 2015 年持续下降，规模优势推动采购、物流方面的议价能力不断突出。基于资产负债表来看，该公司的存货管控效果明显，2017 年年末存货同比增长 50.8%，低于收入的增速，2018 年一季度存货增加至 43.8 亿元，在剔除优壹电商原有业务存货预计较年初下降的情况后，考虑现金流量表情况，该公司 2017 年经营性现金流净额为 -2.9 亿元，同比增加 72.4%，具体而言，四季度现金流转正为 2.4 亿元。其中，2018 年一季度经营性现金流净额为 -2.5 亿元，具体剔除优壹电商并表因素，一季度经营性现金流净额约为 -1.4 亿元，存货规模控制、应付款增加使现金流状况明显改善。

基于该公司供应链进行的优化整合，其海外仓建设随之推进，自有品牌占比达三成，并表优壹电商的进口业务有望协同发力。首先考虑的是，该公司自有品牌的快速发展，截至 2017 年，该公司的自有品牌实现收入 43.0 亿元，占整体销售收入达 30.7%。与此同时，2017 年该公司前五大客户采购金额占比为 12.2%，可以说明该公司的供应链实现了进一步

① 改编整理自 2018 年 5 月 3 日申万宏源集团股份有限公司的报道，"跨境通：存货管理成效显著，现金流呈现好转趋势，维持买入"，作者：王立平。

整合。其次需要说明的是，该公司全球仓储体系建设的推进。该公司在2017年仓储面积达28万平方米，实现了在17个国家或地区建成54个海外仓的基本目标。最后一点值得一提的是，该公司收购了优壹电商，力图进军进口领域。截至2017年，该公司实现跨境进口业务收入同比增长59.8%，达6.8亿元，而2018年一季度优壹电商收入增长约34.1%，达7.9亿元，这次并购有望推动进口电商市场进一步突破。

对于我国跨境电商领域龙头企业跨境通而言，高溢价转让彰显其管理层信心满满。从跨境通总经理徐佳东先生拟收购大股东及一致行动人7.3%股权的情况中可以推测出，58%高溢价体现的是对未来发展的信心及对公司价值的充分认可。

三、固定资产管理

企业的固定资产主要包括为生产商品、提供劳务、出租或经营管理目的持有的房屋、建筑物、机器设备以及运输工具等。

（一）固定资产管理的业务流程

固定资产管理的业务流程主要包括资产取得、资产验收、登记造册、资产投保、运行维护、定期评估、更新改造以及淘汰处置等，具体如图7-4所示。

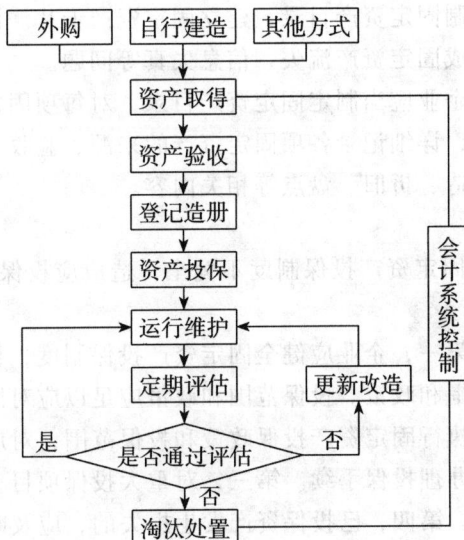

图7-4　固定资产管理业务流程图

（二）固定资产管理的关键风险点及控制措施

1.资产取得

固定资产的取得方式有投资者投入、外购、自行建造、非货币性资产交换以及捐赠等。该环节的主要风险有固定资产预算不科学、审批不严等，造成固定资产购建不符合企业发展战略、利用率不高等问题。

主要控制措施包括：第一，企业应建立固定资产预算制度，固定资产的购建应符合企业的发展战略和投资计划。第二，对于固定资产建造项目应开展可行性研究，提出项目方案，报经批准后确定工程立项。具体控制措施参照本章第六节——工程项目控制。

2.资产验收

不同取得方式以及不同类型的固定资产，其验收程序和技术要求也不同。该环节的主要风险是固定资产验收程序不规范，可能造成资产质量不符合要求，影响资产正常运作。企业应当建立严格的固定资产交付验收制度，确保固定资产数量、质量、规格等符合使用要求。固定资产交付使用的验收工作应由固定资产管理部门、使用部门及建造部门共同实施。

主要控制措施包括：第一，外购固定资产验收时应重点关注固定资产的品种、数量、规格、质量等是否与合同、供应商的发货单一致，并出具验收单或验收报告。第二，自行建造固定资产应由建造部门、固定资产管理部门和使用部门联合验收，编制书面验收报告，并在验收合格后填制固定资产移交使用单，移交使用部门投入使用。第三，对于需要安装的固定资产，收到固定资产经初步验收后要进行安装调试，安装完成后须进行第二次验收。第四，对于未通过验收的固定资产，不得接收，应按照合同等有关规定办理退货等弥补措施。验收合格的固定资产应及时办理入库、编号、建卡、调配等手续。第五，对于具有权属证明的资产，取得时必须有合法的权属证书。

3.登记造册

企业取得资产后应编制固定资产目录，建立固定资产卡片。该环节的主要风险是固定资产登记内容不完整，造成固定资产流失、信息失真等问题。

主要控制措施包括：企业应当制定固定资产目录，对每项固定资产进行编号，按照单项资产建立固定资产卡片，详细记录各项固定资产的来源、验收、使用地点、责任单位和责任人、运转、维修、改造、折旧、盘点等相关内容。

4.资产投保

该环节的主要风险是固定资产投保制度不健全，造成应投保资产未投保、投保舞弊、索赔不力等问题。

主要控制措施包括：第一，企业应健全固定资产投保制度，根据固定资产的性质和特点，确定固定资产投保范围和政策。投保范围和政策应足以应对固定资产因各种原因发生损失的风险。第二，严格执行固定资产投保政策和投保范围，对应投保的固定资产项目按规定程序进行审批，及时办理投保手续。第三，对重大投保项目，应考虑采取招标方式确定保险人，防范投保舞弊。第四，已投保资产发生损失的，应及时调查原因，办理相关索赔手续。

5.运行维护

该环节的主要风险有固定资产操作不当、维修保养不到位，造成固定资产运作不良、使用效率低下、产品残次率高、生产停顿，甚至出现生产事故等。

主要控制措施包括：第一，企业应对固定资产实行归口管理和分级管理，坚持"谁使用、谁管理、谁负责"的原则。第二，企业应当强化对关键设备运转的监控，严格操作流程，实行岗前培训和岗位许可制度，确保设备安全运转。第三，严格执行固定资产日常维修和大修理计划，定期对固定资产进行维护保养，切实消除安全隐患。

6.更新改造

该环节的主要风险有固定资产更新改造不及时、技术落后，造成设备落后、市场竞争力下降。

主要控制措施包括：第一，企业应当定期对固定资产的技术先进性进行评估，结合企业发展的需要，提出技改方案，并经审核批准后执行。第二，根据发展战略，充分利用国家有关自主创新政策，加大技改投入，不断促进固定资产技术升级，淘汰落后设备，切实做到保持本企业固定资产技术的先进性和企业发展的可持续性。第三，管理部门需对技改方案实施过程适时监督，加强管理，有条件的企业可以建立技改专项资金并进行定期或不定期审计。

7.盘点清查

该环节的主要风险是清查制度不完善，造成固定资产流失、毁损等账实不符与资产贬值等问题。

主要控制措施包括：第一，企业应当建立固定资产清查制度，至少每年进行一次全面清查。第二，清查结束后应编制清查报告，对清查中发现的问题，应当查明原因，追究责任，妥善处理。

8.抵押质押

该环节的主要风险是固定资产抵押制度不完善，可能导致抵押资产价值低估和资产流失。

主要控制措施包括：加强固定资产抵押、质押的管理，明晰固定资产抵押、质押流程，规定固定资产抵押、质押的程序和审批权限等，确保资产抵押、质押经过授权审批及适当程序。同时，应做好相应记录，保障企业资产安全。财务部门办理资产抵押时，如需要委托专业中介机构鉴定评估固定资产的实际价值，应当会同金融机构有关人员、固定资产管理部门、固定资产使用部门现场勘验抵押品，对抵押资产的价值进行评估。对于抵押资产，应编制专门的抵押资产目录。

9.淘汰处置

该环节的主要风险有处置制度不完善、处置方式不合理、处置定价不恰当等，可能给企业造成损失。

主要控制措施包括：企业应建立健全固定资产处置制度，加强固定资产处置的控制，按规定程序对处置申请进行严格审批，关注固定资产处置中的关联交易和处置定价，防范资产流失。第一，对使用期满、正常报废的固定资产，应由固定资产使用部门或管理部门填制固定资产报废单，经本单位授权部门或人员批准后对该固定资产进行报废清理。第二，对使用期限未满、非正常报废的固定资产，应由固定资产使用部门提出报废申请，注明报废理由、估计清理费用以及可回收残值、预计出售价值等。单位应组织有关部门进行技术鉴定，按规定程序审批后进行报废清理。第三，对拟出售或投资转出的固定资产，应由有关部门或人员提出处置申请，对固定资产价值进行评估，并出具固定资产评估报告，报经企业授权部门或人员批准后予以出售或转让。企业应特别关注固定资产处置中的关联交易和处置定价。

10.会计系统控制

该环节的主要风险有会计记录和处理不及时、不准确，不能反映固定资产的实际情况。

主要控制措施包括：财务部门应及时对固定资产增加、处置等变动情况进行会计记录和处理，根据固定资产的实际使用情况合理地确定计提折旧、减值准备的方法，并定期对折旧和减值进行复核。

案例7-7 国内最大的房产中介公司如何管理上千门店固定资产？[①]

市场经济离不开中介服务，随着我国房地产业的发展，房产中介咨询服务机构正在蓬勃发展，房地产开发和市场消费的桥梁纽带作用通过这一中介得以发挥。房产中介为消费市场提供了房地产评估、经纪、咨询等服务。这对活跃房地产市场，促进房地产业的健康发展，具有现实意义。这一中介服务已成为房地产业不可缺少的部分。众所周知，房产中介公司是一种轻资产运营模式公司，虽然其单体门店的投资成本并不过多过重，但是单体门店却能够为整个公司获取最大的竞争优势，1.5千米到3千米范围之内是单体门店的服务辐射范围。然而，作为国内最大的房产中介公司，若想在竞争激烈的中介市场取得竞争优势，就势必要加大线下门店的布局，特别是对于那些需要在一、二线城市快速复制扩张的公司。

然而，在飞速的扩张过程中需要较好地解决三大问题：问题之一，门店选址、租金谈判；问题之二，经纪人招聘；问题之三，固定资产采购及管理。虽然，固定资产采购及全生命周期管理是一个持续的过程，能够管理好固定资产对管理成本会有30%以上的影响，但是作为国内最大的房产中介（某客户），在北上广深等一线城市到底有多少门店？需采购多少资产？成本是多少？

根据易点公司的客户案例分析及市场测算，例如，在深圳最大的中介机构要复制1 000家门店才能够完成整个市场布局，则要保障1 000家门店的正常开业，且平均每家门店要采购20～40件固定资产，例如电脑、打印机、智能设备、家具、家电及相关耗材，采购成本8万～15万元，这样1 000家门店的总成本即可算出，2万～4万的总资产数量，上亿级别总资产价值。若要核算全国门店，则其资产价值要扩大几倍，达到数亿级，如果能在采购、管理、盘点、报废整体流程中做到高质量、高效率管理，则将节省数百万元甚至数千万元的成本。

鉴于易点系统的三大功能，在经过国内最大中介公司应用后，将成为中介行业降低数百万元成本的有效措施：第一，集团管控。对于北上广深这样的特大城市而言，其中任何一个城市的公司都是过万资产数量、过亿资产价值、上千门店数量，在这种情况下，集团公司总体管控、各门店独自管理的模式成为首选，各门店可以轻松管理资产的日常使用。当然，集团也可以对资产整体状况做到一目了然，清楚知道资产的采购成本、资产的使用及维修情况，自然可以对资产的整体报废做到事先预警。第二，采用云平台+APP移动办公。虽然公司在城市整体中资产数量巨大，且各门店资产总数并不大，但是资产管理人员却并不可能做到按照门店配置，而是采取人员共享且移动办公的方式，这样一个云平台并支持APP随时随地管理资产系统架构则成为首选。这种模式不仅可以节省单独部署资产管理系统的成本，而且可随时随地进行资产管理和操作。第三，实现全员盘点。该系统还有大幅度改善中介公司管理人员少、资产数量巨大且门店分散这种场景的功能，就是全员盘点并结合集团抽检，做到责任到人，店长要对资产的损坏、丢失负责，集团可直接下发年度盘点单，各门店均可接受集团盘点计划，并通过微信平台进行资产的盘点，最终上传统一的盘点单，盘点效率可提升80%，也可以大幅度提高盘点的准确性。

[①] 改编整理自2018年3月12日"易点公司网"的报道，"国内最大的房产中介公司如何管理上千门店固定资产？"，作者：佚名。

截至目前，已有众多大型房产中介公司、房地产开发公司使用易点资产系统实现移动资产管理，而且在推广全员资产管理、盘点的新型管理方式中受益，易点资产管理方案也成为资产管理降本增效的最佳实践。

四、无形资产管理

企业的无形资产包括商标权、专利权、专有技术、土地使用权和特许经营权等。在2017年制定的《小企业内部控制规范》中，提及对重要资产进行相应管理，具体可以体现为对作为企业核心技术的无形资产进行重点管理。

（一）无形资产管理的业务流程

无形资产管理的业务流程主要包括无形资产的取得与验收、资产的使用与保护、技术升级和更新换代、资产处置等，具体如图7-5所示。

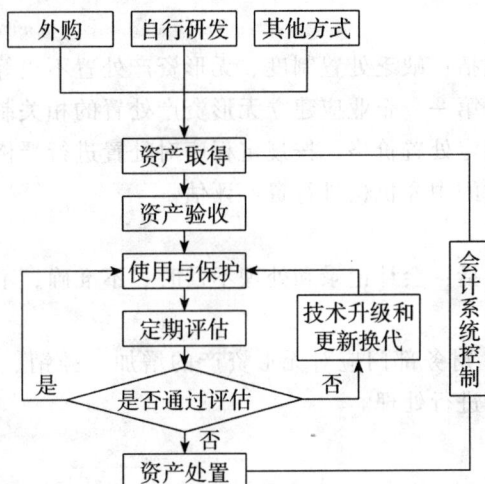

图7-5　无形资产管理业务流程图

（二）无形资产管理的关键风险点及控制措施

1.无形资产的取得与验收

该环节的主要风险包括：无形资产购建审批不严、没有自主权、取得的资产不具先进性、无形资产权属不清等，造成购建不符合发展战略、竞争力不强、浪费企业资源、引发法律诉讼等问题。

主要控制措施包括：第一，无形资产购建应符合企业的发展战略，并进行可行性研究。第二，建立严格的无形资产交付验收制度，全面梳理外购、自行研发以及其他方式取得的各类无形资产的权属关系，及时办理产权登记手续。权属关系发生变动时，应按规定及时办理权证转移手续。第三，企业购入或者以支付土地出让金等方式取得的土地使用权，应当取得土地使用权的有效证明文件。

2.无形资产的使用与保护

该环节的主要风险包括：无形资产使用效率低下；缺乏严格的保密措施，导致商业秘密泄露；其他企业的侵权行为损害企业利益等。

主要控制措施包括：第一，企业应当加强对品牌、商标、专利、专有技术、土地使用权等无形资产的管理，分类制定无形资产管理办法，落实无形资产管理责任制，促进无形资产的有效利用，充分发挥无形资产对提升企业核心竞争力的作用。第二，企业应加强对无形资产所有权的保护，防范侵权行为和法律风险。第三，无形资产具有保密性质的，应当采取严格的保密措施，严防泄露商业秘密。

3.技术升级和更新换代

该环节的主要风险包括：无形资产未及时更新换代，造成技术落后、自主创新能力低或存在重大技术安全隐患以及忽视品牌建设、社会认可度低等。

主要控制措施包括：第一，企业应当定期对专利、专有技术等无形资产的先进性进行评估，淘汰落后技术，加大研发投入，促进技术更新换代，不断提升自主创新能力，努力做到核心技术处于同行业领先水平。第二，企业应当重视品牌建设，加强商誉管理，通过提供高质量产品和优质服务等多种方式不断打造和培育主业品牌，切实维护和提升企业品牌的社会认可度。

4.无形资产处置

该环节的主要风险包括：缺乏处置制度、无形资产处置不当等，造成企业资产流失。

主要控制措施包括：第一，企业应建立无形资产处置的相关制度，明确处置程序、审批权限等。第二，合理确定处置价格，按规定程序对处置进行严格审批。第三，重大无形资产处置应委托具有资质的中介机构进行资产评估。

5.会计系统控制

该环节的主要风险包括：会计记录和处理不及时、不准确，不能反映无形资产的实际情况。

主要控制措施包括：财务部门应对无形资产的增加、摊销、处置等及时进行账务处理，及时发现减值情况并进行处理。

第四节 销售业务控制

销售是指企业出售商品（或提供劳务）及收取款项等相关活动。规范销售行为、防范销售风险，可以促进企业扩大销售、拓宽销售渠道、提高市场占有率，对增加收入、实现企业经营目标和发展战略具有重要意义。

一、销售业务控制的总体要求

（一）全面梳理销售业务流程

根据《企业内部控制应用指引第9号——销售业务》的规定，企业应当结合实际情况，全面梳理销售业务流程。企业的销售业务流程包括销售计划管理、客户信用管理等环节。企业应确保管理流程科学合理，保证销售顺畅进行。

（二）完善相关管理制度

企业应当完善销售业务的相关管理制度，包括销售、发货、收款等方面的制度，有效防范经营风险。

（三）查清薄弱环节

在全面梳理相关业务流程的基础上，定期检查、分析销售过程的薄弱环节，采取有效控制措施，确保实现销售目标。应重点关注以下风险：销售政策和策略不当、市场预测不准确、销售渠道管理不当等，可能导致销售不畅、库存积压、经营难以为继；客户信用管理不到位、结算方式选择不当、账款回收不力等，可能导致销售款项不能收回或遭受欺诈；销售过程存在舞弊行为，可能导致企业利益受损。

二、销售业务流程

销售业务的基本流程包括销售计划管理、客户信用管理、确定定价机制和信用方式、销售业务谈判、订立销售合同、开具销售通知、发货、收款、客户服务等，具体如图7-6所示。

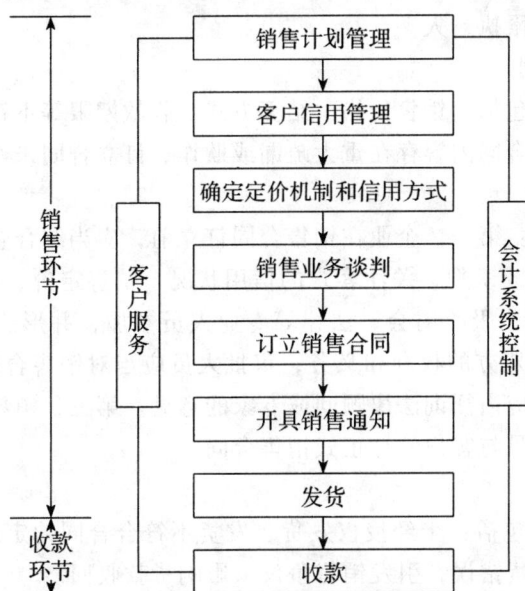

图7-6 销售业务流程图

三、销售业务的关键风险点及控制措施

（一）销售计划管理

企业应结合销售预测和生产能力，设定销售总体目标额以及不同产品的销售目标额，并据此制订销售方案，实现销售目标。该环节的主要风险包括：销售计划缺乏或不合理、未经授权审批等，导致产品结构和生产安排不合理、库存积压。

主要控制措施包括：第一，企业应根据发展战略，结合销售预测、生产能力以及客户订单情况，制订年度、月度销售计划。第二，要不断根据实际情况，及时调整销售计划，并按程序进行审批。

（二）客户信用管理

该环节的主要风险包括：客户信用档案不健全、缺乏对客户资信的持续评估，可能造成客户选择不当、款项不能及时收回甚至遭受欺诈，影响企业现金流和正常经营。

主要控制措施包括：企业应当建立和不断更新、维护客户信用动态档案，关注重要客户的资信变动情况，采取有效措施，防范信用风险。对于境外客户和新开发客户，应当建立严格的信用保证制度。

（三）确定定价机制和信用方式

该环节的主要风险包括：定价不合理、销售价格未经适当审批或存在舞弊、信用方式不当等，造成销售受损，损害企业经济利益或企业形象。

主要控制措施包括：第一，企业应当加强市场调查，合理确定定价机制和信用方式，根据市场变化及时调整销售策略，灵活运用销售折扣、销售折让、信用销售、代销和广告宣传等多种策略和营销方式，促进销售目标的实现，不断提高市场占有率。第二，产品基础价格以及销售折扣、销售折让等政策的制定应按规定程序与权限进行审核批准。第三，对于某些商品可以授予销售部门一定限度的价格浮动权，销售部门结合产品市场特点，将权力逐级分配并明确权限执行人。

（四）订立销售合同

该环节的主要风险包括：销售价格、结算方式、收款期限等不符合企业销售政策，导致企业经济利益受损；合同内容存在重大疏漏或欺诈、订立合同未经授权，导致侵害企业的合法权益。

主要控制措施包括：第一，企业在销售合同订立前，应当结合企业的销售政策，与客户进行业务洽谈、磋商或谈判，关注客户的信用状况、销售定价、结算方式等相关内容。重大的销售业务谈判应当吸收财会、法律等专业人员参加，并形成完整的书面记录。第二，销售合同应当明确双方的权利和义务，审批人员应当对销售合同草案进行严格审核。对于重要的销售合同，应当征询法律顾问或专家的意见。第三，销售合同草案经审批同意后，企业应授权有关人员与客户签订正式销售合同。

（五）发货

该环节的主要风险包括：未经授权发货、发货不符合合同约定或者发货程序不规范，可能造成货物损失或发货错误，引发销售争议，影响货款收回。

主要控制措施包括：第一，企业销售部门应当按照经批准的销售合同开具相关销售通知。发货和仓储部门应当对销售通知进行审核，严格按照所列项目组织发货，确保货物的安全发运。第二，企业应当严格按照发票管理规定开具销售发票，严禁开具虚假发票。第三，应当以运输合同或条款等形式明确运输方式、商品短缺、毁损或变质的责任、到货验收方式、运输费用承担、保险等内容，货物交接环节应做好装卸和检验工作，确保货物的安全发运，由客户验收确认。

（六）客户服务

该环节的主要风险包括：服务水平低，影响客户满意度和忠诚度，造成客户流失。主要控制措施包括：第一，根据企业自身状况与行业整体情况，企业应当完善客户服务制度（包括服务内容、方式、标准等），加强客户服务和跟踪，提升客户满意度和忠诚度。第二，做好客户回访工作，建立客户投诉制度，不断改进产品质量和服务水平。第三，企业应当加强销售退回管理，分析销售退回原因，并及时妥善处理。

（七）收款

该环节的主要风险包括：结算方式选择不当、账款回收不力、票据审查和管理不善，使企业经济利益受损。

主要控制措施包括：第一，企业应结合销售政策和信用政策，选择恰当的结算方式。第二，企业应当完善应收款项管理制度，落实责任，严格考核，实行奖惩制度。销售部门负责应收款项的催收，妥善保存催收记录（包括往来函电）；财会部门负责办理资金结算并监督款项回收。第三，企业应当加强商业票据管理，明确商业票据的受理范围，严格审查商业票据的真实性和合法性，防止票据欺诈，并关注商业票据的取得、贴现和背书，对已贴现但仍承担收款风险的票据以及逾期票据，应当进行追索监控和跟踪管理。

（八）会计系统控制

该环节的主要风险包括：销售业务会计记录和处理不及时、不准确，造成企业账实不符、账账不符、账证不符等，不能反映企业利润和经济资源的真实情况。

主要控制措施包括：第一，企业应当加强对销售、发货、收款业务的会计系统控制，详细记录销售客户、销售合同、销售通知、发运凭证、商业票据、款项收回等情况，确保会计记录、销售记录与仓储记录核对一致。第二，建立应收账款清收核查制度，指定专人通过函证等方式定期与客户核对应收账款、应收票据、预收账款等往来款项。第三，加强应收款项坏账的管理。应收款项全部或部分无法收回的，应当查明原因，明确责任，并严格履行审批程序，按照国家统一的会计准则和制度处理。

案例 7-8　　再被曝销售过期产品，盒马鲜生监管仍存漏洞[①]

盒马鲜生是阿里巴巴对线下超市完全重构的新零售业态。盒马鲜生是超市，是餐饮店，也是菜市场，但这样的描述似乎又都不准确。消费者可到店购买，也可以在盒马 App 下单。而盒马鲜生最大的特点之一就是快速配送：门店附近 3 千米范围内，30 分钟送货上门。2017 年 7 月 14 日，阿里巴巴董事局主席马云和 CEO 张勇等人在盒马鲜生品尝刚刚出炉的海鲜，早在两年多以前，"盒马鲜生"已经在阿里内部开始进行低调筹备。随着阿里巴巴董事局主席马云到店走访，这个不为人知的阿里"亲儿子"被推到了聚光灯下，正式成为阿里"动物园"在天猫、菜鸟、蚂蚁金服之后的新成员。然而，在 2018 年 11 月 19 日盒马鲜生却被立案调查，上海市静安区市场监管局针对"偷换标签"事件对盒马鲜生立案调查，库存 73 盒胡萝卜产品第一时间下架封存。随后，在 2018 年 11 月 21 日，盒马鲜生 CEO 就"标签门"发致歉信，盒马鲜生上海区总经理就地免职。

然而，在 2018 年 12 月 8 日，继盒马鲜生"标签门"事件引发关注后，盒马鲜生又一次被曝出食品安全问题。据一消费者在其微博爆料，称 2018 年 12 月 1 日在盒马鲜生上海金桥店购买了两听椰浆，却在到家后发现该商品已经过期两个多月。对此爆料，阿里巴巴官方客服在该消费者微博下发表留言表示：系盗损物品误上架，责任确实在盒马方面，随后提出了"十倍赔偿"的解决方案。然而，对于阿里方面的表态，消费者却并不买账，还继续提出了对盒马鲜生的质疑，该产品在 2018 年 9 月 28 日过期，而盒马方面应于 2018 年 11 月 27 日将产品追回，那么，公司是否存在已对产品的保质期进行检查后，仍选择再将商品上架的行为？为何过期两个多月的产品，仍会有被上架销售的可能？怎样杜绝类似情况继续发生？

经过上海市食药监方面的工作人员至门店查看并调查发现：消费者举报的这两听椰浆没有像其他商品一样进行入库检查。盒马鲜生方面表示，在未来出现类似问题时，如果商品为盗损商品，那么会选择干脆不上架，当然后续也会完善相关的报损机制。

然而，值得大家注意的是，这次事件已是盒马鲜生门店在一个月内发生的第二次因产

---

① 改编整理自 2018 年 12 月 6 日《新京报》的报道，"盒马鲜生又曝销售过期产品，两听椰浆过期两个多月"，作者：徐驰。

品日期问题被消费者投诉的情况。就在2018年11月15日，市民方先生在盒马鲜生大宁店内选购胡萝卜时，发现一名店员将生产日期分别为2018年11月9日、10日和11日的"崇明胡萝卜"产品的生产日期标签全部更换为2018年11月15日。在事后，盒马方面曾通过官方微博郑重表态，盒马方面在管理上存在漏洞，将在全国范围内门店开展自查，杜绝类似情况发生。

从盒马鲜生因产品日期问题接连被投诉的情况来看，这些问题能够在一定程度上说明其内部管理上存在问题。据了解，目前盒马鲜生主要的战略定位还是快速抢占新零售市场，从而完成第一轮的跑马圈地。然而，快速抢占市场的战略抉择，自然无法和精耕细作的质量管控相结合，这也许是盒马鲜生目前最为尴尬却也无奈的地方。具体而言，一方面，盒马鲜生快速扩张，很难在质量管控方面做到面面俱到；另一方面，盒马鲜生过于追求质量又会影响其扩展的速度，特别是在目前竞争对手虎视眈眈的情况下。当然，事实也证明了盒马鲜生的忧虑。

激烈的竞争正在上演，在阿里巴巴落地盒马鲜生这个新零售业务后，京东随后也推出了其自身的线下生鲜超市——7fresh，而零售巨头永辉也入局新零售领域，创立了超级物种。面对激烈的市场竞争，盒马鲜生显然优先选择了快速扩张，但是密集曝出的负面新闻，却将对其品牌形象造成严重影响。

第五节　研究与开发控制

研究与开发，是指企业为获取新产品、新技术、新工艺等所开展的各种研发活动。随着市场竞争的加剧，能否创新已成为企业成败的关键。但是，研发活动具有投入大、周期长、不确定性高的特点，因此研发活动的成败对企业生产经营影响较大。加强研发活动控制，有利于促进企业自主创新、增强核心竞争力、有效控制研发风险以及实现发展战略。

一、研究与开发控制的总体要求

（一）以战略为导向

根据《企业内部控制应用指引第10号——研究与开发》的要求，企业应当重视研发工作，根据发展战略，结合市场开拓和技术进步的要求，科学制订研发计划，强化研发全过程管理，规范研发行为。

（二）注重研发成果的转化

企业研发的目的，最终是将研发成果转化为促进企业发展的动力。企业应促进研发成果的转化和有效利用，不断提升企业的自主创新能力。

二、研究与开发的业务流程

研究与开发业务的基本流程主要包括立项、研究过程管理、验收、研究成果开发与保护、研发活动评估等，具体如图7-7所示。

```
            ┌─────────────────┐◄──────────┐
            │   立项申请       │           │
            └─────────────────┘           │
                    │                     │
            ┌─────────────────┐           │
            │     评审         │           │
            └─────────────────┘           │
                    │                     │
            ◇─────────────────◇   是       │
            ◇ 是否需要修改计划 ◇──────────┘
            ◇─────────────────◇
                    │ 否
            ┌─────────────────┐
            │     审批         │
            └─────────────────┘
                    │
            ◇─────────────────◇   否
            ◇  是否通过审批    ◇──────────►
            ◇─────────────────◇
                    │ 是
            ┌─────────────────┐
            │  研究项目启动    │
            └─────────────────┘
                    │
            ◇─────────────────◇   是        ┌─────────────┐
            ◇   是否外包       ◇──────────► │ 签订外包合同 │
            ◇─────────────────◇            └─────────────┘
                    │ 否                    ┌──────┬──────┐
            ┌─────────────────┐◄──────────│ 外包 │ 研究 │
            │ 研究过程跟踪管理 │           │ 业务 │ 合同 │
            └─────────────────┘           │ 管理 │ 管理 │
                    │                     └──────┴──────┘
            ┌─────────────────┐
            │   阶段性评估     │
            └─────────────────┘
                    │
            ◇─────────────────◇   是
            ◇  是否需要调整    ◇──────────►
            ◇   研发计划       ◇
            ◇─────────────────◇
                    │ 否
            ┌─────────────────┐◄──────────┘
            │  研究成果验收    │
            └─────────────────┘
                    │
            ┌─────────────────┐
            │ 研究成果的开发与保护 │
            └─────────────────┘
                    │
            ┌─────────────────┐
            │  研发活动评估    │
            └─────────────────┘
```

立项阶段　研究阶段　开发与保护　后评估阶段

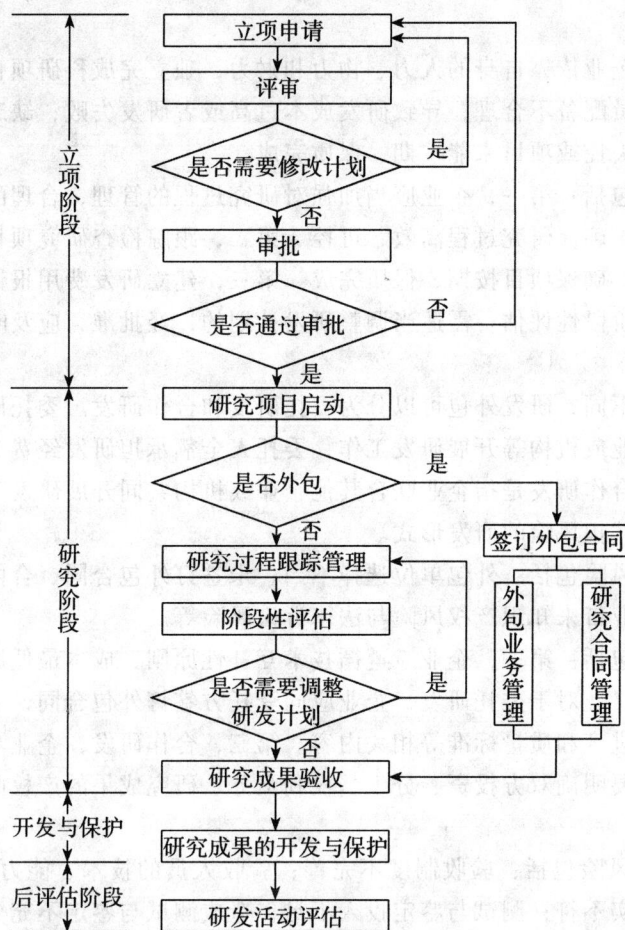

图7-7　研究与开发业务流程图

三、研究与开发业务的关键风险点及控制措施

（一）立项

立项主要包括立项申请、评审和审批。该环节的主要风险包括：研发项目与国家或企业的科技发展战略不符，项目评审和审批不严，可能造成项目创新不足、项目必要性不大或资源浪费等。

主要控制措施包括：第一，企业应当结合发展战略、实际需要以及技术现状，制订研发计划，提出研究项目立项申请，开展可行性研究，编制可行性研究报告。第二，企业可以组织独立于申请及立项审批之外的专业机构和人员进行评估论证，出具评审意见。第三，研究项目应当按照规定的权限和程序进行审批。重大研究项目应当报经董事会或类似权力机构集体审议决策。审批应当重点关注研究项目促进企业发展的必要性、技术的先进性以及成果转化的可行性。

（二）研究过程管理

研发可以采取自主研发和研发外包两种方式。

1.自主研发

自主研发是指企业依靠自身的人力、物力和财力，独立完成科研项目。该环节的主要风险包括：研发人员配备不合理，导致研发成本过高或者研发失败；缺乏对研发项目的跟踪管理，造成费用失控或项目未能按期、保质完成。

主要控制措施包括：第一，企业应当加强对研究过程的管理，合理配备专业人员，严格落实岗位责任制，确保研究过程高效、可控。第二，跟踪检查研究项目的进展情况，评估各阶段研究成果，确保项目按期、保质完成。第三，建立研发费用报销制度，加强费用控制。第四，开展阶段性评估。需适当调整研发计划的，经批准，应及时予以调整。

2.研发外包

根据外包程度不同，研发外包可以分为委托研发和合作研发。委托研发是指企业委托具有研发能力的企业或机构等开展研发工作，委托人全额承担研发经费、受托人交付研发成果的研发形式。合作研发是指企业联合其他企业或机构共同开展研发工作，合作方共同参与、共享效益、共担风险的研发形式。

该环节的主要风险包括：外包单位选择不当、未签订外包合同、合同内容存在重大疏漏或欺诈等，给企业带来知识产权风险与法律诉讼风险等。

主要控制措施包括：第一，企业应遵循技术互补性原则、成本最低原则、诚信原则等甄选合作伙伴。第二，对于委托研发，企业应同受托方签订外包合同，主要约定研究成果的产权归属、研究进度和质量标准等相关内容。第三，合作研发，企业与合作方签订书面合作研究合同，主要明确双方投资、分工、权利义务、研究成果的产权归属等。

（三）验收

该环节的主要风险包括：验收制度不完善；验收人员的技术、能力、独立性等缺乏，造成验收结果与事实不符；测试与鉴定投入不足，造成测试与鉴定不充分。

主要控制措施包括：第一，企业应当建立和完善研究成果验收制度，组织专业人员对研究成果进行独立评审和验收。第二，加大测试和鉴定阶段的投入，切实降低技术失败的风险。第三，对于通过验收的研究成果，可以委托相关机构进行审查，确认是否申请专利或作为非专利技术、商业秘密等进行管理。企业对于需要申请专利的研究成果，应当及时办理有关专利申请手续。

（四）核心研发人员的管理

该环节的主要风险包括：缺乏核心研发人员管理制度；研发人员不勤勉或泄露核心技术等职业道德风险；核心研发人员离职，影响研发活动的进行；未签订劳动合同或劳动合同有重大疏漏，如对研发成果归属和离职后的保密义务等规定不清，给企业造成损失。

主要控制措施包括：第一，企业应当建立严格的核心研究人员管理制度，明确界定核心研究人员的范围和名册清单，签署国家有关法律、法规要求的保密协议，从制度上约束核心研发人员可能出现的道德风险。第二，应实施合理、有效的研发绩效管理，如采取股权分享方式对研发人员进行持续激励，减少离职现象。第三，企业与核心研究人员签订劳动合同时，应当特别约定研究成果归属、离职条件、离职移交程序、离职后的保密义务、离职后的竞业限制年限及违约责任等内容。

（五）研究成果开发

研究成果开发是技术研究的目的。如果开发成功，就可以获取技术优势，促进企业发展和盈利。但是，研究成果开发也存在失败的风险。该环节的主要风险包括：第一，技术风险。例如，科学技术发展速度较快，新产品开发速度赶不上科技发展速度，使新产品在开发过程中夭折；在研究成果开发中由于技术能力有限，遇到技术障碍，延误开发时机。第二，市场风险。例如，对产品性能验证不够，开发过快，产品市场潜力不大。

主要控制措施包括：第一，企业应当加强研究成果的开发，形成科研、生产、市场三位一体的自主创新机制，促进研究成果转化。第二，加强技术管理，攻克关键技术障碍。第三，研究成果的开发应当分步推进，通过试生产，充分验证产品性能，经过市场认可后方可进行批量生产。

（六）研发成果保护

该环节的风险主要包括：第一，立项时的风险。例如，立项时未进行专利信息的详细检索，自主开发的成果却不能使用。第二，研发过程中的风险。由于研发人员泄密、离职等，使阶段性成果被竞争对手获得。第三，研发成功后的风险。例如，对新开发的技术或产品未进行有效保护，而竞争对手抢先申请专利保护，导致自主开发成果被限制使用；合作研发中未明确产权归属，导致自树竞争对手。

主要控制措施包括：第一，立项申请、评估和审批阶段都应详细检索专利信息，以防自主研发成果不能使用。第二，加强研发人员管理，签订保密协议，在劳动合同中明确离职后的保密义务等。第三，合作研发合同中明确产权归属。第四，建立研究成果保护制度，加强对专利权、非专利技术、商业秘密及在研发过程中形成的各类涉密图纸、程序、资料的管理，严格按照制度规定借阅和使用，禁止无关人员接触研究成果，以及依靠法律保护合法权益。

（七）研发活动评估

研发活动评估是指在研发项目通过验收一定时间之后，对立项与研究、开发与保护等过程进行全面评估，衡量研发价值，总结经验，查清薄弱环节，以不断提高研发水平。该环节的主要风险包括：缺乏对研发活动的评估，对评估不重视，评估指标过于片面而导致评估失败等。

主要控制措施包括：第一，企业应当建立研发活动评估制度，加强对立项与研究、开发与保护等过程的全面评估，认真总结研发管理经验，分析研发管理的薄弱环节，完善相关制度和办法，不断改进和提升研发活动的管理水平。第二，增强管理者对评估作用的认可。第三，在人员和经费方面给予保证。第四，根据不同类型的项目分别构建评估指标体系。

案例 7-9　　　　华为巨大成功的背后：研发投入功不可没①

华为技术有限公司作为中国著名企业，是一家生产和销售通信设备的民营通信科技公司，总部位于中国广东。具体而言，华为公司的产品主要涉及通信网络中的交换网络、传输网络、无线及有线固定接入网络和数据通信网络及无线终端产品，为世界各地通信运营商及专业网络拥有者提供硬件设备、软件、服务和解决方案。2016 年 8 月 25 日，全国工商联发布 "2016 中国民营企业 500 强" 榜单，华为公司以 3 950.09 亿元的年营业收入成为

---

① 改编整理自 2019 年 6 月 6 日《新民晚报》的报道，"华为累计投入 20 亿美元专注研发 5G 自主研发芯片实现规模商用"，作者：叶薇；改编整理自 2019 年 3 月 30 日《北京日报》的报道，"华为去年研发投入上千亿元"，作者：赵鹏。

500强榜首。2017年第一季度，华为首次超越长期霸占核心路由器市场全球首位的思科，占据核心路由器市场的全球最大份额。2018年7月31日，获2018年第三十二届中国电子信息百强企业排名第一位。2019年1月24日，华为发布了迄今最强大的5G基带芯片Balong5000（巴龙5000）。

华为在德国、瑞典斯德哥尔摩、美国达拉斯及硅谷、印度班加罗尔、俄罗斯莫斯科、日本、加拿大、土耳其，以及中国的深圳、上海、北京、南京、西安、成都、杭州、重庆、武汉等国家和地区设立了16个研究所。华为聚焦在ICT领域的关键技术、架构、标准等方向持续投入，致力于提供更宽、更智能、更高能效的零等待管道，为用户创造更好的体验。在未来5G通信、网络架构、计算和存储上持续创新，取得重要的创新成果，同时和来自工业界、学术界、研究机构的伙伴紧密合作，引领未来网络从研究到创新实施。还与领先运营商成立28个联合创新中心，把领先技术转化为客户的竞争优势和商业成功。工业和信息化部正式发放5G商用牌照，标志着中国正式进入5G时代。华为公司表态，将凭借端到端全面领先的5G能力全力支持中国运营商建好中国5G。

华为公司自2009年起着手5G研究，已累计投入20亿美元用于5G技术与产品研发，当前已具备从芯片、产品到系统组网全面领先的5G能力，也是全球唯一能够提供端到端5G商用解决方案的通信企业。截至目前，华为共向3GPP提交5G标准提案18 000多篇，标准提案及通过数高居全球首位，向ESTI声明5G基本专利2 570族，持续排名业界第一，其主导的极化码、上下行解耦、大规模天线和新型网络架构等关键技术已成为5G国际标准的重要组成部分。同时，华为已实现全系列业界领先自研芯片的规模商用，包括全球首款5G基站芯片组天罡、5G终端基带芯片巴龙以及终端处理器芯片麒麟980。然而，在全球5G的商用步伐上，华为公司也已位居前列。早在2018年2月世界移动通信大会期间，华为就已完成全球首个5G通话，并推出了全球首个5G终端。华为已在全球30个国家获得了46个5G商用合同，5G基站发货量超过10万个，居全球首位。从2018年4月开始，华为已经在中国40多个城市与中国三大运营商开展了5G规模商用试验，包括城区、室内、高速公路、地铁等多场景实测，均已达到商用标准。

据国家统计局发布的数据，2018年我国研究与试验发展（R&D）经费支出为19 657亿元，与2017年相比增长11.6%，目前该数据已经达到OECD国家的平均发展水平。不得不说，能取得这样的成绩确实非常不容易。最近两年，国内的互联网企业以及许多国产品牌不断创新，扛起了国内研发大旗。然而，对于中国企业研发来说，过去的2018年是冷暖交替的一年。这一年，中兴事件引发了国人对"缺芯少魂"的思考，华为进军美国失败等让人们十分担忧。但在后面的时间里，华为顶住以美国为首的西方国家的压力，成功拿下30多份5G订单，手机出货量连续两次超越苹果，让国人为之兴奋。总之，这一件又一件事情都在向我们表明掌握核心技术才是最重要的。

另外一份在2019年1月欧盟委员会发布的排名数据显示，2018年华为公司一共拿出113.34亿欧元投入到研发中，全球排名第五，远超英特尔和苹果公司。这样的优异成绩在国内也无人能敌！华为销售额能够屡创新高，很大程度上得益于华为对研发的大手笔投入。华为公司在2018年的研发投入高达1 015亿元，占销售收入的比重为14.1%。华为近十年投入的研发费用总计超过4 800亿元。据联合国下属的世界知识产权组织公布的数据，2018年华为向该机构提交了5 405份专利申请，在全球所有企业中排名第一。不知从何时起，也可能是华为公司一直就在研发投入方面下足了血本，每年都会从销售收入中拿出 10% 投入到研究与开发中去，研究 5G 算法、AI 技术等前沿科技领域。截止到 2017 年，华为公司在全球拥有 36 个联合创新中心，从事研发投入的员工有 8 万名，是华为员工总人数的 45%。不难看出，华为公司对研发还是非常重视的。随着 5G 的落地、人工智能等领域的发展，相信华为还会加大研发投入来与其他厂商竞争。希望国内的其他科技企业能向华为学习，未来一起称霸榜单。

第六节　工程项目控制

工程项目，是指企业自行或者委托其他单位进行的建造、安装工程。工程项目体现着企业发展战略，对企业提高生产能力、促进产业升级和技术进步有重要作用。同时，由于工程项目一般投入大、周期长、涉及环节和部门单位多，出现问题的可能性也较大，因而对企业的发展影响重大。加强工程项目管理，对提高工程质量、保证工程进度、控制工程成本、防范商业贿赂等舞弊行为，从而实现企业战略和中长期发展规划有重要意义。

一、工程项目控制的总体要求

（一）全面梳理工程项目工作流程

根据《企业内部控制应用指引第 11 号——工程项目》的要求，企业应当建立和完善工程项目各项管理制度，全面梳理各个环节可能存在的风险点，规范工程立项、招标、造价、建设、验收等环节的工作流程，明确相关部门和岗位的职责权限，做到可行性研究与决策、预算编制与审核、项目实施与价款支付、竣工决算与审计等不相容职务相互分离，强化工程建设全过程的监控，确保工程项目的质量、进度和资金安全。

（二）明确职责权限和不相容岗位分离

工程项目业务复杂，不仅涉及众多内部职能部门，如规划发展部门、工程管理部门、设计部门、物资采购部门、财会部门等，还涉及外包施工单位、监理单位等外部相关主体。应当明确相关部门和岗位的职责权限，做到可行性研究与决策、概预算编制与审核、项目实施与价款支付、竣工决算与审计等不相容职务相互分离。

（三）完善工程项目的各项管理制度

结合业务流程、职责权限、工程项目运行中的薄弱环节以及管理要求，形成具有规范性和约束力的工程项目管理制度，可以更好地实行管控职能。企业应当建立和完善工程项目质量控制制度、进度控制制度、预算控制制度、招投标制度、物资采购制度等，并强化工程建设全过程的监控，以确保制度的有效执行，保证工程项目的质量、进度和资金安全。

二、工程项目的业务流程

工程项目的基本流程包括工程立项、工程设计、工程招标、工程建设、工程验收和项目后评估六大环节，具体如图 7-8 所示。

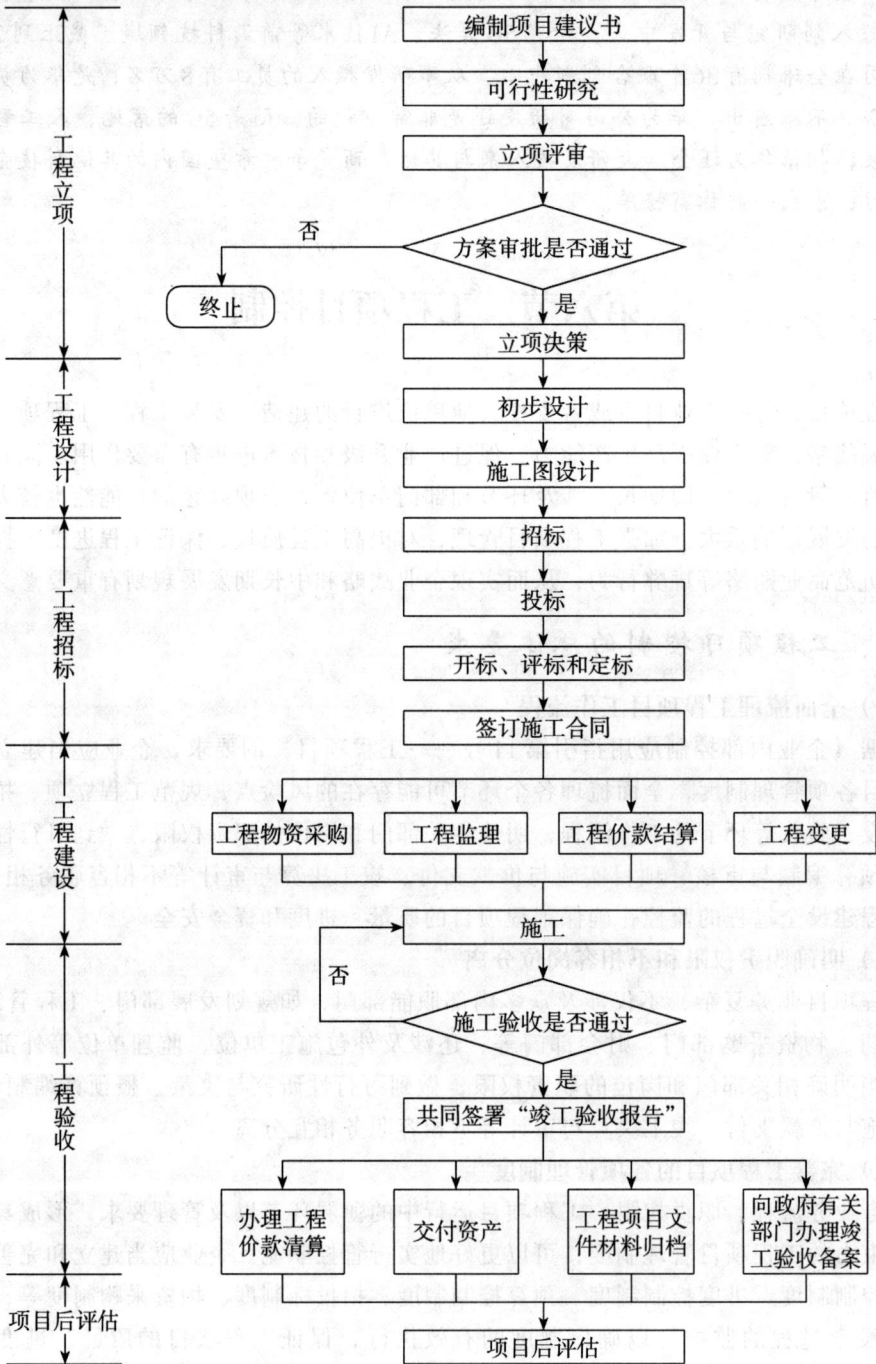

图7-8 工程项目业务流程图

三、工程项目的关键风险点及控制措施

（一）工程立项

工程立项阶段主要包括编制项目建议书、可行性研究、立项评审和立项决策4个

环节。

1.编制项目建议书

项目建议书主要对拟建项目提出框架性总体设想。该环节的主要风险包括：工程项目与企业发展战略及国家产业政策不符；项目建议书内容不完整、不合规，如拟建规模不明确以及投资估算、资金筹措与项目进度安排不协调等。

主要控制措施包括：第一，企业应当指定专门机构归口管理工程项目，并根据发展战略和年度投资计划，结合国家产业政策，提出项目建议书。第二，应规定项目建议书的主要内容和编制要求，对项目建议书的内容充分地进行分析论证。

2.可行性研究

可行性研究是对建设项目在技术、财务、经济、政策支持、外部协作等方面进行全面分析，为立项决策提供依据。该环节的主要风险包括：缺乏可行性研究、可行性研究流于形式或深度不够等，无法为立项决策提供充分、可靠的依据，盲目上马，可能导致难以实现预期效益或项目失败。

主要控制措施包括：第一，企业应当明确可行性研究报告的内容和编制要求，对项目可行性进行深入分析。第二，可以委托具有相应资质的专业机构开展可行性研究，并按照有关要求形成可行性研究报告。

3.立项评审

企业应当组织规划、工程、技术、财会、法律等部门的专家对项目建议书和可行性研究报告进行充分论证和评审，出具评审意见，作为项目决策的重要依据。该环节的主要风险包括：项目评审流于形式、评审不科学等，可能造成决策失误。

主要控制措施包括：第一，在项目评审过程中，应当重点关注项目投资方案、投资规模、资金筹措、生产规模、投资效益、布局选址、技术、安全、设备、环境保护等方面，核实相关资料的来源和取得途径是否真实、可靠和完整。第二，企业可以委托具有相应资质的专业机构对可行性研究报告进行评审，并出具评审意见。第三，从事项目可行性研究的专业机构不得再从事可行性研究报告的评审。

4.立项决策

企业应当按照规定的权限和程序对工程项目进行决策。该环节的主要风险包括：决策程序不规范，造成决策失误；缺乏责任追究制度等。

主要控制措施包括：第一，按规定权限和程序对工程项目进行决策。决策过程应有完整的书面记录。第二，重大工程项目的立项应当报经董事会或类似权力机构集体审议批准。总会计师或分管会计工作的负责人应当参与项目决策。任何个人不得单独决策或者擅自改变集体决策意见。工程项目决策失误应当实行责任追究制度。第三，企业应当在工程项目立项后、正式施工前，依法取得建设用地、城市规划、环境保护、安全、施工等方面的许可，并核实取得材料的合法合规性。

（二）工程设计和造价

工程立项后，要进行工程设计。设计阶段是影响工程投资最主要的阶段，一般可分为初步设计和施工图设计两个阶段。

1.初步设计

初步设计是整个设计构思基本形成的过程，主要明确建设的技术可行性和经济合理性，同时确定主要技术方案、工程总造价等。编制初步设计概算是初步设计阶段的一项重要工作，即计算从筹建到竣工验收、交付使用的预期造价。

该环节的主要风险包括：设计单位资质达不到项目要求；审计人员研究不透彻，设计出现较大疏漏；未进行多方案比选；设计深度不够，影响施工。

主要控制措施包括：第一，应选择有资质、有经验的设计单位，可以外聘设计单位。第二，应当向招标确定的设计单位提供详细的设计要求和基础资料，进行有效的技术、经济交流，并在此基础上，采用先进的设计管理实务技术，进行多方案对比。第三，建立严格的初步设计审查和批准制度，确保评审质量。

2.施工图设计

施工图设计是通过图纸把设计者的意图和设计结果呈现出来，作为施工的依据。与施工图设计关联的是施工图预算。施工图预算是施工单位投标报价的重要参考依据。

该环节的主要风险包括：预算严重脱离实际，可能导致项目投资失控；设计深度不足、设计缺陷，造成施工组织、工期、工程质量、投资失控以及生产运行成本过高；工程设计与后续施工衔接不当，导致技术方案未得到有效落实。

主要控制措施包括：第一，企业应当建立严格的概预算编制与审核制度。应当组织工程、技术、财会等部门的相关专业人员或委托具有相应资质的中介机构对编制的概预算进行审核，重点审查编制依据、项目内容、工程量的计算、定额套用等是否真实、完整和准确，确保概预算的科学合理。第二，建立严格的施工图设计管理制度和交底制度，且按项目要求的进度交付施工图设计深度及图纸，提高设计质量，防止设计深度不足或设计缺陷带来的问题。第三，建立设计变更管理制度。设计单位应当提供全面、及时的现场服务，避免设计与施工相脱节的现象发生。因过失造成设计变更的，应当进行责任追究。

（三）工程招标

企业的工程项目一般应当采用公开招标的方式，择优选择具有相应资质的承包单位和监理单位。招标过程包括招标，投标，开标、评标和定标，签订施工合同4个主要环节。

1.招标

招标工作包括招标前期准备、招标公告和资格预审公告的编制与发布等。该环节的主要风险包括：违背工程施工组织设计和招标设计计划，将工程肢解，投标资格不公平、不合理，违法违规泄露标底等。

主要控制措施包括：第一，不得违背工程施工组织设计和招标设计计划，将应由一个承包单位完成的工程肢解为若干部分发包给几个承包单位。第二，遵循公开、公正、平等竞争的原则，发布招标公告，提供包含招标工程的主要技术要求、主要合同条款、评标的标准和方法以及开标、评标、定标的程序等内容的招标文件。第三，严格根据项目特点确定投标人的资格要求，做到公平合理。第四，企业可以根据项目特点决定是否编制标底。需要编制标底的，标底的编制过程和标底应当严格保密。

2.投标

投标阶段包括现场考察、投标预备会以及投标文件的编制和送达。该环节的主要风险包括：招标人与投标人串通投标或投标人之间串通舞弊；投标人资质不符合要求、以他人名义投标等，影响工程质量。

主要控制措施包括：第一，在确定中标人前，企业不得与投标人就投标价格、投标方案等实质性内容进行谈判。第二，对投标人的信息采取严格的保密措施，防止投标人之间串通舞弊。第三，按照招标公告或资格预审文件中的投标人资格条件对投标人进行严格审查，预防假资质中标或借资质串标。

3.开标、评标和定标

企业应当依法组建评标委员会。评标委员会应当按照招标文件确定的标准和方法对投标文件进行评审和比较，择优选择中标候选人，及时向中标人发出中标通知书。

该环节的主要风险包括：评标委员会专业水平差，出现定标失误；评标委员会与投标人之间存在舞弊行为，损害建设单位利益。

主要控制措施包括：第一，企业应当依法组织工程招标的开标、评标和定标，并接受有关部门的监督。第二，评标委员会应由企业的代表和有关技术、经济方面的专家组成，应客观、公正地提出评审意见，并对评审意见承担责任。第三，评标委员会成员和参与评标的有关工作人员不得透露对投标文件的评审和比较、中标候选人的推荐情况以及与评标有关的其他情况，不得私下接触投标人，不得收受投标人的财物或者其他好处。

4.签订施工合同

该环节的主要风险包括：合同内容不完整、不清楚，或者订立了背离招标文件实质性内容的合同。

主要控制措施包括：第一，企业应当在规定的期限内与中标人订立书面合同，明确双方的权利、义务和违约责任，如质量、进度、结算方式等。第二，企业和中标人不得再行订立背离合同实质性内容的其他协议。

（四）工程建设

工程建设阶段包括的重要工作有工程物资采购、工程监理、工程价款结算、工程变更。

1.工程物资采购

工程物资采购分为自行采购和承包单位采购。该环节的主要风险包括：采购控制不力，质次价高；对承包单位采购物资监督不足，影响工程质量与进度。

主要控制措施包括：第一，企业自行采购工程物资的，可以参照本章第二节采购业务控制的相关内容办理。重大设备和大宗材料的采购应当根据有关招标采购的规定执行。第二，由承包单位采购工程物资的，企业应当加强监督，确保工程物资采购符合设计标准和合同要求。严禁不合格工程物资投入工程项目建设。

2.工程监理

该环节的主要风险包括：监理单位监督不力，流于形式，不利于确保工程的进度、质量和安全。

主要控制措施包括：第一，工程监理单位应当依照国家法律、法规及相关技术标准、设计文件和工程承包合同，对承包单位在施工质量、工期、进度、安全和资金使用等方面实施监督。第二，工程监理人员应当具备良好的职业操守，客观公正地执行监理任务。发现工程施工不符合设计要求、施工技术标准和合同约定的，应当要求承包单位改正；发现工程设计不符合建筑工程质量标准或者合同约定的质量要求的，应当报告企业，要求设计单位改正。第三，未经工程监理人员签字，工程物资不得在工程上使用或者安装，不得进行下一道施工工序，不得拨付工程价款，不得进行竣工验收。

3.工程价款结算

该环节的主要风险包括：建设资金使用管理混乱、项目资金不落实，影响工程进度；工程进度计算不准确、价款结算不及时等。

主要控制措施包括：第一，建立成本费用支出审批制度，对建设资金的使用进行管理。第二，资金筹集应与工程进度协调一致，以免影响工程进度。第三，企业财会部门应当加强与承包单位的沟通，准确掌握工程进度，开展工程项目核算，并根据合同约定，按照规定的审批权限和程序办理工程价款结算，不得无故拖欠。第四，施工过程中，如果工程的实际成本突破了工程项目预算，建设单位应当及时分析原因，按照规定的程序予以处理。

4.工程变更

该环节的主要风险包括：工程变更频繁、变更程序不规范、变更缺乏审核或审核不严等。

主要控制措施包括：第一，企业应当建立严格的工程变更审批制度，严格控制工程变更。确需变更的，应当按照规定的权限和程序进行审批。第二，重大的项目变更应当按照项目决策和概预算控制的有关程序和要求重新履行审批手续。第三，因工程变更等原因造成价款支付方式及金额发生变动的，应当提供完整的书面文件和其他相关资料，并对工程变更价款的支付进行严格审核。第四，因人为原因导致的工程变更，应当追究当事单位和人员的责任。

（五）工程验收

企业收到承包单位的工程竣工报告后，应当及时编制竣工决算，开展竣工决算审计，组织设计、施工、监理等有关单位进行竣工验收。该环节的主要风险包括：竣工验收不规范，竣工决算审核不严，如质量检验不严或者相关资料不齐全等；竣工决算失真，如虚报项目投资完成额、虚列建设成本等。

主要控制措施包括：第一，企业应当组织审核竣工决算，重点审查决算依据是否完备、相关文件资料是否齐全、竣工清理是否完成、决算编制是否正确。第二，未实施竣工决算审计的工程项目，不得办理竣工验收手续。第三，交付竣工验收的工程项目，应当符合规定的质量标准，有完整的工程技术经济资料，并具备国家规定的其他竣工条件。第四，应当按照国家有关档案管理的规定，及时收集、整理工程建设各环节的文件资料，建立完整的工程项目档案。

（六）项目后评估

企业应当建立完工项目后评估制度，在项目完成并运行一段时间后，对项目执行过程、效益等进行系统、客观的分析，重点评价工程项目预期目标的实现情况和项目投资效益等，并以此作为绩效考核和责任追究的依据。

案例7-10 中资企业海外工程项目的劳工风险与防控：以泰国为例[①]

针对东南亚地区的项目是中资企业境外投资的重点方向之一，但是不容忽视的是其中隐藏的风险。根据劳工风险的预防措施定义，"劳工风险预防措施"是一项预防措施，旨在发现并预防劳工风险隐患，并由从事劳工风险预防措施的公司派专业人员来检查并帮助解决这些问题，以避免工伤事故。当店里遇到劳工检查，被查到没有采取劳工风险预防措

---

① 改编整理自 2018 年 2 月 1 日，"新华丝路"的报道，"以泰国为例，看中资企业海外工程与投资的劳工风险与防控"，作者：盖颖。

施，一般会有两个结果：一是给予一定时间补做；二是罚款。这仅仅是在没有发生工伤事故的情况下。然而，一旦有工人发生了工伤事故或得了职业病且开具了相关原因的病假单，劳工部因此来检查，且企业没有做劳工风险预防措施，那么罚款将是大额的。

下面以泰国为例，将当地的劳工保护法律和企业的用工风险作为切入点，通过分析境外投资的法律风险，力图寻找行之有效的风险防范措施。

首先，泰国当地劳工保护法对项目投标报价、工程项目实施的影响。作为具有工会运动传统的国家，泰国工会素有力量强大的声誉，且其工会组织遍布泰国全国，也正是因此，泰国非常重视对于本国劳工的保护，尤其是在遵守泰国劳动相关法律法规方面显得尤为重视。1998年，泰国制定了《劳动保护法》（Labour Protection Act），泰国目前实施的《劳动保护法》是2008年进行修订的版本，依托该法建立了关于一般劳动、雇用女工和童工、工资报酬、解除雇佣关系和雇员救济基金等方面的最低标准。然而，对于中资企业来说，在泰承揽工程或投资项目，尤其是在雇用当地劳工、选择当地分包商方面，需要特别注意劳工保护法的适用条款，否则很有可能面临被起诉的风险。值得注意的是，考虑多数项目需要参与投标才能获得，因此在投标报价阶段，需要考虑泰国当地劳工相关的法律法规，这样也可以避免人工成本方面的测算失误；另外，在工程项目实施阶段，雇用当地劳务这一环节也不可避免地受到当地用工政策和法律的制约。

其次，中资企业在泰国的项目对于外籍劳工的限制措施，以及相应的法律风险防范。虽然，中泰尚未签署普通劳务合作协议，但考虑两国地理接近、亲缘上又存在着千丝万缕的联系，所以，泰国成为中国非法务工较为集中的国家。然而，许多中资企业为了节省人员办理许可的麻烦和成本，效仿其他企业的做法，并不给自己的雇工办理在泰人员的工作许可，而是以旅游签证入泰服务。所以，大部分中资企业在泰投资或者进行国际工程项目的承揽，均出现过这种违法的先例，且屡见不鲜。据官方媒体的消息，泰国将采用新的移民劳务法，对外劳和聘用外劳的雇主的相关规定作出调整。按照新的移民劳务法的规定，雇主每雇用一名非法外劳将被罚款40万至80万泰铢。此外，非法外籍劳工（包括无证外劳和禁止外国人从事的职业）将面临不超过5年的监禁或者2 000至10万泰铢的罚款。另外，劳务许可证弄虚作假行为将面临不超过6个月的监禁和不超过10万泰铢的罚款。所以，鉴于泰国日益严格的劳工监管，中资企业切不可存侥幸心理，应该严格按照当地法律和劳工部的要求，及时为在泰员工办理工作许可，这样才能在泰国从事相关的从业劳动。此外，中资企业还要密切关注泰国本土的新闻媒介和政策动向，适时作出劳工选用的合理计划，以期适应泰国当地法律、政策的要求。

最后，需要中资企业进行积极应对并提前防范。就目前中资企业而言，在东南亚国家的投资和工程承包大部分要面临该国政策不稳定、办事程序不正规、营商环境欠佳、产业配套较差、企业融资困难、融入当地社区困难等棘手问题，这自然需要中资企业自身具有一整套风险识别体系和规范，做好在泰国签订合同的交底工作，并配备专职的法务人员进行当地法律、政策的跟进和适用性核查，进而对法律风险提前作出识别，并预设出相应应对措施。

综上所述，泰国劳工法律对于本国劳工最低工资、工作时间、加班补偿、社会保险等，以及外国企业在泰成立公司的外籍员工输入比例限制、对外籍劳工在泰务工的限制措施等规定，这些条款无疑均对中资企业赴泰投资、承揽国际工程项目提出了相应的适应性要求，这些均在要求中国企业必须努力融入当地的社会环境，避免出现违反当地用工法律法规、政策、风俗习惯的情况。然而，为了顺应国家"走出去"和"一带一路"倡议的有效实施和不断深化，中资企业，特别是大型的央企、国企要利用自身的优势，不断学习和研究当地法律，运用好"合同"这一合法武器，把当地法规的强制性要求写入合同，并将合同中不利于中方的条款尽可能转嫁、化解；如若不能，则尽量识别风险，并提出积极的应对方案、反索赔计划等，变被动为主动。

第七节　担保业务控制

《企业内部控制应用指引第12号——担保业务》中所称"担保"是指企业作为担保人按照公平、自愿、互利的原则与债权人约定，当债务人不履行债务时，依照法律规定和合同协议承担相应法律责任的行为。担保有利于债务人的融资，但是我们也应该看到，因为担保陷入担保圈和诉讼的案件层出不穷，对外担保的风险是很大的。因此，加强企业担保业务管理，防范担保业务风险，对于维护企业利益和维持正常经营有重要的意义。

一、担保业务控制的总体要求

（一）完善担保业务管理制度

企业应当依法制定和完善担保业务政策及相关管理制度，如调查评估制度、审批制度、担保合同管理制度等，明确担保的对象、范围、方式、条件、程序、担保限额和禁止担保等事项。

（二）规范各环节工作流程

企业应规范调查评估、审核批准、担保执行等环节的工作流程，按照政策、制度、流程办理担保业务，定期检查担保政策的执行情况及效果，切实防范担保业务风险。

二、担保业务流程

担保业务的基本流程包括受理担保申请、调查评估、审批、订立担保合同、担保合同执行与监控等，具体如图7-9所示。

三、担保业务的关键风险点及控制措施

（一）受理申请

受理申请是办理担保业务的第一步，是控制的起点。该环节的主要风险包括：企业担保政策和相关管理制度不健全，不能规范担保申请的受理；受理申请审查不严。

主要控制措施包括：第一，企业应依法制定和完善担保业务政策及相关管理制度，明确担保的对象、范围、方式、条件、程序、担保限额和禁止担保等事项。第二，受理人员应严格按照担保政策和相关管理制度对担保申请进行审查，如对与本企业有密切业务关系的企业、有潜在重要业务关系的企业、子公司等提出的申请可予受理，反之，则必须慎重处理。

```
                        被担保人提出申请
                              │
              ┌──────→ 资信调查和风险评估
              │               │
              │           是否属重大担保 ──是──→ 报经权力机构批准
              │               │否                      │
              │          担保业务部门审批                │
              │               │                        │
   关联交易 ←─是── 为关联方提供担保 ←──────────────────┘
   管理与控制          │否
              │        │
              │    被担保人是否 ──是─┐
              │    要求变更担保      │
              └────  事项          │
                       │否
                   订立担保合同
                       │
                  担保合同执行监控
                       │
     ┌──────────┬──────────┬──────────┐
  担保合同日常  会计系统控制  反担保财产  担保业务责任
    管理                    管理        追究
     └──────────┴──────────┴──────────┘
                       │
                及时终止担保关系或
                代为清偿、权利追索
```

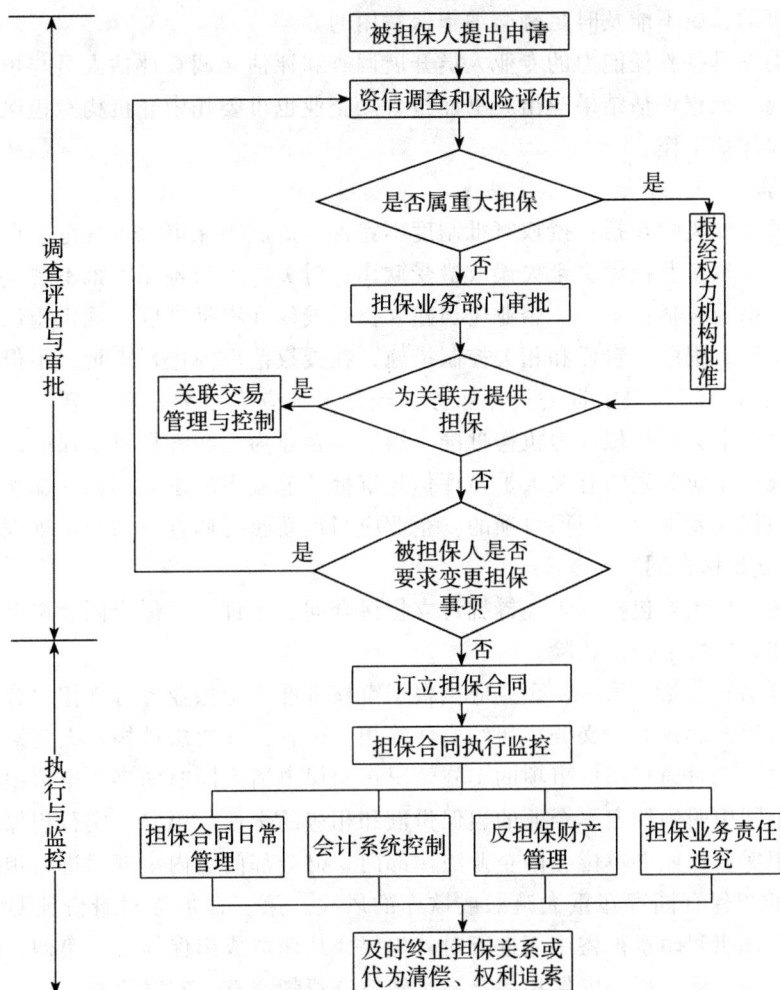

图7-9 担保业务流程图

（二）调查评估

企业应当指定相关部门负责办理担保业务，对担保申请人进行资信调查和风险评估。该环节的主要风险包括：资信调查和风险评估不深入、不细致，造成担保决策失误，给企业带来担保损失。

主要控制措施包括：

第一，企业在对担保申请人进行资信调查和风险评估时，应当重点关注以下事项：（1）担保业务是否符合国家法律、法规和本企业担保政策等相关要求。（2）担保申请人的资信状况，一般包括基本情况、资产质量、经营情况、偿债能力、盈利水平、信用程度、行业前景等。（3）担保申请人用于担保和第三方担保的资产状况及其权利归属。（4）企业要求担保申请人提供反担保的，还应当对与反担保有关的资产状况进行评估。

第二，明确不予担保的情况。对于以下几种情形不予担保：（1）担保项目不符合国家法律、法规和本企业担保政策的。（2）已进入重组、托管、兼并或破产清算程序的。（3）财务状况恶化、资不抵债、管理混乱、经营风险较大的。（4）与其他企业存在较大经济纠纷，面临法律诉讼且可能承担较大赔偿责任的。（5）与本企业已经发生过担保纠纷且仍未妥善解决的，或不能及时足额交纳担保费用的。

第三，委派具备胜任能力的专业人员开展调查和评估，调查评估人员与担保业务审批人员应当分离，调查评估结果应出具书面报告。企业也可委托中介机构对担保业务进行资信调查和风险评估工作。

（三）审批

该环节的主要风险包括：授权审批制度不完善，造成担保审批不规范；审批不严或越权审批，可能导致企业担保决策失误或遭受欺诈；对关联方的担保审批不规范等。

主要控制措施包括：第一，企业应当建立担保授权和审批制度，规定担保业务的授权批准方式、权限、程序、责任和相关控制措施，在授权范围内进行审批，不得超越权限审批。对于审批人超越权限审批的担保业务，经办人员应当拒绝办理。第二，重大担保业务，应当报经董事会或类似权力机构批准。第三，企业为关联方提供担保的，与关联方存在经济利益或近亲属关系的有关人员在评估与审批环节应当回避。第四，加强对变更担保的管理。被担保人要求变更担保事项的，企业应当重新履行调查评估与审批程序。

（四）订立担保合同

该环节的主要风险包括：未经授权订立担保合同、未订立担保合同、担保合同存在重大疏漏或欺诈，增加了担保风险。

主要控制措施包括：第一，企业应当根据审核批准的担保业务订立担保合同。担保合同应明确被担保人的权利、义务、违约责任等相关内容，并要求被担保人定期提供财务报告与有关资料，及时通报担保事项的实施情况；担保申请人同时向多方申请担保的，企业应当在担保合同中明确约定本企业的担保份额和相应的责任。第二，实行担保合同会审联签。应鼓励担保业务经办单位会同企业法律部门、财会部门、内审部门进行担保合同会审联签，以降低担保合同存在重大疏漏或欺诈的风险。第三，加强对身份证明和印章的管理，杜绝身份证明和印章被盗用而进行对外担保，从而造成担保损失。第四，规范担保合同记录、传递和保管过程，确保担保合同运转轨迹清晰完整、有案可查。

（五）日常管理

该环节的主要风险包括：缺乏对担保合同的跟踪管理或监控不力，无法对被担保人出现的异常情况及时地进行报告和处理，给企业造成损失。

主要控制措施包括：第一，加强担保合同的日常管理。定期监测被担保人的经营情况和财务状况，对被担保人进行跟踪和监督，了解担保项目的执行、资金的使用、贷款的归还、财务运行及风险等情况，确保担保合同有效履行。第二，及时报告和处理被担保人的异常情况。在担保合同的履行过程中，如果被担保人出现经营困难等异常情况，应当及时向有关管理人员报告，并妥善处理。

（六）会计系统控制

该环节的主要风险包括：会计记录和处理不及时、不准确，不利于对担保业务的日常监控，或者披露不符合有关监管要求，遭受行政处罚。

主要控制措施包括：第一，及时、足额收取担保费用，建立担保事项台账，详细记录担保对象、金额、期限、用于抵押和质押的物品或权利以及其他有关事项。第二，企业财会部门应当及时收集、分析被担保人担保期内经审计的财务报告等相关资料，持续关注被担保人的财务状况、经营成果、现金流量以及担保合同的履行情况，积极配合担保经办部门防范担保业务风险。第三，及时进行会计记录、会计处理以及相关披露。对于被担保人出现财务状况恶化、资不抵债、破产清算等情形，企业应当根据国家统一的会计准则和制度规定，合理确认预计负债和损失。属于上市公司的，应根据相关制度对担保事项进行公告。

（七）反担保财产管理

该环节的主要风险包括：对反担保的权利凭证保管不善、缺乏对反担保财产的有效监控等。

企业应当加强对反担保财产的管理，妥善保管被担保人用于反担保的权利凭证，定期核实财产的存续状况和价值，发现问题及时处理，确保反担保财产安全、完整。

（八）责任追究

该环节的主要风险包括：缺乏担保业务责任追究制度，或者制度执行流于形式。

企业应当建立担保业务责任追究制度，对在担保中出现重大决策失误、未履行集体审批程序或不按规定管理担保业务的部门及人员，应当严格追究其责任。

（九）及时终止担保关系或代为清偿、权利追索

该环节的主要风险包括：未及时终止担保关系，使担保展期等；违背担保合同约定不履行代偿义务，被起诉，影响企业形象；代为清偿后对权利追索不力，造成经济损失。

主要控制措施包括：第一，企业应当在担保合同到期时，全面清查用于担保的财产、权利凭证，按照合同约定及时终止担保关系，并妥善保管担保合同、与担保合同相关的主合同、反担保函或反担保合同，以及抵押、质押的权利凭证和有关原始资料，切实做到担保业务档案完整无缺。第二，自觉承担代为清偿义务，维护企业形象和信誉。第三，利用法律武器向被担保人追索赔偿；依法处置反担保财产，减少企业损失。

案例 7-11 违规担保、套取 3 700 万元为大股东还债 ST 天成被责令改正[①]

贵州长征天成控股股份有限公司（以下简称"ST 天成"）上市于 1997 年，是一家专业生产高、中压电器元件的国家大型一档企业，具备年产有载分接开关 5 000 台/套、中压元件设备 4 万台/套的能力，是西南地区的工业电器生产基地之一，同时拥有广西固封式真空断路器及高压成套设备生产基地。目前已形成以电气设备、金融以及矿业开发三大产业为支柱的产业集团。天成控股主营业务包括电气设备制造、矿产资源开发及金融三大业务。

然而，最近麻烦缠身的 ST 天成又摊上事儿了。2019 年 6 月 10 日，ST 天成及相关当事人收到了贵州证监局《关于对贵州长征天成控股股份有限公司采取责令改正措施的决定》，该决定主要涉及公司违规对外担保、关联方非经营性资金占用等事项。2019 年 6 月 12 日，ST 天成相关人士在接受《每日经济新闻》记者采访时表示，有关违规担保和资金占用目前尚未解决完成。那么，该公司对证监局的行政监管措施没有异议，下一步将按照证监局的要求，在规定时间内将相应整改报告做出来。根据贵州证监局的现场检查，ST 天成存在违规对外担保、关联方非经营性资金占用、虚增固定资产，套取上市公司资金 0.37 亿元代大股东偿还借款本金及利息、资产被冻结未披露等七大问题。那么，该公司涉违规担保等事项未及时披露等七大问题的情况是怎样的呢？

---

① 改编整理自 2019 年 6 月 13 日"中新经纬"的报道，"违规担保、套取 3 700 万为大股东还债 ST 天成被责令改正"，作者：靳水平。

　　具体而言，在违规对外担保方面，在 2017 年 3 月 14 日、10 月 24 日、12 月 3 日，ST 天成分别三次为控股股东银河天成集团有限公司（以下简称"银河集团"）提供担保，共涉及金额 3.95 亿元。与此同时，上述担保不仅未履行审议程序，也未按要求在报告中进行披露。此外，ST 天成还存在控股股东资金占用的问题。2017 年至 2018 年两年期间，ST 天成通过向第三方借款、使用自有资金、非法套取公司资金、因承担连带担保责任被法院强制划转资金等方式无偿向银河集团提供资金或代其偿还债务，导致银河集团共 11 次非经常性占用公司资金，合计占用 2.96 亿元。此次事项也同样未按要求在相关报告中披露。

　　此外，ST 天成承诺在 2019 年 5 月 22 日前解决关于违规担保及资金占用事项，却无最新进展，仍处于尚未解决完成阶段。根据具体的调查结果：ST 天成以购置固定资产的名义，划转资金或票据共 0.37 亿元给银河集团债权人，用于偿还银河集团的借款本金和利息，该行为导致上市公司 2018 年年报数据不真实。贵州证监局决定对 ST 天成采取责令改正的监管措施，要求公司立即采取措施进行整改，并于 2019 年 7 月 20 日前向该局提交书面整改报告。当然，除了对上市公司的监管，贵州证监局也对朱洪彬等 ST 天成时任董事、监事和高级管理人员采取了出具警示函的监管措施。贵州证监局认为：因朱洪彬等作为天成控股时任董事、监事和高级管理人员，对相应临时报告或定期报告中存在的问题未能及时发现，未履行忠实、勤勉义务。鉴于控股股东占用资金、违规担保等问题，ST 天成已然面临困局。审华会计师事务所（特殊普通合伙）对该公司 2018 年财报出具了保留意见的审计报告。ST 天成 2018 年年报期内，公司根据《上海证券交易所股票上市规则》的有关规定，对天成控股及子公司最近 12 个月内的累计涉及诉讼（仲裁）进行了统计，诉讼（仲裁）金额合计约 4.46 亿元（未考虑延迟支付的利息及违约金），占公司最近一期经审计净资产的 38.63%。

　　截至 2019 年 4 月 22 日，ST 天成在关于公司自查对外担保、资金占用等事项的提示性公告中披露，经自查，ST 天成存在未履行审批程序向控股股东银河集团提供对外担保的情况，ST 天成违规向银河集团借款提供担保的金额为 9 230 万元（不含利息），占公司最近一期经审计净资产的比例为 7.99%。然而，据 ST 天成 2019 年 5 月 30 日披露，截至披露日，该公司被查封、冻结的资产账面价值合计为 10.2 亿元，占公司最近一期经审计总资产的 41.39%。然而，不止上市公司本身，ST 天成的控股股东银河集团同样也面临麻烦。天眼查显示，银河集团在 2018 年 8 月 27 日和 2019 年 5 月 23 日两次被列为失信被执行人，2018 年 8 月至今，8 次被列为被执行人。

第八节　业务外包控制

　　业务外包，是指企业利用专业化分工优势，将日常经营中的部分业务委托给本企业以外的专业服务机构或其他经济组织（以下简称"承包方"）完成的经营行为。外包业务通常包括：研发、资信调查、可行性研究、委托加工、物业管理、客户服务、IT 服务等。加强业务外包管理，对于规范业务外包行为和防范业务外包风险具有重要意义。

一、业务外包控制的总体要求

（一）完善业务外包管理制度

根据《企业内部控制应用指引第13号——业务外包》的要求，企业应当建立和完善业务外包管理制度，规定业务外包的范围、方式、条件、程序和实施等内容，明确相关部门和岗位的职责权限，强化业务外包全过程的监控，防范外包风险，充分发挥业务外包的优势。

（二）强化监控

强化业务外包全过程的监控，包括对制订外包实施方案、审核批准、选择承包方、签订业务外包合同、外包过程管理、验收等环节的监控，防范外包风险，充分发挥业务外包的优势。

（三）避免核心业务外包

企业应当权衡利弊，避免核心业务外包。

二、业务外包流程

业务外包的基本流程包括制订业务外包实施方案、审批、选择承包商、签订业务外包合同、外包合同执行与监控、验收及付款等，具体如图7-10所示。

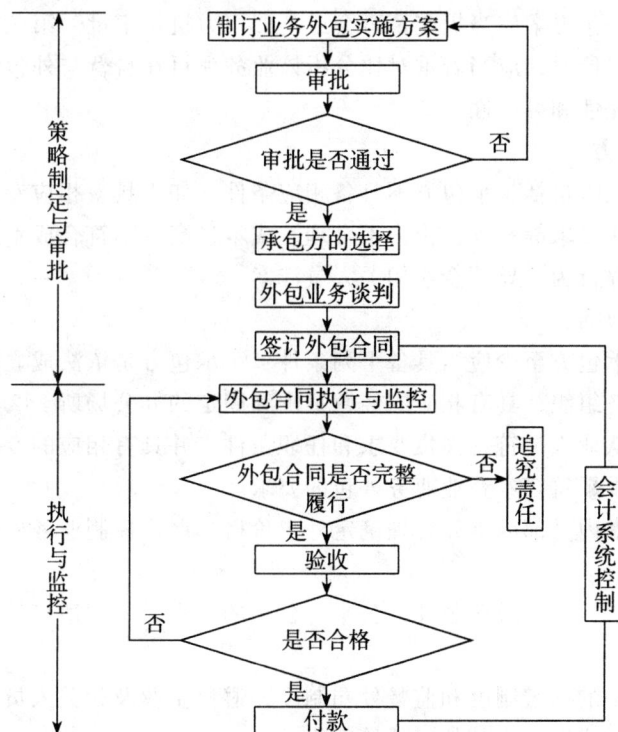

图7-10　业务外包流程图

三、业务外包的关键风险点及控制措施

(一)制订业务外包实施方案

制订业务外包实施方案是指根据年度生产经营计划和业务外包管理制度,结合确定的业务外包范围,拟订实施方案。

该环节的主要风险包括:缺乏业务外包管理制度,无法指导业务外包实施方案的制订;外包范围不明确,出现将核心业务外包的风险;实施方案不合理,可能导致业务外包失败。

主要控制措施包括:第一,建立和完善业务外包管理制度。规定业务外包的范围、方式、条件、程序和实施等相关内容,明确相关部门和岗位的职责权限。第二,企业应当权衡利弊,避免核心业务外包。第三,结合年度生产经营计划,拟订实施方案,对外包业务的成本和风险、外包方式等重要方面进行深入评估和复核,确保方案的可行性。

(二)审核批准

该环节的主要风险包括:审批制度不健全,审批程序不规范;审批不严,如未对业务外包的成本和风险进行深入权衡等,造成业务外包决策失误。

主要控制措施包括:第一,建立和完善审核批准制度。明确审核批准的权限、程序等,规范审核批准工作。第二,总会计师或分管会计工作的负责人应当参与重大业务外包的决策。重大业务外包方案应当提交董事会或类似权力机构审批。第三,在对业务外包实施方案进行审查和评价时,应当着重对比分析该业务项目在自营与外包情况下的风险和收益,确定外包的合理性和可行性。

(三)选择承包方

该环节的主要风险包括:承包方不具备相应条件,如不具备相应专业资质、技术及经验水平达不到本企业要求等;外包价格不合理,成本过高,不符合成本效益原则;存在收受贿赂、回扣等舞弊行为,导致企业相关人员涉案。

主要控制措施包括:

第一,选择的承包方至少应当具备下列条件:①承包方是依法成立和合法经营的专业服务机构或其他经济组织,具有相应的经营范围和固定的办公场所。②承包方应当具备相应的专业资质,其从业人员符合岗位要求和任职条件,并具有相应的专业技术资格。③承包方的技术及经验水平符合本企业业务外包的要求。

第二,综合考虑内外部因素,合理确定外包价格,严格控制业务外包成本,切实做到符合成本效益原则。

第三,引入竞争机制,遵循公开、公平、公正的原则,采用适当的方式,择优选择外包业务的承包方。

第四,建立严格的回避制度和监督处罚制度,避免企业及相关人员在选择承包方的过程中收受贿赂、回扣或者索取其他好处等行为。

(四)签订业务外包合同

该环节的主要风险包括:合同内容存在重大疏漏或欺诈;业务外包需要保密的,承包方的保密义务和责任不明确。

主要控制措施包括:第一,与承包方签订业务外包合同,明确外包业务的内容和范

围、双方权利和义务、服务和质量标准、保密事项、费用结算标准和违约责任等事项。第二，企业外包业务需要保密的，应当在业务外包合同或者另行签订的保密协议中明确规定承包方的保密义务和责任，要求承包方向其从业人员提示保密要求和应承担的责任。

（五）外包合同的执行与监控

该环节的主要风险包括：与承包方的对接工作不到位，沟通协调不力；缺乏对承包方履约能力的持续评估及应急机制，造成业务外包失败和生产经营活动中断；对承包方的索赔不力。

主要控制措施包括：第一，严格按照业务外包制度、工作流程和相关要求，组织开展业务外包，并采取有效的控制措施，确保承包方严格履行业务外包合同。第二，做好与承包方的对接工作，加强与承包方的沟通与协调，及时搜集相关信息，发现和解决外包业务日常管理中存在的问题。第三，对承包方的履约能力进行持续评估，有确凿证据表明承包方存在重大违约行为、导致业务外包合同无法履行的，应当及时终止合同。对于重大业务外包，应建立相应的应急机制，避免业务外包失败造成本企业生产经营活动中断。第四，承包方违约并造成企业损失的，企业应当按照合同对承包方进行索赔，并追究责任人的责任。

（六）验收

该环节的主要风险包括：验收标准不明确、验收程序不规范、对验收中异常情况的处理不及时，给企业造成损失。

主要控制措施包括：业务外包合同执行完成后需要验收的，企业应当组织相关部门或人员对完成的业务外包合同进行验收，并出具验收证明；根据业务外包合同的约定，结合在日常绩效评价基础上对外包业务质量是否达到预期目标的基本评价，确定验收标准；验收过程中发现异常情况的，应当立即报告，查明原因，及时处理。

（七）会计系统控制

该环节的主要风险包括：会计记录和处理不及时、不准确，不能全面、真实地反映业务外包环节的资金流和实物流情况，导致财务报告信息失真；结算审核不严格、结算方式不当等，给企业造成资金损失。

主要控制措施包括：第一，根据国家统一的会计准则和制度，对业务外包及时地进行会计记录和处理。第二，严格按照合同约定，做好业务外包费用的结算工作。

案例7-12　从"重资产"转向"轻资产"　未来服装业务将外包生产[①]

轻资产商业模式是一种凭借高额现金储备、较低库存、较高比重流动资产的商业模式。李宁公司自1989年创建至今，已经成为我国家喻户晓的民族运动品牌。李宁体育用品有限公司是借用著名的"体操王子"李宁的名字命名的公司。在李宁担任2008年北京奥运会火炬手并点燃火炬后，李宁公司及其品牌成功跻身耐克、阿迪达斯等国际一线公司同台竞技的行列。而李宁公司的崛起，可以说是依托于其"轻资产运营（虚拟经营）"模式。李宁公司于2004年在我国香港联交所主板成功上市。著名的"轻资产运营"模式是在20世纪70年代由耐克公司首创。耐克公司从20世纪70年代起逐渐将生产全数交给其日本和西欧的厂商；随后在20世纪80年代，耐克公司一度将生产进一步外包到韩国、中国

---

① 改编整理自：杨芃雨. 李宁公司轻资产商业模式浅析［J］. 时代金融，2018（3）：137-139；黄晨霞. 移师荆门：李宁"轻资产"行军［N］. 21世纪经济报道，2008-12-22.

台湾、中国内地和印度；然而，直至20世纪90年代，耐克开始发力打造东南亚的生产基地。基于耐克公司生产基地的不断变化可以发现：耐克公司通过对全球生产成本变化的迅速反应，预先采用将生产环节外包给其他厂商，而耐克公司自身则集中精力于设计开发和市场推广业务这些提升公司核心竞争力的环节。耐克公司这样的战略，不但可以将财务资源集中在产业链中最能够拉动销售、带来效益的环节，而且实现了获得较高投资回报率的经营目标。耐克成功印证了"轻资产运营"的优质模式，目前已成为运动服饰行业普遍采用的经营模式，当然李宁公司也成为了这种经营模式的坚定跟随者。

在最近十多年间，我国的运动服装市场形势发生了翻天覆地的变化。基于品牌层面的现实，李宁公司多年来一直被世界著名的两个品牌耐克和阿迪达斯压制着；基于销量层面的现状，李宁公司又一直被国产品牌安踏紧紧跟随。自2011年，李宁公司采取较为激进的品牌战略转型，其盲目扩张的粗放式发展模式形成了一股浪潮，这虽然带来了一定的销量增加，但是因其渠道和供应链反应效率低下以及品牌溢价能力较弱，最终导致库存堆积的大问题。随之而来的是李宁公司业绩的大幅度下滑，2012年亏损15.92亿元人民币。然而，自2013年起，公司采取了新的战略和新的销售渠道，进行了高效的存货管理，在短短的几年内不仅扭亏为盈，还提高了利润。2015年，李宁公司开拓新的销货渠道，实现了营业收入的增长，2018年年报显示，该年实现营业收入105.11亿元，同比增长18.45%，无论是营业收入抑或净利润均实现了连年的持续增长态势。

若是以1988年中国匹克和1989年李宁体育建立运动服装品牌为起点来分析，过去30年间，在快速前进的过程中，中国本土运动服饰公司发展出两类明显不同的经营模式：第一类是以张扬品牌的李宁体育以及脱胎于"李宁系"的中国动向为代表的模式。这类模式通过学习并运用"轻资产运营"的方式，力图通过依托品牌号召力实现调度生产、整合渠道，进而控制市场的目的。第二类是晋江系本土运动服装品牌，以安踏体育为代表。这类模式通过批发、制造起家，随后再逐步转向品牌导向。这类模式的公司需要拥有一定的生产能力，一般采用"垂直整合"的模式，借用快速反应来应对市场或渠道的需求变化，与此同时考虑凭借成本优势逐渐渗透到二、三线城市，并以此获得更大的市场空间。

第九节 财务报告控制

财务报告，是指反映企业某一特定日期财务状况和某一会计期间经营成果、现金流量的文件。加强财务报告内部控制有助于提高会计信息质量，确保财务报告的真实完整，满足财务报告使用者的需求，还有助于确保财务报告的合法合规，防范和化解企业的法律风险。总之，加强财务报告控制，确保财务报告的真实、完整，对于改进经营管理、促进资本市场稳定等至关重要。

一、财务报告控制的总体要求

（一）规范财务报告控制流程

按照《企业内部控制应用指引第14号——财务报告》的要求，企业应当严格执行国家相关会计法律法规，加强对财务报告编制、对外提供和分析利用全过程的管理，明确相关工作流程和要求，落实责任制。总会计师或分管会计工作的负责人负责组织领导财务报告的编制、对外提供和分析利用等相关工作。企业负责人对财务报告的真实性、完整性负责。

（二）健全各环节的授权批准制度

企业应健全财务报告编制、对外提供和分析利用全过程的授权批准制度，如重大会计事项的审批、会计政策与会计估计的审批等。

（三）加强信息核对

企业应建立日常信息核对制度，保证账证相符、账账相符、账实相符、账表相符等，确保会计记录真实、完整。

（四）充分利用信息技术

企业应当充分利用信息技术，提高工作效率和工作质量，减少或避免编制差错和人为调整因素。同时，企业也应当注意防范信息技术所带来的特有风险。

二、财务报告业务流程

财务报告业务流程主要包括制订财务报告编制方案、确定重大事项的会计处理、查实资产和负债、编制财务报告、财务报告的对外提供以及分析利用等，具体如图7-11所示。

三、财务报告的关键风险点及控制措施

（一）制订财务报告编制方案

财会部门应在财务报告编制前制订财务报告编制方案，明确财务报告编制方法、编制程序、职责分工以及时间安排等。

该环节的主要风险有：会计政策和会计估计使用不当或不符合法律、法规；重要会计政策、会计估计变更未经审批；各部门职责分工不清，时间安排不明确，延误编制进度等。

主要控制措施包括：第一，按照国家最新会计准则和制度，结合企业实际情况，选择恰当的会计政策和会计估计方法。第二，重要会计政策和会计估计的调整要按照规定的权限审批。第三，明确各部门职责分工。总会计师或分管会计工作的领导负责组织领导，财会部门负责编制，相关部门负责提供所需信息；合理安排编制时间，保证编制进度。

（二）确定重大事项的会计处理

该环节的主要风险包括：对重大事项，如债务重组、收购兼并等的会计处理不合理，未经过审批，影响会计信息质量。

对财务报告产生重大影响的交易和事项的处理应当按照规定的权限和程序进行审批，审批后下达给各相关单位执行。

（三）查实资产和负债

该环节的主要风险包括：资产、负债账实不符，如虚增或虚减资产、负债，未进行减值测试等。

```
制订财务报告编制方案
        ↓
确定重大事项的会计处理
        ↓
   查实资产和负债
        ↓
编制个别财务报告和合并财务报告
```

| 资产负债表 | 利润表 | 现金流量表 |

否 ← 审核是否准确   审核是否准确 → 否   审核是否准确 → 否

是 ↓   是 ↓   是 ↓

```
   形成正式的财务报告
```

| 对外提供 | 财务报告的分析利用 |

| 整理归档 | 偿债能力 | 营运能力 | 盈利能力 | 发展能力 |

```
   形成财务分析报告
        ↓
     整改落实
```

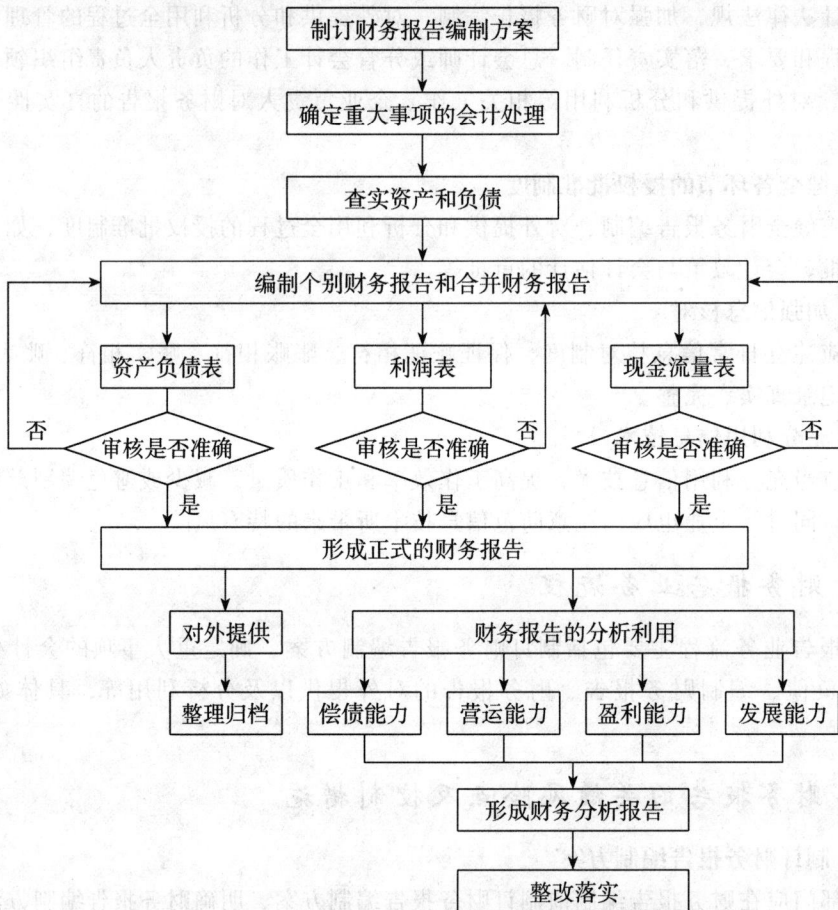

图7-11 财务报告业务流程图

主要控制措施包括：第一，制订资产、负债核实计划，明确人员配备、时间进度、方法等。第二，核实资产、负债。进行银行对账、现金盘点、固定资产盘点，明确资产权属，与债权债务单位通过函证等进行结算款项核查。第三，对于清查中发现的问题，应分析原因，提出处理意见。

（四）编制个别财务报告

该环节的主要风险包括：报表数据不完整、不真实；附注内容不完整、不真实等。

主要控制措施包括：第一，各项资产计价方法不得随意变更，如有减值，应当合理计提减值准备，严禁虚增或虚减资产。第二，各项负债应当反映企业的现时义务，不得提前、推迟或不确认负债，严禁虚增或虚减负债。第三，所有者权益应当反映企业资产扣除负债后由所有者享有的剩余权益，由实收资本、资本公积、留存收益等构成。企业应当做好所有者权益的保值增值工作，严禁虚假出资、抽逃出资、资本不实等。第四，各项收入的确认应当遵循规定的标准，不得虚列或者隐瞒收入，推迟或提前确认收入。第五，各项费用、成本的确认应当符合规定，不得随意改变费用、成本的确认标准或计量方法，虚列、多列、不列或者少列费用、成本。第六，利润由收入减去费用后的净额、直接计入当期利润的利得和损失等构成。不得随意调整利润的计算、分配方法，编造虚假利润。第七，企业财务报告列示的各种现金流量由经营活动、投资活动和筹资活动的现金流量构成，应当按照规定划清各类交易和事项的现金流量的界限。第八，附注是财务报告的重要组成部分，对反映企业财务状况、经营成果、现金流量的报表中需要说明的事项作出真实、完整、清晰的说明。企业应当按照国家统一的会计准则和制度编制附注。

（五）编制合并财务报告

该环节的主要风险包括：合并范围不完整、合并方法不正确、内部交易和事项不完整、合并抵销处理不正确等。

主要控制措施包括：第一，按照会计准则和制度，明确合并财务报表的合并范围和合并方法。第二，财会部门制定内部交易和事项的核对表，报财会部门负责人审批后，下发给纳入合并范围的各单位进行核对。第三，合并抵销分录编制应有相应的文件和证据支持，并提交复核人审核，保证其正确性。

（六）财务报告的对外提供

1.财务报告对外提供前的审核

财务报告对外提供前，财务部门负责人需要审核财务报告的准确性；总会计师或分管会计工作的负责人需要审核财务报告的真实性、完整性、合法合规性；企业负责人需要审核财务报告整体的合法合规性，并分别签名盖章。该环节的主要风险包括：对外提供前，对财务报告内容的真实性、完整性以及合规性等审核不充分。

主要控制措施包括：企业财务报告编制完成后，应当装订成册，加盖公章，由财会部门负责人、总会计师或分管会计工作的负责人、企业负责人审核后，签名并盖章。

2.财务报告对外提供前的审计

财务报告须经注册会计师审计的，注册会计师及其所在的事务所应出具审计报告，并随同财务报告一并提供。该环节的主要风险有未按有关规定接受审计、审计机构与被审单位串通舞弊等。

主要控制措施包括：第一，财务报告须经注册会计师审计的，应聘请符合资质的会计师事务所对财务报告进行审计，并出具审计报告，并将其与财务报告一同提供。第二，企业不应影响审计人员的独立性，应加强与审计人员的沟通，及时落实审计人员的意见。

（七）财务报告的分析利用

该环节的主要风险包括：不重视财务报告的分析和利用、财务分析不全面、财务分析报告内容不完整、财务分析报告未经审核、财务分析报告中的意见未落实等。

主要控制措施包括：

第一，企业应当重视财务报告的分析工作，定期召开财务分析会议，充分利用财务报告反映的综合信息，全面分析企业的经营管理状况和存在的问题，不断提高经营管理水平。企业财务分析会议应吸收有关部门负责人参加。总会计师或分管会计工作的负责人应当在财务分析和利用工作中发挥主导作用。

第二，企业应当分析自身的资产分布、负债水平和所有者权益结构，通过资产负债率、流动比率、资产周转率等指标分析企业的偿债能力和营运能力；分析企业净资产的增减变化，了解和掌握企业规模和净资产的不断变化过程；企业应当分析各项收入、费用的构成及其增减变动情况，通过净资产收益率、每股收益等指标，分析企业的盈利能力和发展能力，了解和掌握当期利润增减变化的原因和未来发展趋势；企业应当分析经营活动、投资活动、筹资活动现金流量的运转情况，重点关注现金流量能否保证生产经营过程的正常运行，防止现金短缺或闲置。

第三，财务分析报告结果应当及时传递给企业内部有关管理层级，并根据分析报告的意见，明确各部门的职责，予以落实。财务部门负责监督责任部门的落实情况。

案例7-13   康美药业涉嫌"财务造假"为医药企业鸣响警钟①

康美药业股份有限公司（600518）（以下简称"康美药业"）在1997年成立，于2001年在上海证券交易所上市。在康美药业"大力推进协同创新，不断提高自主创新能力"的奋斗目标下，康美药业上至药材种植、药材交易，下至生产开发、终端销售，已基本贯穿中医药产业链的上、中、下游产业，业务渗透中医全产业链的各个关键环节，有效地整合了全产业链资源。截至2018年第三季度，康美智慧药房累计处方量710万张，服务患者250万人，实现了"让信息多跑路，让群众少跑腿"。康美药业丰富的医疗资源为公司以互联网思维、技术全面改造和升级传统医疗健康产业，打造具有卓越用户体验、覆盖全生命周期、一站式完整医疗服务闭环的移动健康管理大平台，奠定了坚实的基础。未来康美药业将形成全国性的提供精准服务的智慧医疗"超级大平台"，全方位开展智慧医疗、智慧药房、健康智库、互联网健康管理等业务，为"健康中国"率先垂范，服务大众健康人生。

然而，在2019年4月30日康美药业发布了被审计机构出具保留意见的2018年年报，此前面临财务造假质疑且被证监会立案调查后，康美药业2018年净利润出现腰斩。对于康美药业一字跌停的具体描述是：截至2019年4月30日午间，超过172万卖手封单，市值约为475亿元，曾经的千亿市值白马股恐怕难再复返，甚至有面临退市的风险。据康美药业公司的年报显示：2018年康美药业实现收入193.56亿元，同比增长约10%，而其此前创下的自2001年上市以来连续增长的盈利情况则被打破，2017年实现净利润11.35亿元，同比下降达47%；扣除非归属于母公司的净利润10.21亿元，同比下降近51%（同比数据均为2017年调整后）。对于这份年报，审计机构广东正中珠江会计师事务所（特殊普通合伙）出具了保留意见的审计报告，保留意见段的内容主要涉及三大事项。

事项之一：康美药业被证监会立案调查事项。在2018年12月28日，康美药业收到证监会下达的《调查通知书》，考虑该公司涉嫌信息披露违法违规，被立案调查。鉴于该调查尚未有结论性意见或决定，因此审计机构无法确定立案调查结果对康美药业2018年度财务报表整体的影响程度。然而，值得注意的是，康美药业2017年10月被媒体密集质疑存在货币现金高、存货双高、大股东股票质押比例高和中药材贸易毛利率高等情况。随后又被曝出关联方因涉嫌操纵康美药业股价、内幕交易而被公安经侦部门采取强制措施，这也导致康美药业股价持续走低。虽然康美药业在此同时发布的进展称，目前证监会的调查尚在进行中，但该公司的风险不容忽视。

事项之二：关联方资金往来。康美药业截至2018年年底其他应收款余额中包括公司自查的向关联方提供资金余额为88.79亿元，坏账准备为0。据该公司年报资料显示：截至2017年年底康美药业其他应收款约为92.28亿元，占公司总资产的比重达到12%，同

① 改编整理自2019年5月9日"人民网——人民健康网"的报道，"康美药业涉嫌'财务造假'为医药企业鸣响警钟"，作者：董童。

比增长近57%，变动原因系关联方的往来款项的增加。此外，关联方资金占用专项报告显示，康美药业现大股东及其附属企业普宁市康淳药业有限公司（以下简称"康淳药业"）和普宁康都药业有限公司（以下简称"康都药业"）是占用上市公司资金的两大主要关联方，2018年年初这两家公司占用资金分别约为0、57.14亿元，2018年累计占用金额（不含利息）分别达到33亿元、60.09亿元，期内分别累计偿还0.5亿元、3.8亿元，截至2018年年底占用资金余额分别为32.50亿元、56.29亿元，合计约为88.79亿元。康淳药业和康都药业占用资金的账龄分别在一年和三年以内，计提比例分别为35.01%、60.63%，但公司2018年并未计提坏账准备，原因系关联方往来款承诺全额回收。

对于上述情况，虽然审计机构表示实施了分析、检查、函证等审计程序，但是仍未能获取充分、适当的审计证据，以至于无法确定康美药业在财务报表中对关联方提供资金发生额及余额的准确性，以及对关联方资金往来的可回收性作出合理估计。

事项之三：康美药业下属子公司部分在建工程项目建设实施过程中，存在部分工程项目财务管理不规范、财务资料不齐全等情况。截至2018年年底，康美药业通过自查已补计入上述工程款金额约36.05亿元（其中固定资产11.89亿元，投资性房地产20.15亿元，在建工程4.01亿元）。截至2018年年底，康美药业固定资产约89.50亿元，同比增长46%；在建工程约29.87亿元，同比增长74%；投资性房地产约41.70亿元，同比暴增237%。这显示公司意图加大房地产投资，而去年公司物业租售及其他业务收入达到11.18亿元，同比增加近47%。但是对于补计的工程款，审计机构称，工程项目相关财务资料收集不充分，无法实施恰当的审计程序，以获取充分、适当的审计证据证明该等交易的完整性和准确性及对财务报表列报的影响。

与此同时，康美药业还"自揭家丑"，公开承认公司2017年财务报表的营收、净利润、费用、货币资产、存货、合并现金流量表有关项目等存在账实不符的情况，具体而言，2017年营收和净利润分别虚增近89亿元、20亿元，货币资金更是多计近300亿元，财务造假恐将坐实。通过自查后，康美药业对2017年财务报表进行重述。对于此次康美药业自查重述调整2017年财报数据，相当于康美药业"自认"违规，进一步坐实了康美药业涉嫌证券虚假陈述的事实，且信披违规涉案金额特别巨大，违规情节特别恶劣，严重侵害投资者合法权益，根据《中华人民共和国证券法》第一百九十三条的规定，康美药业及相关责任人员可能面临证监会给予的警告、责令改正和罚款。

☐ 复习思考题

1. 资金活动的关键风险点有哪些？
2. 采购业务控制的总体要求是什么？
3. 简要描述资产管理的基本流程。
4. 销售业务的关键风险点有哪些？如何进行控制？
5. 简要描述研究与开发项目立项环节存在的主要风险。
6. 在工程项目管理中，哪些不相容岗位应分离？
7. 担保业务的基本流程一般如何划分？对担保业务进行控制的总体要求是什么？
8. 业务外包审核批准环节的关键风险有哪些？一般应该采取哪些基本控制措施？

9.财务报告对外提供前应经过哪些人员的审核？他们审核的目的分别是什么？

千亿级债务
曹妃甸怎么了

致命玩偶
祸起疏漏

第八章

内部监督

引例　农发行一支行员工非法吸收资金逾2亿元，7 400余万元用于赌博①

据澎湃网2019年4月10日的报道（记者胡志挺），朱晓燕原为农发行重庆市合川支行员工，此前曾因涉嫌非法吸收资金人民币逾2亿元获刑。重庆市人民检察院第一分院披露的起诉书显示，2012年至2014年期间，朱晓燕以投资工程需要资金为名，以高息为诱饵，先后向夏某、向某、程某等143人非法吸收资金人民币21 151.54万元。其中，朱晓燕支付利息和归还本金共计人民币10 247.80万元，用于网络赌博共计人民币7 400余万元。截至案发，朱晓燕共造成损失10 903.74万元无法归还。

2014年12月13日，朱晓燕主动到公安机关投案。

重庆市人民检察院第一分院认为，朱晓燕以非法占有为目的，非法集资人民币10 903.74万元，数额特别巨大，其行为触犯了《中华人民共和国刑法》第一百九十二条之规定，犯罪事实清楚，证据确实、充分，应当以集资诈骗罪追究其刑事责任。2016年3月，重庆市第一中级人民法审理了该案件，并作出判决。

在对个人进行处罚的同时，合川银保监分局还对中国农业发展银行重庆市合川支行处罚款50万元，原因在于该银行未能通过有效的内部控制措施发现并纠正员工参与赌博和非法集资。

另有罚单显示，廖艰生应对中国农业发展银行重庆市合川支行未能通过有效的员工行为管控和排查，及时发现并纠正员工参与赌博和从事参与非法集资活动负主要领导责任，被警告并罚款5万元。据澎湃新闻了解，案发时，廖艰生任重庆市合川支行行长。此后，廖艰生又先后出任农发行重庆市分行客户一处处长、农发行重庆市分行扶贫业务处处长。

①　胡志挺. 农发行一支行员工非法吸收资金逾2亿，7 400余万用于赌博 [EB/OL]. [2019-04-10]. http: // finance.sina.com.cn/roll/2019-04-10/doc-ihvhiqax1348616.shtml. 有改动。

第一节 内部监督的机构及职责

一、内部监督的定义

按照《企业内部控制基本规范》的定义，内部监督是企业对内部控制建立与实施情况进行监督检查，评价内部控制的有效性，发现内部控制缺陷，并及时加以改进。

关于内部监督的定义，理论界还存在其他观点。比如，公司的内部监督，是指股东自己直接进行监督或者推举专司监督职能的人对公司经营者实施监督。无论是股东自己监督还是通过独立董事或者监事会进行监督，由于这些监督者均属于公司内部监督机构或人员，或者说他们构成公司组织体的一部分，所以将其称为内部监督。[①]本书的"内部监督"概念，是指内部控制意义上的内部监督。

二、内部监督的意义

内部监督作为内部控制的基本要素之一，对于内部控制的有效运行，以及内部控制的不断完善起着重要的作用。我国的《企业内部控制基本规范》、美国COSO委员会的《内部控制——整合框架》和《企业风险管理——整合框架》中均规定监督为其构成要素。

内部控制作为由企业各层级员工共同参与实施的完整系统，是一个不断调整、逐步完善、持续优化的动态过程。因此，不论是内部控制制度的建立与实施，还是内部控制系统的评价与报告，在此过程中均离不开恰当的监督，促使董事会及经理层预防、发现和整改内部控制设计与运行中存在的问题和薄弱环节，以便及时加以改进，确保内部控制有效运行。内部监督与内部控制其他要素相互联系、互为补充，共同促进企业实现控制目标。

首先，内部监督以内部环境为基础，并与内部环境有极强的互动关系。例如，管理层就内部控制及监督的重要性传达积极的基调，要求定期沟通、对于发现的控制问题积极采取措施等，将直接有益于内部监督的开展。反过来，加大内部监督力度，又有利于进一步优化企业的内部环境，为实现控制目标提供充分保障。

其次，内部监督与风险评估、控制活动形成了三位一体的闭环控制系统。企业根据风险评估结果和风险应对策略，制定并实施控制活动，再通过事前、事中和事后的内部监督，对风险评估的适当性和控制活动的有效性进行检查评价和优化调整，进而形成了一套严密、高效的闭环控制系统。

最后，内部监督离不开信息与沟通的支持。

我国《企业内部控制基本规范》第四十四条规定，企业应当制定内部控制监督制度，明确内部审计机构（或经授权的其他监督机构）和其他内部机构在内部监督中的职责权限，规范内部监督的程序、方法和要求。

案例8-1 云南绿大地生物科技股份有限公司内部控制分析[②]

云南绿大地生物科技股份有限公司（以下简称"绿大地"）始建于1996年，于2007

---

① 朱慈蕴，等. 公司内部监督机制：不同模式在变革与交融中演进 [M]. 北京：法律出版社，2007.
② 夏萍萍. 云南绿大地生物科技股份有限公司内部控制分析 [J]. 商业文化（下半月），2012（2）. 有改动。

年12月21日在深圳证券交易所挂牌上市，是中国苗木绿化行业第一家上市公司，云南省第一家民营企业上市公司，主要从事云南独有珍稀花卉苗木培植、城市园林绿化工程业务。2011年12月3日，公司因发行股票过程中存在欺诈行为，被判处上缴罚金人民币400万元。原董事长何学葵、原财务总监蒋凯西犯欺诈发行股票罪，判处有期徒刑3年，缓刑4年；财务顾问庞明星和公司员工赵海丽犯欺诈发行股票罪，判处有期徒刑2年，缓刑3年；公司员工赵海艳犯欺诈发行股票罪，判处有期徒刑1年，缓刑2年。

内部监督要求企业对内部控制的建立和实施情况进行监督检查，发现内部控制缺陷应及时改进。绿大地虽设立了内部审计部门，但并未真正发挥作用。现任财务总监李鹏是以前的内审负责人，公司的副总经理徐云葵是现任内审负责人，这就导致了内部审计的独立性和权威性的丧失，监管作用的失效。另外，监事会没有对公司董事、高管开展具体的监督工作，也没有对公司的组织机构设置、职务分工的合理性和有效性进行控制。总之，公司的内部监督机制作用几近为零。根据《中华人民共和国公司法》的规定，监事会和董事会是股东大会下的两个执行机构，监事会在地位上是与董事会平行的。对绿大地而言，监事会已经沦为董事会的下级部门。公司公告上显示，监事在会议上发言很简单，几乎没有进行过质询和讨论，可见，监事会的法定监督作用没能有效发挥。

三、内部监督体系的构成及各机构的职责

（一）内部监督体系的构成

1.专职的内部监督机构

为保证内部监督的客观性，应由独立于内部控制执行的机构进行内部监督。一般情况下，企业可以授权内部审计机构具体承担内部控制监督检查的职能。当企业内部审计机构因人手不足、力量薄弱等原因无法有效对内部控制履行监督职责时，企业可以成立专门的内部监督机构，或授权其他监督机构（如监察部门等）履行相应的职责。专职内部监督机构根据需要开展日常监督和专项监督，对内部控制有效性作出整体评价，提出整改计划，督促其他有关机构整改。

2.其他机构

内部监督不仅是内部审计机构（或经授权的其他监督机构）的职责，企业内部任何一个机构甚至个人在控制执行中，都应当在内部控制建立与实施过程中承担起相应的监督职责。比如，财会部门对销售部门的赊销行为负有财务方面的监督职能；财会部门负责人对本部门的资产、业务、财务和人事具有监督职责；财会部门内部的会计岗位和出纳岗位也具有相互监督的职责等。企业应当在组织架构设计与运行环节明确内部各机构、各岗位的内部监督关系，以便于监督职能的履行。内部各监督机构应在其职责范围内，承担内部控制相关具体业务操作规程及权限设计的责任，并在日常工作中严格执行。进行定期的管理活动，利用内部和外部数据所做的同行业比较和趋势分析及其他日常活动，将监督嵌入企业常规的、循环发生的经营活动中；企业应进行定期的测试、监督活动，及时发现环境变化、执行中出现的偏差，及时更新初始控制；企业应建立、保持与内部控制机构有效的信息沟通机制，及时传递内部控制设计和执行是否有效的相关信息。

我国现行的企业内部监督体系规范主要体现在《公司法》、《上市公司治理准则》和《企业内部控制基本规范》三项法律、法规中，通过这三项法律、法规的有关规定可以发

现，我国企业内部监督体系是由审计委员会、监事会和内部审计共同组成的。①

（二）各内部监督机构的具体职责

1.审计委员会的监督职责

我国《上市公司治理准则》、《企业内部控制基本规范》和《企业内部控制应用指引》确立了董事会中的审计委员会在企业内部监督体系中的重要地位。《上市公司治理准则》第三十九条规定："审计委员会的主要职责包括：（一）监督及评估外部审计工作，提议聘请或者更换外部审计机构；（二）监督及评估内部审计工作，负责内部审计与外部审计的协调；（三）审核公司的财务信息及其披露；（四）监督及评估公司的内部控制；（五）负责法律法规、公司章程和董事会授权的其他事项。"

《企业内部控制基本规范》第十三条规定："审计委员会负责审查企业内部控制，监督内部控制的有效实施和内部控制自我评价情况，协调内部控制审计及其他相关事宜等。"审计委员会在企业内部控制建立和实施中承担的职责一般包括：审核企业内部控制及其实施情况，并向董事会作出报告；指导企业内部审计机构的工作，监督检查企业的内部审计制度及其实施情况；处理有关投诉与举报，督促企业建立畅通的投诉与举报途径；审核企业的财务报告及有关信息披露内容；负责内部审计与外部审计之间的沟通协调。

2.监事会的监督职责

我国《公司法》、《上市公司治理准则》和《企业内部控制基本规范》对监事会的监督职能均有明确规定，足见监事会在我国企业内部监督体系中的重要性。

2018年修改后的《公司法》第五十一条规定："有限责任公司设监事会，其成员不得少于三人。股东人数较少或者规模较小的有限责任公司，可以设一至二名监事，不设监事会。"第五十三条规定：监事会有权"（二）对董事、高级管理人员执行公司职务的行为进行监督，对违反法律、行政法规、公司章程或者股东会决议的董事、高级管理人员提出罢免的建议"；"（三）当董事、高级管理人员的行为损害公司的利益时，要求董事、高级管理人员予以纠正"；监事会有权"对董事、高级管理人员提起诉讼"。第五十四条规定："监事可以列席董事会会议，并对董事会决议事项提出质询或者建议。监事会、不设监事会的公司的监事发现公司经营情况异常，可以进行调查；必要时，可以聘请会计师事务所等协助其工作，费用由公司承担。"

2018年《上市公司治理准则》根据上市公司的特殊性，对《公司法》中有关监事会的条款进行了细化和补充。《上市公司治理准则》第四十七条明确规定："监事会依法检查公司财务，监督董事、高级管理人员履职的合法合规性，行使公司章程规定的其他职权，维护上市公司及股东的合法权益。监事会可以独立聘请中介机构提供专业意见。"第五十条规定："监事会发现董事、高级管理人员违反法律法规或者公司章程的，应当履行监督职责，并向董事会通报或者向股东大会报告，也可以直接向中国证监会及其派出机构、证券交易所或者其他部门报告。"

我国《企业内部控制基本规范》从内部控制的角度，在第十二条中对《公司法》中有关监事会的职能作了补充规定："监事会对董事会建立与实施内部控制进行监督。"

---

① 徐黎.企业内部控制框架中内部监督体系的架构 [J].财务与金融，2009（2）.

3.内部审计机构的监督职责

内部审计，是指企业内部的一种独立客观的监督、评价和咨询活动，通过对经营活动及内部控制的适当性、合法性和有效性进行审查、评价和建议，提升企业运行的效率和效果，实现企业发展目标。

《企业内部控制基本规范》第四十四条规定："企业应当……明确内部审计机构（或经授权的其他监督机构）和其他内部机构在内部监督中的职责权限，规范内部监督的程序、方法和要求。"企业应当保证内部审计机构具有相应的独立性，并配备与履行内部审计职能相适应的人员和工作条件。内部审计机构不得置于财会机构的领导之下或者与财会机构合署办公。内部审计机构依照法律规定和企业授权开展审计监督。内部审计机构对审计过程中发现的重大问题，视具体情况，可以直接向审计委员会或者董事会报告。

2018年《审计署关于内部审计工作的规定》中指出，"第六条 国家机关、事业单位、社会团体等单位的内部审计机构或者履行内部审计职责的内设机构，应当在本单位党组织、主要负责人的直接领导下开展内部审计工作，向其负责并报告工作。国有企业内部审计机构或者履行内部审计职责的内设机构应当在企业党组织、董事会（或者主要负责人）直接领导下开展内部审计工作，向其负责并报告工作。国有企业应当按照有关规定建立总审计师制度。总审计师协助党组织、董事会（或者主要负责人）管理内部审计工作。""第十二条 内部审计机构或者履行内部审计职责的内设机构应当按照国家有关规定和本单位的要求，履行下列职责：（八）对本单位及所属单位内部控制及风险管理情况进行审计。"

4.会计机构的监督职责

会计监督，是指会计机构和会计人员凭借经授权的特殊地位和职权，依照特定主体制定的合法制度，对特定主体经济活动过程及其资金运动进行综合、全面、连续、及时的监督，以确保各项经济活动的合规性、合理性，保障会计信息的相关性、可靠性和可比性，从而达到提高特定主体工作效益的目的。

会计监督是会计的基本职能之一，会计监督是企业内部监督体系的重要组成部分。1999年我国修订颁布的《会计法》确立了我国会计监督的基本框架。

案例8-2 **向辛西娅·库柏致敬**[①]

"曾是美国第二大电话服务和数据传输公司的世通公司因财务造假、欺诈投资者而倒闭，虽已过去7个年头，但名声却依然显赫"，不仅被世界各名牌大学商学院作为经典教学案例，在中国各类企业管理培训班上，也同样被频频提及。

那么，这起美国有史以来最大的财务造假诈骗案是如何被曝光的呢？出乎意料的是，此案是由不起眼的公司内部审计人员发现的。

在2002年6月的一次例行资本支出检查中，世通公司内部审计部副总经理辛西娅·库柏在工作中发现，2002年一季度及2001年资本账户有几笔可疑费用转入，这些转入的成本在公司以前财务报表中是作为当期费用列支的。38.52亿美元的财务造假被发现了，辛西娅·库柏直接向董事会审计委员会主席进行了报告，随即通知了外部审计机构毕马威会计师事务所（毕马威当时新近接替安达信成为世通公司的外部审计机构）。

丑闻随即被揭开，世通公司高管中，沙利文被解职，迈尔斯主动辞职，安达信收回了

---

① 赵险峰.向辛西娅·库柏致敬［N］.中国经济时报，2009-10-29.有改动。

2001年的审计意见。美国证券交易委员会（SEC）于2002年6月26日发起对此事的调查，发现在1999年到2001年期间，世通公司虚构的营业收入达到90多亿美元。截至2003年年底，公司总资产被虚增约110亿美元。

2002年6月，美国证券交易委员会正式起诉世通公司欺诈投资者，随后世通公司申请破产保护。2005年7月13日案件尘埃落定，前CEO伯尼·艾伯斯以诈骗罪被判25年徒刑；前CFO斯科特·沙利文以同罪被判5年有期徒刑。而世通公司10名外部董事（包括独立董事）与原告股东达成协议，赔偿原告1 800万美元。

四、内部监督的基本要求

（一）监督人员应具有胜任能力和独立性

负责监督的人员应具有胜任能力和独立性。胜任能力，是监督人员在内部控制和相关流程方面的知识、技能和经验。独立性，是指在不考虑可能的个人后果，而且不会为了追求个人利益或者自我保护而操纵结果时，负责监督的人员执行监督和提供信息的公允程度。一般而言，独立性依自我监督、同级监督、上级监督和完全独立监督而逐级增强。

案例8-3　　　　　　　香港监督廉政公署的实践经验[①]

廉政公署是我国香港主要的反腐败机构，它在香港从腐败泛滥之地转变为世界廉洁之都的过程中发挥了关键的作用。作为一个专门的反腐败机构，廉政公署本身的廉洁是非常重要的。40多年来，廉政公署始终保持了高度廉洁的水准，赢得了广大香港市民的极大信赖和支持。而这些奇迹的创造都依赖于成立廉政公署之初所设计的一套严密、科学的外部和内部监督措施。

在可靠的外部监督的基础上，廉政公署的内部监督措施也效果独特，主要有以下四个方面。

一是，严格的内部保密制度。在保密方面，廉政公署实行"需要知道原则"。只要不是工作需要，任何工作人员都不能得到其他廉政公署的工作信息。此外，廉政办公大楼内执行严格的技术监控措施。

二是，"白过白色"的诚信管理制度。"白过白色"是指廉政公署内部的诚信管理标准，意指比"白色"还要"洁白"的高度的廉洁。香港对公职人员的诚信和操守高度重视，而廉政公署内部的《廉政公署常规》等法规，对其内部员工的诚信、防止利益冲突等问题的要求比其他公职人员都更为严格。此外，廉政公署人员的诚信管理对其员工的培训、升职等都有重要的影响。

三是，"L小组"的监督。廉政公署设有一个名为"L小组"的内部调查和监察单位，负责监督调查廉政公署的职员。这个小组的成员是秘密的，只有少数高层官员知道。L小组直接由执行处处长领导，而执行处处长直接向廉政专员报告关于职员纪律的内部调查结果。廉政公署的调查过程高度保密，该小组的设计，有利于消除信息不对称性，对调查人员有很强的威慑力。

四是，特殊的人事管理制度发挥了重要的监督作用。它包括：（1）廉政专员可以在任何时间无须述明理由而解雇廉政公署雇员，这个权力确保廉政公署可以更容易地解雇那些

① 牛朝辉，任建明，胡光飞. 有效监督监委的经验借鉴与对策建议 [J]. 国家行政学院学报，2018（6）. 有改动。

有瑕疵的雇员。（2）廉政公署大部分雇员实行合约制，合约期为2.5年。一个雇员如果能够合格履职到满期，将获得2.5年总工资的四分之一作为满期奖金。反之，可能不被续聘，并失去满期奖金。这种机制可以发挥约束和激励的双重效应。

40多年的实践证明，廉政公署成立之初就设计好的这套监督制度是富有远见的，是相当成功的，虽然廉政公署个别雇员在执法过程中出现过瑕疵，但没有发生过一起滥用反腐败权力、以权谋私的腐败案例。

（二）关注关键控制

企业应根据风险评估，识别内部控制中的关键控制，收集判断内部控制有效性的相关有力证据，确定需采取的监督程序，以及需执行的频率。

关键控制应考虑以下因素：复杂程度较高的控制；需要高度判断力的控制；已知的控制失效；相关人员缺少实施某一控制所必需的资质或经验；管理层凌驾于某一控制活动之上；某一项控制失效是重大的，且无法被及时地识别并整改。

识别并实施关键控制所需的信息必须是相关的、可靠的、及时的和充分的。

第二节　内部监督的程序

一、建立健全内部监督制度

随着企业的不断壮大，主体结构或发展方向、员工人数及素质、生产技术或流程等方面会相应地发生变化。企业风险管理的有效性受其影响，曾经有效的风险应对策略可能变得不相关，控制活动可能不再有效甚至不被执行。面对这些变化，企业管理层需要实施必要的监督检查来确保内部控制的持续和有效运行。为此，企业需要首先建立健全内部监督制度。内部监督制度的主要内容包括但不限于：明确监督的组织架构、岗位设置、岗位职责、相关权限、工作方法、信息沟通的方式以及各种表格及报告样本等。

二、制定内部控制缺陷标准

具有内部控制监督职能的部门在执行监督和检查工作之前，首先是要明确监督的目的和要求，监督的直接目的是检验内部控制制度的执行效果，最终结果是服务于内部控制目标，内部监督的基本要求是查找内部控制缺陷，因此，明确内部控制缺陷的认定标准是内部监督工作的关键步骤，它直接影响内部监督工作的效率和效果。

内部控制缺陷，是指内部控制的设计存在漏洞，不能有效防范错误与舞弊，或者内部控制的运行存在弱点和偏差，不能及时发现并纠正错误与舞弊的情形。内部控制缺陷的认定大致可以分为3个层次：有无内部控制缺陷、有无重要内部控制缺陷、有无重大内部控制缺陷。以上3个层次是按照内部控制缺陷的重要程度来划分的，与之相对应，内部控制缺陷可以分为一般缺陷、重要缺陷和重大缺陷。按照缺陷的来源，内部控制缺陷也可分为设计缺陷与执行缺陷。在内部监督过程中，监督部门要对缺陷的种类、性质和重要程度进行初步认定。关于内部控制缺陷的重要程度划分以及重大缺陷、重要缺陷与一般缺陷的定义，本书将在"第九章　内部控制评价"中予以详细介绍。

三、实施监督

对内部控制建立情况与实施情况进行监督检查，最直接的动机是查找出企业内部控制存在的问题和薄弱环节。一方面，针对已经存在的内部控制缺陷，及时采取应对措施，减少控制缺陷可能给企业带来的损害。比如，在监督检查中发现销售人员直接收取货款的控制缺陷，应采取对客户进行核查和对应收账款进行分析等方法加以补救。另一方面，针对潜在的内部控制缺陷，采取相应的预防性控制措施，尽量阻止缺陷的产生，或者当缺陷发生时，尽可能降低风险和损失，比如，在监督检查中发现企业对汇率风险缺少控制，经理层应及时设立外汇交易止损系统，预防风险扩大。

对于为实现单个或整体控制目标而设计与运行的控制不存在重大缺陷的情形的，企业应当认定针对这些整体控制目标的内部控制是有效的。内部控制的有效性，是指企业的内部控制政策和措施应符合国家法律、法规的相关规定，同时内部控制制度也要设计完整、合理，在企业生产过程中能够得到有效的贯彻执行，并实现内部控制的目标。有效性以其完整性与合理性为基础，内部控制的完整性和合理性则以其有效性为目的。

对于为实现某一整体控制目标而设计与运行的控制存在一个或多个重大缺陷的情形，企业应当认定针对该项整体控制目标的内部控制是无效的。内部控制的无效性，是指企业的内部控制政策和措施可能有与法律、法规相抵触的地方，或者内部控制制度设计不够完整、合理，在企业生产过程中没有得到有效的贯彻执行，从而无法实现内部控制的目标。

四、记录和报告内部控制缺陷

《企业内部控制基本规范》第四十七条规定，"企业应当以书面或者其他适当的形式，妥善保存内部控制建立与实施过程中的相关记录或者资料，确保内部控制建立与实施过程的可验证性"。也就是说，内部控制建立与实施过程应当"留有痕迹"。按照内部控制要素分类，相关文档记录包括：（1）内部环境文档，一般包括组织结构图、权限体系表、岗位职责说明、员工守则等；（2）风险评估文档，一般包括风险评估流程、风险评估过程记录、风险评估报告等；（3）控制活动文档，一般包括系列应用指引中的各项流程控制文档；（4）信息与沟通文档，一般包括客户调查问卷、财务报告、经营分析报告，董事会、经理办公会等主要会议纪要；（5）内部监督文档，一般包括往来询证函、资产盘点报告、审计计划、审计项目计划、审计意见书、整改情况说明书、员工合理化建议记录、专项监督实施方案和过程记录、专项监督报告等。

企业应制定相关的管理规定，明确缺陷报告的职责、报告的内容，对缺陷报告程序及跟进措施等方面进行规范。例如，企业下属业务部门和其他控制人员在工作中发现内部控制的缺陷，及时以书面形式向其上级主管部门和内部控制主管部门报告；内部控制主管部门向管理层随时或定期汇报新出现的风险，或业务活动中存在的风险控制缺陷，涉及重要风险的控制方案及重大整改事项由内部控制委员会审查；内部控制主管部门在对企业内部控制体系进行评价的基础上，编制企业内部控制综合评价报告，经内部控制委员会审核确认后报董事会审议。

内部控制缺陷的报告对象至少应包括与该缺陷直接相关的责任单位、负责执行整改措施的人员、责任单位的上级单位。针对重大缺陷，内部监督机构有权直接上报董事会及其审计委员会和监事会。

五、内部控制缺陷整改

通过内部监督，可以发现内部控制在建立与实施中存在的问题和缺陷，进而采取相应的整改计划和措施，切实落实整改，促进内部控制系统的改进。

案例8-4   BJNY集团基于风险导向的内部监督[①]

BJNY集团成立于2004年，注册资本为130亿元，业务涉及电力能源、热力供应、地产置业、节能环保和金融证券五大板块。2010年下半年，BJNY集团根据我国《企业内部控制基本规范》和《企业内部控制配套指引》等文件精神，全面升级和改造了其内部控制体系，开启了以风险为导向的企业内部控制建设之路。经过两年多的实践，BJNY集团内部控制的升级和改造工作取得了显著成效，企业内部控制的效率、效果明显提升。

一、通过书面文件定义风险管理职责和授权，明确风险归属

BJNY集团制定了统一的《权限指引》，根据不同层次、不同级别的职责范围和管理要求，清晰地配置权限和责任，对授权进行系统管理，明确风险责任归属。

二、根据风险评估结果设计和执行监督流程，配置监督资源

BJNY集团全体成员按照风险归属，全面系统地梳理了企业生产经营和管理活动中的各类风险，按照内部控制的五大目标，将风险分为战略风险、运营风险、报告风险、合规风险和资产安全风险五类一级风险，并向下延伸细化，形成了70多个二级风险、500多个三级风险和2 000多个具体风险点。集团建立了统一风险评估模板，采用问卷调查、访谈、专项会议、专家打分、统计分析等定性和定量相结合的方法，对已识别风险进行分析和评估。

三、系统梳理监督流程各环节的主要风险，并有针对性地采取控制措施

1.监督结果排序。监督结果排序是一项十分精细的工作，涉及根据标准对缺陷进行单独评价和联合分析同质缺陷对控制目标的综合影响两个方面。

2.报告监督结果。BJNY集团对监督结果的报告反馈强调高效、准确、完整，以防范该环节中可能存在监督结果汇总呈报方式不完整、报告主体不清晰、信息沟通传递渠道不通畅等风险。

3.后续追踪。有效的内部监督机制强调"双重有效"，不仅要对当前执行的内部控制进行有效监督，对内部控制缺陷整改方案进行后续追踪也是一项非常重要的监督管理过程。

第三节　内部监督的方法

一、日常监督

（一）日常监督的定义

《企业内部控制基本规范》将内部监督分为日常监督和专项监督两种方法。日常监

---

① 王清刚，赵雪. BJNY集团基于风险导向的内部监督［J］. 财务与会计：理财版，2013（6）.

督，是指企业对建立与实施内部控制的情况进行常规、持续的监督检查。日常监控通常存在于单位基层管理活动之中，能较快地辨别问题，日常监督的程度越大，其有效性就越高，企业所需的专项监督就越少。

日常监督是内部控制实施的重要保证。以"三鹿"案例为例，奶站驻站员的监督检查，是三鹿集团内部控制日常监督中至关重要的一环，对于从源头上保证产品质量意义重大。三鹿集团在养殖区建立奶站，派出驻站员，监督检查养殖区的饲养环境、挤奶设施卫生、挤奶工艺程序的落实等。然而，三鹿集团驻站员的监督检查未能落到实处，也缺乏内部控制的专门监督机构对驻站员的工作进行日常监督，导致在原奶进入三鹿集团的生产企业之前，缺乏对奶站经营者的有效监督。在这方面，蒙牛的做法值得借鉴：派驻奶站的工作人员定期轮岗，并增加"奶台"环节，检测合格后，再运送到加工厂；负责运输的车辆配备卫星定位系统，到了工厂之后进行二次检验，以及不定期的巡回检查。

（二）日常监督的主体

按照监督的主体，一般分为管理层监督、单位（机构）监督、内部控制机构监督、内部审计监督等。

1.管理层监督

董事会和经理层充分利用内部信息与沟通机制，获取适当的、足够的相关信息来验证内部控制是否有效地设计和运行，并对日常经营管理活动进行持续监督，包括但不限于以下措施：

董事会召开董事会议或专业委员会会议，获取来自经理层的风险评估与控制活动信息。也可以利用内部审计、外聘专家及外部审计师、政府监管的力量，或者通过询问非管理层员工、客户（供应商）等方式，持续监督经理层权力的行使情况。

经理层召开经理办公会、生产例会、经济活动分析例会等，收集、汇总内部各机构的经营管理信息，持续监督内部各机构的工作进展、风险评估和控制情况。经理层听取员工的合理化建议，不断完善员工合理化建议机制，明确相应责任部门的征集方式、评审办法、奖励措施等内容，对员工提出的问题予以及时解决。

董事会（或授权审计委员会）、经理层组织实施内部控制评价，听取内部控制评价报告，获取内部控制设计和运行中存在的缺陷，积极采取整改措施并督促整改，促进实现内部控制目标。

2.单位（机构）监督

企业所属单位及内部各机构定期对职权范围内的经济活动实施自我监督，向经理层直接负责，包括但不限于以下措施：

企业所属单位及内部各机构召开部门例会或运营分析会等，汇集来自本单位（机构）内外部的有关信息，分析并报告存在的问题，对日常经营管理活动进行监控。

企业所属单位及内部各机构对内部控制设计与运行情况开展自我测评，至少每年检查一次。企业所属单位及内部各机构对与本单位（机构）环境变化相关的新增业务单元以及业务性质变化、业务变更等导致重要性改变的业务活动进行跟进确认，进一步评价并完善相关的内部控制。

3.内部控制机构监督

有条件的企业，应当设置专门的内控机构。内部控制机构结合单位（机构）监督、内外部审计、政府监管部门的意见等情况，根据风险评估结果，对企业认定的重大风险的管控情况及成效开展持续性的监督。

内部控制机构还可以通过控制自我评估的方法，召集有关管理层和员工就企业内控制度设计和执行中存在的特定问题进行面谈和讨论，同时可以通过开展问卷调查和管理结果分析等方式进行监督测试。

4.内部审计监督

内部审计机构接受董事会或经理层委托，对日常生产经营活动实施审计检查，包括但不限于以下措施：

（1）制订内部审计计划，定期组织生产经营审计、内部控制专项审计和专项调查等，主要对企业董事、高级管理人员和下属单位负责人的廉洁从业状况、管理制度的落实情况、内部控制的实际效果等进行监督检查，并向董事会或经理层提出管理建议。

（2）内部审计机构对审计中发现的违反国家法律、法规和企业章程规定的事项提出审计建议，作出审计决定，并对审计建议和审计决定的落实情况进行跟踪监督。

（3）内部审计机构应当接受审计委员会的监督指导，定期或应要求向董事会及其审计委员会、监事会、经理层报告工作。

（三）日常监督的具体方式

1.获得内部控制执行的证据

获得内部控制执行的证据，即企业员工在实施日常生产经营活动时，取得必要的、相关的证据证明内部控制系统发挥功能的程度。内部控制执行的证据包括：企业管理层搜集汇总的各部门信息、出现的问题，相关职能部门进行自我检查、监督时发现问题的记录及解决方案等。

2.内外信息印证

内外信息印证，是指来自外部相关方的信息支持内部产生的结果或反映出内部的问题，主要包括来自监管部门的信息和来自客户的信息。来自监管部门的信息，是指企业接受监管部门的监督，汇总、分析监管反馈的信息；来自客户的信息，是指企业通过各种方式与客户沟通所搜集的信息。

例如，与外部有关监管部门沟通，以验证单位遵循各项法律、法规的情况；定期与客户沟通，以验证单位销售交易处理及采购业务处理是否正确，验证应收、应付账款记录是否完整、正确。

3.数据记录与实物资产的核对

例如，企业定期将会计记录中的数据与实物资产进行比较并记录存在的差额，对产生差额的原因进行分析。

4.内外部审计定期提供建议

审计人员评估内部控制的设计以及测试其有效性，识别潜在的缺陷并向管理层建议采取替代方案，同时为作出决策提供有用的信息。

5.管理层对内部控制执行的监督

管理层主要通过以下渠道进行监督：审计委员会接收、保留、处理各种投诉及举报，并保证其保密性；管理层在培训、会议等活动中了解内部控制的执行情况；管理层审核员工提出的各项合理建议等。

二、专项监督

(一)专项监督的定义

专项监督,是指在企业发展战略、组织结构、经营活动、业务流程、关键岗位员工等发生较大调整或变化的情况下,对内部控制的某一或者某些方面进行有针对性的监督检查。

为了及时发现内部控制缺陷,修正与完善内部控制系统,专项监督不可或缺。2004年,在追查"大头娃娃"劣质奶粉的过程中,三鹿集团被列入不合格奶粉和劣质奶粉"黑名单"。随后,三鹿婴儿奶粉及系列奶粉在全国遭到封杀,三鹿集团每天损失超过1 000万元,陷入生存危机。经过快速、灵活、务实的紧急公关,三鹿集团成功化解了此次突发危机,还荣获2003—2004年度危机管理优秀企业称号。但遗憾的是,"大头娃娃"奶粉事件并没有让三鹿集团警醒。三鹿集团看到的只是农村奶粉市场的外部扩张机会,根本没有将注意力放在内部控制机制的完善上。2005年,轰动一时的三鹿"早产奶"事件中,生产厂销售部与仓库人员在经济利益的驱动下,为了缩短物流时间,违背业务流程和相关法规,擅自将正在下线并处在检测过程中的"三鹿原味酸牛奶"提前出厂。三鹿集团本应开展业务流程专项大检查,但除了将销售部门有关人员调离岗位,对三鹿酸奶销售直接负责人作出扣除20%年薪等处理之外,没能从消除内控隐患的角度去解决问题。

(二)专项监督的主体

企业内部控制(审计)机构、财务机构和其他内部机构都有权参与专项监督工作,也可以聘请外部中介机构参与其中,但参与专项监督的人员必须具备相关专业知识和一定的工作经验,而且不得参与对自身负责的业务活动的评价监督。

(三)专项监督的范围和频率

尽管日常监督可以持续地提供内部控制其他组成要素是否有效的信息,但是对针对重要业务和事项而实施的控制活动进行重点监督也是必不可少的。专项监督的范围和频率应根据风险评估结果以及日常监督的有效性等予以确定。一般来说,风险水平较高并且重要的控制,企业对其进行专项监督的频率应较高。

专项监督的范围和频率取决于以下因素:(1)风险评估的结果。重要业务事项和高风险领域所需的专项监督频率通常较高;对于风险发生的可能性较低但影响程度大的业务事项(突发事件),进行日常监督的成本很高,为此应更多地依赖专项监督。(2)变化发生的性质和程度。当内部控制各要素发生变化,可能对内部控制的有效性产生较大影响的情形下,企业应当组织实施独立的专项监督,专门就该变化的影响程度进行分析研究。(3)日常监督的有效性。日常监督根植于企业日常、反复发生的经营活动中,如果日常监督扎实有效,可以迅速应对环境的变化,对专项监督的需要程度就越低。反之,对专项监督的需要程度就越高。

(四)专项监督的重点

进行专项监督主要应关注以下两个方面:

1.高风险且重要的项目。审计部门依据日常监督的结果,对风险较高且重要的项目要进行专项监督。考虑到成本效益原则,对风险很高但不重要的项目或很重要但是风险很小的项目可以减少个别评估的次数。应该将高风险且重要的项目作为个别评估对象。

2.内控环境变化。当内控环境发生变化时，要进行专项监督，以确定内部控制是否还能适应新的内控环境。例如，业务流程的改编和关键员工发生变化时，就要进行个别评估，以确保内控体系能正常运行。

（五）专项监督的步骤

专项监督一般包括三个阶段：

1.计划阶段，主要任务包括规定监督的目标和范围；确定具有该项监督权力的主管部门和人员；确定监督小组、辅助人员和主要业务单元联系人；规定监督方法、时间、实施步骤；就监督计划达成一致意见。

2.执行阶段，主要任务包括获得对业务单元或业务流程活动的了解；了解业务单元或流程的内部控制程序是如何设计运作的；应用可比、一致的方法评价内部控制程序；通过与企业内部审计标准的比较来分析结果，并在必要时采取后续措施；记录内部控制缺陷和拟定纠正措施；与适当的人员复核并验证调查结果。

3.报告和纠正措施阶段，主要任务包括与业务单元或业务流程的管理人员以及其他适当的管理人员复核结果；从业务单元或业务流程的管理人员处获得情况说明和纠正措施；将管理反馈写入最终的评价报告。

总之，日常监督和专项监督应当有机结合。前者是后者的基础，后者是前者的有效补充。如果发现某些专项监督活动需要经常性地开展，那么企业有必要将其纳入日常监督中，以便进行持续的监控。通常，二者的某种组合会使企业内部控制在一定时期内保持其有效性。

□ 复习思考题

1.何谓内部监督？内部监督与内部控制的联系与区别有哪些？

2.内部监督的机构及其职责有哪些？

3.内部监督的基本要求有哪些？

4.内部监督的程序如何？

5.内部监督的方式有哪几种？

6.专项监督主要关注哪些方面？

军队审计条例

青岛啤酒内部
控制制度的
有效性分析

第九章

内部控制评价

引例　　　　　　**盛运环保负面问题缠身惹监管部门关注**①

处于朝阳行业的盛运环保（300090，SZ），除了存在扩张发展带来的资金风险外，还存在诸多内控问题。财报统计数据显示，截至2017年年末，关联方公司非经营性占用盛运环保资金21.59亿元，导致盛运环保计提了2.34亿元坏账准备。值得一提的是，这仅仅是盛运环保负面事项的"冰山一角"，公司还存在违规担保和实际控制人股权被冻结等问题。对于接二连三曝出来的负面问题，安徽证监局对盛运环保采取责令改正措施的决定。

以下为内容原文：

安徽盛运环保（集团）股份有限公司：

根据《证券法》、《上市公司现场检查办法》（证监会公告〔2010〕12号）、《公司债券发行与交易管理办法》（证监会令第113号）等的规定，我局于近日对你公司进行了专项检查。经查，发现你公司存在以下违规行为：

公司内部控制存在重大缺陷，前期多个银行账户未纳入公司财务核算，且以上账户存在融资事项，所融资金被关联方占用；同时，此事项导致前期财务报表存在重大会计差错、关联方交易未按规定及时披露。

上述事项违反了《国务院批转证监会关于提高上市公司质量意见的通知》（国发〔2005〕34号）第八条、第十条的规定，《上市公司信息披露管理办法》（证监会令第40号）第二条、第四十八条的规定，《公司债券发行与交易管理办法》（证监会令第113号）第四十二条的规定，《关于规范上市公司与关联方资金往来及上市公司对外担保若干问题的通知》（证监发〔2003〕56号）的规定，以及《企业内部控制基本规范》（财会〔2008〕7号）的规定。

根据《上市公司信息披露管理办法》（证监会令第40号）第五十九条，以及《公司债券发行与交易管理办法》（证监会令第113号）第五十八条、《上市公司现场检查办法》（证监会公告〔2010〕12号）第二十一条的规定，我局决定对你公司采取责令改正的监督管理措施，现要求你公司立即停止上述违规行为，并针对上述问题进行改正。

一、你公司应按照法律法规的相关要求，完善内部控制，规范财务核算，加强有效监

---

① 引自新浪财经（http：//finance.sina.com.cn）2019年5月14日同名报道。

督与制衡，切实履行重大事项审议程序和披露义务。

二、你公司董事、监事、高级管理人员、实际控制人及其他关联方应加强相关证券法律法规的学习，提高规范运作意识。

三、你公司应按照《公开发行证券的公司信息披露编报规则第14号——非标准审计意见及其涉及事项的处理（2018年修订）》第六条的要求，切实采取有效措施，加强对关联方提供财务资助及担保的清欠解保工作，消除上述违规行为对上市公司造成的不利影响。

你公司应在收到本决定书后30日内向我局提交书面整改报告，整改报告应包括责任追究情况、整改措施落实情况及整改效果等内容。我局将视情况采取相应措施。

如果对本监督管理措施不服，可以在收到本决定书之日起60日内向中国证券监督管理委员会提出行政复议申请，也可以在收到本决定书之日起6个月内向有管辖权的人民法院提起诉讼。复议与诉讼期间，上述监督管理措施不停止执行。

事实上，国海证券股份有限公司作为安徽盛运环保（集团）股份有限公司持续督导工作的保荐机构，根据《证券发行上市保荐业务管理办法》《深圳证券交易所创业板股票上市规则》《深圳证券交易所创业板上市公司规范运作指引》等有关法律、法规和规范性文件的要求，也对盛运环保公司董事会出具的《2018年度内部控制评价报告》进行了核查，并认为盛运环保公司在信息披露、公司内部制度的建立和执行、"三会"运作、关联方交易、对外担保、财务资助等方面存在财务报告内部控制的重大缺陷。

从上述案例可以看出，监管部门、中介机构越来越重视对上市公司内部控制重大缺陷的核查与处置，那么什么是内部控制缺陷？如何划分内部控制重大缺陷、重要缺陷和一般缺陷？企业如何通过内部控制评价发现内部控制缺陷？通过本章的学习，可以解答以上问题。

第一节　内部控制评价概述

一、内部控制评价的定义

内部控制评价作为优化内部控制自我监督机制的一项重要制度安排，是内部控制体系的重要组成部分。依据《企业内部控制评价指引》第二条的相关规定，企业内部控制评价，是指企业董事会或类似权力机构对内部控制的有效性进行全面评价、形成评价结论、出具评价报告的过程。对于这一定义，可从以下3个角度进行理解：

（一）内部控制评价的主体是董事会或类似权力机构

内部控制评价的主体是董事会或类似权力机构，也就是说董事会或类似权力机构是内部控制设计和运行的责任主体。董事会可指定审计委员会来承担对内部控制评价的组织、领导、监督职责，并通过授权内部审计部门或独立的内部控制评价机构执行内部控制评价的具体工作，但董事会仍对内部控制评价承担最终的责任，对内部控制评价报告的真实性负责。对内部控制的设计和运行的有效性进行自我评价并对外披露是管理层解除受托责任的一种方式，董事会可以聘请会计师事务所对其内部控制的有效性进行审计，但其承担的责任不能因此减轻或消除。

（二）内部控制评价的对象是内部控制的有效性

内部控制评价的对象是内部控制的有效性，所谓内部控制的有效性，是指企业建立与实施内部控制对实现控制目标提供合理保证的程度。

从控制过程的不同角度来看，内部控制的有效性可分为内部控制设计的有效性和内部控制运行的有效性。内部控制设计的有效性，是指为实现控制目标所必需的内部控制程序都存在并且设计恰当，能够为控制目标的实现提供合理保证；内部控制运行的有效性，是指在内部控制设计有效的前提下，内部控制能够按照设计的内部控制程序被正确地执行，从而为控制目标的实现提供合理保证。内部控制运行的有效性离不开设计的有效性，如果内部控制在设计上存在漏洞，即使这些内部控制制度能够得到一贯的执行，也不能认为其运行是有效的。当然，如果评价证据表明内部控制的设计是有效的，但是没有按照设计的那样得到一贯执行，那么就可以得出其不符合运行有效性的结论。

评价内部控制设计的有效性，可以考虑以下3个方面：（1）内部控制的设计是否做到了以内部控制的基本原理为前提，以我国《企业内部控制基本规范》及其配套指引为依据。（2）内部控制的设计是否覆盖了所有关键的业务与环节，对董事会、监事会、经理层和员工具有普遍的约束力。（3）内部控制的设计是否与企业自身的经营特点、业务模式以及风险管理要求相匹配。

评价内部控制运行的有效性，也可以从3个方面进行考察：（1）相关控制在评价期内是如何运行的。（2）相关控制是否得到了持续一致的运行。（3）实施控制的人员是否具备必要的权限和能力。

从控制目标的角度来看，内部控制的有效性可分为合规目标内部控制的有效性、资产目标内部控制的有效性、报告目标内部控制的有效性、经营目标内部控制的有效性、战略目标内部控制的有效性。其中，合规目标内部控制的有效性，是指相关的内部控制能够合理保证企业遵循国家相关法律、法规，不进行违法活动或违规交易；资产目标内部控制的有效性，是指相关的内部控制能够合理保证资产的安全与完整，防止资产流失；报告目标内部控制的有效性，是指相关的内部控制能够及时防止（或发现）并纠正财务报告的重大错报；经营目标内部控制的有效性，是指相关的内部控制能够合理保证经营活动的效率和效果及时被董事会和经理层所了解或控制；战略目标内部控制的有效性，是指相关的内部控制能够合理保证董事会和经理层及时了解战略定位的合理性、实现程度，并适时进行战略调整。

需要说明的是，由于受内部控制固有局限性（如评价人员的职业判断、成本效益原则等）的影响，内部控制评价只能为内部控制目标的实现提供合理保证，而不能提供绝对保证。

（三）内部控制评价是一个过程

内部控制评价是一个过程，是指内部控制评价要遵照一定的流程来进行。内部控制评价工作不是一蹴而就的，它是一个涵盖计划、实施、编报等多个阶段、包含多个步骤的动态过程。关于内部控制评价流程的内容，详见本章第二节。

二、内部控制评价的作用

企业内部控制评价是对企业内部控制制度的完整性、合理性和有效性进行分析和评定的工作，作为内部控制体系的重要组成部分，对于企业来说，内部控制评价有着重要的意义。

（一）内部控制评价有助于企业自我完善内控体系

内部控制评价是通过评价、反馈、再评价，报告企业在内部控制建立与实施中存在的问题，并持续地进行自我完善的过程。通过内部控制评价查找、分析内部控制缺陷并有针对性地督促落实修改，可以及时堵塞管理漏洞，防范偏离目标的各种风险，并举一反三，从设计和执行等全方位健全优化管控制度，从而促进企业内控体系的不断完善。

（二）内部控制评价有助于提升企业市场形象和公众认可度

企业开展内部控制评价，需形成评价结论，出具评价报告。通过自我评价报告，将企业的风险管理水平、内部控制状况以及与此相关的发展战略、竞争优势、可持续发展能力等公布于众，树立诚信、透明、负责任的企业形象，有利于增强投资者、债权人以及其他利益相关者的信任度和认可度，为自己创造更为有利的外部环境，促进企业的长远可持续发展。

（三）内部控制评价有助于实现与政府监管的协调互动

政府监管部门有权对企业内部控制的建立与实施的有效性进行监督检查。事实上，有关政府部门在审计机关开展的国有企业负责人离任经济责任审计中，就已将企业内部控制的有效性，以及企业负责人组织领导内控体系的建立与实施情况纳入审计范围，并日益成为十分重要的一个部分。尽管政府部门实施企业内控监督检查有其自身的做法和特点，但监督检查的重点部位是基本一致的，比如大多数涉及重大经营决策的科学性、合规性以及重要业务事项管控的有效性等。实施企业内控自我评价，能够通过自查及早排查风险、发现问题，并积极整改，有利于在配合政府监管中赢得主动，并借助政府监管成果进一步改进企业内控实施和评价工作，促进自我评价与政府监管的协调互动。

三、内部控制评价的内容

内部控制评价的内容是内部控制对象的具体化。上一部分已经述及，内部控制评价的对象是内部控制的有效性，而内部控制的有效性，是企业建立与实施内部控制，对实现控制目标提供合理保证的程度。内部控制的目标包括合规目标、资产目标、报告目标、经营目标和战略目标。因此，内部控制评价的内容应是对以上5个目标的内控有效性进行全面评价。具体地说，内部控制评价应紧紧围绕内部环境、风险评估、控制活动、信息与沟通、内部监督5要素进行。

1.内部环境评价。企业组织开展内部环境评价，应当以组织架构、发展战略、人力资源、企业文化、社会责任等应用指引为依据。其中，组织架构评价可以重点从组织架构的设计和运行等方面进行；发展战略评价可以重点从发展战略的合理制定、有效实施和适当调整3方面进行；人力资源评价应当重点从企业人力资源引进结构的合理性、开发机制、激励约束机制等方面进行；企业文化评价应从建设和评估两方面进行；社会责任可以从安全生产、产品质量、环境保护与资源节约、促进就业、员工权益保护等方面进行。

2.风险评估评价。企业组织开展风险评估评价，应当以《企业内部控制基本规范》有关风险评估的要求，以及各项应用指引中所列主要风险为依据，结合本企业的内部控制制度，对日常经营管理过程中的目标设定、风险识别、风险分析、应对策略等进行认定和评价。

3.控制活动评价。企业组织开展控制活动评价，应当以《企业内部控制基本规范》和各项应用指引中的控制措施为依据，结合本企业的内部控制制度，对相关控制措施的设计和运行情况进行认定和评价。

4.信息与沟通评价。企业组织开展信息与沟通评价，应当以内部信息传递、财务报告、信息系统等相关指引为依据，结合本企业的内部控制制度，对信息收集、处理和传递的及时性，反舞弊机制的健全性，财务报告的真实性，信息系统的安全性，以及利用信息系统实施内部控制的有效性进行认定和评价。

5.内部监督评价。企业组织开展内部监督评价，应当以《企业内部控制基本规范》有关内部监督的要求，以及各项应用指引中有关日常管控的规定为依据，结合本企业的内部控制制度，对于内部监督机制的有效性进行认定和评价，重点关注监事会、审计委员会、内部审计机构等是否在内部控制设计和运行中有效发挥监督作用。

案例9-1　　　　　　　　　万科的五要素内部控制评价①

万科企业股份有限公司（简称"万科"）成立于1984年5月，总部设在深圳，是目前中国最大的专业住宅开发企业，其股票也是具有代表性的地产蓝筹股。2012年，万科累计实现销售额1 412.3亿元，销售面积1 295.6万平方米，成为全国第一个年销售额超千亿的房地产公司。此后万科行业龙头地位逐步稳固，一度成为地产界"一哥"。2019年3月底，万科继续上交亮眼答卷，2018年度归属于母公司的净利润337.7亿元，同比增长20.4%。日均盈利接近1个亿，一天一个"小目标"。房地产行业风雨30年，万科始终能够在规模化发展中踏准经营节奏，10多年来占据神坛的位置不动摇，其相对成熟的内控制度体系已经成为支持万科持续发展的重要基础。

在董事会、监事会、管理层及全体员工的持续努力下，公司已经建立起一套比较完整且运行有效的内部控制体系，从公司层面到各业务流程层面均建立了系统的内部控制及必要的内部监督机制，为公司经营管理的合法合规、资产安全、财务报告及相关信息的真实、完整提供了合理保障。

公司坚持以风险导向为原则，进一步加强覆盖总部、各事业集团/事业单元、一线公司的三级自我评估体系，持续组织总部各职能及各一线公司对内控设计及执行情况进行系统的自我评价。公司结合中国香港联交所《企业管治守则》的要求，设立了风险管理工作委员会，建立总部、事业集团/事业单元、一线公司三级风险管理架构，发布风险管理手册，通过对总部、各事业集团/事业单元及一线公司开展风险调研、风险走访，对来自外部环境和公司内部的主要风险进行识别和评估，持续监控风险管理体系的健全性、合理性和有效性，提升风险控制和防范能力。

公司纳入评价范围的事项包括内部环境、风险评估、控制活动、信息与沟通、内部监督；纳入评价范围的主要业务包括销售、成本、资金、财务、采购、投资、关联方交易、

---

① 节选自：万科企业股份有限公司. 万科 A：2018 年度内部控制自我评价报告 [EB/OL]. [2019-03-26]. http://www.szse.cn/disclosure/listed/bulletinDetail/index.html? 3bf6ce96-0023-4474-9fa3-3437bdcfb2e6.

对外担保、募集资金、信息披露。同时，通过风险检查、内部审计、监事巡查等方式对公司内部控制的设计及运行的效率、效果进行独立评价，2018年度的具体评价结果阐述如下：

1.内部环境

（1）治理结构

公司按照《公司法》、《证券法》、《上市公司治理准则》、《关于在上市公司建立独立董事制度的指导意见》、《深圳证券交易所上市公司规范运作指引》、《香港联合交易所有限公司证券上市规则》附录十四《企业管治守则》等法律、行政法规、部门规章的要求，建立了规范的公司治理结构和科学的议事规则，制定了符合公司发展要求的各项规则和制度，明确决策、执行、监督等方面的职责权限，形成了科学有效的职责分工和制衡机制。股东大会、董事会、监事会分别按其职责行使决策权、执行权和监督权。股东大会享有法律法规和公司章程规定的合法权利，依法行使对公司经营方针、筹资、投资、利润分配等重大事项的决定权。董事会对股东大会负责，执行股东大会决议，依法行使企业的经营管理权。董事会下设审计委员会、薪酬与提名委员会、投资与决策委员会三个专业委员会，提高运作效率。董事会11名董事中，有4名独立董事。独立董事担任各个专业委员会的召集人，并在审计委员会和薪酬与提名委员会占据多数，涉及专业领域的事务须经过专业委员会审议后提交董事会，以利于独立董事更好地发挥作用。监事会对股东大会负责，除了通常对公司财务和高管履职情况进行检查监督外，还通过组织对子公司的巡视，加强对各子公司的业务监督。管理层根据董事会的授权，负责组织实施股东大会、董事会决议事项，主持企业日常经营管理工作。

（2）机构设置及权责分配

公司结合自身业务特点和内部控制的要求设置内部机构，明确职责权限，将权利与责任落实到各责任单位。

董事会负责公司内部控制和风险管理职能的建立健全和有效实施。董事会下设立审计委员会，具体负责风险管理，审查企业内部控制，监督内部控制的有效实施和内部控制自我评价情况，指导及协调内部审计及其他相关事宜等。监事会对董事会建立与实施内部控制进行监督。管理层负责组织领导企业内部控制的日常运行。

公司在内控责任方面明确事业集团/事业单元及各一线公司第一负责人为内控第一负责人，落实事业集团/事业单元和各一线公司的内控责任，在总部统一的管理框架下，自我能动地制订内控工作计划并监督落实。总部、事业集团/事业单元及一线公司持续进行内控宣传培训工作，提升各级员工的内控意识、知识和技能。

公司总部管理中心财务管理职能具体负责组织协调内部控制的建立、实施及完善等日常工作，通过梳理业务流程、编制内部控制评估表、内控检查表、调查问卷、专项研讨会等，组织总部各职能部门、各事业集团/事业单元、各一线公司进行自我评估及定期检查，推进内控体系的建立健全。总部各职能部门、各事业集团/事业单元及各一线公司均设有内控专员等相关内控管理岗位，负责本单位内部控制的日常管理工作。

总部管理中心财务管理职能下设财务共享中心，负责总部及各一线公司款项支付审核与核算。财务共享中心通过统一的系统平台、规范的业务流程、标准的作业程序，促进集团财务核算规范化水平的提升。财务共享中心未来职能将不断拓展，并为集团经营及管控提供有力支撑。

(3) 内部审计

公司支持中心监察审计职能负责内部监察及内部审计工作，通过开展综合审计、专项审计或专项调查等业务，评价内部控制设计和执行的效率与效果，对公司内部控制设计及运行的有效性进行监督检查，促进集团内控工作质量的持续改善与提高。对在审计或调查中发现的内部控制缺陷，依据问题严重程度向监事会、审计委员会或管理层报告，并督促相关部门采取积极措施予以整改。

(4) 人力资源政策

公司基于事业合伙人理念和机制落地的要求，始于人、终于人，制定和实施有利于企业可持续发展的人力资源政策。公司始终以奋斗者为本，我们鼓励人人都成为奋斗者，自愿担当、自发涌现，与职位高低、资历深浅、任职长短无关，也通过政策和机制建设帮助每一位奋斗者成为我们的事业合伙人。公司不断完善和迭代人才激发、成长、发展和激励机制，帮助员工不断挑战和突破自我、不断自觉走出舒适区，拓展自身的能力边界，追求更高的目标和更大的事业成就。

总部管理中心人才培育职能每年制订相关培训计划，组织具体培训活动，培养专业人员全面的知识和技能。

为进一步完善万科职业道德风险防范体系，公司设立了"万科阳光网"作为举报职务舞弊的专门网站，用于宣传万科的反舞弊政策，收集各类举报信息，预防和发现职务舞弊。公司建立并完善了员工奖惩信息管理系统，严重违法违纪行为可通过集团外部网站进行查询。公司每年组织全体员工进行潜在利益冲突申报、廉正认证考试，发布了《职员职务行为准则》《员工内部购房制度》等制度，并对员工购置万科物业的情况进行公示。

(5) 企业文化

公司秉承"大道当然，合伙奋斗"的核心价值观，人文精神与市场原则是我们持续传承的文化根基；"共识、共创、共担、共享"，是我们继往开来、长期合伙奋斗所遵循的核心理念。我们以奋斗者为本，倡导在奋斗中成长、在贡献中收获、在担当中成就，相信创造真实价值的奋斗者定当得到全面而长期的回报。我们热情拥抱阳光健康的文化，倡导员工时刻保持积极向上的阳光心态，锻造健康的身心；保持自省、开放学习，不断强健心智，始终以充满正能量的状态投入工作、热爱生活。

公司高度重视企业文化的宣传和推广，每年组织面向集团全体范围的"目标与行动沟通会"，由集团合伙人进行公司目标和核心价值观的宣讲；总部和各业务单位也分别组织形式多样的企业文化锻造和推广活动，积极宣导奋斗者标杆及事迹，开展健康运动、读书思考等活动，帮助员工追求健康丰盛的人生。

2.风险评估

为促进公司持续、健康、稳定发展，实现经营目标，公司根据既定的发展策略，结合不同发展阶段和业务拓展情况，全面、系统、持续地收集相关信息，及时进行风险评估，动态进行风险识别和风险分析，并相应调整风险应对策略。

随着董事会风险管理职能的建立，公司设立风险管理工作委员会，在外部专业机构的协助下，公司由总部、各事业集团/事业单元、一线公司相关部门负责对经济形势、产业政策、市场竞争、资源供给等外部风险因素以及财务状况、资金状况、资产管理、运营管理等内部风险因素进行收集研究，并采用定量及定性相结合的方法进行风险识别及评估，为管理层制定风险应对策略提供依据。

从 2014 年开始，为了进一步激发组织活力，激发每一位奋斗者，持续创造真实价值，同时强化管理团队与股东之间的利益纽带，提升组织绩效，改善公司治理，公司全面探索事业合伙人机制。在项目层面，建立跟投机制，员工在一定比例内可以投资公司的新项目，项目的管理人员必须投资，并承担劣后责任，跟投机制将员工利益和项目发展结合在一起，员工在销售推进、成本节约、运营效率提升等方面体现更大的主人翁意识。在公司层面，推出事业合伙人持股计划，公司合伙人通过券商集合计划购入股票，从而将公司管理层的利益和股东利益更紧密地结合在一起。2017 年，公司凝聚共识推出《万科事业合伙人纲领》，全面凝练万科事业合伙人的理论内涵和机制要义，目前，总部、各事业集团/事业单元和一线单位在《纲领》的指导下，全面开展战略检讨、业务梳理、组织重建和事人匹配的经营管理工作，以支持业务持续健康发展，激发和成就更多奋斗者。

3.控制活动

本公司的主要控制措施包括：

（1）职责分离控制

公司对岗位设置按照职责分离的控制要求，形成各司其职、各负其责、相互制约的工作机制。

（2）授权审批控制

公司各项需审批业务有明确的审批权限及流程，明确各岗位办理业务和事项的权限范围、审批程序和相应责任。公司及各子公司的日常审批，通过系统进行自动控制，保证授权审批控制的效率和效果。

（3）会计系统控制

公司严格遵照国家统一的会计准则和会计制度，建立了规范的会计工作秩序，制定了《万科集团会计管理及核算规范》及各项具体业务核算制度，根据各项准则及财经政策的变动及时进行相应更新，加强集团会计管理，提高会计工作的质量和水平。与此同时，公司通过不断加强财务管理系统的建设和完善，提高财务核算工作信息化程度，有效保证了会计信息及资料的真实、完整。

（4）财产保护控制

公司建立了财产日常管理制度和定期清查制度，通过资产管理系统及管理台账对各项实物资产进行记录、管理，坚持采取定期盘点以及账实核对等措施，保障公司财产安全。

（5）经营监控控制

公司通过编制营运计划等实施动态管理，明确各责任单位在经营中的职责权限，规范编制、审定、下达和执行程序，并通过对营运计划的持续跟踪和动态调整，达成经营目标以及成本费用预算约束效果。

（6）绩效考评控制

公司制订了《万科集团绩效考核管理办法》以明确规范绩效考核工作，坚持客观公正、规范透明、绩效导向原则，按期组织季度考核、年度考核，使绩效考核结果能为薪酬分配、人才甄选与培养、团队优化、薪金福利调整等提供决策依据。

4.信息与沟通

公司制定了包括《万科集团信息安全管理办法》《万科集团关键信息保密管理规范》等在内的各项制度,规范公司经营管理信息传递活动。在日常经营过程中,建立了定期与不定期的业务与管理快报、专项报告等信息沟通制度,便于全面及时了解公司经营管理信息。

公司致力于信息安全管理体系建设,制定了一系列信息安全方针、策略和制度,以保护公司信息资产安全。通过持续运用信息化手段、优化信息流程、整合信息系统,不断提高管理决策及运营效力。总部管理中心信息化管理机构作为信息化工作的执行及管理机构,负责对公司财务管理系统、业务运营系统和办公管理系统等的规划、开发与管理,组织公司各类系统的开发与维护,在全公司范围内提供信息系统共享服务。

在与客户、合作伙伴、投资者和员工关系方面,公司已建立起较完整透明的沟通渠道,在完善沟通的同时发挥了对公司管理的监督作用。对客户,公司本着"以客户为中心"的客户理念,贯彻"客户是我们的衣食父母",持续做好从总部到前线,从地产开发到物业服务及各新增业务场景的客户服务工作,通过网络方式的多种投诉沟通渠道,接收与倾听客户意见与反馈,持续开展围绕客户产品、服务感受的客户满意度评价工作,覆盖商业开发和运营、物流仓储服务、产业城镇、冰雪度假、养老、教育等领域;对投资者,公司除了通过法定信息披露渠道发布公司信息外,投资者还可以通过电话、电子邮件、访问公司网站、直接到访公司、参与公司组织的网络路演和见面会等方式了解公司信息,公司建立网络辅助系统及时响应投资者的各类需求,保证投资者及时了解公司的经营动态,通过互动加强对公司的理解和信任;对员工,设立多种形式的内部沟通渠道,保证沟通顺畅有效;对外开展商业合作时,倡导合作共生共赢,保持良好的合作关系。公司统一要求签订阳光合作协议,表明万科价值观和对员工的廉洁要求,明确举报渠道。各子公司重大节日主动向合作伙伴发出廉洁提示,维护与合作伙伴的健康商业合作关系。

5.内部监督

公司已经建立起涵盖总部、各事业集团/事业单元、一线公司多层级的监督检查体系,通过常规审计、专项调查以及聘请第三方检查等多种形式对各业务领域的控制执行情况进行评估和督查,有利于提高内控工作质量。公司设立受理违反职业道德行为的投诉和举报的万科反舞弊网站(http://5198.vanke.com),并在公司内外公示,鼓励实名举报,实行查实有奖政策。支持中心监察审计职能履行内部反舞弊职能,开展专项调查,发挥监督作用。监事会建立了对各子公司的巡查机制,通过现场走访、员工约谈等方式,共同促进内控管理水平提高。

上述纳入评价范围的单位、业务和事项涵盖了公司经营管理的主要方面,不存在重大遗漏。

四、内部控制评价的原则与方法

内部控制评价的原则与方法是内部控制评价工作的方法论基础。内部控制评价的原则是开展评价工作应该遵循的基本要求与准则,内部评价的方法是执行内部控制评价工作时具体采用的技术手段。

（一）内部控制评价的原则

与内部控制的原则不完全相同，企业对内部控制评价至少应当遵循下列原则：

1.全面性原则。全面性原则强调的是内部控制评价的涵盖范围应当全面，具体来说，是指内部控制评价工作应当包括内部控制的设计与运行，涵盖企业及其所属单位的各种业务和事项。

2.重要性原则。重要性原则强调内部控制评价应当在全面性的基础之上，着眼于风险业务和事项，突出重点。具体来说，主要体现在制订和实施评价工作方案、分配评价资源的过程之中，应贯彻以下两个方面的核心要求：（1）要坚持风险导向的思路，重点关注那些影响内部控制目标实现的高风险领域和风险点；（2）要坚持重点突出的思路，重点关注那些重要的业务事项和关键的控制环节，以及重要的业务单位。

2012年9月，财政部等六部委印发的《企业内部控制规范体系实施中相关问题解释第2号》指出，集团性企业在确认内部控制评价范围时，应当遵循全面性、重要性、客观性原则，在对集团总部及下属不同业务类型、不同规模的企业进行全面、客观评价的基础上，关注重要业务单位、重大事项和高风险业务。

重要业务单位一般以资产、收入、利润等作为判定标准，包括集团总部，资产占合并资产总额比例较高的分公司和子公司，营业收入占合并营业收入比例较高的分公司和子公司，以及利润占合并利润比例较高的分公司和子公司等。

重大事项一般是指重大投资决策项目，兼并重组、资产调整、产权转让项目，期权、期货等金融衍生业务，融资、担保项目，重大的生产经营安排，重要设备和技术引进，采购大宗物资和购买服务，重大工程建设项目，年度预算内大额度资金调动和使用，以及其他大额度资金运作事项等。

高风险业务一般是指经过风险评估后确定为较高或高风险的业务，也包括特殊行业及特殊业务，国家法律、法规有特殊管制或监管要求的业务等。

案例9-2 **比亚迪内部控制评价的"点""面"结合**[①]

比亚迪创立于1995年，由20多人的规模起步，2003年成长为全球第二大充电电池生产商，同年组建比亚迪汽车，2007年和2011年分别在中国香港联合交易所和深圳证券交易所上市。公司主要从事以二次充电电池、手机、电脑零部件及组装业务为主的IT产业，以及包含传统燃油及新能源汽车在内的汽车产业。2015年，受国家新能源汽车补贴政策的推动，比亚迪新能源汽车在C端凭借秦、唐等"王朝"系列车型的热销，公共领域E6、K9，成功加冕全球新能源汽车销量第一。2018年，比亚迪以1 059亿元的营业收入位居民营车企的第二名，位列中国民营企业500强。比亚迪公司一直十分关注对风险的管控，在实施内部控制的过程中，切实做到了全面覆盖与重点突出相结合的"点""面"评价原则。

从纳入评价范围的主要单位来看，公司根据《企业内部控制基本规范》《企业内部控制评价指引》的相关规定与要求，以风险为导向，将总部及下属22家单位列为本年度内部控制评价单位，纳入评价范围的单位的资产总额和营业收入占公司合并财务报表对应项目超过80%。

---

① 改编自：比亚迪股份有限公司. 比亚迪股份有限公司2018年度内部控制自我评价报告 [EB/OL]. [2016-03-28]. http://www.szse.cn/disclosure/listed/bulletinDetail/index.html? COLLCC=3002890727&fd7e422f-47d1-4800-b12a-e16f785fa99e.

从纳入评价范围的业务和事项来看，纳入业务和事项包括公司层面和业务层面。公司层面包括组织架构、发展战略、人力资源、社会责任、企业文化；业务层面涵盖了资金活动、采购业务、资产管理、销售业务、研究与开发、工程项目、财务报告、合同管理、信息系统、关联方交易、对外担保、重大投资、募集资金存放与使用、信息披露，评价范围覆盖了公司及下属子公司的核心业务流程和主要的专业模块。

上述纳入评价范围的单位、业务和事项以及高风险领域涵盖了公司经营管理的主要方面，不存在重大遗漏。

公司重点关注的高风险领域主要包括：

1. 资金活动

公司资金管理中心负责公司的资金业务，对资金实行集中管理。公司制定了《比亚迪公司现金管理办法》《比亚迪公司对内投资项目管理规定》《比亚迪公司差旅费报销管理规定》《比亚迪公司员工借款管理规定》《比亚迪公司商务卡管理规定》等资金管理制度，明确公司资金管理和结算要求。

公司统一投资、融资的审批，统筹资金调度，强化对子公司资金业务的统一监控，提高了资金使用效率；严格执行筹资、投资、营运等各环节职责权限和岗位分离要求，建立了严格的授权审核程序，形成了重大资金活动集体决策和联签制度，确保了资金活动安全有效运行。

2018年，公司持续建立和健全资金管理制度，制定或修订了《比亚迪电子与新能源产业对内投资项目管理规定》《比亚迪汽车及轨道交通投资项目管理规定》，加强对投资项目立项评审、过程、验收关闭的全生命周期的管控，确保投资项目符合公司当前的发展战略。

2. 资产管理

（1）固定资产管理

公司制定了《比亚迪公司固定资产管理制度》《比亚迪公司固定资产实物管理规定》《比亚迪公司固定资产验收管理规定》等相关制度，确保公司资产客观、真实、完整。

公司明确了固定资产业务各环节的职责权限和岗位分离要求，规范了固定资产的请购、验收、登记、入账、调拨、维护、盘点等操作流程，加强固定资产的投保。对请购、验收、盘点等流程进行例行抽查，确保固定资产的安全、完整和有效使用。制订符合国家统一要求的固定资产成本核算、折旧计提方法，关注固定资产减值迹象，合理确认固定资产减值损失，保证固定资产财务信息的真实、可靠。

（2）无形资产管理

公司十分重视对无形资产的管理，明确了无形资产业务各环节的职责权限和岗位分离要求，完善无形资产取得、验收、使用、处置的规章制度。公司制定了《比亚迪公司无形资产管理规定》《比亚迪公司商标管理规定》《比亚迪公司专利工作管理规定》《比亚迪公司知识产权及法务管理》《比亚迪公司专利分级办法》《比亚迪公司版权管理规定》等制度，加强对公司品牌等无形资产的保护，确保公司合法权益不受侵犯。2018年，公司修订了《比亚迪公司信息资产管理规定》，确保公司信息资产的保密性、完整性、可用性。

（3）存货管理

公司对存货有明确的分类标准，设立了严格的控制流程审批环节，制定了《比亚迪公司计划、仓储及交付管理》《比亚迪公司存货盘点管理规定》《比亚迪公司普通工业废料管理规定》等制度，规定了物料、产成品验收入库，仓储保管，领料发出，盘点清查，存货处置等相关活动的程序。公司通过定期和不定期盘存查库等检查活动及时发现管理中的薄弱环节，合理确认存货减值损失，不断提高公司存货管理工作水平，保障存货信息的完整性、准确性。

3.采购业务

公司统筹安排采购计划，明确采购申请、审批、购买、付款等环节的职责和审批权限，按照公司规定的审批权限和程序办理业务，定期对供应商进行综合评价，建立价格监督机制和应急机制，不定期对采购流程进行检查，整改采购过程中的薄弱环节，保证物资采购满足公司生产经营需要。公司制定了《比亚迪公司采购管理》《比亚迪公司采购方式管理规定》等制度，并合理设置采购与付款业务的部门和岗位，明确职责权限。

在采购方式上，公司通过招标、竞价等多种采购方式，兼顾采购的效益、效率和规范性；公司建有采购平台，实施电子采购以提升采购的效率和透明度；通过集中采购，整合内部需求和外部资源，最大限度地发挥采购量的优势以实现规模效益。

在采购付款上，公司建立了严格的财务支出审批制度和授权审批制度，根据付款金额的大小，划分审批层级，明确审批权限，所有采购款项的支付必须经过授权领导的审批，保证资金的安全，并且定期向供应商发送函证对账，保证资金健康流动。

2018年，公司持续完善采购管理运行机制，制定或修订了《比亚迪公司招标管理规定》《比亚迪公司招标采购作业细则》《比亚迪公司招标采购专家管理办法》《比亚迪公司战略供应商管理细则》《比亚迪公司限制类供应商管理规定》《比亚迪公司生产性物料单——资源管理细则》等制度，进一步优化采购操作流程，使公司的规范化采购持续向前推进。

4.销售业务

公司制定了《比亚迪电子及电池客户信用风险控制管理规定》《比亚迪公司应收账款账务核对管理规定》等相关制度，建立了销售计划制订、客户信用管理、销售定价管理、销售订单管理、销售收入核算、发货与收款等相关流程，合理设置销售业务相关岗位，明确职责权限，并形成了严格的管理制度和授权审核程序。针对不同产品，对销售的各个环节进行了规范和控制，使公司销售管理业务流程与公司实际销售情况相匹配。

2018年，公司持续完善销售管理运行机制，修订了《比亚迪乘用车整车零部件索赔管理流程》《比亚迪出口车辆内部质保索赔管理规定》等相关制度，明确售后索赔风险，完善索赔流程；制定了《比亚迪MOT宣传物料预警及管理规范》，明确了MOT宣传物料设计开发、计划、采购、到货等各项工作流程。

3.客观性原则。客观性原则强调内部控制评价工作应当准确地揭示经营管理的风险状况，如实反映内部控制设计和运行的有效性。只有在内部控制评价工作方案制订、实施的全过程中始终坚持客观性，才能保证评价结果的客观性。

（二）内部控制评价方法

《企业内部控制评价指引》第十五条规定，"内部控制评价工作组应当对被评价单位进行现场测试，综合运用个别访谈、调查问卷、专题讨论、穿行测试、实地查验、抽样和比较分析等方法，充分收集被评价单位内部控制设计和运行是否有效的证据，按照评价的具体内容，如实填写评价工作底稿，研究分析内部控制缺陷"。

1.个别访谈法

个别访谈法，是指评价人员根据内部控制评价的需要，对被评价单位员工进行单独访谈，获取有关信息，以此来了解、测试内部控制的一种方法。访谈的总体目的是收集关于内部控制制度运行有效性的证据。

2.调查问卷法

调查问卷法，是指评价人员按照内部控制的一般要求，考虑理想的控制模式，将需要调查的全部内容以提问的方式列出并制成固定式样的表格，然后交由被评价有关部门和人员回答，以此来了解、测试内部控制的一种方法。

3.专题讨论法

专题讨论法，是指通过召集与业务流程相关的管理人员，就业务流程的特定项目或具体问题进行讨论及评估的一种方法。

4.穿行测试法

穿行测试法，是指在对企业进行内部控制评价时，通过抽取一份全过程的文件，来了解整个业务流程执行情况的评估评价方法。例如，为了评价采购内部控制，评价人员选取一笔或若干笔材料采购业务，依据"请购单→订货→验收入库→库存保管→核准发票→付款→记账"的业务流程，对整个采购程序进行详细检查，以确定材料采购各个环节的实际执行情况是否与其所了解的内部控制一致。

5.实地查验法

实地查验法，是指企业对财产进行盘点、清查，并对存货出、入库等控制环节进行现场查验，以检查验证其规定的控制措施是否得到严格执行的一种方法。例如，评价人员实地察看存货仓库，判断仓储物资是否按要求的储存条件储存，除存货管理部门及仓储人员以外的其他部门和人员是否可以接触存货等。

6.抽样法

抽样法是指针对具体的内部控制业务流程，按照业务发生频率及固有风险的高低，从确定的抽样总体中抽取一定比例的业务样本，对业务样本的符合性进行判断，进而评价业务流程控制运行的有效性的方法。

7.比较分析法

比较分析法是指通过分析、比较数据间的关系、趋势或比率来取得评价证据的方法。作为评价方法的一部分，有些公司把它们的内部控制体系与其他主体进行比较，这种方法通常被称为"对标"。

在实际评价工作中，以上这些方法可以配合使用。此外，还可以使用观察、检查等方法，也可以利用信息系统开发检查的方法，或利用实际工作的检查测试经验。对于企业通过系统采用自动控制、预防控制的，应在方法上注意与人工控制、发现性控制的区别。

案例9-3 中粮集团内部控制评价方法①

公司依据财政部等五部委联合发布的《企业内部控制基本规范》、《企业内部控制应用

---

① 改编自：中粮集团.中粮集团2014年度内部控制评价方案［EB/OL］.［2015-12-18］. http: //wenku.baidu. com / link? url=VI4o－i5Ns7_Nunq5yBv7tNzwujdg9ybBDQAiMD5jyNGLUE0bxVsoZn6hIbkW3XXOIb2t04JKA8M98tf4m-gx-agf-wsPu j5wrjNoHq1vZEeG.

指引》、《企业内部控制评价指引》，以及集团和各经营单位的《内控手册》及相关制度开展内控评价工作。

1.公司层面测试

公司层面测试重点关注内容及主要测试方法，见表9-1。

表9-1　　　　　　　　　　公司层面测试重点关注内容及主要测试方法

测试内容		测试方法
内部环境	公司治理	询问、观察、检查
	组织架构	询问、观察、检查
	授权体系	询问、观察、检查
	人力资源	询问、观察、检查
	职业道德	询问、观察、检查
	反舞弊机制	询问、观察、检查
风险评估		询问、观察、检查
信息与沟通		询问、观察、检查
内部监督		询问、观察、检查

2.业务层面测试

各经营单位根据各自经营的特点和业务范围，结合2014年风险评估结果，对高风险、重要业务进行测试，可选择的业务及测试方法包括但不限于以下方面（见表9-2）：

表9-2　　　　　　　　　　业务层面测试重点关注内容及主要测试方法

测试内容	测试方法
资金管理	穿行测试
采购业务	穿行测试
资产管理	穿行测试
销售业务	穿行测试
研究与开发	穿行测试
工程项目	穿行测试
担保业务	穿行测试
业务外包	穿行测试
财务报告	穿行测试
合同管理	穿行测试
信息系统	穿行测试

3.检查评价的具体要求

仅采用"检查评价"的一级经营单位要求采用如下测试方法：

首次测试：2014年7月—8月；针对2014年1月—6月发生的样本量进行穿行测试；考虑到测试的时间节点，可以留取部分样本量，在下半年进行补充测试。在确定样本规模时，应当考虑能否将抽样风险降至可接受的低水平。针对业务层面中涉及的手工控制，非关键控制点一般只选择一个样本进行测试，关键控制点根据发生频率及总量，建议按照表9-3抽取样本量。关键控制点建议抽取样本量，见表9-3。

表 9-3 关键控制点建议抽取样本量表

发生频率	总体抽样单元数量	建议抽取样本量
年度	1	1
季度	4	2
月度	12	3
每周	52	5
每日	250	20
一日多次	高于250	25

针对业务层面中涉及的应用系统自动化控制，若信息技术一般控制有效，则只需抽取一个样本，若无效，则需视情况增加样本量。

补充测试：2015年1月—2月，针对首次测试未抽取足够样本量的，补足样本量。同时，对首次测试存在例外的控制点执行整改测试。

整改测试的样本量选取同上。

第二节 内部控制评价的组织与实施

内部控制评价是合理保证内部控制有效性的关键步骤，而内部控制评价工作的组织方式的合理性则直接关系到内部控制工作能否科学、有序开展。组织方式的得当与否，取决于两个方面：其一，合理的组织机构；其二，科学、精简、高效的内部控制评价程序。

一、内部控制评价的组织机构

内部控制评价的组织机构大致可以分为3个层次：内部控制评价的责任主体、内部控制评价的具体组织实施主体、其他相关部门。

（一）内部控制评价的责任主体及其职责

董事会是内部控制评价的责任主体，对内部控制评价承担最终的责任，对内部控制评价报告的真实性负责。董事会可以通过审计委员会来承担对内部控制评价的组织、领导、监督职责。董事会或审计委员会应听取内部控制评价报告，审定内控重大缺陷、重要缺陷整改意见，对内部控制部门在督促整改中遇到的困难，积极协调，排除障碍。

（二）内部控制评价的具体组织实施主体及其职责

内部控制评价工作的具体组织实施主体一般为内部审计机构或专门的内部控制评价机构。企业可根据自身的经营规模、机构设置、经营性质、制度状况等特点，决定是否单独设置专门的内部控制评价机构。内部控制评价机构必须具备一定的设置条件：（1）具备独立性，即能够独立地行使对内部控制系统建立与运行过程及结果进行监督的权力；（2）具备与监督和评价内部控制系统相适应的专业胜任能力和职业道德素质；（3）与企业其他职能机构就监督与评价内部控制系统方面应当保持协调一致，在工作中相互配合、相互制约，在效率效果上满足企业对内部控制系统进行监督与评价所提出的有关要求；（4）能够得到企业董事会和经理层的支持，有足够的权威性来保证内部控制评价工作的顺利开展。对于单独设有专门内部控制机构的企业，可由内部控制机构来负责内部控制评价的具体组织实施工作，但为了保证评价的独立性，负责内部控制设计和评价的部门应适当分离。

企业内部控制评价部门应当拟订评价工作方案，明确评价范围、工作任务、人员组织、进度安排和费用预算等相关内容，报经董事会或其授权机构审批后实施。对于评价过程中发现的重大问题，应及时与董事会、审计委员会或经理层沟通，并认定内部控制缺陷，拟订整改方案，编写内部控制评价报告，并报经董事会或类似权力机构批准后对外披露或报送相关部门；与外部审计师沟通，督促各部门、所属企业对内控缺陷进行整改；根据评价和整改的具体情况拟订内部控制考核方案。

在实践中，也有组织成立非常设内部控制评价机构，比如组成内部控制评价小组。评价工作小组应当吸收企业内部相关机构熟悉情况的业务骨干参加。评价工作小组成员对本部门的内部控制评价工作应当实行回避制度。

企业也可以委托会计师事务所等中介机构实施内部控制评价，但中介机构受托为企业实施内部控制评价是一种非保证服务，内部控制评价报告的责任仍然应由企业董事会承担。另外，为保证审计的独立性，为企业提供内部控制审计的会计师事务所，不得同时为同一家企业提供内部控制评价服务。

（三）其他相关部门及其职责

1.经理层

经理层负责组织实施内部控制评价工作，一方面授权内部控制评价机构组织实施；另一方面积极支持和配合内部控制评价工作的开展，为其创造良好的环境和条件。经理层应结合日常掌握的业务情况，为内部控制评价方案提出应重点关注的业务或事项，审定内部控制评价方案和听取内部控制评价报告；对于内部控制评价中发现的问题或报告的缺陷，要按照董事会或审计委员会的整改意见积极采取有效措施予以整改。

2.各专业部门

各专业部门负责组织本部门的内控自查、测试和评价工作，对发现的设计和运行缺陷提出整改方案及具体整改计划，积极整改，并报送内部控制机构复核，配合内控机构（部门）及外部审计师开展企业层面的内控评价工作。

2018年2月22日，审计署发布新修订的《审计署关于内部审计工作的规定》并于2018年3月1日起施行。该规定明确将"内部控制"纳入内部审计的范畴，指出"内部审计是指对本单位及所属单位财政财务收支、经济活动、内部控制、风险管理实施独立、客观的监督、评价和建议，以促进单位完善治理、实现目标的活动"，规定"对本单位及所属单位内部控制及风险管理情况进行审计"是内部审计机构或者履行内部审计职责的内设机构的职责。

3.企业所属单位

各所属单位也要逐级落实内部控制评价责任，建立日常监控机制，开展内控自查、测试和定期检查评价，对于发现的问题并认定为内部控制缺陷的，需拟订整改方案和计划，报本级管理层审定后，督促整改，编制本单位内部控制评价报告，对内部控制的执行和整改情况进行考核。

4.监事会

监事会作为内部监督机制的重要组成部分，在内部控制评价过程中起监督作用。监事会审议内部控制评价报告，对董事会建立与实施内部控制进行监督。

二、内部控制评价程序

内部控制评价程序一般包括制订评价工作方案、组成评价工作组、实施现场测试、汇总评价结果、编报评价报告等。这些程序环环相扣、相互衔接、相互作用，构成了内部控制评价的基本流程。内部控制评价流程如图9-1所示。

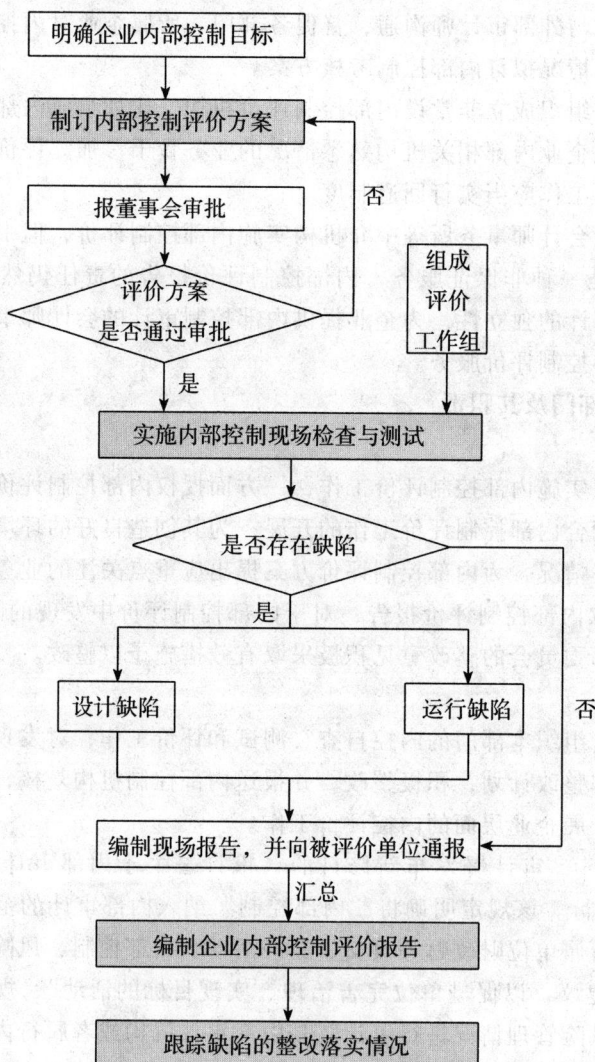

图9-1　内部控制评价流程①

1.制订评价工作方案

内部控制评价机构应当以内部控制目标为依据，结合企业内部监督情况和管理要求，分析企业经营管理过程中影响内部控制目标实现的高风险领域和重要业务事项，确定检查

---

① 图中阴影部分代表内部控制评价流程中的关键步骤。

评价方法，制订科学合理的评价工作方案，经董事会批准后实施。评价工作方案应当明确评价主体范围、工作任务、人员组织、进度安排和费用预算等相关内容。评价工作方案既可以以全面评价为主，又可以根据需要采用重点评价的方式。一般而言，内部控制建立与实施初期，实施全面综合评价有利于推动内部控制工作的深入有效展开；内部控制系统趋于成熟后，企业可在全面评价的基础上，更多地采用重点评价或专项评价，以提高内部控制评价的效率和效果。

2. 组成评价工作组

评价工作组在内部控制评价机构的领导下，具体承担内部控制检查评价任务。内部控制评价机构根据经批准的评价方案，挑选具备独立性、业务胜任能力和职业道德素养的评价人员实施评价。评价工作组成员应当吸收企业内部相关机构熟悉情况、参与日常监控的负责人或业务骨干参加。企业应根据自身条件，尽量建立长效的内部控制评价培训机制，培养内部控制评价专业人员，使其熟悉内部控制专业知识及相关规章制度、业务流程及需要重点关注的问题、评价工作流程、检查评价方法、工作底稿填写要求、缺陷认定标准、评价人员的权利和义务等内容。

3. 实施现场检查测试

首先，充分了解企业文化和发展战略、组织机构设置及职责分工、领导层成员构成及分工等基本情况；在此基础上，评价工作组根据掌握的情况进一步确定评价范围、检查重点和抽样数量，并结合评价人员的专业背景进行合理分工（检查重点和分工情况可以根据需要进行适当调整）。其次，评价工作组根据评价人员分工，综合运用各种评价方法对内部控制设计与运行的有效性进行现场检查测试，按要求填写工作底稿、记录相关测试结果，并对发现的内部控制缺陷进行初步认定。评价人员应遵循客观、公正、公平原则，如实反映检查测试中发现的问题，并及时与被评价单位进行沟通。因为内部控制通过纵向检查测试流程，所以工作中各成员之间应注意互相沟通、协调，以获得更有价值的发现。

4. 汇总评价结果

评价工作组汇总评价人员的工作底稿，初步认定内部控制缺陷。评价工作底稿应进行交叉复核签字，并由评价工作组负责人审核后签字确认。评价工作组将评价结果及现场评价的结果向被评价单位进行通报，由被评价单位相关责任人签字确认后，提交企业内部控制评价机构。

5. 编制企业内控评价报告

内部控制评价机构汇总各评价工作组的评价结果，对工作组现场初步认定的内部控制缺陷进行全面复核、分类汇总，对缺陷的成因、表现形式及风险程度进行定量或定性的综合分析，按照对控制目标的影响程度判定缺陷等级；内部控制评价机构以汇总的评价结果和认定的内部控制缺陷为基础，综合内部控制工作整体情况，客观、公正、完整地编制内部控制评价报告，并报送企业经理层、董事会和监事会，由董事会最终审定后对外披露。

6. 报告反馈与追踪

对于认定的内部控制缺陷，内部控制评价机构应当结合董事会和审计委员会的要求，提出整改建议，要求责任单位及时整改，并跟踪其整改落实情况；已经造成损失或负面影响的，企业应当追究相关人员的责任。

案例9-4　　　　　　　　联通内控，评价有方[①]

中国联通作为在上海、中国香港和纽约上市的公司，自2005年年末开始就把内控评审作为保证内控建设有效性的一项重大项目来抓，经过两年多的摸索、实践，逐步建立健全了内控评审体系，积累了一些经验。

一、制订评审工作计划

中国联通根据公司的业务特点，制订了内控评审工作计划，包括明确职责、确定评审范围、明确具体测试时间、确定被评审单位等各方面。在明确各个层面以及各个部门的职责方面，总部各部门、各省分公司的主要负责人是内控建设工作的第一责任人，从总部到各省级分公司、各地市级分公司均要设立内控办公室，负责具体的组织协调工作；在确定评审范围时，重点关注重要会计科目、重要经营场所、重要业务流程、流程风险评估、关键控制点及相互之间的匹配关系，还制定了统一的记录、测试和报告标准及对应的测试方法；为保证评审工作的有效执行，在确定测试执行人员、职责分工后，明确分段测试的具体时间，如应当在年末以前对其年末流程和程序进行复核，以确保年末流程和程序设计的有效性等；在确定被评审单位方面，按照自上而下的评价方法，省分公司为必审单位；按照重要性原则，省会城市分公司以及资产或收入规模占集团公司总规模的0.4%以上的地市分公司为必审单位；按照风险的重要程度，以前年度发生过财务报告错报、舞弊行为，或者在公司内外各项检查、审计中发现重大问题的地市分公司为必审单位。

二、组织评审人员培训

中国联通在进行内控评审前，组织评审人员进行集中培训，对参与培训的人员明确内控建设评审工作的整体要求，要求参与培训的人员重点掌握内控建设评审的方法和对关键控制点的分析评价，统一评价标准，并教育评审人员要遵循以下5项原则：独立性、客观性、规范性、全面性的原则，自上而下的原则，关注重点的原则，注重效果的原则，注重文档记录的原则。

三、评审实施

各评审小组成员要根据《中国联通省级分公司内部控制规范》所确定的控制措施编制"内控评审工作底稿"，依据该底稿的具体要求对内控制度规范设计的健全性与执行的有效性进行现场测试。

1.中国联通内控评审的主要内容包括控制环境评审、控制活动评审和IT信息系统控制评审。控制环境评审主要包括检查《员工职业道德守则》、《不相容职务相互分离暂行规定》、《风险评估管理办法》及《反舞弊暂行规定》等制度的培训和规范执行情况，检查经营信息定期分析、财务数据出现重大波动的分析报告，主要经济活动授权审批，经营发展目标实施以及人力资源政策等控制要求的落实执行情况；控制活动评审主要围绕资本性支出、收入、成本费用、资金及资产、财务及信息披露以及其他共性6个影响财务信息真实性的业务流程，检查各分公司内控制度的健全性及执行的有效性；依据控制活动发生的频率，抽取一定数量的样本，测试各项控制措施的执行情况和效果。IT信息系统控制评审基本围绕信息系统总体控制和应用控制的要求，对系统开发及变更管理、数据备份管理、

---

① 文革，韦秀长，梁锡文．中国联通内部控制评审建设的做法和启示［J］．财务与会计：综合版，2008（7）．

日常维护管理、安全管理、系统自动控制、系统用户权限和电子表格管控等情况进行检查，同时针对各省分公司IT管控指标达标率进行评审。

2.为保证公司资金安全，中国联通在进行内控各环节的评审的同时，也对资金安全状况进行了调查。内容包括非正常开立银行账户或存款、3个月以上（含3个月）银行未达账项、12个月以上应收款项等。

3.中国联通在完成上述工作的基础上，统一现场评审需提交的主要工作文档，要求各评审小组按照文档内容的要求填写完整，并经评审人员、评审小组负责人、被测评单位签字盖章确认，以利于评审各环节的责任认定。

4.在现场评审工作中，中国联通从强调时点、文档记录的重要性、评审工作底稿3个方面入手，确保评审的有效性。

四、提交评审报告

中国联通要求各评审小组在现场评审结束后一周内提交评审报告和现场评审工作文档，并对评审报告的编制提出了具体的要求，即评审小组出具的评审报告要说明分公司内部控制建设的总体概况、整改目标完成进度，并详细描述未整改的问题，与业务流程相关的关键控制点设计和执行的缺陷，以及有关问题对财务报告的影响，分析问题形成的原因、存在的风险和对分公司整改的具体要求。

五、评估测试结果

为了确认内控是否有效运行，中国联通还要求各评审小组在测试后编制一个有关所有内控缺陷、重要缺陷和实质性漏洞的清单，记录每个缺陷形成的原因并且评估必要的纠正行动，还要对每个纠正后的内控缺陷进行重新测试，以证明它的运行有效性，从而为财务报表认定提供支持。

由此可见，中国联通在内控评价过程中，各个步骤均设定了明确的标准，使得评审组在实施与评审时有法可依、有据可查。而统一的工作底稿也便于评审人员和被审人员的沟通，同时评审人、责任人、整改时限等细化要求也便于认定和考核。

第三节　内部控制缺陷的认定

案例9-5　我国上市公司2017年执行企业内部控制规范体系情况分析报告（节选）[①]

为了全面、深入了解我国上市公司执行企业内部控制规范体系情况，财政部、证监会联合山东财经大学，跟踪分析了沪、深证券交易所上市公司公开披露的2017年年度内部控制评价报告、内部控制审计报告、年度报告等资料，结合我国上市公司2011—2017年执行企业内部控制规范体系情况，以及财政部和证监会在推动企业内部控制规范体系实施和日常监管工作中掌握的有关情况，形成了《我国上市公司2017年执行企业内部控制规范体系情况分析报告》（以下简称"本报告"）。

1.内部控制评价报告披露情况

截至2017年12月31日，沪、深证券交易所共有上市公司3 485家，其中，沪市上市

①　节选自：财政部会计司.我国上市公司2017年执行企业内部控制规范体系情况分析报告［EB/OL］.［2018-11-09］. http://www.mof.gov.cn/mofhome/kjs/zhengwuxinxi/diaochayanjiu/201811/P020181108618636736195.pdf.

公司 1 396 家,深市上市公司 2 089 家。深市上市公司中主板、中小板和创业板分别有 476 家、903 家和 710 家。

2017 年,3 245 家上市公司披露了内部控制评价报告,占全部上市公司的 93.11%,其中,沪市主板、深市主板、深市中小板和深市创业板分别有 1 157 家、475 家、903 家和 710 家上市公司披露了内部控制评价报告,分别占各板块上市公司的 82.88%、99.79%、100% 和 100%。如表 9-4 所示,内部控制评价报告的披露比例同以前年度相比有较大幅度的下降,特别是沪市主板上市公司内部控制评价报告披露比例的下降幅度较大。

表 9-4　　　　　　　　　2013—3017 年内部控制评价报告披露情况

年度	2013 年	2014 年	2015 年	2016 年	2017 年
整体	92.89%	98.39%	94.73%	96.07%	93.11%
沪市主板	81.95%	97.29%	86.68%	90.35%	82.88%
深市主板	98.96%	98.96%	98.95%	98.74%	99.79%
深市中小板	100%	99.32%	100%	100%	100%
深市创业板	100%	98.77%	100%	100%	100%

240 家上市公司未披露内部控制评价报告,占全部上市公司的 6.89%。其中,有 171 家因首年上市豁免披露,全部是沪市主板上市公司,比 2016 年增加了 91 家;63 家均为年报中提示披露了内部控制评价报告,但在巨潮资讯网、证券交易所网站等指定网站上均未披露相关信息,该部分公司均为沪市主板上市公司,比 2016 年增加了 42 家;有 6 家因重大资产重组豁免披露。由于沪市上市公司中首年上市的比例由 2016 年的 8.72% 增加到 2017 年的 15.40%,而首年上市的公司披露内部控制评价报告的比例由 2016 年的 22.33% 下降到 2017 年的 20.47%,显著低于其他上市公司,加上年报中提示披露了内部控制评价报告但在巨潮资讯网、证券交易所网站等指定网站上均未披露相关信息的上市公司数量显著增加,导致沪市主板上市公司披露内部控制评价报告的比例下降。

应予关注的是,267 家原本可以因首年上市豁免披露内部控制评价报告的上市公司自愿披露了内部控制评价报告,占当年上市公司数量的 60.96%,反映出上市公司披露内部控制评价报告的自主性较高。

2.内部控制评价报告的结论

2017 年,在 3 245 家披露了内部控制评价报告的上市公司中,3 177 家内部控制评价报告的结论为整体有效,占比为 97.90%;67 家内部控制评价报告的结论为非整体有效,占比为 2.07%;1 家无法确定内部控制是否有效,占比为 0.03%。在内部控制评价报告的结论为非整体有效的上市公司中,13 家为非财务报告内部控制无效、财务报告内部控制有效,33 家为财务报告内部控制无效、非财务报告内部控制有效,21 家为财务报告内部控制和非财务报告内部控制均无效。如表 9-5 所示,2017 年内部控制非整体有效的比例同以前年度相比有所上升,其中,内部控制评价报告的结论为整体无效的上市公司数量上升明显。

表 9-5　　　　　　　　2013—2017 年内部控制评价报告结论的披露情况

年度		整体有效	非财务报告内控无效、财务报告内控有效	财务报告内控无效、非财务报告内控有效	整体无效	其他	总计
2017	公司数量	3 177	13	33	21	1	3 245
	占比	97.90%	0.40%	1.02%	0.65%	0.03%	100%
2016	公司数量	2 898	10	18	4	0	2 930
	占比	98.91%	0.34%	0.61%	0.14%	0	100%
2015	公司数量	2 649	7	16	6	0	2 678
	占比	98.92%	0.26%	0.6%	0.22%	0	100%
2014	公司数量	2 538	9	16	6	2	2 571
	占比	98.72%	0.35%	0.62%	0.23%	0.08%	100%
2013	公司数量	2 287	9	8	6	2	2 312
	占比	98.92%	0.39%	0.35%	0.26%	0.09%	100%

3. 内部控制缺陷的认定标准

2017 年，在 3 245 家披露内部控制评价报告的上市公司中，3 217 家披露了内部控制缺陷认定标准。其中，3 213 家分别披露了财务报告和非财务报告内部控制缺陷认定标准，占比为 99.02%，比 2016 年上升了 1.14%；4 家未区分财务报告和非财务报告披露内部控制缺陷认定标准，占比为 0.12%，比 2016 年下降了 0.08%；28 家未披露内部控制缺陷认定标准，占比为 0.86%，比 2016 年下降了 1.05%。如表 9-6 所示，2013—2017 年披露内部控制缺陷认定标准的上市公司的数量和占比不断上升，绝大多数披露内部控制评价报告的上市公司都能披露内部控制缺陷认定标准。

表 9-6　　　　　　　　2013—2017 年内部控制缺陷认定标准披露情况

分　类	2017 年		2016 年		2015 年		2014 年		2013 年	
	数量	占比	数量	占比	数量	占比	数量	占比	数量	占比
区分财报和非财报披露	3 213	99.02%	2 868	97.88%	2 631	98.24%	2 113	82.19%	1 739	75.35%
未区分财报和非财报披露	4	0.12%	6	0.20%	7	0.26%	36	1.40%	40	1.73%
未披露	28	0.86%	56	1.91%	40	1.50%	422	16.41%	529	22.92%
合　计	3 245	100%	2 930	100%	2 678	100.00%	2 571	100.00%	2 308	100.00%

4. 内部控制缺陷的数量及内容

在 3 245 家披露内部控制评价报告的上市公司中，963 家披露内部控制存在缺陷，占比为 29.68%，其中 69 家披露内部控制存在重大缺陷，51 家披露内部控制存在重要缺陷，890 家披露内部控制存在一般缺陷；2 282 家披露内部控制不存在缺陷，占比为 70.32%。如表 9-7 所示，内部控制存在缺陷的上市公司的比例相对于前两年有所下降。

表9-7 2013—2017 年内部控制缺陷披露情况

年度	存在缺陷的公司数量					无缺陷的公司数量	
	重大缺陷	重要缺陷	一般缺陷	合计	占比	无缺陷	占比
2017	69	51	890	963	29.68%	2 282	70.32%
2016	42	40	895	942	32.14%	1 989	67.86%
2015	36	57	817	869	32.45%	1 809	67.55%
2014	39	53	455	524	20.38%	2 047	79.62%
2013	31	37	377	428	18.51%	1 884	81.49%

（1）关于财务报告内部控制的重大缺陷和重要缺陷。55家上市公司披露了107个财务报告内部控制重大缺陷，24家上市公司披露了41个财务报告内部控制重要缺陷。如表9-8所示，无论是存在财务报告内部控制重大或重要缺陷的公司数量还是缺陷数量，2017年都有了较大幅度的增长。

表9-8 2013—2017 年财务报告内部控制缺陷披露情况

年度	重大缺陷		重要缺陷	
	公司数量	缺陷数量	公司数量	缺陷数量
2017	55	107	24	41
2016	24	44	15	18
2015	26	47	21	28
2014	25	64	13	17
2013	18	31	16	26

从财务报告内部控制重大缺陷和重要缺陷的内容上看，与2016年的情况相类似，排名第一的仍是会计系统方面的缺陷，有37个，占比为25%，主要表现在收入的确认和成本的结转不准确、重大会计事项处理不准确、资产减值损失计提不准确等方面；排名第二的仍是资金活动方面的缺陷，有28个，占比为18.92%，主要表现在资金保管不善、募集资金未按照恰当用途使用、使用个人账户管理资金等方面；排名第三的是信息披露方面的缺陷，有15个，占比为10.14%，主要表现在重大事项未披露、更正已经披露的财务报告、业绩快报信息同实际信息存在较大差异等方面；排名第四的是销售及收款方面的缺陷，有10个，占比为6.76%，主要表现在对客户的信用授权审批不严、应收款项催收不利等方面。

（2）关于非财务报告内部控制的重大缺陷和重要缺陷。34家上市公司披露了64个非财务报告内部控制重大缺陷，34家上市公司披露了52个非财务报告内部控制重要缺陷。如表9-9所示，无论是存在非财务报告内部控制重大或重要缺陷的公司数量还是缺陷数量，2017年都有增长，尤其是重大缺陷。

表9-9　　　　　　　　　　　2013—2017 年非财务报告内部控制缺陷披露情况

年度	重大缺陷		重要缺陷	
	公司数量	缺陷数量	公司数量	缺陷数量
2017	34	64	34	52
2016	22	28	30	37
2015	16	19	36	48
2014	18	26	44	71
2013	16	20	24	50

从非财务报告内部控制重大缺陷和重要缺陷的内容上看，2016 年排名第 2、3、4 位的缺陷在 2017 年的排名相应为第 1、2、3，说明相关缺陷问题仍然突出，有加剧之势，且比较普遍。其中，信息披露方面的缺陷有 13 个，占比为 11.21%，主要表现在重大事项未披露或者未及时披露；资金活动方面的缺陷有 12 个，占比为 10.34%，主要表现在募集资金未按照恰当用途使用、大额资金事项未经审批等方面；关联方交易方面的缺陷有 10 个，占比为 8.62%，主要表现在关联方交易未履行审批义务、关联方交易规模超过公告预计规模等方面。

那么，到底什么是内部控制缺陷？内部控制缺陷有哪些？企业是如何进行认定的呢？

一、内部控制缺陷的定义和种类

内部控制缺陷是内部控制在设计和运行中存在的漏洞，这些漏洞将不同程度地影响内部控制的有效性，影响控制目标的实现。内部控制缺陷的评估与认定是内部控制评价的重点，衡量内部控制有效性的关键步骤就是查找内部控制在设计或运行环节中是否存在重大缺陷。因此，内部控制缺陷的认定通常被视作判断内部控制有效性的一个负向维度。企业开展内部控制评价，主要工作内容之一就是要找出内部控制缺陷并有针对性地进行整改。

内部控制缺陷按照不同的标准可以有不同的分类。一般来说，内部控制缺陷可按照以下标准分类。

（一）按照内部控制缺陷的成因分类

按照内部控制缺陷的成因分类，内部控制缺陷包括设计缺陷和运行缺陷。设计缺陷，是指企业缺少为实现控制目标所必需的控制措施，或现存控制设计不适当，即使正常运行也难以实现控制目标。运行缺陷，是指设计有效（合理且适当）的内部控制由于运行不当（包括由不恰当的人执行、未按设计的方式运行、运行的时间或频率不当、没有得到一贯有效运行等）而影响控制目标的实现所形成的内部控制缺陷。内部控制存在设计缺陷和运行缺陷，会影响内部控制的设计有效性和运行有效性。

（二）按照内部控制缺陷的性质分类

按照内部控制缺陷的性质，即影响内部控制目标实现的严重程度分类，内部控制缺陷分为重大缺陷、重要缺陷和一般缺陷。重大缺陷，是指一个或多个内部控制缺陷的组合，可能导致企业严重偏离控制目标。当存在任何一个或多个内部控制重大缺陷时，应当在内部控制评价报告中作出内部控制无效的结论。重要缺陷，是指一个或多个内部控制缺陷的组合，其严重程度低于重大缺陷，但仍有可能导致企业偏离控制目标，不会严重危及内部控制的整体有效性，但也应当引起董事会、经理层的充分关注。一般缺陷，是指除重大缺陷、重要缺陷以外的其他控制缺陷。

（三）按照内部控制缺陷的形式分类

按照影响内部控制目标的具体表现形式，内部控制缺陷还可以分为财务报告内部控制缺陷和非财务报告内部控制缺陷。财务报告内部控制缺陷是指有关企业财务报告可靠性的内部控制制度方面的缺陷，这些缺陷的存在使企业不能保证财务报告的可靠性，或者不能防止或及时发现并纠正财务报告错报。非财务报告内部控制缺陷是指除财务报告内部控制缺陷外的内部控制缺陷。

案例9-6　＊ST众和2017年度内部控制评价报告披露的内部控制缺陷①

福建众和股份有限公司成立于2002年2月，并于2006年10月在深圳证券交易所挂牌上市，2010年6月完成非公开发行股票，是全国首家上市福利企业，莆田市国内第一家上市企业。福建众和上市之初是一家主要从事中高档棉休闲服装面料的开发、生产和销售的公司，2012年开始介入锂电池行业。2017半年报数据显示，其主营业务分为纺织印染和新能源锂电材料两大板块。然而，自2015年开始，福建众和一直处于亏损状态，现今已被ST处理，公司股票在2018年5月被暂停上市交易。据了解，福建众和纺织印染业务早在2015年就开始被其管理层抛弃。从2014年开始，福建众和的纺织印染营收一直在下降，占主营业务收入的比重也在大幅下降。但福建众和2017半年报显示，被其寄予希望的锂矿业务营收同比大幅下降15%，旗下重要企业金鑫矿业存在丢失采矿权的风险。福建众和不仅两大主营业务前途渺茫，还被借款逾期、供应商欠款、劳动纠纷、拖欠员工薪酬、地产被查封等多个"疾病"缠身。此外，董事长许建成涉嫌合同诈骗罪被捕，同时因涉嫌信息披露违法违规遭证监会调查。连年亏损被ST、股东高管争相减持、财务诉讼案件缠身、董事长被捕，如今两大主营业务也"生死未卜"，疾病缠身的福建众和似乎只剩下"壳"了。

2017年，在3 245家披露内部控制评价报告的上市公司中，有69家披露内部控制存在重大缺陷，福建众和便是其中之一，以下是福建众和在其2017年度内部控制评价报告中披露的重大缺陷、重要缺陷及一般缺陷：

1.公司法人治理结构

报告期内，公司董事长兼总裁因个人事件履职受限，公司两名副总裁、独立董事、董事兼董事会秘书先后辞职，导致公司董事会成员低于法定人数，管理层薄弱，对公司治理及公司经营管理工作造成诸多不利影响，报告期内公司治理方面存在重要缺陷。

2.人力资源内部控制

报告期内，公司管理人员及各子公司员工离职者较多，且由于纺织印染板块陆续全面停工，公司纺织印染板块各子公司处于非正常经营状态，相应地，人力资源方面的内部控制未能全面有效实施，人力资源内部控制存在一般缺陷。

3.财务会计管理内部控制

报告期内，由于人员离职、纺织印染板块陆续全面停工等因素，公司财务方面人员紧

①　改编自：福建众和股份有限公司. 福建众和股份有限公司2017年度内部控制自我评价报告［EB/OL］.［2018-04-28］. http://www.szse.cn/disclosure/listed/bulletinDetail/index.html? 72bc47aa-1c98-43bc-9bd5-cf49c9278df8.

缺，财务会计管理方面已建立的控制政策和程序未能全面贯彻实施。

报告期内，年审会计师事务所对公司2016年度财务报告出具了带强调事项段的保留意见。

2017年8月，因公司2016年度经审计业绩与已披露的业绩快报数据存在重大差异且未披露业绩快报修正公告，公司及相关当事人被深圳证券交易所公开谴责。

2017年12月，公司对2016年度财务报告会计差错进行了更正：一是终止应收福建某贸易公司等四家客户8 868.17万元债权与应付喀什某公司债务的对抵协议，补提上述应收债权坏账准备7 515.56万元；二是对应收福建某服饰公司等四家客户22 518.50万元款项补提坏账准备10 232.15万元。前期会计差错导致公司2016年度财务报告少计提坏账准备17 747.71万元，多计净利润15 085.56万元。福建证监局因此于2018年2月向公司下发了《关于对福建众和股份有限公司采取出具警示函措施的决定》。

2017年度，公司财务会计管理内部控制存在重大缺陷。

4.对外担保内部控制

报告期内，公司为君合集团提供担保的债务均已到期或被申请提前到期，至报告期期末，公司为君合集团担保需承担担保责任的借款本金为17 695.72万元，本息及其他费用合计为22 567.82万元（利息、罚息及其他费用截至2017年12月31日）。

针对为君合集团提供的担保，鉴于君合集团因自身借款或对外担保涉及诉讼金额逾5.7亿元，且其经营状况不容乐观，已经丧失履行债务或承担保证责任的能力，其他保证人许金和、许建成自身债务问题较为严重（所持公司全部股份因个人债务及担保问题均已经被司法机关冻结），公司极有可能承担为君合集团提供担保的全额保证责任，且承担担保责任后，从君合集团、许金和、许建成追偿的可能性低，预计将会产生15 797.47万元的损失，公司拟于2017年度计提为君合集团提供担保的预计负债15 797.47万元。

此外，报告期内，由于公司资金紧缺及董事长个人事件对公司融资的影响，公司面临严重债务危机，公司及各子公司的借款（包含君合集团为公司提供担保的借款，至报告期期末君合集团为公司担保需承担担保责任的借款本金余额59 283.22万元）亦全面逾期或被申请提前到期。公司对子公司及各子公司之间互保亦因借款逾期（或被申请提前到期）而产生担保责任。

综上，报告期内公司对外担保内部控制存在重大缺陷。

5.对控股子公司内部控制

报告期内，母公司及纺织印染板块子公司生产停滞，离职及解除劳动关系员工人数较多，内部管控相对薄弱；新能源板块个别子公司由于经营团队变更，内部管控未能全面、有效执行，对控股子公司内部控制存在重要缺陷。

6.货币资金管理内部控制

报告期内，公司存在因银行账户被冻结，银行结算账户未能正常使用，存在用个人账户用于公司经营管理问题。公司货币资金管理内部控制存在重要缺陷。

7.信息披露内部控制

2017年8月，因2016年度经审计业绩与已披露的业绩快报数据存在重大差异且未披露业绩快报修正公告，公司及相关当事人被深圳证券交易所公开谴责。

2017年9月，因公司涉嫌信息披露违法违规，中国证监会决定对公司进行立案调查。

2017年度公司在信息披露内部控制方面存在重大缺陷。

二、内部控制缺陷的认定标准

对内部控制缺陷的认定是对内部控制缺陷的重要程度进行识别和确定的过程，即判定一项缺陷是属于重大缺陷、重要缺陷还是属于一般缺陷的过程。内部控制缺陷一经认定为重大缺陷，内部控制评价报告中应得出"内部控制无效"的结论。而被认定为存在重大缺陷的企业内部控制系统是不能被投资者等利益相关者所相信的。此外，内部控制缺陷，尤其是重大缺陷，代表着内部控制的薄弱环节，是未来内部控制修补和完善的重点。因此，对内部控制缺陷的重要程度进行认定十分重要，它直接关系到外界的利益相关者对企业的认可度，同时有助于明确企业今后内部控制工作的重点所在，而对内部控制缺陷进行正确认定的关键在于形成一套系统、可行的认定标准。

2012年，财政部会同证监会、审计署、银监会、保监会制定了《企业内部控制规范体系实施中相关问题解释第1号》，对于内部控制缺陷的认定，文件中指出，查找并纠正企业内部控制设计和运行中的缺陷，是开展企业内部控制评价的一项重要工作，是不断完善企业内部控制的重要手段。由于企业所处行业、经营规模、发展阶段、风险偏好等存在差异，《企业内部控制基本规范》及其配套指引没有对内部控制缺陷的认定标准进行统一规定。企业可以根据《企业内部控制基本规范》及其配套指引，结合企业规模、行业特征、风险水平等因素，研究确定适合本企业的内部控制重大缺陷、重要缺陷和一般缺陷的具体认定标准。企业确定的内部控制缺陷标准应当从定性和定量的角度综合考虑，并保持相对稳定。通过不断的实践，总结经验，形成一套行之有效的内部控制缺陷认定方法。

企业在开展内部控制监督检查的过程中，对发现的内部控制缺陷，应当及时分析缺陷性质和产生原因，并提出整改方案，采取适当形式向董事会、监事会或者管理层报告。对于重大缺陷，企业应当在内部控制评价报告中进行披露。

由于内部控制缺陷的重要性和影响程度是相对于内部控制目标而言的，按照对财务报告目标和其他内部控制目标实现影响的具体表现形式不同，内部控制缺陷可以区分为财务报告内部控制缺陷和非财务报告内部控制缺陷，以下将分别阐述这两种性质的内部控制缺陷的认定标准。

（一）财务报告内部控制缺陷的认定标准

与财务报告内部控制相关的内部控制缺陷所采用的认定标准直接取决于由于该内部控制缺陷的存在可能导致的财务报告错报的重要程度。其中，所谓"重要程度"主要取决于两个方面的因素：(1) 该缺陷是否具备合理可能性①导致企业的内部控制不能及时防止（或发现）并纠正财务报表错报。(2) 该缺陷单独或连同其他缺陷可能导致的潜在错报金额的大小。

一般而言，如果一项内部控制缺陷单独或连同其他缺陷具备合理可能性，导致不能及时防止（或发现）并纠正财务报表中的重大错报，就应将该财务报告内部控制缺陷认定为重大缺陷。一项内部控制缺陷单独或连同其他缺陷具备合理可能性，导致不能及时防止（或发现）并纠正财务报表中错报的金额虽然未达到和超过重要性水平，但仍应引起董事会和管理层的重视，应将该财务报告内部控制缺陷认定为重要缺陷。不构成重大缺陷和重要缺陷的财务报告内部控制缺陷，应被认定为一般缺陷。

一旦企业的财务报告内部控制存在一项或多项重大缺陷，就不能得出该企业的财务报

---

① 合理可能性，是指大于微小可能性（几乎不可能发生）的可能性，确定是否具备合理可能性涉及评价人员的职业判断。

告内部控制有效的结论。因此，财务报告内部控制重大缺陷的认定十分关键，而区分一项内部控制缺陷是否构成重大缺陷的分水岭是重要性水平，重要性水平之上的为重大缺陷，重要性水平之下的为重要缺陷或者一般缺陷。重要性水平的确定有两种方法：绝对金额法和相对比例法。绝对金额法即直接将某一绝对金额作为重要性水平，如将 10 000 元作为重要性水平，则导致错报金额超过 10 000 元的缺陷应该被认定为重大缺陷。相对比例法是将某一总体金额的一定比例作为重要性水平，如导致错报金额超过收入总额的 1% 的缺陷应当被认定为重大缺陷。

然而，重大缺陷、重要缺陷的界定是相对的，对于有下属单位的集团公司，如果下属单位存在重大缺陷，并不能表明集团公司存在重大缺陷，但至少应作为重要缺陷向董事会、管理层汇报，而下属单位的重要缺陷则应视对整个集团的影响及普遍程度确定是否属于集团的重要缺陷，但下属单位重要缺陷至少应该向经理层汇报。

出现以下迹象之一的，通常表明财务报告内部控制可能存在重大缺陷：（1）董事、监事和高级管理人员舞弊；（2）企业更正已公布的财务报告；（3）注册会计师发现当期财务报告存在重大错报，而内部控制在运行过程中未能发现该错报；（4）企业审计委员会和内部审计机构对内部控制的监督无效。

需要说明的是，内部控制缺陷的严重程度并不取决于是否实际发生了错报，而是取决于该控制不能及时防止（或发现）并纠正潜在错报的可能性，即只要存在这种合理可能性，不论企业的财务报告是否真正发生了错报，都意味着财务报告内部控制存在缺陷。

（二）非财务报告内部控制缺陷的认定标准

非财务报告内部控制缺陷，是指除财务报告目标之外的与其他目标相关的内部控制缺陷，包括战略内部控制缺陷、经营内部控制缺陷、合规内部控制缺陷、资产内部控制缺陷。非财务报告内部控制缺陷的认定具有涉及面广、认定难度大的特点，尤其是战略内部控制缺陷和经营内部控制缺陷。这是因为战略目标和经营目标的实现往往受到企业不可控的诸多外部因素的影响，所设计的内部控制只能合理保证董事会和经理层了解这些目标的实现程度。因此，在认定与这些目标相关的内部控制缺陷时，不能只考虑最终的结果，而应主要考察企业制定战略、开展经营活动的机制和程序是否符合内部控制要求，以及不适当的机制和制度对战略目标和经营目标的实现可能造成的影响。

非财务报告内部控制缺陷的认定可以采用定性和定量的认定标准，企业可以根据风险评估的结果，结合自身的实际情况、管理现状和发展要求合理确定。定量标准（涉及金额的大小）既可以根据造成直接财产损失的绝对金额制定，也可以根据直接损失占本企业资产、销售收入及利润等的比率确定；定性标准（涉及业务性质的严重程度）可根据其直接或潜在负面影响的性质、影响的范围等因素确定。

以下迹象通常表明非财务报告内部控制可能存在重大缺陷：（1）违反法律、法规；（2）除政策性亏损原因外，企业连年亏损，持续经营受到挑战；（3）缺乏制度控制或制度系统性失效，如企业财务部、销售部控制点全部不能执行；（4）并购重组失败，或新扩充下属单位的经营难以为继；（5）子公司缺乏内部控制建设，管理散乱；（6）企业管理层人员纷纷离开或关键岗位人员流失严重；（7）被媒体频频曝光负面新闻；（8）内部控制评价的结果特别是重大或重要缺陷未得到整改。

内控缺陷定性评级图如图 9-2 所示。

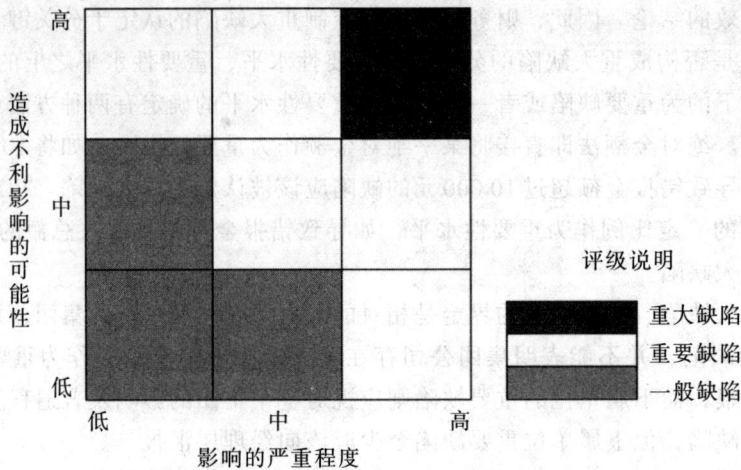

图9-2　内控缺陷定性评级图

财务报告内部控制缺陷和非财务报告内部控制缺陷其实难以作严格的区分，例如，内部环境、重大安全事故等。如果对一项缺陷应属于财务报告内部控制缺陷还是非财务报告内部控制缺陷难以准确区分的，制定标准时应本着是否影响财务报告目标的原则来区分。

案例9-7　　　　　　贵州茅台内部控制缺陷的评定标准①

公司董事会根据企业内部控制规范体系对重大缺陷、重要缺陷和一般缺陷的认定要求，结合公司规模、行业特征、风险偏好和风险承受度等因素，区分财务报告内部控制和非财务报告内部控制，研究确定了适用于本公司的内部控制缺陷具体认定标准，并与以前年度保持一致。

一、财务报告内部控制缺陷的认定标准

公司确定的财务报告内部控制缺陷评价的定量标准如下（见表9-10）：

表9-10　　　　　　财务报告内部控制缺陷评价定量标准

指标名称	重大缺陷定量标准	重要缺陷定量标准	一般缺陷定量标准
营业收入潜在错报	营业收入的0.5%≤潜在错报	营业收入的0.2%≤潜在错报<营业收入的0.5%	潜在错报<营业收入的0.2%
利润总额潜在错报	利润总额的5%≤潜在错报	利润总额的2%≤潜在错报<利润总额的5%	潜在错报<利润总额的2%
所有者权益潜在错报	所有者权益的0.5%≤潜在错报	所有者权益的0.2%≤潜在错报<所有者权益的0.5%	潜在错报<所有者权益的0.2%
资产总额潜在错报	资产总额的0.5%≤潜在错报	资产总额的0.2%≤潜在错报<资产总额的0.5%	潜在错报<资产总额的0.2%

说明：将财务报告内部控制缺陷划分为重大缺陷、重要缺陷和一般缺陷，所采用的认定标准直接取决于该内部控制缺陷的存在可能导致的财务报告潜在错报的重要程度。这种重要程度主要取决于两个方面的因素：（1）该缺陷是否具备合理可能性导致公司的内部控制不能及时防止或发现并纠正财务报表潜在错报。（2）该缺陷单独或连同其他缺陷可能导致的潜在错报金额的大小。

公司财务报告内部控制缺陷认定定量标准按照上述指标孰低原则进行确定。

公司确定的财务报告内部控制缺陷评价的定性标准如下（见表9-11）：

---

① 节选自：贵州茅台酒股份有限公司. 贵州茅台（600519）2018年度内部控制评价报告［EB/OL］.［2019-03-29］. http://www.sse.com.cn/disclosure/listedinfo/announcement/.

表 9-11 **财务报告内部控制缺陷评价定性标准**

缺陷性质	定性标准
重大缺陷	1.发现董事、监事和高级管理人员的重大舞弊行为 2.对已公布的财务报告进行更正 3.注册会计师发现的却未被公司内部控制识别的当期财务报表中的重大错报 4.公司审计委员会和内部审计机构对内部控制的监督无效 5.已经发现并报告给管理层的管理方面的重大缺陷未在合理的期间得到改正 6.因会计差错导致的监管机构的处罚 7.其他可能影响报表使用者正确判断的缺陷
重要缺陷	1.未依照公认会计准则选择和应用会计政策 2.未建立反舞弊程序和控制措施 3.重要缺陷未在合理的期间得到改正 4.对于期末财务报告过程的内部控制无效
一般缺陷	除上述重大缺陷、重要缺陷之外的其他内部控制缺陷

二、非财务报告内部控制缺陷的认定标准

公司确定的非财务报告内部控制缺陷评价的定量标准如下（见表 9-12）：

表 9-12 **非财务报告内部控制缺陷评价定量标准**

指标名称	重大缺陷定量标准	重要缺陷定量标准	一般缺陷定量标准
经济损失	5 000万元≤潜在损失	2 000万元≤潜在损失<5 000万元	潜在损失<2 000万元

说明：考虑补偿控制措施和实际偏差率后，在参照财务报告内部控制缺陷认定的基础上，以涉及金额大小为标准，根据造成直接财产损失绝对金额制定。

公司确定的非财务报告内部控制缺陷评价的定性标准如下（见表 9-13）：

表 9-13 **非财务报告内部控制缺陷评价定性标准**

缺陷性质	定性标准
重大缺陷	以下迹象通常表明非财务报告内部控制可能存在重大缺陷： 1.对生产运营产生重大影响（如设施永久性损害，造成生产线废弃、生产长时间关停） 2.违反国家法律、法规，如环境污染；对周围环境造成严重污染或者需高额恢复成本，甚至无法恢复 3.导致一位以上职工或公民死亡 4.对于"三重一大"事项，缺乏集体决策程序 5.决策程序不科学，如决策失误，导致并购不成功 6.重要岗位的管理人员或关键岗位的技术人员纷纷流失 7.媒体负面新闻频现；负面消息在全国各地流传，政府或监管机构进行调查，引起公众关注，对企业声誉造成无法弥补的损害 8.内部控制评价的结果特别是重大或重要缺陷未得到整改 9.重要业务缺乏制度控制或制度系统性失效
重要缺陷	以下迹象通常表明非财务报告内部控制可能存在重要缺陷： 1.对生产运营产生中度影响（如生产故障造成停产） 2.负面消息在某区域流传，对企业声誉造成中等损害 3.长期影响多位职工或公民健康 4.环境污染和破坏在可控范围内，没有造成永久性环境影响
一般缺陷	以下迹象通常表明非财务报告内部控制可能存在一般缺陷： 1.对生产运营产生一般影响（生产线暂时无法生产，影响货物的交付） 2.负面消息在公司内部或当地局部流传，对企业声誉造成轻微损害 3.长期影响一位职工或公民健康 4.无污染，没有产生永久性环境影响

三、内部控制缺陷的认定步骤

（一）财务报告内部控制缺陷的认定步骤

结合财务报告内部控制缺陷的认定标准，财务报告内部控制缺陷的认定步骤如下：

第一步，结合财务报告内部控制缺陷的迹象，判断是否可能存在财务报告内部控制缺陷。

第二步，确定重要性水平和一般水平，以此作为判断缺陷类型的临界值。可采用绝对金额法或者相对比例法进行确定。

第三步，抽样。按照业务发生频率的高低和账户的重要性确定抽样数量。

第四步，计算潜在错报金额。根据控制点错报样本数量和样本量，在潜在错报率对照表中查找对应的潜在错报率，之后统计出相应账户的同向累计发生额，计算控制点潜在错报金额。其计算公式为：

潜在错报金额=潜在错报率×相应账户的同向累计发生额

第五步，如果重要性水平和一般水平是绝对金额，那么可直接将潜在错报金额合计数与其进行比较，判断缺陷类型；如果重要性水平和一般水平是相对数，需进一步计算错报指标再进行比较判断。错报指标的计算公式如下：

错报指标=潜在错报金额合计数÷当期主营业务收入（或期末资产）

其中，分母所选用的指标应与确定重要性水平的指标保持一致。

（二）非财务报告内部控制缺陷的认定步骤

第一步，结合相关迹象，判断是否可能存在非财务报告内部控制缺陷。

第二步，采用定性或者定量的方法确定认定标准。

比如，中珠医疗控股股份有限公司制定的非财务报告内部控制缺陷认定标准见表9-14。

表 9-14　　　　　　　　中珠医疗的非财务报告内部控制缺陷认定标准

缺陷认定等级	定量标准	定性标准
重大缺陷	500万元及以上	公司决策程序不科学，如重大决策失误，导致并购不成功；发生重大违法违规事件和责任事故，给公司造成重要损失和不利影响，或者遭受重大行政监管处罚；管理人员、技术人员纷纷流失，给公司生产经营造成重大不利影响的；内部控制评价结果显示的重大或组合构成重大缺陷的多项重要缺陷未得到整改
重要缺陷	100万元（含100万元）~500万元	因控制缺陷，导致公司出现较大安全、质量主体责任事故，并给公司造成较大损失的；管理人员或技术人员流失，给公司生产经营造成较大不利影响的；内部控制评价重要缺陷未完成整改
一般缺陷	10万元（含10万元）~100万元	未构成重大缺陷、重要缺陷标准的其他内部控制缺陷

第三步，根据标准分别对每起事故进行认定。

例如，2018年度，中珠医疗根据上述非财务报告内部控制缺陷的认定标准，在报告期内发现非财务报告内部控制重大缺陷，数量1个。

非财务报告内部控制重大缺陷为融资租赁项目风险跟踪分析工作未有效开展、贷后管理存在缺失。

缺陷描述：中珠医疗全资子公司横琴中珠融资租赁有限公司（以下简称"横琴中珠"）3个融资租赁项目租金在2018年发生逾期，截至报告日仍未收回，横琴中珠对融资租赁项目风险跟踪设计了控制程序但未有效执行，导致横琴中珠未能及时采取有效措施控制租金回收风险。截至2018年12月31日，逾期项目已到期未收回和未到期租金合计8 027万元，其中2018年已到期未收回租金合计748.6万元，横琴中珠于2018年对其中2个逾期项目的承租人及担保人提起诉讼，于2019年4月9日向另一逾期项目的承租人及担保人提起诉讼。

3个项目具体情况如下：①合同编号为ZZZL-SHHZ-2017-005的售后回租项目，承租方为山西省祁县人民医院，租赁期间为2017年4月14日至2022年4月14日，2018年已到期未收回租金597万元。横琴中珠已于2018年11月1日向珠海横琴新区人民法院对承租人和担保人提起诉讼，请求被告立即支付已到期和未到期租金、留购价款及违约金等，根据2018年12月29日（2018）粤0491民初1449号民事判决书，横琴中珠已胜诉，截至报告日承租人和担保人仍未按诉讼结果支付款项，横琴中珠欲向法院申请强制执行程序。②合同编号为ZZZL-SHHZ-2017-009的售后回租项目，承租方为广元肿瘤医院，租赁期间为2017年7月14日至2022年7月14日，2018年已到期未收回租金145万元。因广元肿瘤医院违约，横琴中珠已于2018年7月20日向珠海横琴新区人民法院对承租人和担保人提起诉讼，请求被告立即支付已到期、未到期租金、留购价款共计2 140万元，并支付违约金（计算至实际清偿之日止）和案件审理费用。截至报告日案件正在审理中，在案件审理过程中，被告方的抗辩理由提出广元肿瘤医院实际控制人为中珠医疗董事刘丹宁，公司已执行相关证据搜集程序，但截至报告日仍未获取刘丹宁为广元肿瘤医院实际控制人的实质性证据资料，因此公司暂无法判定横琴中珠与广元肿瘤医院的售后回租业务是否为关联方交易以及是否需要履行关联方交易审批和披露程序。③合同编号为ZZZL-SHHZ-2018-001的售后回租项目，承租方为广元肿瘤医院，租赁期间为2018年2月9日至2019年2月9日，2018年已到期未收回租金6.6万元。因广元肿瘤医院违约，横琴中珠已于2019年4月9日向珠海横琴新区人民法院对承租人和担保人提起诉讼，申请财产保全，截至报告日案件尚在审理中。

截至2018年12月31日，横琴中珠依据谨慎性原则对编号为ZZZL-SHHZ-2017-005合同的长期应收款账面余额3 657.78万元计提坏账准备1 828.89万元，对编号为ZZZL-SHHZ-2017-009合同和编号为ZZZL-SHHZ-2018-001合同的长期应收款合计账面余额2 552.21万元全额计提坏账准备。

四、内部控制缺陷的处理办法

内部控制缺陷按照成因分为设计缺陷和运行缺陷。对于设计缺陷，应从企业内部的管理制度入手查找原因，对需要更新、调整、废止的制度要及时进行处理，并同时改进内部控制体系的设计，弥补设计缺陷的漏洞。对于运行缺陷，则应分析出现的原因，查清责任人，并有针对性地进行整改。

内部控制缺陷按照影响程度分为重大缺陷、重要缺陷和一般缺陷。对于重大缺陷，应当由董事会予以最终认定，企业要及时采取应对策略，切实将风险控制在可承受范围之内。对于重要缺陷和一般缺陷，企业应当及时采取措施，避免发生损失。企业应当编制内部控制缺陷认定汇总表，结合实际情况对内部控制缺陷的成因、表现形式和影响程度进行综合分析和全面复核，提出认定意见和改进建议，确保整改到位，并以适当形式向董事会、监事会或者经理层报告。

对于因内部控制缺陷造成经济损失的，企业应当查明原因，追究相关部门和人员的责任。

第四节　内部控制评价工作底稿与报告

企业内部控制评价部门应根据日常监督与专项监督的工作，结合内部控制缺陷的认定与整改结果，形成一系列评价工作底稿，最终形成内部控制评价报告。内部控制评价报告是内部控制评价的最终体现。

一、内部控制评价工作底稿

内部控制评价工作底稿是内部控制工作的载体，也是内部控制评价报告形成的基础。在实际工作中，评价工作底稿一般是通过一系列的评价表格来实现的。一般来说，评价工作底稿包括业务流程评价表、控制要素评价表、内部控制评价汇总表3个层次，其中，业务流程评价表形成控制要素评价表的"控制活动汇总评价表"部分，控制要素评价表连同内部控制缺陷认定汇总表一起构成内部控制评价汇总表，内部控制评价汇总表是形成内部控制评价报告的直接依据。内部控制评价报告的形成过程如图9-3所示。

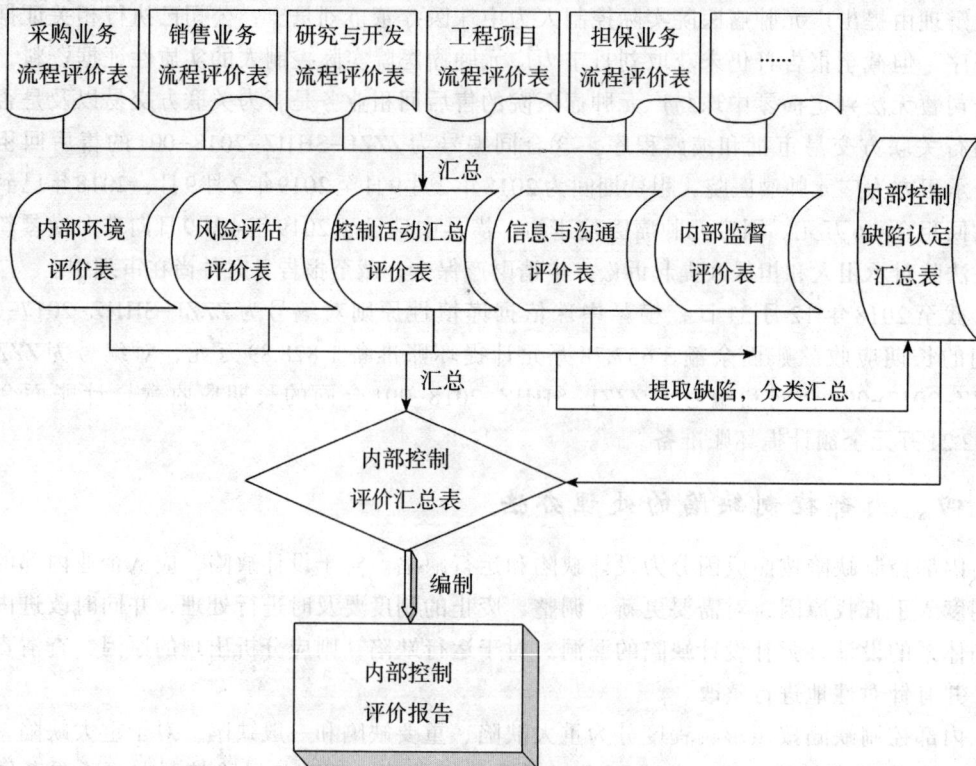

图9-3　内部控制评价报告的形成过程

1.业务流程评价表

企业的经营活动涉及多个业务流程，包括采购业务流程、销售业务流程、工程项目流程、担保业务流程等。企业应根据自身业务特点，设计合理的业务流程模块，由相对独立的评价小组对每个业务流程进行测试与评价，形成业务流程评价表。对各类业务流程的评价应包括设计有效性和运行有效性。各业务流程评价表应包括评价指标（对控制点的描述）、评价标准（检查是否符合控制要求）、评价证据（如××规定或实施办法或抽取的样本对应的凭证号等）、评价结果（评价得分）、未有效执行的原因等。中国神华包神铁路公司业务流程评价工作底稿（节选）[①]，见表9-15。

表 9-15　　　　　　　**中国神华包神铁路公司业务流程评价工作底稿（节选）**

流程控制评价工作底稿

流程名称	工程成本管理	流程编号	BSBP03.01	责任部门	计划财务部	评价人		评价时间	20xx年xx月xx日

抽样标准	事项发生频率及样本量	□每年一次（1个样本）		□每天一次（20—40个样本）		□每周一次（5~15个样本）			
		□每有一次（2—5个样本）		□每季一次（2个样本）		□每天多次（25~60个样本）			
		□不规律事项：最接近的频率分布选择		□按照涉及金额及重要性		□其他：按照经验及统计要求抽样			
	抽样方法	□随机挑选		□间隔挑选		□其他抽样方式			
	抽样数量	样本总量　个，抽取的样本量　个							

编号	检查评价方法	控制活动是否嵌入制度流程 是/否	抽取的样本是否按照控制活动的要求记录和执行						备注
			1 是/否	2 是/否	3 是/否	4 是/否	… 是/否	未执行比例 (%)	
1	检查是否建立了工程项目设计及概算管理体系 检查是否有施工图预算编制规则和相关部门会审程序 检查重要的设计方案是否有引入独立的第三方审查								
2	检查是否按照规定的程序选择工程施工单位并按照审批程序签订合同								
3	检查工程形象进度和结算书的确认是否经监理单位和相关部门审核签字								
缺陷比例									
请简要说明对未予执行的控制措施采取了哪些替代或补充控制措施									
请简要评价相关制度是否能保障该流程的有效执行，是否需要完善	完整性								
	系统性								
	可操作性								
	是否有明确的控制措施								
结论（该流程是否有效执行）									
对本流程有何改进或优化建议									

2.控制要素评价表

控制要素评价表包括内部环境评价表、风险评估评价表、控制活动评价表、信息与沟通评价表、内部监督评价表。其中，内部环境评价表、风险评估评价表、信息与沟通评价

---

① 改编自：中国神华包神铁路有限责任公司内部控制评价手册。

表、内部监督评价表都是根据现场评价结果直接形成的，而控制活动评价表是在对各业务流程评价表的基础上汇总而成的。内部控制要素评价表的内容包括评价指标、评价标准、评价证据、评价结果等。某企业的内部环境评价表（节选），见表9-16。

表 9-16　　　　　　　　　　　　　　某企业的内部环境评价表（节选）

被检查单位：		
控制措施要点	测试与评价方法（以0.1分为扣分单位）	测试记录（访谈部门、责任人、取得的书面文件名称、编号等）
2　责任分配与授权（满分为1分）		
2.1分（子）公司经理层应有明确的职责分工及授权，公司经理层的任职资格、人数范围和岗位职责应符合总部的规定	取得分（子）公司经理层人员名单及其职责分工等相关资料，了解任职人数与既定的岗位是否匹配，是否按照授权履行工作职责	
2.2分（子）公司经理层应明确规定本单位重要岗位管理人员的任职资格、人数范围和岗位职责	访谈技术、经营、财务等重要部门，判断重要岗位管理人员的资源是否充足，能否满足公司持续发展的需要	
3　组织结构（满分1分）		
3.5（仅子公司适用）董事会、监事会应按照公司章程行使工作职责，董事须在所有董事会会议记录和重大决策文件上签名，监事会须监督公司董事和其他高级管理人员是否滥用权力或侵害公司利益。审计委员会应制定行使职责的详细说明，并定期向董事会报告工作。公司每年至少召开一次股东大会，董事长向股东大会阐述公司目标并报告公司发展的最新情况	取得公司章程。查询董事会、监事会主要工作职责以及相关会议记录或文件，检查董事、监事是否符合任职资格并切实履行职责。查询审计委员会的主要工作职责及相关会议记录、报告等，检查委员会是否符合任职资格并定期向董事会报告工作。检查股东会议的相关资料	
4　管理哲学与经营风格（含风险管理机构）（满分1分）		
5　人力资源政策与实务（满分1分）		
6　信息与沟通（满分1分）		
总分：		
综合评价：		

3.内部控制评价汇总表

内部控制评价汇总表包括以下几个部分：内部环境评价及其评分、风险评估评价及其评分、控制活动评价及其评分、信息与沟通评价及其评分、内部监督评价及其评分、缺陷的认定、综合评价得分。内部控制评价汇总表是在内部控制5大要素评价表的基础上汇总形成的，并将缺陷的认定单列项目，作为最后评价得分的减项。为了更清楚地了解缺陷的基本情况，应分类反映缺陷数量、等级等项目。在实践当中，不同的企业有不同的做法，某企业内部控制评价汇总表的样式，见表9-17。

表 9-17　　　　　　　　　　**某企业内部控制评价汇总表**

自我评价工作背景	根据公司下达的内控检查评价的工作方案，结合本部门、本单位的控制目标和管控重点，确定了评价的流程范围、重点和方法
自我评价重点	（1）流程和制度设计的合理性。主要检查是否涵盖了经营管理中需关注的重点问题及重点风险；是否明确了各项经营活动的管理要求；风险控制措施是否存在缺陷和漏洞，能否防范经营管理中的不规范行为、有效降低和控制经营管理中的风险；是否制定了清晰、明确的业务流程，流程的起点、终点以及中间涉及的各控制点、控制标准、各个岗位间的职责分工是否明确 （2）流程和制度的有效性。主要检查各项经营活动是否按已制定的流程文档规范执行；实际执行与流程文档的描述存在什么差异；实际执行中各项流程文档是否有效地涵盖和控制了经营活动中的主要风险点；各个岗位的相关人员是否理解、掌握内控流程文档的控制要求、本岗位的主要职责、主要风险点以及相应的控制措施；能否有效地控制当前公司经营过程中存在的风险，解决公司在经营活动中的突出问题
责任部门/单位	

流程编号	流程名称	是否存在缺陷	缺陷等级判断	缺陷描述	缺陷原因分析

优化或改进建议

序号	改进名称	优化或改进措施	责任人	完成时间

	签字	职位	日期
报告撰写人			
部门负责人			

二、内部控制评价报告

（一）内部控制评价报告的内容

根据《企业内部控制评价指引》第二十一条和第二十二条的相关规定，内部控制评价对外报告一般包括以下内容：

1. 董事会声明。声明董事会及全体董事对报告内容的真实性、准确性、完整性承担个别及连带责任，保证报告内容不存在任何虚假记载、误导性陈述或重大遗漏。

2. 内部控制评价工作的总体情况。明确企业内部控制评价工作的组织、领导体制、进度安排，是否聘请会计师事务所对内部控制的有效性进行独立审计。

3. 内部控制评价的依据。说明企业开展内部控制评价工作所依据的法律、法规和规章制度。

4. 内部控制评价的范围。描述内部控制评价所涵盖的被评价单位，以及纳入评价范围的业务事项及重点关注的高风险领域。内部控制评价的范围有所遗漏的，应说明原因及其对内部控制评价报告真实完整性产生的重大影响等。

5. 内部控制评价的程序和方法。描述内部控制评价工作遵循的基本流程，以及在评价过程中采用的主要方法。

6. 内部控制缺陷及其认定。描述适用本企业的内部控制缺陷具体认定标准，并声明与以前年度保持一致或作出的调整及相应的原因；根据内部控制缺陷认定标准，确定评价期末存在的重大缺陷、重要缺陷和一般缺陷。

7. 内部控制缺陷的整改情况。对于评价期间发现、期末已完成整改的重大缺陷，说明企业有足够的测试样本，显示与该重大缺陷相关的内部控制设计合理且运行有效。针对评价期末存在的内部控制缺陷，公司拟采取的整改措施及预期效果。

8. 内部控制有效性的结论。对不存在重大缺陷的情形，出具评价期末内部控制有效的结论；对存在重大缺陷的情形，不得得出内部控制有效的结论，并需描述该重大缺陷的性质及其对实现相关控制目标的影响程度，以及可能给公司未来生产经营带来的相关风险等。自内部控制评价报告基准日至内部控制评价报告发出日，发生重大缺陷的，企业须责成内部控制评价机构予以核实，并根据核查结果对评价结论进行相应的调整，说明董事会拟采取的措施。

（二）内部控制评价报告的编制要求

内部控制评价报告可分为对内报告和对外报告，对外报告是为了满足外部信息使用者的需求，需要对外披露的，在时间上具有强制性，披露内容和格式需要符合披露要求；对内报告主要是为了满足管理层或治理层改善管控水平的需要，不具有强制性，内容、格式和披露时间由企业自行决定。

企业因外部环境和内部条件的变化，内部控制系统不可能是一成不变的，而是一个不断更新和自我完善的动态体系，因此对内部控制需要经常展开评价，在实际工作中可以采用定期与不定期相结合的方式。

对外报告一般采用定期的方式，公司编制的年度内部控制评价报告经董事会审议通过，并按定期报告相关要求审核后，与年度报告一并对外披露。年度内部控制评价报告应当以12月31日为基准日。值得说明的是，根据2014年证监会会同财政部联合制定颁布的

《公开发行证券的公司信息披露编报规则第21号——年度内部控制评价报告的一般规定》，公司内部控制评价结论认定公司于内部控制评价报告基准日存在内部控制重大缺陷，或者公司内部控制被会计师事务所出具了非标准内部控制审计报告，以及标准内部控制审计报告披露了非财务报告内部控制重大缺陷的，公司应当在年度报告"重要提示"中对以上情况作出声明，并提示投资者注意阅读年度报告内部控制相关章节中内部控制评价和审计的相关信息。

内部报告一般采用不定期的方式，即企业可以持续地开展内部控制的监督与评价，并根据结果的重要性随时向董事会（审计委员会）或经理层报送评价报告。从广义上讲，企业针对发现的重大缺陷等向董事会（审计委员会）或经理层报送的内部报告（内部控制缺陷报告）也属于非定期的报告。

根据《企业内部控制基本规范》《企业内部控制评价指引》的要求，财政部会同证监会联合制定了《公开发行证券的公司信息披露编报规则第21号——年度内部控制评价报告的一般规定》，对公开发行证券的公司内部控制信息披露的原则、方法、内容与格式作出了具体规定，对于指导与规范上市公司的内部控制信息披露行为，提高内部控制信息质量，保护投资者的利益，具有重大意义。根据《关于2012年主板上市公司分类分批实施企业内部控制规范体系的通知》（财办会〔2012〕30号）的规定，到2014年，所有主板上市公司都应在披露2014年公司年报的同时，披露公司内部控制的自我评价报告以及注册会计师出具的财务报告内部控制审计报告，对于中小板和创业板上市公司，则没有强制要求。对于需要披露内部控制评价报告的上市公司，在发布年度报告时应遵照执行。鼓励自愿披露内部控制评价报告的其他上市公司参照执行。需要说明的是，该规则是对年度内部控制评价报告披露的最低要求，不论规则是否有明确要求，凡对投资者投资决策有重大影响的内部控制信息，公司均应充分披露。该规则还对内部控制评价报告的格式作出了具体的要求。

案例9-8　江苏保千里视像科技集团股份有限公司2018年度内部控制评价报告[①]

江苏保千里视像科技集团股份有限公司全体股东：

根据《企业内部控制基本规范》及其配套指引的规定和其他内部控制监管要求（以下简称企业内部控制规范体系），结合本公司（以下简称公司）内部控制制度和评价办法，在内部控制日常监督和专项监督的基础上，我们对江苏保千里视像科技集团股份有限公司2018年12月31日（内部控制评价报告基准日）的内部控制有效性进行了评价。

一、重要声明

按照企业内部控制规范体系的规定，建立健全和有效实施内部控制，评价其有效性，并如实披露内部控制评价报告是公司董事会的责任。监事会对董事会建立和实施内部控制进行监督。经理层负责组织领导企业内部控制的日常运行。公司董事会、监事会及董事、监事、高级管理人员保证本报告内容不存在任何虚假记载、误导性陈述或重大遗漏，并对报告内容的真实性、准确性和完整性承担个别及连带法律责任。

公司内部控制的目标是合理保证经营管理合法合规、资产安全、财务报告及相关信息

<hr>

① 选自：江苏保千里视像科技集团股份有限公司. 江苏保千里视像科技集团股份有限公司2018年度内部控制评价报告〔EB/OL〕.〔2019-04-26〕. http://www.sse.com.cn/disclosure/listedinfo/announcement/.

真实完整，提高经营效率和效果，促进实现发展战略。由于内部控制存在的固有局限性，故仅能为实现上述目标提供合理保证。此外，由于情况的变化可能导致内部控制变得不恰当，或对控制政策和程序遵循的程度降低，根据内部控制评价结果推测未来内部控制的有效性具有一定的风险。

二、内部控制评价结论

1.公司于内部控制评价报告基准日，是否存在财务报告内部控制重大缺陷：

☑是　□否

2.财务报告内部控制评价结论：

□有效　☑无效

根据公司财务报告内部控制重大缺陷的认定情况，于内部控制评价报告基准日，由于存在财务报告内部控制重大缺陷，董事会认为，公司未能按照企业内部控制规范体系和相关规定的要求在所有重大方面保持有效的财务报告内部控制。

3.是否发现非财务报告内部控制重大缺陷：

☑是　□否

4.自内部控制评价报告基准日至内部控制评价报告发出日之间影响内部控制有效性评价结论的因素：

□适用　☑不适用

自内部控制评价报告基准日至内部控制评价报告发出日之间未发生影响内部控制有效性评价结论的因素。

5.内部控制审计意见是否与公司对财务报告内部控制有效性的评价结论一致：

☑是　□否

6.内部控制审计报告对非财务报告内部控制重大缺陷的披露是否与公司内部控制评价报告披露一致：

☑是　□否

三、内部控制评价工作情况

（一）内部控制评价范围

公司按照风险导向原则确定纳入评价范围的主要单位、业务和事项以及高风险领域。

1.纳入评价范围的主要单位包括：江苏保千里视像科技集团股份有限公司、江苏保千里视像科技集团股份有限公司深圳分公司、深圳市保千里电子有限公司、深圳市彼图恩科技有限公司、深圳市鹏隆城实业发展有限公司、深圳市智联宝生态科技有限公司、深圳市打令智能科技有限公司、深圳保千里投资控股有限公司、深圳市小豆科技有限公司、柳州延龙汽车有限公司。

2.纳入评价范围的单位占比：

指　标	占比
纳入评价范围单位的资产总额占公司合并财务报表资产总额之比	99.83%
纳入评价范围单位的营业收入合计占公司合并财务报表营业收入总额之比	100%

3.纳入评价范围的主要业务和事项包括：

组织与岗位管理、战略与经营管理、内部审计与监督、人力资源管理、应收账款管理、预付账款管理、诉讼管理、资产管理、募集资金管理、投资管理、对外担保管理、会计核算与财务报告管理、关联方及资金占用等领域。

4.重点关注的高风险领域主要包括：

募集资金管理、应收账款管理、预付账款管理、其他应收款管理、投资管理、诉讼管理、对外担保管理、关联方及资金占用等领域。

5.上述纳入评价范围的单位、业务和事项以及高风险领域涵盖了公司经营管理的主要方面，是否存在重大遗漏：

☑是　□否

公司本年度由于未能对2018年以前收购50%以上股权的深圳市云峯智能科技有限公司、深圳市安威科电子有限公司、深圳市楼通宝实业有限公司、深圳市星常态文化传媒有限公司，实施实质性控制。以及由于全资子公司——深圳市彼图恩科技有限公司、深圳市鹏隆城实业发展有限公司、深圳市智联宝生态科技有限公司、深圳市打令智能科技有限公司、深圳保千里投资控股有限公司等，实际运营团队于2018年全部离职，导致业务停滞，因此未能对构成内部控制重要方面的控制政策和程序进行内部控制评价，导致公司未能保持内部控制评价范围的完整性，降低了内部控制评价结论的可靠性。

6.是否存在法定豁免：

□是　☑否

7.其他说明事项：

无。

（二）内部控制评价工作依据及内部控制缺陷认定标准

公司依据企业内部控制规范体系及《企业内部控制基本规范》《企业内部控制应用指引》《企业内部控制评价指引》，组织开展内部控制评价工作，对公司的内部控制体系进行持续的改进及优化，以适应不断变化的外部环境及内部管理的要求。

1.内部控制缺陷具体认定标准是否与以前年度存在调整：

□是　☑否

公司董事会根据企业内部控制规范体系对重大缺陷、重要缺陷和一般缺陷的认定要求，结合公司规模、行业特征、风险偏好和风险承受度等因素，区分财务报告内部控制和非财务报告内部控制，研究确定了适用于本公司的内部控制缺陷具体认定标准，并与以前年度保持一致。

2.财务报告内部控制缺陷认定标准：

公司确定的财务报告内部控制缺陷评价的定量标准如下：

指标名称	重大缺陷定量标准	重要缺陷定量标准	一般缺陷定量标准
占利润总额的比重	潜在错报≥3%	0.6%≤潜在错报＜3%	潜在错报＜0.6%

说明：

本报告定量标准中所指的财务指标值均为公司上年度经审计的合并报表数据。

公司确定的财务报告内部控制缺陷评价的定性标准如下：

缺陷性质	定性标准
重大缺陷	重大缺陷指企业一个或多个内部控制缺陷的组合，会导致企业严重偏离控制目标。具备以下特征的缺陷，被认定为重大缺陷：战略目标或关键业绩指标的设计或执行不合理，严重偏离且存在方向性错误，对战略目标的实现产生严重负面作用；导致重大财务损失，且财务损失长时间内不能恢复，或重大财务损失已威胁公司的生存；提交到监管机构及政府部门的财务报告完全达不到要求，并遭到严厉的处罚
重要缺陷	重要缺陷是指企业一个或多个内部控制缺陷的组合，其严重程度和经济后果低于重大缺陷，但仍有可能导致企业偏离控制目标。具备以下特征的缺陷，被认定为重要缺陷：战略目标或关键业绩指标执行不合理，严重偏离，对战略目标的实现产生明显的消极作用；导致严重的财务损失，且财务损失较长时间内不能恢复，或重大财务损失对公司的正常经营产生严重的负面影响；提交到监管机构及政府部门的财务报告大部分不满足要求，并遭到较为严厉的处罚
一般缺陷	一般缺陷是指除重大缺陷、重要缺陷以外的内控缺陷。具备以下特征的缺陷，被认定为一般缺陷：对公司战略目标的最终实现造成阻碍，但是从中长期来看，这种阻碍的不良影响可以逐渐消除；导致一定程序的财务损失，且财务损失一段时间内不能恢复，或财务损失对公司的正常经营产生一定的负面影响；提交到相关监管机构的财务报告部分不满足要求，并遭到一般处罚；公司存在的其他财务报告内控缺陷

说明：

如上所述。

3.非财务报告内部控制缺陷认定标准：

公司确定的非财务报告内部控制缺陷评价的定量标准如下：

指标名称	重大缺陷定量标准	重要缺陷定量标准	一般缺陷定量标准
直接财产损失金额影响程度	损失≥税前利润总额×3%	税前利润总额×0.6%≤损失<税前利润总额×3%	损失<税前利润总额×0.6%
直接财产损失金额	损失在5 000万元及以上	1 000万元≤损失≤5 000万元	损失小于1 000万元

说明：

本报告定量标准中所指的财务指标值均为公司上年度经审计的合并报表数据。

公司确定的非财务报告内部控制缺陷评价的定性标准如下：

缺陷性质	定性标准
重大缺陷	严重违反法律、法规、规章、政府政策、其他规范性文件，导致中央级别监管机构的调查，并被限令行业退出、吊销营业执照、强制关闭等；对公司战略目标的最终实现造成严重阻碍，战略层面的指标或要求几乎全部不能完成
重要缺陷	违反法律、法规、规章、政府政策、其他规范性文件等，导致地方级别监管机构的调查，并责令停业整顿等；对公司战略目标的最终实现造成严重阻碍，战略目标中的关键指标难以完成
一般缺陷	违反法律、法规、规章、政府政策、其他规范性文件等，导致地方政府或监管机构的调查，并被处以罚款或罚金；对公司战略目标的最终实现造成阻碍，但是从中长期来看，这种阻碍的不良影响可以逐渐消除；或部分战略指标难以完成；公司存在的其他非财务报告内控缺陷

说明：

如上所述。

（三）内部控制缺陷认定及整改情况

1.财务报告内部控制缺陷认定及整改情况

1.1 重大缺陷

报告期内公司是否存在财务报告内部控制重大缺陷：

☑是 □否

根据上述财务报告内部控制缺陷的认定标准，报告期内公司存在财务报告内部控制重大缺陷，数量7个。

财务报告内部控制重大缺陷	缺陷描述	业务领域	缺陷整改情况/整改计划	截至报告基准日是否完成整改	截至报告发出日是否完成整改
对外投资管理	公司前实际控制人庄敏凌驾于内控制度之上，对外投资过度，现投融资部已经解散，原负责人员离职，导致维权困难，多数被投资单位失联、失控，致使公司2018年补充计提长期股权投资合计约0.633亿元	投资管理	修改了《公司章程》。2018年无新投资，对原投资公司控制情况如下：（1）柳州延龙汽车有限公司：集团已和对方沟通，改选董事会，集团将委派2名董事、其他投资方委派1名董事，集团将进一步加强对延龙汽车的管控。（2）小豆科技：小豆科技已由集团全面管控。（3）对公司收购的其他公司进行了全面核查，目前尚未形成实际控制关系	否	否
应收款项无法收回	公司以前年度产生了大量应收、预付、其他应收款项，目前公司回款很少，维权困难，截至2018年12月31日，公司经审计的合并报表应收账款约26.05亿元，预付及其他应收款约为16.76亿元，由于存在无法回收的较大风险，公司已于2017年年末计提坏账准备34.78亿元，并于2018年年末补充计提坏账准备7.58亿元，影响公司2018年度损益7.58亿元	财务管理	针对公司目前存在的大量未收回的应收账款、预付账款等债权类资产，公司调动各方力量，已成立专门的债权追偿小组，将采取协商、债务重组、诉讼、风险代理等方式抓紧进行应收账款、预付账款的追偿	否	否
违规担保风险义务未解除	公司2017年发现原实际控制人庄敏涉嫌违背公司内部控制的规定，绕开审议决策程序，私自取得相关印鉴，违规对外提供担保，导致后期维权困难，违规担保风险本年度未解除	财务管理	公司已经责成财务部门、法务部门配合外聘律师进一步核查有关情况，并已启动追款程序，起诉相关方，依法维权，追偿损失	否	否

财务报告内部控制重大缺陷	缺陷描述	业务领域	缺陷整改情况/整改计划	截至报告基准日是否完成整改	截至报告发出日是否完成整改
募集资金使用不规范	募集资金大额预付款未能实际投入项目建设，导致募集资金被占用，募投项目建设未达到资金投入进度，无法实现使用，无法产生收益；募投项目实施场地陆续被退租，募投项目无处实施；募集资金投资项目已停滞	财务管理	公司拟终止募集资金投资项目，抓紧追回未实际投入建设的大额预付款。关于募集资金的使用情况公司成立专门工作组深入核查相关情况，拟通过民事、刑事手段追讨公司相关损失，维护公司权益	否	否
关联方资金占用	公司前实际控制人庄敏涉嫌侵占公司利益，其主导进行了公司的对外投资、大额预付账款、违规担保等事项，涉嫌资金占用	财务管理	中国证监会前期已对公司及庄敏进行立案调查，公司在调查期间积极配合调查工作，截至目前调查尚在进行中，关于资金占用涉及的金额尚待中国证监会最终认定。公司将通过民事、刑事手段继续追讨公司相关损失，维护公司权益	否	否
原实际控制人凌驾于内部控制之上	公司发现原实际控制人庄敏存在凌驾于公司内部控制之上的现象，涉嫌以对外投资收购资产、大额预付账款交易、违规担保等导致公司产生重大损失，目前已采取措施追查，但效果不佳	其他	（1）2017年12月公司就庄敏涉嫌侵占公司利益事宜，已向证券监管部门及公安机关报案，限于相关证据尚未收集完整，现处于证据补充阶段，目前公安机关尚未立案，后续会将相关情况及补充证据材料移送至证券监管部门、司法机关进一步核查，并通过司法途径最大限度追回公司损失，维护公司及投资者的合法权益。（2）公司通过公告敦促原实际控制人庄敏尽快回到公司，向公司陈述有关涉嫌侵占上市公司利益的事项，配合公司核查，并协助追讨相关损失。（3）公司第七届董事会第五十次会议决议通过修改《公司章程》，并通过公司临时股东大会，重新改选了董事会而且变更法人，新的公司章程对董事会的权限重新做了调整	否	否
内部控制制度不完善	公司内部制度不完善，内部控制程序存在缺陷	其他	公司修改《公司章程》，完善各董事权限，于第八届董事会第九次会议中，审议通过，新增《内部控制制度》《对外担保管理制度》，修订《关联方交易管理制度》《对外投资管理制度》，以防止内控持续失效，明确审批权限及流程	否	否

1.2　重要缺陷

报告期内公司是否存在财务报告内部控制重要缺陷：

□是　☑否

1.3　一般缺陷

无。

1.4　经过上述整改，于内部控制评价报告基准日，公司是否存在未完成整改的财务报告内部控制重大缺陷：

☑是　□否

存在未完成整改的财务报告内部控制重大缺陷数量为7个。

1.5　经过上述整改，于内部控制评价报告基准日，公司是否存在未完成整改的财务报告内部控制重要缺陷：

□是　☑否

2.非财务报告内部控制缺陷认定及整改情况

2.1　重大缺陷

报告期内公司是否发现非财务报告内部控制重大缺陷：

☑是　□否

根据上述非财务报告内部控制缺陷的认定标准，报告期内公司发现非财务报告内部控制重大缺陷，数量1个。

非财务报告内部控制重大缺陷	缺陷描述	业务领域	缺陷整改情况/整改计划	截至报告基准日是否完成整改	截至报告发出日是否完成整改
治理结构权责不明确	延龙汽车董事会3个董事席位，2018年8月其进行董事会改选，改选后公司委派的董事由原有的2名变为1名，变更后，对公司行使对延龙汽车的有效控制权造成潜在风险	其他	集团已和延龙汽车沟通，改选董事会，集团将委派2名董事、其他投资方委派1名董事，集团将进一步加强对延龙汽车的管控	否	否

2.2　重要缺陷

报告期内公司是否发现非财务报告内部控制重要缺陷：

☑是　□否

根据上述非财务报告内部控制缺陷的认定标准，报告期内公司发现非财务报告内部控制重要缺陷，数量2个。

非财务报告内部控制重要缺陷	缺陷描述	业务领域	缺陷整改情况/整改计划	截至报告基准日是否完成整改	截至报告发出日是否完成整改
组织架构未能及时更改	公司治理层多次调整导致未能及时更改组织架构	综合管理	受资金紧张的影响，公司集中资源发展尚具有竞争实力的业务，根据实际经营情况，公司调整组织架构，撤除冗余部门，减低管理成本，提高运营效率	否	是
资金链紧张导致关键岗位人员缺失，未能及时招聘相关人员	资金短缺导致部分非核心职员离职，个别关键岗位缺失	综合管理	公司关键岗位人员已补充完整，公司研发部门核心队伍稳定，目前公司经营正在逐步恢复	否	是

2.3 一般缺陷

无。

2.4 经过上述整改，于内部控制评价报告基准日，公司是否发现未完成整改的非财务报告内部控制重大缺陷：

☑是 □否

发现未完成整改的非财务报告内部控制重大缺陷数量为1个。

2.5. 经过上述整改，于内部控制评价报告基准日，公司是否发现未完成整改的非财务报告内部控制重要缺陷：

☑是 □否

发现未完成整改的非财务报告内部控制重要缺陷数量为2个。

四、其他内部控制相关重大事项说明

1.上一年度内部控制缺陷整改情况：

☑适用 □不适用

受2017年庄敏涉嫌侵占公司利益事件的影响，公司2017年度内部控制被年审会计师认为存在重大缺陷，为改善公司内控失效的状况，公司展开一系列整改工作，修改《公司章程》《对外投资管理制度》等，收窄对外投资权限，加强审批强度，加强公司内部控制管理，建立健全内部控制体系。

经公司2018年第二次临时股东大会选举通过，公司组成了第八届董事会及监事会，由董事会组建新的经营管理团队。新的经营管理团队积极展开公司治理及生产经营活动，防止利用对外投资侵占公司资产的情形再次出现。

公司2018年度内部审计工作以加强企业合规经营为基础，以追踪改善2017年出现的内控缺陷为中心，主要进行了固定资产管理审计、集团内部控制制度及审批流程审计、延龙汽车内部控制审计。经过2018年的整改，公司改善了部分内部控制缺陷。

公司就违规担保事项，已责成公司各职能部门配合外聘律师进一步核查，并启动追款程序，起诉相关方，依法维权，追偿损失。公司完善了关键内控职能，保持了员工队伍特别是研发队伍的稳定。

2.本年度内部控制运行情况及下一年度改进方向：

☑适用 □不适用

2018年公司人员变动较大，董事会换届选举对管理层进行了较大调整，公司资金紧张情况未能改善。虽采取发催款函、律师函、与对方谈判等方法对应收、预付款项进行催收，但收效甚微。公司于2018年年底成立债权追偿小组，采取协商、债务重组、诉讼、风险代理等手段加强对应收、预付款的追偿，目前已开始取得进展。在募投项目管理方面，由于相关业务已经被迫缩减，资金冻结，项目停滞，募投项目可行性尚待重新评估，公司未能对其进行后续管理。在对被投资公司的管理上存在疏漏，虽已多次督促延龙汽车处置关联方资金占用问题，但未能取得效果。受资金紧张的影响，公司被迫缩小业务规模，集中资源发展尚具有竞争实力的智能驾驶业务。2019年度，董事会根据实际经营情况，调整了组织架构，降低管理成本，提高运营效率。为规范和加强公司内部控制，提高公司经营管理水平和风险防范能力，根据相关法律法规，结合公司实际，制定了《内部控制制度》《对外担保管理制度》，并修改了《关联方交易管理制度》《对外投资管理制度》，履行了相应的审批程序。2019年公司将继续对内控制度查缺补漏，完善内部控制体系，改善内控缺陷；在对募投项目进行充分核查及评估其可行性后，终止现有募投项目并采取相应的处置措施；严格按照法律法规及公司制度进行经营管理，提升公司管理水平；对控股子公司做到实际控制，并做到及时了解被投资子公司的经营情况和财务信息；积极推进债权追偿工作，通过多种手段追回公司损失，保护公司财产，并回笼资金发展公司业务，维护公司的持续经营能力。

3.其他重大事项说明

□适用　☑不适用

董事长（已经董事会授权）：丁立红

江苏保千里视像科技集团股份有限公司

2019年4月24日

（三）内部控制评价报告的披露与报送

在我国，随着《企业内部控制基本规范》以及配套指引的陆续推出，内部控制信息披露已经逐渐步入强制性阶段。《企业内部控制评价指引》规定，企业编制的内部控制评价报告应当报经董事会或类似权力机构批准后对外披露或报送相关部门。企业应以每年的12月31日为年度内部控制评价报告的基准日，于基准日后4个月内报出内部控制评价报告。对于委托注册会计师对内部控制的有效性进行审计的公司，应同时将内部控制审计报告对外披露或报送。对于自内部控制评价报告基准日至内部控制评价报告报出日发生的影响内部控制有效性的因素，内部控制评价部门应予以关注，并根据其性质和影响程度对评价结论进行相应调整。企业内部控制评价报告应按规定报送有关监管部门，对于国有控股企业，应按要求报送国有资产监督管理部门和财政部门；对于金融企业，应按规定报送银行业监督管理部门和保险监督管理部门；对于公开发行证券的企业应报送证券监督管理部门。

案例9-9　中国工商银行股份有限公司2018年度内部控制评价报告①

中国工商银行股份有限公司全体股东：

根据《企业内部控制基本规范》及其配套指引的规定和其他内部控制监管要求（以下简称企业内部控制规范体系），结合本公司（以下简称公司）内部控制制度和评价办法，在内部控制日常监督和专项监督的基础上，我们对公司2018年12月31日（内部控制评价报告基准日）的内部控制有效性进行了评价。

一、重要声明

按照企业内部控制规范体系的规定，建立健全和有效实施内部控制，评价其有效性，并如实披露内部控制评价报告是公司董事会的责任。监事会对董事会建立和实施内部控制进行监督。经理层负责组织领导企业内部控制的日常运行。公司董事会、监事会及董事、监事、高级管理人员保证本报告内容不存在任何虚假记载、误导性陈述或重大遗漏，并对报告内容的真实性、准确性和完整性承担个别及连带法律责任。

公司内部控制的目标是合理保证经营管理合法合规、资产安全、财务报告及相关信息真实完整，提高经营效率和效果，促进实现发展战略。由于内部控制存在的固有局限性，

---

①　选自：中国工商银行股份有限公司 . 中国工商银行股份有限公司2018年度内部控制评价报告 [EB/OL]. [2019-03-29]. http://www.sse.com.cn/disclosure/listedinfo/announcement.

故仅能为实现上述目标提供合理保证。此外，由于情况的变化可能导致内部控制变得不恰当，或对控制政策和程序遵循的程度降低，根据内部控制评价结果推测未来内部控制的有效性具有一定的风险。

二、内部控制评价结论

1.公司于内部控制评价报告基准日，是否存在财务报告内部控制重大缺陷：

□是　☑否

2.财务报告内部控制评价结论：

☑有效　□无效

根据公司财务报告内部控制重大缺陷的认定情况，于内部控制评价报告基准日，公司不存在财务报告内部控制重大缺陷，董事会认为，公司已按照企业内部控制规范体系和相关规定的要求在所有重大方面保持了有效的财务报告内部控制。

3.是否发现非财务报告内部控制重大缺陷：

□是　☑否

根据公司非财务报告内部控制重大缺陷认定情况，于内部控制评价报告基准日，公司未发现非财务报告内部控制重大缺陷。

4.自内部控制评价报告基准日至内部控制评价报告发出日之间影响内部控制有效性评价结论的因素：

□适用　☑不适用

自内部控制评价报告基准日至内部控制评价报告发出日之间未发生影响内部控制有效性评价结论的因素。

5.内部控制审计意见是否与公司对财务报告内部控制有效性的评价结论一致：

☑是　□否

6.内部控制审计报告对非财务报告内部控制重大缺陷的披露是否与公司内部控制评价报告披露一致：

☑是　□否

三、内部控制评价工作情况

（一）内部控制评价范围

公司按照风险导向原则确定纳入评价范围的主要单位、业务和事项以及高风险领域。评价工作围绕内部环境、风险评估、控制活动、信息与沟通、内部监督等内部控制五要素，从公司、流程、信息科技三个层面对集团内部控制设计和运行情况进行了全面评价。公司的内部控制全面评价包括：公司各专业部门和各分支机构按照职责分工对本专业和本机构内部控制情况开展的自我检查与评估；专门的内控合规部门和风险管理部门对各专业部门和各分支机构内部控制开展的监督检查；以及内部审计部门在各专业部门、各分支机构自查自纠以及内控合规部门和风险管理部门监督检查的基础上，从公司整体战略和集团层面整体内部控制有效性角度出发，关注关键控制点而开展的重点监督评价，保证公司整体风险水平在可控范围之内，服务于公司战略目标的实现。

1.纳入评价范围的主要单位包括：2018年内部控制评价工作在总行本部、境内外分支机构及境内外控股公司全面开展。评价范围包括：总行内设机构、利润中心及直属机构；境内分支机构、境内控股公司及其分支机构；境外分行及其分支机构、境外控股公司及其分支机构、境外中心及代表处。

2.纳入评价范围的单位占比：

指 标	占 比
纳入评价范围单位的资产总额占公司合并财务报表资产总额之比	100%
纳入评价范围单位的营业收入合计占公司合并财务报表营业收入总额之比	100%

3.纳入评价范围的主要业务和事项包括：

公司商业银行业务、投资银行业务、租赁业务、基金业务、保险业务等业务领域。

4.重点关注的高风险领域主要包括：

公司在全面评价的基础上，重点关注了复杂经营环境下的信贷、资管、票据、同业、信用卡等业务的风险，集团并表管理和境外机构的风险，全行业务创新过程中的风险与控制，信息科技运行的安全与质量，全行重大改革的效率与效果，各项业务落实监管要求和行内制度有效性情况等，实现了对需要高度关注和重点防控领域的全面覆盖。

5.上述纳入评价范围的单位、业务和事项以及高风险领域涵盖了公司经营管理的主要方面，是否存在重大遗漏：

□是 ☑否

6.是否存在法定豁免：

□是 ☑否

7.其他说明事项：

无。

(二) 内部控制评价工作依据及内部控制缺陷认定标准

公司依据企业内部控制规范体系及公司内部控制制度和评价办法，组织开展内部控制评价工作。

1.内部控制缺陷具体认定标准是否与以前年度存在调整：

□是 ☑否

公司董事会根据企业内部控制规范体系对重大缺陷、重要缺陷和一般缺陷的认定要求，结合公司规模、行业特征、风险偏好和风险承受度等因素，区分财务报告内部控制和非财务报告内部控制，研究确定了适用于本公司的内部控制缺陷具体认定标准，并与以前年度保持一致。

2.财务报告内部控制缺陷认定标准

公司确定的财务报告内部控制缺陷评价的定量标准如下：

指标名称	重大缺陷定量标准	重要缺陷定量标准	一般缺陷定量标准
资产总额	财务报表潜在错报≥当年年末集团资产总额的0.25%	当年年末集团资产总额的0.0125%≤财务报表潜在错报＜当年年末集团资产总额的0.25%	财务报表潜在错报＜当年年末集团资产总额的0.0125%
利润总额	财务报表潜在错报≥当年度集团利润总额的5%	当年度集团利润总额的0.25%≤财务报表潜在错报＜当年度集团利润总额的5%	财务报表潜在错报＜当年度集团利润总额的0.25%

公司确定的财务报告内部控制缺陷评价的定性标准如下：

缺陷性质	定性标准
重大缺陷	该缺陷对财务报告真实完整和与财务报告可靠性有关的资产安全造成严重影响
重要缺陷	该缺陷对财务报告真实完整和与财务报告可靠性有关的资产安全造成较大影响
一般缺陷	不构成重大缺陷和重要缺陷的其他财务报告内部控制缺陷，对财务报告真实完整和与财务报告可靠性有关的资产安全造成较小影响

3. 非财务报告内部控制缺陷认定标准

公司确定的非财务报告内部控制缺陷评价的定量标准如下：

指标名称	重大缺陷定量标准	重要缺陷定量标准	一般缺陷定量标准
营业收入	财务损失≥当年度集团营业收入的1%	当年度集团营业收入的0.05%≤财务损失＜当年度集团营业收入的1%	财务损失＜当年度集团营业收入的0.05%

公司确定的非财务报告内部控制缺陷评价的定性标准如下：

缺陷性质	定性标准
重大缺陷	该缺陷对法律法规遵循、经营的效率和效果、发展战略的实现以及与财务报告可靠性无关的资产安全等造成严重影响
重要缺陷	该缺陷对法律法规遵循、经营的效率和效果、发展战略的实现以及与财务报告可靠性无关的资产安全等造成较大影响
一般缺陷	不构成重大缺陷和重要缺陷的其他非财务报告内部控制缺陷，对法律法规遵循、经营的效率和效果、发展战略的实现以及与财务报告可靠性无关的资产安全等造成较小影响

（三）内部控制缺陷认定及整改情况

1. 财务报告内部控制缺陷认定及整改情况

1.1　重大缺陷

报告期内公司是否存在财务报告内部控制重大缺陷：

□是　☑否

1.2　重要缺陷

报告期内公司是否存在财务报告内部控制重要缺陷：

□是　☑否

1.3　一般缺陷

根据上述公司内部控制缺陷的认定标准，报告期内公司不存在财务报告内部控制重大缺陷和重要缺陷。财务报告内部控制一般缺陷可能产生的风险均在可控范围之内，并已经或正在落实整改，对公司内部控制目标的实现不构成实质性影响。

1.4　经过上述整改，于内部控制评价报告基准日，公司是否存在未完成整改的财务报告内部控制重大缺陷：

□是　☑否

1.5　经过上述整改，于内部控制评价报告基准日，公司是否存在未完成整改的财务报告内部控制重要缺陷：

□是　☑否

2.非财务报告内部控制缺陷认定及整改情况

2.1　重大缺陷

报告期内公司是否发现非财务报告内部控制重大缺陷：

□是　☑否

2.2　重要缺陷

报告期内公司是否发现非财务报告内部控制重要缺陷：

□是　☑否

2.3　一般缺陷

根据上述公司内部控制缺陷的认定标准，报告期内公司不存在非财务报告内部控制重大缺陷和重要缺陷。非财务报告内部控制一般缺陷可能产生的风险均在可控范围之内，并已经或正在落实整改，对公司内部控制目标的实现不构成实质性影响。

2.4　经过上述整改，于内部控制评价报告基准日，公司是否发现未完成整改的非财务报告内部控制重大缺陷：

□是　☑否

2.5　经过上述整改，于内部控制评价报告基准日，公司是否发现未完成整改的非财务报告内部控制重要缺陷：

□是　☑否

四、其他内部控制相关重大事项说明

1.上一年度内部控制缺陷整改情况：

□适用　☑不适用

2.本年度内部控制运行情况及下一年度改进方向：

☑适用　□不适用

2018年，面对经济运行压力与变化，公司认真落实金融监管要求，坚持稳中求进的工作总基调，不断优化公司治理运作机制，持续健全全面风险管理体系，不断完善与全球一流现代金融企业相匹配的内部控制体系。

报告期内，内部控制环境持续优化。深入推进服务本源、全量客户、创新转型、创新领跑、风控提升等"五大战略工程"实施，倡导"奋斗+落实"文化，开展内控合规"固本强化年"主题活动；持续推进集团综合化协同管理，首次开展子公司治理能力评估；积极践行社会责任，彰显大行担当。集团风险管理能力不断提升。建立全口径监测和穿透式风险管理体系，落实全球系统重要性银行监管要求，持续推进资本管理高级法实施，继续推进风险计量体系建设及成果应用，强化集团并表风险管理。关键业务控制措施全面优化。建设运营风险智能管控体系，深化集约运营改革；全面推行印章综合改革，优化用印管控流程，加强用印环节的系统硬控制和系统间的联动控制；加快网点渠道智能化轻型化改造，构建线上线下一体化服务体系；打造智能化财务系统，强化预算约束；推进智能反洗钱3.0体系建设，提升集团反洗钱管理能力。信息与沟通渠道畅通。依法履行信息披露义务，健全集团数据治理，加强统计数据报送管理。内部监督不断强化。推动深化整治银行业市场乱象专项工作，聚焦"八大领域"开展重点风险治理与案件防范工作，抓实整改闭环管理，形成"三道防线"联动的监督检查格局。

内部控制体系建设是动态调整、持续改进的过程。2019年公司将紧密围绕新一轮内部控制体系建设三年规划，通过完善服务于集团转型发展目标的内部环境，运用大数据、人工智能等技术创新手段，提升对实质性风险和信息科技风险的识别和评估能力，从制度、流程、系统、人员等多维度提升控制水平，优化安全高效的信息传递与沟通机制，完善前瞻型、价值创造型内部监督体系，进一步增强公司内部控制体系的完整性、合理性和有效性。

3.其他重大事项说明：

□适用 ☑不适用

> 副董事长、行长：谷澍
>
> 中国工商银行股份有限公司
>
> 2019年3月28日

□ 复习思考题

1.谈谈你对内部控制评价定义的理解。

2.在开展内部控制评价工作时，全面性和重要性哪个更重要？二者应如何权衡？

3.内部控制评价具体内容有哪些？

4.试说明内部控制评价方法及其适用范围。

5.内部控制的缺陷如何分类？财务报告内部控制缺陷的认定标准是什么？

6.根据《企业内部控制评价指引》的规定，内部控制评价报告包含哪些基本内容？

中国上市公司内
部控制指数
（2016）：制定、
分析与评价

我国上市公司
2016年执行
企业内部控制规
范体系情况分析
报告

我国上市公司
2017年执行
企业内部控制规
范体系情况分析
报告

第十章

内部控制审计

引例　　我国上市公司2016年企业内部控制审计情况分析报告[①]

2016年，在纳入实施范围的1 658家上市公司中，有1 547家上市公司进行了内部控制审计或鉴证业务，占比93.31%；111家上市公司未开展内部控制审计或鉴证业务，占比6.69%（其中91家因首年上市豁免，20家因重大资产重组豁免）。在进行内部控制审计或鉴证业务的1 547家上市公司中，1 534家上市公司披露了内部控制审计或鉴证报告，13家上市公司披露了内部控制审计意见但未在指定网站上公开披露内部控制审计报告。在披露了内部控制审计或鉴证意见的1 547家上市公司中，1 447家发表标准无保留意见，占比93.54%；100家发表非标准无保留意见，占比6.46%，其中，70家发表带强调事项段无保留意见，1家发表非财务报告重要缺陷的无保留意见，8家发表非财务报告重大缺陷的无保留意见，21家发表否定意见。

2016年，共有40家具有证券期货业务资格的会计师事务所为纳入实施范围的上市公司提供了内部控制审计或鉴证服务。其中，前十大会计师事务所服务的上市公司家数占总家数的66.39%。在进行内部控制审计或鉴证业务的1 547家上市公司中，1 523家采用整合审计的方式开展内部控制审计和财务报表审计，占比98.45%；24家单独实施内部控制审计，占比1.55%。

在进行内部控制审计或鉴证业务的1 547家上市公司中，142家的内部控制审计机构发生了变更，占比9.18%，其中，128家基于整合审计的考虑，同步变更内部控制审计机构和财务报表审计机构。

在纳入实施范围的上市公司中，内部控制审计意见类型与财务报表审计意见类型基本保持一致，财务报表和内部控制同时被出具标准无保留意见的上市公司有1 409家，财务报表和内部控制同时被出具非标准意见的上市公司有40家。

在进行内部控制审计或鉴证业务的1 547家上市公司中，年报说明中单独披露内部控制审计费用的上市公司有1 361家，占比87.98%。内部控制审计费用均值为46.38万元，中位数为30万元；最低审计费用为3万元，最高审计费用为1 400万元。在同时披露财务报表审计费用和内部控制审计费用的公司中，财务报表审计费用与内部控制审计费用比值

[①] 财政部会计司，证监会会计部，证监会上市部，等. 我国上市公司2016年执行企业内部控制规范体系情况分析报告［J］. 财务与会计，2018（4）. 有改动。

的均值为 3.24，中位数为 2.75，最大值为 39。

第一节 审计范围与审计目标

一、内部控制审计的定义

内部控制审计，是指会计师事务所接受委托，对特定基准日内部控制设计与运行的有效性进行审计。

依据《基本规范》和《企业内部控制审计指引》（以下简称《审计指引》），我国的内部控制审计，是注册会计师针对被审计单位的内部控制实施合理保证（高水平保证）的鉴证业务。

二、内部控制审计的业务范围界定

内部控制审计的范围问题，主要指注册会计师是对企业财务报告内部控制进行审计，还是对企业所有内部控制进行审计。内部控制审计的范围，决定了注册会计师的工作范围，也决定了审计的质量、成本和责任，以及审计的可行性。为了遏制内部控制各种可能的外部性，为财务报表使用者提供尽可能多的附加信息，促进被审计单位全面加强内部控制建设，内部控制审计应当以整个内部控制为审计范围。[①]但是，由于内部控制是一个内容广泛的概念，边界模糊，因此以整个内部控制作为内部控制审计的范围，既不明确又不经济，审计的可行性差。

如何确定内部控制审计的范围，需要考虑以下因素[②]：

1.注册会计师的胜任能力。注册会计师的专长领域主要在会计、审计、税法、财务成本管理、公司战略、财务报告内部控制等方面。其他领域的内部控制，如生产安全内部控制、产品质量内部控制、环境保护内部控制等，超出了注册会计师的知识、技能和经验范围，需要其他领域的专家进行鉴证。

2.成本效益的约束。美国公众公司会计监督委员会（以下简称"PCAOB"）通过对审计准则第 2 号《与财务报表审计相关的财务报告内部控制审计》（以下简称"AS2"）实施情况的研究表明，注册会计师对财务报告内部控制的审计会给公司带来巨大的效益，推进公司治理和内部控制的完善，提高财务报告质量；但巨大的收益也伴随着巨大的成本，执行财务报告内部控制审计的费用超出了预期，大幅增加了企业的成本。因此，PCAOB 对 AS2 的要求进行了修改，简化了程序，提出了新的第 5 号审计准则《与财务报表审计整合的财务报告内部控制审计》（以下简称"AS5"）。如果将内部控制审计的范围扩展至其他方面，势必进一步加剧审计的成本效益矛盾。

3.投资者的需求。注册会计师对内部控制进行审计的主要目的是满足投资者等信息使用者的需求，保护投资者权益。如果财务报告内部控制有效，可以使投资者对上市公司财务报告的可靠性有更多的信心，从而帮助投资者进行投资决策。并且，如果注册会计师认

---

① 吴秋生. 内部控制审计有关问题探讨［J］. 中国注册会计师，2010（3）.
② 杨志国. 关于《企业内部控制审计指引》制定和实施中的几个问题［J］. 中国注册会计师，2010（9）.

为财务报告内部控制没有问题，则意味着财务报表有重大问题的可能性大大降低，这在逻辑上是一致的，给投资者的信息也是一致的。

4.对非财务报告内部控制审计的做法。从国外的情况看，内部控制审计主要局限在财务报告内部控制。目前国际上尚未形成对非财务报告内部控制有效性进行评价的依据或标准，在判断上存在较大的主观性，其结果缺乏可比性，对投资者的作用也很不确定。

综合考虑国外的成功经验、注册会计师的胜任能力、审计的标准、成本和效益、投资者需求等因素，内部控制审计只能重点解决内部控制弱化可能产生虚假财务信息的问题。目前，国内外已颁布的内部控制审计相关规范普遍规定，内部控制审计范围应当限于与财务报告有关的内部控制。

但是，如果企业仅关注财务报告内部控制，不利于内部控制规范的全面实施以及企业风险管控能力的提升，因此，《审计指引》第四条第二款规定，注册会计师应当对财务报告内部控制的有效性发表审计意见，并对内部控制审计过程中注意到的非财务报告内部控制的重大缺陷，在内部控制审计报告中增加"非财务报告内部控制重大缺陷描述"段予以披露。

可见，我国内部控制审计的定位主要针对的是财务报告内部控制，但是也合理涵盖了非财务报告内部控制。

三、内部控制审计的时间范围界定

内部控制审计时间的确定，主要有以下几种方式：

一是对特定基准日内部控制的有效性进行审计，针对特定时点的相关内部控制的有效性发表意见。

二是对特定时期内部控制的有效性进行审计，针对特定时期的相关内部控制的有效性发表意见。

三是对特定时期内部控制设计与运行的有效性进行审计，针对特定基准日的相关内部控制的有效性发表意见。

我国《审计指引》从多种方式的互动中寻求平衡，从程序上要求注册会计师在特定期间对内部控制进行了解和有限测试，从结果上要求注册会计师针对特定时点的内部控制的有效性发表意见。[①]

因此，注册会计师基于基准日（如12月31日）内部控制的有效性发表意见，而非对财务报表涵盖的整个期间（如一年）的内部控制有效性发表意见。但这并不意味着注册会计师只关注企业基准日当天的内部控制，而是要考察企业一个时期内（足够长的一段时间）内部控制的设计和运行情况。例如，注册会计师可能在5月份对企业的内部控制进行测试，发现问题后提请企业进行整改，如6月份整改，企业的内部控制在整改后要运行一段时间（假设至少需要1个月），8月份注册会计师再对整改后的内部控制进行测试。因此，虽然是对企业该年度12月31日内部控制的设计和运行发表意见，但这里的基准日不是一个简单的时点概念，而是体现内部控制这个过程向前的延续性。注册会计师所采用的

---

①　刘明辉．内部控制鉴证：争论与选择［J］．会计研究，2010（9）．

内部控制审计的程序和方法，也体现了这种延续性。

四、内部控制审计的目标

2007年6月12日，PCAOB发布了AS5。其第3段规定，财务报告内部控制审计的目标是对公司财务报告内部控制的有效性发表意见。如果存在重大缺陷，则被审计单位的财务报告内部控制是无效的。因此，注册会计师必须计划并执行审计，以取得在管理层评估日被审计单位内部控制是否存在重大缺陷的证据。[①]

COSO认为，如果董事会和管理层能够合理保证下述事项，那么就可以认为内部控制是有效的：他们了解公司的经营目标在何种程度上得到了实现；公布的财务报表是可信赖的；适用的法律和规章得到了遵循。

我国《审计指引》中规定注册会计师应当对财务报告内部控制的有效性发表审计意见。

财务报告内部控制的有效性也可以根据其目标来理解，即如果公司的财务报告内部控制为财务报告的可靠性和对外财务报表的编制符合公认会计原则提供了合理保证，就可认为是有效的。一般来说，财务报告内部控制的有效性包括设计和运行两个方面。[②]

(一) 设计有效性

设计有效性是指公司是否适当地设计了能够防止或发现财务报表中存在重大错报的有关控制政策和程序。设计有效的财务报告内部控制，有助于防止或及时发现引起财务报表产生重大错报的错误或舞弊，使合理保证财务报表公允性的所有控制政策和程序都处在其位并由称职的人执行和监督。当缺乏实现控制目标的必要控制或即使按照设计的控制运行仍无法实现控制目标时，财务报告内部控制的设计就存在缺陷。

判断设计有效性的根本标准是设计出来的内部控制制度是能否能为内部控制目标的实现提供合理保证。

(二) 运行有效性

运行有效性是指有关的控制政策和程序是否能够如其设计的一样发挥机能，它涉及公司是如何运用这些控制政策和程序及由谁来执行这些政策和程序等。当设计合理的控制没有按照设计要求运行，或者执行控制者没有必要的授权或资格，财务报告内部控制的运行就存在缺陷。

具体而言，在评价内部控制的运行有效性时，应当着重考虑以下几个方面：（1）内部控制由谁执行；（2）内部控制以何种方式执行（例如，人工控制还是自动化控制）；（3）内部控制在所评价期间内的不同时点是如何运行的，是否得到了一贯执行。

五、内部控制审计中注册会计师的责任

(一) 被审计单位的内部控制责任

我国《审计指引》指出，建立健全和有效实施内部控制，评价内部控制的有效性是企业董事会的责任。换言之，内部控制本身有效与否是被审计单位的责任。

---

① 张龙平，陈作习. 财务报告内部控制审计的理论分析（上）[J]. 审计月刊，2008（12）.
② 裘宗舜，周洁. 美国财务报告内部控制审计的发展与启示 [J]. 财会月刊，2009（2）.

（二）注册会计师的内部控制审计责任

按照《审计指引》的要求，在实施审计工作的基础上对内部控制的有效性发表审计意见，是注册会计师的责任。即，是否遵循《审计指引》开展内部控制审计并发表恰当的审计意见，是注册会计师的责任。

但是，注册会计师应当对发表的审计意见独立承担责任，其责任不因为利用企业内部审计人员、内部控制评价人员和其他相关人员的工作而减轻。

注册会计师在实施内部控制审计之前，应当在业务约定书中明确双方的责任；在发表内部控制审计意见之前，应当取得有关内部控制的管理层声明书。

六、内部控制审计与财务报表审计的关系

（一）内部控制审计与财务报表审计的联系

《审计指引》规定，注册会计师可以将内部控制审计与财务报表审计整合进行（即整合审计），也可以单独进行内部控制审计。

财务报告内部控制审计与财务报表审计通常使用相同的重要性（或重要性水平），而且，审计准则所要求的风险导向审计与内部控制规范体系所要求的风险评估，在理念和方法上是趋于一致的，因此，整合审计具有较强的经济性与可行性。[①]

实务中，注册会计师可以利用在一种审计中获得的结果为另一种审计中的判断和拟实施的程序提供信息。例如，注册会计师在审计财务报表时需获得的信息，在很大程度上依赖注册会计师对内控有效性得出的结论。

整合审计的目的，就是在内部控制审计中获取充分、适当的证据，支持注册会计师在财务报表审计中对内部控制的风险评估结果；同时，在财务报表审计中获取充分、适当的证据，支持注册会计师在内部控制审计中对内部控制的有效性发表意见。整合审计的互动关系如图10-1所示。

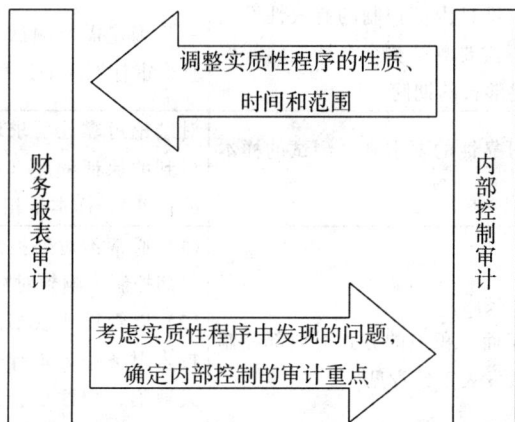

图10-1　整合审计的互动关系

（二）内部控制审计与财务报表审计的区别

内部控制审计与财务报表审计在审计目标等方面存在一定的区别，见表10-1。

---

① 刘玉廷，王宏. 提升企业内部控制有效性的重要制度安排［J］. 中国农业会计，2010（9）.

表 10-1 内部控制审计与财务报表审计的比较

比较项目	内部控制审计	财务报表审计
审计目标	对财务报告内部控制的有效性发表审计意见，并对内部控制审计过程中注意到的非财务报告内部控制的重大缺陷，在内部控制审计报告中增加"非财务报告内部控制重大缺陷描述"段予以披露	对财务报表是否符合企业会计准则、是否公允反映被审计单位的财务状况、经营成果和现金流量发表意见
了解和测试内部控制的目的	了解和测试内部控制的直接目的是对内部控制设计和运行的有效性发表意见	财务报表审计按风险导向审计模式进行，了解内部控制是为了评估重大错报风险，测试内部控制是为了进一步证明了解内部控制时得出的初步结论，了解和测试内部控制的最终目的是服务于对财务报表发表审计意见的目的
测试范围	对所有重要账户、各类交易和列报的相关认定，都要了解和测试相关的内部控制	在财务报表审计过程中，只有在以下两种情况下才强制要求对内部控制进行测试：（1）在评估认定存在重大错报风险时，预期控制的运行是有效的（即在确定实质性程序的性质、时间安排和范围时，注册会计师拟信赖控制运行的有效性）；（2）仅实施实质性程序并不能够提供认定层次充分、适当的审计证据时，注册会计师应当实施控制测试，以获取内部控制运行有效性的审计证据。在其他情况下，注册会计师可以不测试内部控制
测试时间	对特定基准日内部控制的有效性发表意见，不需要测试整个会计期间，但要测试足够长的期间	一旦确定需要测试，则需要测试内部控制在整个审计期间的运行有效性
测试样本量	对结论可靠性的要求高，测试的样本量大	对结论可靠性要求取决于计划从控制测试中得到的保证程度（或减少实质性程序工作量的程度），样本量相对要小
报告结果	（1）对外披露 （2）以正面、积极的方式对内部控制是否有效发表审计意见	（1）通常不对外披露内部控制的情况，除非内部控制影响到对财务报表发表的审计意见 （2）以管理建议书的方式向管理层或治理层报告财务报表审计过程中发现的内部控制重大缺陷，但注册会计师没有义务专门实施审计程序，以发现和报告内部控制重大缺陷

案例 10-1　　　　内部控制单独审计和整合审计比较研究①

本研究以 2012—2014 年度中国 A 股主板进行内部控制审计的上市公司为研究样本，手工整理了内部控制审计费用数据，分别采用配对和 PSM 等研究方法，基于审计成本和

① 傅绍正，张俊民，肖志超. 内部控制单独审计和整合审计比较研究——基于审计成本和审计质量视角［J］. 中央财经大学学报，2016（4）. 有改动。

审计质量视角，实证检验单独审计和整合审计之间的差异。研究发现，整合审计显著降低了审计费用，而审计质量和内部控制非标准审计意见在不同内部控制审计模式之间不存在显著差异。研究表明，整合审计提高了审计效率，降低了审计成本；单独审计牺牲了审计效率，但却未能提高审计质量。

第二节　计划审计工作

审计人员根据所掌握的控制环境及其对财务报告完整性的影响，制订审计计划，确定项目负责人和项目团队成员，界定角色、责任和资源，制订项目计划、方法和报告要求。同时，将对风险的考虑贯穿于整个计划过程，并考虑利用其他相关人员的工作。

一、审计业务约定书

只有当内部控制审计的前提条件得到满足，并且会计师事务所符合独立性要求，具备专业胜任能力时，会计师事务所才能接受或保持内部控制审计业务。

（一）内部控制审计的前提条件

在确定内部控制审计的前提条件是否得到满足时，注册会计师应当：

1.确定被审计单位采用的内部控制标准是否适当；

2.就被审计单位认可并理解其责任与治理层和管理层达成一致意见。

被审计单位的责任包括：

1.按照适用的内部控制标准，建立健全和有效实施内部控制，以使财务报表不存在由于舞弊或错误导致的重大错报；

2.对内部控制的有效性进行评价并编制内部控制评价报告；

3.向注册会计师提供必要的工作条件，包括允许注册会计师接触与内部控制审计相关的所有信息（如记录、文件和其他事项），允许注册会计师在获取审计证据时不受限制地接触其认为必要的内部人员和其他相关人员等。

（二）签订单独的内部控制审计业务约定书

如果决定接受或保持内部控制审计业务，会计师事务所应当与被审计单位签订单独的内部控制审计业务约定书。业务约定书应当至少包括下列内容：

1.内部控制审计的目标和范围；

2.注册会计师的责任；

3.被审计单位的责任；

4.指出被审计单位采用的内部控制标准；

5.提及注册会计师拟出具的内部控制审计报告的形式和内容，以及对在特定情况下出具的内部控制审计报告可能不同于预期形式和内容的说明；

6.审计收费。

二、人员安排

《审计指引》第六条指出，注册会计师应当恰当地计划内部控制审计工作，配备具有专业胜任能力的项目组，并对助理人员进行适当的督导。

在计划审计工作时，项目合伙人需要统筹考虑审计工作，挑选相关领域的人员组成项目组，同时对项目组成员进行培训和督导，以合理安排审计工作。

审计项目小组成员应当符合以下要求：

1.具有性质和复杂程度类似的内部控制审计经验；

2.熟悉企业内部控制相关规范和指引要求；

3.掌握《审计指引》和中国注册会计师执业准则的相关要求；

4.拥有与被审计单位所处行业相关的知识；

5.具有职业判断能力。

三、评估重要事项及其影响

在计划审计工作时，注册会计师需要评价下列事项对财务报表和内部控制是否有重要影响，以及有重要影响的事项将如何影响审计工作：

1.与企业相关的风险，包括在评价是否接受与保持客户和业务时，注册会计师了解的与企业相关的风险情况以及在执行其他业务时了解的情况；

2.相关法律、法规和行业概况；

3.企业组织结构、经营特点和资本结构等相关重要事项；

4.企业内部控制最近发生变化的程度；

5.与企业沟通过的内部控制缺陷；

6.重要性、风险等与确定内部控制重大缺陷的相关因素；

7.对内部控制有效性的初步判断；

8.可获取的、与内部控制有效性相关的证据的类型和范围。

此外，注册会计师还需要关注与财务报表发生重大错报的可能性和内部控制有效性相关的公开信息，以及企业经营活动的相对复杂程度。在评价企业经营活动的相对复杂程度时，企业规模并非唯一指标，因为不只是规模较小的企业经营活动比较简单，一些规模较大和较复杂的企业，其某些业务单元或流程也可能比较简单。以下列示的是表明企业经营活动比较简单的因素：（1）经营范围较小；（2）经营流程及财务报告系统较简单；（3）会计职能较集中；（4）高级管理人员广泛参与日常经营活动；（5）管理层级较少，每个层级都有较大的管理范围。

四、贯彻风险评估原则

风险评估贯穿于整个审计过程。

《审计指引》第八条规定，在内部控制审计中，注册会计师应当以风险评估为基础，确定重要账户、列报及其相关认定，选择拟测试的控制，以及确定针对所选定控制所需收集的证据。

风险评估的理念及思路应当贯穿于整个审计过程的始终。在实施风险评估时，可以考虑固有风险及控制风险。在计划审计工作阶段，对内部控制的固有风险进行评估，作为编制审计计划的依据之一。根据对控制风险评估的结果，调整计划阶段对固有风险的判断，这是一个持续的过程。

通常，对企业整体风险的评估和把握由富有经验的项目管理人员完成。风险评估结果的变化将体现在具体审计步骤及关注点的变化中。

内部控制的特定领域存在重大缺陷的风险越高，给予该领域的审计关注就越多。内部控制不能防止或发现并纠正由于舞弊导致的错报风险，通常高于其不能防止或发现并纠正错误导致的错报风险。注册会计师应当更多地关注高风险领域，而没有必要测试那些即使有缺陷、也不可能导致财务报表重大错报的控制。

在进行风险评估以及确定审计程序时，企业的组织结构、业务流程或业务单元的复杂程度可能产生的重要影响均是注册会计师应当考虑的因素。

五、总体审计策略

注册会计师应当在总体审计策略中体现下列内容：

1.确定内部控制审计业务特征，以界定审计范围。例如，被审计单位采用的内部控制标准、注册会计师预期内部控制审计工作涵盖的范围、对组成部分注册会计师工作的参与程度、注册会计师对被审计单位内部控制评价工作的了解以及拟利用被审计单位内部相关人员工作的程度等。

2.明确内部控制审计业务的报告目标，以计划审计的时间安排和所需沟通的性质。例如，被审计单位对外公布或报送内部控制审计报告的时间、注册会计师与管理层和治理层讨论内部控制审计工作的性质、时间安排和范围，注册会计师与管理层和治理层讨论拟出具内部控制审计报告的类型和时间安排以及沟通的其他事项等。

3.根据职业判断，考虑用以指导项目组工作方向的重要因素。例如，财务报表整体的重要性和实际执行的重要性、初步识别的可能存在重大错报的风险领域、内部控制最近发生变化的程度、与被审计单位沟通过的内部控制缺陷、对内部控制有效性的初步判断、信息技术和业务流程的变化等。

4.考虑初步业务活动的结果，并考虑对被审计单位执行其他业务时获得的经验是否与内部控制审计业务相关（如适用）。

5.确定执行内部控制审计业务所需资源的性质、时间安排和范围。例如，项目组成员的选择以及对项目组成员审计工作的分派、项目时间预算等。

六、具体审计计划

注册会计师应当在具体审计计划中体现下列内容：

1.了解和识别内部控制的程序的性质、时间安排和范围；

2.测试控制设计有效性的程序的性质、时间安排和范围；

3.测试控制运行有效性的程序的性质、时间安排和范围。

七、对舞弊风险的考虑

在计划和实施内部控制审计工作时，注册会计师应当考虑财务报表审计中对舞弊风险的评估结果。在识别和测试企业整体层面控制以及选择其他控制进行测试时，注册会计师应当评价被审计单位的内部控制是否足以应对识别出的、由于舞弊导致的重大错报风险，并评价为应对管理层和治理层凌驾于控制之上的风险而设计的控制。

被审计单位为应对这些风险可能设计的控制包括：

1.针对重大的非常规交易的控制，尤其是针对导致会计处理延迟或异常的交易的控制；

2.针对期末财务报告流程中编制的分录和作出的调整的控制；

3.针对关联方交易的控制；

4.与管理层的重大估计相关的控制；

5.能够减弱管理层和治理层伪造或不恰当操纵财务结果的动机和压力的控制。

八、利用其他相关人员的工作

在计划审计工作时，注册会计师需要评估是否利用他人（包括企业的内部审计人员、内部控制评价人员、其他人员以及在董事会及其审计委员会指导下的第三方）的工作以及利用的程度，以减少可能本应由注册会计师执行的工作。

（一）利用内部审计人员的工作

如果决定利用内部审计人员的工作，注册会计师应当按照《中国注册会计师审计准则第1411号——利用内部审计人员的工作》的规定办理。

（二）利用他人的工作

如果拟利用他人的工作，注册会计师则需要评价该人员的专业胜任能力和客观性。专业胜任能力即具备某种专业技能、知识或经验，有能力完成分派的任务；客观性则是公正、诚实地执行任务的能力。专业胜任能力和客观性越高，可利用程度就越高，注册会计师就可以越多地利用其工作。当然，无论人员的专业胜任能力如何，注册会计师都不应利用那些客观程度较低的人员的工作。同样地，无论人员的客观性如何，注册会计师都不应利用那些专业胜任能力较低的人员的工作。通常认为，企业的内部控制审计人员拥有更多的专业胜任能力和客观性，注册会计师可以考虑更多地利用这些人员的相关工作。

在内部控制审计中，注册会计师利用他人工作的程度还受到与被测试控制相关的风险的影响。与某项控制相关的风险越高，可利用他人工作的程度就越低，注册会计师就需要更多地对该项控制亲自进行测试。

如果其他注册会计师负责审计企业的一个或多个分部、分支机构、子公司等组成部分的财务报表和内部控制，注册会计师应当按照《中国注册会计师审计准则第1401号——对集团财务报表审计的特殊考虑》的规定，确定是否利用其他注册会计师的工作。

九、编制审计工作底稿

内部控制审计工作底稿，是注册会计师对制订的审计计划、实施的审计程序、获取的相关审计证据，以及得出的审计结论等的记录。注册会计师编制审计工作底稿可以为审计工作提供充分、适当的记录，作为出具审计报告的基础。同时，也为注册会计师证明其按照指引的规定执行了审计工作提供证据。

由于内部控制审计更多的是建立在整合审计的基础上的，如何形成内部控制审计工作底稿成为实施指引的关键。目前有两种观点：一种观点是，将内部控制审计工作底稿并入财务报表审计工作底稿，形成一套工作底稿。另一种观点是，无论是否实施整合审计，内部控制审计工作底稿应单独归档，形成独立的工作底稿。

《审计指引》采纳了后一种观点，即如果企业聘请两家会计师事务所分别对其内部控制和财务报表进行审计，毫无疑问，两家会计师事务所应当分别形成内部控制审计工作底稿和财务报表审计工作底稿。如果由一家会计师事务所同时对其内部控制和财务报表进行审计，那么注册会计师还是应当分别形成内部控制审计工作底稿和财务报表审计工作底稿，只不过整合审计部分形成的工作底稿既可以归档到内部控制审计工作底稿中，又可以归档到财务报表审计工作底稿中，两套工作底稿之间应建立交叉索引，以减轻注册会计师编制工作底稿的负担。

注册会计师应当按照我国相关审计准则以及《审计指引》的规定，编制内部控制审计工作底稿，完整地记录审计工作情况。

《中国注册会计师审计准则第1131号——审计工作底稿》规定，注册会计师应当在审计工作底稿中记录下列内容：

1.内部控制审计计划及重大修改情况；

2.相关风险评估和选择拟测试的内部控制的主要过程及结果；

3.测试内部控制设计与运行有效性的程序及结果；

4.对识别的控制缺陷的评价；

5.形成的审计结论和意见；

6.其他重要事项。

案例10-2　中注协约谈会计师事务所　提示多次并购重组的上市公司内部控制审计风险[①]

2018年2月24日，中注协约谈广州正中珠江会计师事务所，提示多次并购重组的上市公司内部控制审计风险。

中注协相关负责人指出，近年来，不少上市公司并购重组频繁，治理层和管理层变动较大，要重视因此对公司日常经营和内部控制有效实施产生的影响，以及内部控制审计风险。中注协提示，对于此类上市公司，注册会计师应在内部控制审计过程中重点关注以下事项：

一是关注管理层舞弊风险。注册会计师应保持高度的职业怀疑，充分评估上市公司频繁实施重组的意图，关注其是否具备合理的商业理由；检查公司历次重组的相关资料，关注重组相关费用是否真实发生；警惕管理层为实现短期利益而操纵并购重组的可能性，特别关注公司针对管理层凌驾于内部控制之上的风险而设计的相关内部控制是否得到有效实施。

二是关注管理层频繁变动对内部控制的影响。注册会计师应了解、识别和测试由于治理层和管理层变动导致的内部控制变化情况，以及对相关内部控制制度产生的影响，尤其关注董事会和监事会能否有效行使职权，管理层、治理层之间的信息沟通是否有效，在此基础上，合理确定公司层面的控制风险水平，制定适当的审计策略。

三是恰当评价控制缺陷的严重程度。注册会计师应高度关注可能表明内部控制存在重大缺陷的迹象，恰当评价识别的各项控制缺陷的严重程度，合理确定内部控制审计意见类型，妥善处理审计过程中注意到的非财务报告内部控制缺陷。

当前，上市公司2017年年报已进入密集披露期，各事务所及注册会计师要始终坚持

---

① 佚名. 中注协约谈会计师事务所 提示多次并购重组的上市公司内部控制审计风险 [J]. 中国注册会计师，2018（4）. 有改动。

质量导向，切实强化项目质量控制，高质量地完成年报审计工作。

第三节　实施审计工作

在实施审计工作阶段，按照自上而下的方法，注册会计师的工作主要包括识别整体层面控制，识别重要账户、列报及其相关认定，了解错报的可能来源，选择拟测试的控制，测试控制设计的有效性，测试控制运行的有效性。

一、自上而下的审计方法

（一）从财务报表层次初步了解内部控制整体风险

如何对内部控制进行审计，涉及内部控制审计的基本思路。《审计指引》第十条规定，注册会计师应当按照自上而下的方法实施审计工作。自上而下的方法是注册会计师识别风险、选择拟测试控制的基本思路。

在财务报告内部控制审计中，自上而下的方法始于财务报表层次，以注册会计师对财务报告内部控制整体风险的了解开始；然后，注册会计师将关注重点放在企业层面的控制上，并将工作逐渐下移至重大账户、列报及相关的认定。这种方法引导注册会计师将注意力放在显示有可能导致财务报表及相关列报发生重大错报的账户、列报及认定上。然后，注册会计师验证其了解到的业务流程中存在的风险，并就已评估的每个相关认定的错报风险，选择足以应对这些风险的业务层面控制进行测试。

在非财务报告内控审计中，自上而下的方法始于企业整体层面控制，并将审计测试工作逐步下移到业务层面控制。

自上而下的审计方法，描述了注册会计师在识别风险以及拟测试的控制时的连续思维过程，但并不一定是注册会计师执行审计程序的顺序。

（二）识别、了解和测试企业整体层面控制

注册会计师应当识别、了解和测试对内部控制有效性有重要影响的企业整体层面控制。注册会计师对整体层面控制的评价，可能增加或减少本应对其他控制进行的测试。

1.企业整体层面控制对其他控制及其测试的影响

不同的企业整体层面控制在性质和精确度上存在差异，注册会计师应当从下列方面考虑这些差异对其他控制及其测试的影响：

（1）某些整体层面控制，如与控制环境相关的控制，对及时防止或发现并纠正相关认定的错报的可能性有重要影响。虽然这种影响是间接的，但这些控制仍然可能影响注册会计师拟测试的其他控制，以及测试程序的性质、时间安排和范围。

（2）某些整体层面控制旨在识别其他控制可能出现的失效情况，能够监督其他控制的有效性，但还不足以精确到及时防止或发现并纠正相关认定的错报。当这些控制运行有效时，注册会计师可以减少对其他控制的测试。

（3）某些整体层面控制本身能够精确到足以及时防止或发现并纠正相关认定的错报。如果一项整体层面控制足以应对已评估的错报风险，注册会计师就不必测试与该风险相关的其他控制。

2.企业整体层面控制的内容

企业整体层面控制包括下列内容：

（1）与内部环境相关的控制；

（2）针对管理层和治理层凌驾于控制之上的风险而设计的控制；

（3）被审计单位的风险评估过程；

（4）对内部信息传递和期末财务报告流程的控制；

（5）对控制有效性的内部监督（即监督其他控制的控制）和内部控制评价。

此外，集中化的处理和控制（包括共享的服务环境）、监控经营成果的控制以及针对重大经营控制及风险管理实务的政策也属于整体层面控制。

3.对期末财务报告流程的评价

期末财务报告流程对内部控制审计和财务报表审计有重要影响，注册会计师应当对期末财务报告流程进行评价。期末财务报告流程包括：

（1）将交易总额登入总分类账的程序；

（2）与会计政策的选择和运用相关的程序；

（3）总分类账中会计分录的编制、批准等处理程序；

（4）对财务报表进行调整的程序；

（5）编制财务报表的程序。

（三）识别重要账户、列报及其相关认定

注册会计师应当基于财务报表层次识别重要账户、列报及其相关认定。

如果某账户或列报可能存在一个错报，该错报单独或连同其他错报将导致财务报表发生重大错报，则该账户或列报为重要账户或列报。判断某账户或列报是否重要，应当依据其固有风险，而不应考虑相关控制的影响。

如果某财务报表认定可能存在一个或多个错报，这些错报将导致财务报表发生重大错报，则该认定为相关认定。判断某认定是否为相关认定，应当依据其固有风险，而不应考虑相关控制的影响。

在识别重要账户、列报及其相关认定时，注册会计师还应当确定重大错报的可能来源。注册会计师可以通过考虑在特定的重要账户或列报中错报可能发生的领域和原因，确定重大错报的可能来源。

在内部控制审计中，注册会计师在识别重要账户、列报及其相关认定时应当评价的风险因素，与财务报表审计中考虑的因素相同。因此，在这两种审计中识别的重要账户、列报及其相关认定应当相同。

如果某账户或列报的各组成部分存在的风险差异较大，被审计单位可能需要采用不同的控制应对这些风险，注册会计师应当分别予以考虑。

（四）了解潜在错报的来源并识别相应的控制

注册会计师应当实现下列目标，以进一步了解潜在错报的来源，并为选择拟测试的控制奠定基础：

1.了解与相关认定有关的交易的处理流程，包括这些交易如何生成、批准、处理及记录；

2.验证注册会计师识别出的业务流程中可能发生重大错报（包括由于舞弊导致的错

报）的环节；

3.识别被审计单位用于应对这些错报或潜在错报的控制；

4.识别被审计单位用于及时防止或发现并纠正未经授权的、导致重大错报的资产取得、使用或处置的控制。

注册会计师应当亲自执行能够实现上述目标的程序，或对提供直接帮助的人员的工作进行督导。

穿行测试通常是实现上述目标的最有效方式。穿行测试是指追踪某笔交易从发生到最终被反映在财务报表中的整个处理过程。注册会计师在执行穿行测试时，通常需要综合运用询问、观察、检查相关文件及重新执行等程序。

在执行穿行测试时，针对重要处理程序发生的环节，注册会计师可以询问被审计单位员工对规定程序及控制的了解程度。实施询问程序连同穿行测试中的其他程序，可以帮助注册会计师充分了解业务流程，识别必要控制设计无效或出现缺失的重要环节。为有助于了解业务流程处理的不同类型的重大交易，在实施询问程序时，注册会计师不应局限于关注穿行测试所选定的单笔交易。

（五）选择拟测试的控制

注册会计师应当针对每一相关认定获取控制有效性的审计证据，以便对内部控制整体的有效性发表意见，但没有责任对单项控制的有效性发表意见。

注册会计师应当对被审计单位的控制是否足以应对评估的每一相关认定的错报风险形成结论。因此，注册会计师应当选择对形成这一评价结论具有重要影响的控制进行测试。

对特定的相关认定而言，可能有多项控制用以应对评估的错报风险。反之，一项控制也可能应对评估的多项相关认定的错报风险。注册会计师没有必要测试与某项相关认定有关的所有控制。

在确定是否测试某项控制时，注册会计师应当考虑该项控制单独或连同其他控制，是否足以应对评估的某项相关认定的错报风险，而不论该项控制的分类和名称如何。

以上一至五部分是自上而下方法的各个步骤的具体内容。

二、测试控制的有效性

（一）测试控制设计的有效性

注册会计师应当测试控制设计的有效性。如果某项控制由拥有有效执行控制所需的授权和专业胜任能力的人员按规定的程序和要求执行，能够实现控制目标，从而有效地防止或发现并纠正可能导致财务报表发生重大错报的错误或舞弊，则表明该项控制的设计是有效的。

（二）测试控制运行的有效性

注册会计师应当测试控制运行的有效性。如果某项控制正在按照设计运行、执行人员拥有有效执行控制所需的授权和专业胜任能力，能够实现控制目标，则表明该项控制的运行是有效的。

如果被审计单位利用第三方的帮助完成一些财务报告工作，注册会计师在评价负责财务报告及相关控制的人员的专业胜任能力时，可以一并考虑第三方的专业胜任能力。

注册会计师获取的有关控制运行有效性的审计证据包括：

1.控制在所审计期间的相关时点是如何运行的；

2.控制是否得到一贯执行；

3.控制由谁或以何种方式执行。

（三）测试控制有效性的程序

注册会计师通过测试控制有效性获取的审计证据，取决于其实施程序的性质、时间安排和范围的组合。此外，就单项控制而言，注册会计师应当根据与控制相关的风险对测试程序的性质、时间安排和范围进行适当的组合，以获取充分、适当的审计证据。

注册会计师测试控制有效性的程序，按其提供审计证据的效力，由弱到强排序通常为：询问、观察、检查和重新执行。询问本身并不能为得出控制是否有效的结论提供充分、适当的审计证据。

测试控制有效性的程序，其性质在很大程度上取决于拟测试控制的性质。某些控制可能存在反映控制有效性的文件记录，而另外一些控制，如管理理念和经营风格，可能没有书面的运行证据。

对缺乏正式的控制运行证据的被审计单位或业务单元，注册会计师可以通过询问并结合运用其他程序，如观察活动、检查非正式的书面记录和重新执行某些控制，获取有关控制是否有效的充分、适当的审计证据。

（四）控制测试的涵盖期间

对控制有效性的测试涵盖的期间越长，提供的控制有效性的审计证据越多。

单就内部控制审计业务而言，注册会计师应当获取内部控制在基准日之前一段足够长的期间内有效运行的审计证据。在整合审计中，控制测试所涵盖的期间应当尽量与财务报表审计中拟信赖内部控制的期间保持一致。

注册会计师执行内部控制审计业务旨在对基准日内部控制有效性出具报告。如果已获取有关控制在期中运行有效性的审计证据，注册会计师应当确定还需要获取哪些补充审计证据，以证实剩余期间控制的运行情况。

（五）控制测试的时间安排

对控制有效性测试的实施时间越接近基准日，提供的控制有效性的审计证据越有力。为了获取充分、适当的审计证据，注册会计师应当在下列两个因素之间作出平衡，以确定测试的时间：

1.尽量在接近基准日时实施测试；

2.实施的测试需要涵盖足够长的期间。

整改后的内部控制需要在基准日之前运行足够长的时间，注册会计师才能得出整改后的内部控制是否有效的结论。因此，在接受或保持内部控制审计业务时，注册会计师应当尽早与被审计单位沟通这一情况，并合理安排控制测试的时间，留出提前量。

（六）评估控制风险并获取相关证据

在测试所选定控制的有效性时，注册会计师需要根据与控制相关的风险，确定所需获取的证据。与控制相关的风险包括控制可能无效的风险和因控制无效而导致重大缺陷的风险。与控制相关的风险越高，注册会计师需要获取的证据就越多。

与某项控制相关的风险受下列因素的影响：

1.该项控制拟防止或发现并纠正的错报的性质和重要程度；

2.相关账户、列报及其认定的固有风险；

3.相关账户或列报是否曾经出现错报；

4.交易的数量和性质是否发生变化，进而可能对该项控制设计或运行的有效性产生不利影响；

5.整体层面控制（特别是对控制有效性的内部监督和自我评价的有效性）；

6.该项控制的性质及其执行频率；

7.该项控制对其他控制（如内部环境或信息技术一般控制）有效性的依赖程度；

8.该项控制的执行或监督人员的专业胜任能力，以及其中的关键人员是否发生变化；

9.该项控制是人工控制还是自动化控制；

10.该项控制的复杂程度，以及在运行过程中依赖主观判断的程度。

针对每一项相关认定，注册会计师都需要获取控制有效性的证据，以便对内部控制整体的有效性单独发表意见，但注册会计师没有责任对单项控制的有效性发表意见。

对于控制运行偏离设计的情况（即控制偏差），注册会计师需要考虑该偏差对相关风险评估、需要获取的证据以及控制运行有效性结论的影响。

例如，注册会计师在测试某项关于现金支付的控制有效性时，在抽取的25个样本中发现某样本没有按照该项控制的设计要求由适当层级的人员签字。此时，注册会计师通常会要求企业的相关人员予以解释，并判断解释的合理性，同时相应地扩大样本量，如果没有再发现控制偏差，则认为该控制偏差并不构成控制缺陷。

注册会计师通过测试控制有效性获取的证据，取决于实施程序的性质、时间安排和范围的组合。就单项控制而言，注册会计师应当根据与该项控制相关的风险，适当确定实施程序的性质、时间安排和范围，以获取充分、适当的证据。

以上（一）至（六）部分是对控制有效性测试的具体内容和方法。

案例10-3　　　　内部控制审计需要时间与空间上的双重前置①

近期，财政部在《企业内部控制规范体系实施中相关问题解释第2号》中首次就注册会计师在开展内部控制审计时应如何安排时间等问题作出了详细的解释说明，并分别明确了首次内控审计、发现缺陷业务及进行连续的内控审计等情况发生时，注册会计师介入的时间及注意事项。

1.时间：越早介入越好

中国联通广西分公司（下称"广西联通"）财务部总经理杨军介绍说，作为一家境内外同时上市的企业，广西联通在内控方面对自身提出了很高要求。

通常情况下，他们每年都要面对4次固定的内控评审。其中，两次源于管理层发起的内部评审，另外的两次则是由他们聘请的外部审计机构承担的。无论发起人是谁，在时间划分上基本上都会是上半年和下半年各2次。此外，在每年的半年报和年报审计之前，外部审计机构还要对它们进行预审，在这个过程中必然也会涉及一些关乎内控方面的审查。由此可想而知，一年中广西联通接受的内控审计之多，这还不包括其他监管机构发起的各种专项审计。

"内控审计必然是越早介入越好，但具体早到什么程度，则应该与被审计方的内部管

---

① 于濛. 内控审计：时间与空间上的双重前置［N］. 中国会计报，2012-11-30. 有改动。

理流程有机协同。总之，过程中的提前介入肯定要比年底才算总账要好。这对审计方和被审计方来说，都拥有了更多的主动权。"杨军分析说。

"从这个意义上来看，提前介入式的内控审计使得企业对运作细节上的关注度更为充分。"杨军说，"这也有助于企业形成一种新的理念和氛围，即将内控工作及真实信息的披露工作当作企业日常工作来看待，进而更为有力地推进内控建设的长效化和信息披露的客观性。"杨军说道。

2.空间：从业务流程的最前端介入

一位不愿透露姓名的会计师事务所合伙人向记者表示，最高明的作假方式往往从数据的最前端就已经开始了，而这种不露马脚的作假行为往往更难察觉。

在杨军眼中，内控审计仅在时间上有所前置还不够。

杨军以某项成本列支审计过程举例。假设公司与某代理商签订发展佣金协议，该代理商承担公司一定的客户发展量，公司根据其实际发展量及客户在网质量对其支付佣金。如果想多计提佣金，造假方可能从客户的签订环节便开始伪造数据，又或者是在计算程序的运行中做手脚。

这种伪造或许一时间难以被发现，但试想事务所从公司信息系统后台将原始数据抽离出来，放到类似的系统环境中模拟测算并辅之以流程的穿行测试，如存在非常规操作，会立刻暴露。

3.方式：内外联合更有力量

杨军说，在传统观念中"家丑不可外扬"。因而，企业往往习惯于把内审与外审完全独立甚至对立开来，不希望将内审中发现的问题暴露在外审面前，但这种"声东击西"式的传统观念其实并不利于真实内控的施行。

"当然，这种内外联合是建立在企业管理层有勇气、有信心开展真实内控的基础上的。基于此前提下的企业管理层才更有能力发现企业各个层面存在的问题和隐患，从而借内外审计联合之力推进企业的风险管理及内控工作，以促进企业长足健康发展。"杨军说。

第四节　评价控制缺陷

如果某项控制的设计、实施或运行不能及时防止或发现并纠正财务报表错报，则表明内部控制存在缺陷。如果企业缺少用以及时防止或发现并纠正财务报表错报的必要控制，同样表明存在内部控制缺陷。

一、内部控制缺陷的认定

《审计指引》第二十条指出，内部控制缺陷按其成因分为设计缺陷和运行缺陷，按其影响程度分为重大缺陷、重要缺陷和一般缺陷。注册会计师应当评价其识别的各项内部控制缺陷的严重程度，以确定这些缺陷单独或组合起来，是否构成重大缺陷。关于设计缺陷与运行缺陷、重大缺陷、重要缺陷与一般缺陷的定义，本书在"第九章　内部控制评价"中已有介绍，本节不再赘述。

注册会计师需要评价其注意到的各项控制缺陷的严重程度，以确定这些缺陷单独或组合起来，是否构成重大缺陷。但是，在计划和实施审计工作时，不要求注册会计师寻找单独或组合起来不构成重大缺陷的控制缺陷。

注册会计师不只要评价财务报告内部控制的有效性并发表意见，还要关注在内部控制审计过程中发现的非财务报告内部控制重大缺陷，在内部控制审计报告中增加"非财务报告内部控制重大缺陷描述"段予以披露。

财务报告内部控制缺陷的严重程度取决于：（1）控制缺陷导致账户余额或列报错报的可能性；（2）因一个或多个控制缺陷的组合导致潜在错报的金额大小。控制缺陷的严重程度与账户余额或列报是否发生错报无必然对应关系，而取决于控制缺陷是否可能导致错报。在评价控制缺陷时，注册会计师需要根据财务报表审计中确定的重要性水平，支持对财务报告内部控制缺陷重要性的评价。注册会计师需要运用职业判断，考虑并衡量定量和定性因素。同时要对整个思考判断过程进行记录，尤其是详细记录关键判断和得出结论的理由。而且，对于"可能性"和"重大错报"的判断，在评价控制缺陷严重性的记录中，注册会计师需要给予明确考量和陈述。

在确定一项内部控制缺陷或多项内部控制缺陷的组合是否构成重大缺陷时，注册会计师应当评价补偿性控制（替代性控制）的影响。企业执行的补偿性控制应当具有同样的效果。

二、内部控制缺陷的处理

（一）财务报告内部控制缺陷的处理

注册会计师在已执行的有限程序中发现财务报告内部控制存在重大缺陷的，应当在内部控制审计报告中对重大缺陷作出详细说明。

（二）非财务报告内部控制缺陷的处理

注册会计师对在审计过程中注意到的非财务报告内部控制缺陷，应当区别具体情况予以处理：

1.注册会计师认为非财务报告内部控制缺陷为一般缺陷的，应当与企业进行沟通，提醒企业加以改进，但无需在内部控制审计报告中说明。

2.注册会计师认为非财务报告内部控制缺陷为重要缺陷的，应当以书面形式与企业董事会和经理层沟通，提醒企业加以改进，但无需在内部控制审计报告中说明。

3.注册会计师认为非财务报告内部控制缺陷为重大缺陷的，应当以书面形式与企业董事会和经理层沟通，提醒企业加以改进。同时，应当在内部控制审计报告中增加"非财务报告内部控制重大缺陷描述"段，对重大缺陷的性质及其对实现相关控制目标的影响程度进行披露，提示内部控制审计报告使用者注意相关风险。

案例10-4　内控审计报告与内控自我评价报告的缺陷认定缘何不同[①]

多数公司内控自评报告中的重大缺陷与审计师认定的重大缺陷保持了高度一致，但也有部分上市公司在其内控自评报告中对相同缺陷提出了不同的认定结论。

以泰达股份为例，2013年对于"违规担保"这个双方共同确认的事实，审计师和上市公司对其影响进行了分析，给出了不同的认定结论（审计师认为是重大缺陷，上市公司

---

① 丁家丰，郭树楠. 关于内部控制重大缺陷的分析与启示——基于上市公司否定意见的内控审计报告 [J]. 财务与会计，2015（5）. 有改动。

则认为是一般缺陷。具体见表10-2)。

表 10-2　　　泰达股份 2013 年内控审计报告与内控自我评价报告缺陷描述对比

内控审计报告内容节选	内控自评报告内容节选
上述担保均未按照泰达股份内部控制制度的规定履行授权审批、信息披露等程序，与之相关的财务报告内部控制执行失效，该重大缺陷可能导致泰达股份因履行担保责任而承担损失	根据上述认定标准，前述 7 笔担保事项未导致公司管理严重偏离控制目标，未造成经济损失，因此认定为一般缺陷……（此处略去对制度设计情况的列述）由于基层管理人员对制度理解有偏差，在执行中存在疏忽，没有履行相关程序与义务，但未给公司造成经济损失，担保风险可控，不存在对公司财务报告的可靠性有重大不利影响的情况

从泰达股份的情况来看，上市公司与审计师对于内部控制缺陷的判断以及采用的缺陷认定标准均存在不同的理解。从动机上看，上市公司会从维护自身声誉的角度，尽可能地规避重大缺陷的认定结论，而审计师则会从执业谨慎性的角度作出重大缺陷的认定结论。而从认定过程来看，双方对于缺陷的性质并没有争议，争议集中在缺陷的影响方面。仅从此例分析，对于上市公司来说，并不能仅以"未造成经济损失"为由，就将重大缺陷认定为一般缺陷。根据内控规范，缺陷的严重程度并不仅指实际损失，也要考虑潜在的损失，而且从影响程度和可能性两个方面进行综合考虑。而对于审计师来说，在重大缺陷的影响方面应明确说明缺陷的影响程度，以便报告的阅读者能够充分获得信息。

第五节　完成审计工作

在完成审计工作阶段，主要工作包括对内部控制形成初步意见、获取管理层书面声明等。

一、形成审计意见

注册会计师需要评价从各种渠道获取的证据，包括对控制的测试结果、财务报表审计中发现的错报以及已识别的所有控制缺陷，以形成对内部控制有效性的意见。在评价证据时，注册会计师需要查阅本年度与内部控制相关的内部审计报告或类似报告，并评价这些报告中提到的控制缺陷。

只有在审计范围没有受到限制时，注册会计师才能对内部控制的有效性形成意见。如果审计范围受到限制，注册会计师可解除业务约定或出具无法表示意见的内部控制审计报告。

二、获取管理层书面声明

注册会计师完成审计工作后，应当取得经被审计单位签署的书面声明。《审计指引》指出，书面声明应当包括下列内容：

1.被审计单位董事会认可其对建立健全和有效实施内部控制负责；

2.被审计单位已对内部控制的有效性作出自我评价，并编制了内部控制评价报告；

3.被审计单位没有利用注册会计师在内部控制审计和财务报表审计中执行的程序及其结果作为评价的基础；

4.被审计单位根据内部控制标准评价内部控制有效性得出的结论；

5.被审计单位已向注册会计师披露识别出的所有内部控制缺陷，并单独披露其中的重大缺陷和重要缺陷；

6.被审计单位已向注册会计师披露导致财务报表发生重大错报的所有舞弊，以及其他不会导致财务报表发生重大错报，但涉及管理层、治理层和其他在内部控制中具有重要作用的员工的所有舞弊；

7.注册会计师在以前年度审计中识别出的且已与被审计单位沟通过的重大缺陷和重要缺陷是否已经得到解决，以及哪些缺陷尚未得到解决；

8.在基准日后，内部控制是否发生变化，或者是否存在对内部控制产生重要影响的其他因素，包括被审计单位针对重大缺陷和重要缺陷采取的所有纠正措施。

但是，如果企业拒绝提供或以其他不当理由回避书面声明，注册会计师应当将其视为审计范围受到限制，即可解除业务约定或出具无法表示意见的内部控制审计报告。

注册会计师需要按照《中国注册会计师审计准则第1341号——书面声明》的规定，确定声明书的签署者、声明书涵盖的期间以及何时获取更新的声明书等。

三、沟通事项

注册会计师需要与企业沟通审计过程中识别的所有控制缺陷。对于其中的重大缺陷和重要缺陷，需要以书面形式与董事会和经理层沟通。《中国注册会计师审计准则第1152号——向治理层和管理层通报内部控制缺陷》要求注册会计师以书面形式及时向治理层通报在审计过程中识别出的值得关注的内部控制缺陷。其中，值得关注的内部控制缺陷包括重大缺陷和重要缺陷。

对于其中的重大缺陷和重要缺陷，应当以书面形式与董事会和经理层沟通。

注册会计师需要以书面形式与董事会沟通其在审计过程中识别出的内部控制存在的所有缺陷，并在沟通完成后告知审计委员会。在进行沟通时，注册会计师无需重复自身、内部审计人员或企业其他人员以前书面沟通过的控制缺陷。

虽然并不要求注册会计师执行足以识别所有控制缺陷的程序，但是，注册会计师需要沟通其注意到的内部控制的所有缺陷。如果发现企业存在或可能存在舞弊、违法等行为，注册会计师需要按照《中国注册会计师审计准则第1141号——财务报表审计中对舞弊的考虑》《中国注册会计师审计准则第1142号——财务报表审计中对法律法规的考虑》的规定，确定并履行自身责任。

第六节　出具审计报告

注册会计师在整合完成内部控制审计和财务报表审计后，需要分别对内部控制和财务报表出具审计报告。注册会计师需要评价根据审计证据得出的结论，在审计报告中清楚地表达对内部控制有效性的意见，并对出具的审计报告负责。

我国《审计指引》指出，内部控制审计报告分为四种类型：标准内部控制审计报告、带强调事项段的无保留意见内部控制审计报告、否定意见内部控制审计报告和无法表示意见内部控制审计报告。

一、标准内部控制审计报告

当注册会计师出具的无保留意见内部控制审计报告不附加说明段、强调事项段或任何修饰性用语时，该报告称为标准内部控制审计报告。标准内部控制审计报告包括下列因素：

1.标题。内部控制审计报告的标题统一规范为"内部控制审计报告"。

2.收件人。内部控制审计报告的收件人是指注册会计师按照业务约定书的要求致送内部控制审计报告的对象，一般是指审计业务的委托人。内部控制审计报告需要载明收件人的全称。

3.引言段。内部控制审计报告的引言段说明企业名称和内部控制已经过审计。

4.企业对内部控制的责任段。企业对内部控制的责任段说明，按照《基本规范》《企业内部控制应用指引》《企业内部控制评价指引》的规定，建立健全和有效实施内部控制，并评价其有效性是企业董事会的责任。

5.注册会计师的责任段。注册会计师的责任段说明，在实施审计工作的基础上，对财务报告内部控制的有效性发表审计意见，并对注意到的非财务报告内部控制的重大缺陷进行披露是注册会计师的责任。

6.内部控制固有局限性的说明段。内部控制无论如何有效，都只能为企业实现控制目标提供合理保证。内部控制实现目标的可能性受其固有限制的影响，包括：

（1）在决策时人为判断可能出现错误和因人为失误而导致内部控制失效。例如，控制的设计和修改可能存在失误。

（2）控制的运行也可能无效。例如，由于负责复核信息的人员不了解复核的目的或没有采取适当的措施，使内部控制生成的信息没有得到有效使用。

（3）控制可能由于两个或更多人员进行串通舞弊或管理层不当地凌驾于内部控制之上而被规避。例如，管理层可能与客户签订背后协议，修改标准的销售合同条款和条件，从而导致不适当的收入确认等。再如，软件中的编辑控制旨在识别报告超过赊销信用额度的交易，但这一控制可能被凌驾。

（4）在设计和执行控制时，如果存在选择执行的控制以及选择承担的风险，管理层在确定控制的性质和范围时需要作出主观判断。

因此，注册会计师需要在内部控制固有局限性的说明段中说明，内部控制具有固有局限性，存在不能防止和发现错报的可能性。此外，由于情况的变化可能导致内部控制变得不恰当，或对控制政策和程序遵循的程度降低，根据内部控制审计结果推测未来内部控制的有效性具有一定风险。

7.财务报告内部控制审计意见段。如果符合下列所有条件，注册会计师应当对财务报告内部控制出具无保留意见的内部控制审计报告：

（1）企业按照《基本规范》《企业内部控制应用指引》《企业内部控制评价指引》以及企业自身内部控制制度的要求，在所有重大方面保持了有效的内部控制。

（2）注册会计师已经按照《企业内部控制审计指引》的要求计划和实施审计工作，在审计过程中未受到限制。

8.非财务报告内部控制重大缺陷描述段。对于在审计过程中注意到的非财务报告内部控制缺陷，如果发现某项或某些控制对企业发展战略、法律遵循、经营的效率效果等控制目标的实现有重大不利影响，确定该项非财务报告内部控制缺陷为重大缺陷的，应当以书面形式与企业董事会和经理层沟通，提醒企业加以改进。同时，在内部控制审计报告中增加非财务报告内部控制重大缺陷描述段，对重大缺陷的性质及其对实现相关控制目标的影响程度进行披露，提示内部控制审计报告使用者注意相关风险，但无须对其发表审计意见。

9.注册会计师的签名和盖章。

10.会计师事务所的名称、地址及盖章。

11.报告日期。

如果内部控制审计和财务报表审计整合进行，注册会计师对内部控制审计报告和财务报表审计报告需要签署相同的日期。

标准内部控制审计报告的参考格式如下：

内部控制审计报告

××股份有限公司全体股东：

按照《企业内部控制审计指引》及中国注册会计师执业准则的相关要求，我们审计了××股份有限公司（以下简称××公司）××××年××月××日的财务报告内部控制的有效性。

一、企业对内部控制的责任

按照《企业内部控制基本规范》《企业内部控制应用指引》《企业内部控制评价指引》的规定，建立健全和有效实施内部控制，并评价其有效性是企业董事会的责任。

二、注册会计师的责任

我们的责任是在实施审计工作的基础上，对财务报告内部控制的有效性发表审计意见，并对注意到的非财务报告内部控制的重大缺陷进行披露。

三、内部控制的固有局限性

内部控制具有固有局限性，存在不能防止和发现错报的可能性。此外，由于情况的变化可能导致内部控制变得不恰当，或对控制政策和程序遵循的程度降低，根据内部控制审计结果推测未来内部控制的有效性具有一定风险。

四、财务报告内部控制审计意见

我们认为，××公司按照《企业内部控制基本规范》和相关规定在所有重大方面保持了有效的财务报告内部控制。

五、非财务报告内部控制的重大缺陷

在内部控制审计过程中，我们注意到××公司的非财务报告内部控制存在重大缺陷[描述该缺陷的性质及其对实现相关控制目标的影响程度]。由于存在上述重大缺陷，我们提醒本报告使用者注意相关风险。需要指出的是，我们并不对××公司的非财务报告内部控制有效性发表意见或提供保证。本段内容不影响对财务报告内部控制有效性发表的审计意见。

中国××市	中国注册会计师：×××（签名并盖章）
××会计师事务所（盖章）	中国注册会计师：×××（签名并盖章）
地址：	报告日期：××××年××月××日

二、非标准内部控制审计报告

（一）带强调事项段的无保留意见内部控制审计报告

注册会计师认为财务报告内部控制虽不存在重大缺陷，但仍有一项或者多项重大事项需要提醒内部控制审计报告使用人注意的，需要在内部控制审计报告中增加强调事项段予以说明。注册会计师需要在强调事项段中指明，该段内容仅用于提醒内部控制审计报告使用者关注，并不影响对财务报告内部控制有效性发表的审计意见。

带强调事项段的无保留意见内部控制审计报告参考格式如下：

内部控制审计报告

××股份有限公司全体股东：

按照《企业内部控制审计指引》及中国注册会计师执业准则的相关要求，我们审计了××股份有限公司（以下简称××公司）××××年××月××日的财务报告内部控制的有效性。

［"一、企业对内部控制的责任"至"五、非财务报告内部控制的重大缺陷"参见标准内部控制审计报告相关段落表述。］

……

六、强调事项

我们提醒内部控制审计报告使用者关注，（描述强调事项的性质及其对内部控制的重大影响）。本段内容不影响已对财务报告内部控制有效性发表的审计意见。

××会计师事务所（盖章）	中国注册会计师：×××（签名并盖章）
中国注册会计师：×××（签名并盖章）	
中国××市	××××年×月×日

（二）否定意见的内部控制审计报告

注册会计师认为财务报告内部控制存在一项或多项重大缺陷的，除非审计范围受到限制，需要对财务报告内部控制发表否定意见。注册会计师出具否定意见的内部控制审计报告，还需要包括重大缺陷的定义、重大缺陷的性质及其对财务报告内部控制的影响程度。

否定意见内部控制审计报告参考格式如下：

内部控制审计报告

××股份有限公司全体股东：

按照《企业内部控制审计指引》及中国注册会计师执业准则的相关要求，我们审计了××股份有限公司（以下简称××公司）××××年××月××日的财务报告内部控制的有效性。

［"一、企业对内部控制的责任"至"三、内部控制的固有局限性"参见标准内部控制审计报告的相关段落表述。］

四、导致否定意见的事项

重大缺陷，是指一个或多个控制缺陷的组合，可能导致企业严重偏离控制目标。

[指出注册会计师已识别出的重大缺陷，并说明重大缺陷的性质及其对财务报告内部控制的影响程度。]

有效的内部控制能够为财务报告及相关信息的真实完整提供合理保证，而上述重大缺陷使××公司内部控制失去这一功能。

五、财务报告内部控制审计意见

我们认为，由于存在上述重大缺陷及其对实现控制目标的影响，××公司未能按照《企业内部控制基本规范》和相关规定在所有重大方面保持有效的财务报告内部控制。

六、非财务报告内部控制的重大缺陷

[参见标准内部控制审计报告的相关段落表述。]

中国××市　　　　　　　　　　　　　中国注册会计师：×××（签名并盖章）

××会计师事务所（盖章）　　　　　　中国注册会计师：×××（签名并盖章）

地址：　　　　　　　　　　　　　　　××××年××月××日

（三）无法表示意见的内部控制审计报告

注册会计师只有实施了必要的审计程序，才能对内部控制的有效性发表意见。注册会计师审计范围受到限制的，需要解除业务约定或出具无法表示意见的内部控制审计报告，并就审计范围受到限制的情况，以书面形式与董事会进行沟通。

注册会计师在出具无法表示意见的内部控制审计报告时，需要在内部控制审计报告中指明审计范围受到限制，无法对内部控制的有效性发表意见，并单设段落说明无法表示意见的实质性理由。注册会计师不应在内部控制审计报告中指明所执行的程序，也不应描述内部控制审计的特征，以避免对无法表示意见的误解。注册会计师在已执行的有限程序中发现财务报告内部控制存在重大缺陷的，需要在内部控制审计报告中对重大缺陷作出详细说明。

无法表示意见内部控制审计报告参考格式如下：

内部控制审计报告

××股份有限公司全体股东：

我们接受委托，对××股份有限公司（以下简称××公司）××××年××月××日的财务报告内部控制进行审计。

[删除注册会计师的责任段，"一、企业对内部控制的责任"和"二、内部控制的固有局限性"参见标准内部控制审计报告的相关段落表述。]

三、导致无法表示意见的事项

[描述审计范围受到限制的具体情况。]

四、财务报告内部控制审计意见

由于审计范围受到上述限制，我们未能实施必要的审计程序以获取发表意见所需的充分、适当的证据，因此，我们无法对××公司财务报告内部控制的有效性发表意见。

五、识别的财务报告内部控制重大缺陷（如在审计范围受到限制前，执行有限程序未能识别出重大缺陷，则应删除本段）

重大缺陷，是指一个或多个控制缺陷的组合，可能导致企业严重偏离控制目标。

尽管我们无法对××公司财务报告内部控制的有效性发表意见，但在我们实施的有限程序的过程中，发现了以下重大缺陷：

［指出注册会计师已识别出的重大缺陷，并说明重大缺陷的性质及其对财务报告内部控制的影响程度。］

有效的内部控制能够为财务报告及相关信息的真实完整提供合理保证，而上述重大缺陷使××公司内部控制失去这一功能。

六、非财务报告内部控制的重大缺陷

［参见标准内部控制审计报告的相关段落表述。］

中国××市	中国注册会计师：×××（签名并盖章）
××会计师事务所（盖章）	中国注册会计师：×××（签名并盖章）
地址：	××××年××月××日

（四）期后事项与非标准内部控制审计报告

在企业内部控制自我评价基准日并不存在、但在该基准日之后至审计报告日之前（以下简称期后期间），内部控制可能发生变化，或出现其他可能对于内部控制产生重要影响的因素。注册会计师需要询问是否存在这类变化或影响因素，并获取企业关于这些情况的书面声明。注册会计师需要针对期后期间，询问并检查下列信息：在期后期间出具的内部审计报告或类似报告；其他注册会计师出具的被审计企业内部控制缺陷的报告；监管机构发布的涉及企业内部控制的报告；注册会计师在执行其他业务中获取的、有关企业内部控制有效性的信息。

注册会计师还需要考虑获取期后期间的其他文件，并按照《中国注册会计师审计准则第1332号——期后事项》的规定，对企业进行检查。

注册会计师知悉对企业内部控制自我评价基准日内部控制有效性有重大负面影响的期后事项的，需要对财务报告内部控制发表否定意见。注册会计师不能确定期后事项对内部控制的有效性的影响程度的，需要出具无法表示意见的内部控制审计报告。

在出具内部控制审计报告之后，如果知悉在审计报告日已存在的、可能对审计意见产生影响的情况，注册会计师需要按照《中国注册会计师审计准则第1332号——期后事项》的规定办理。

☐ 复习思考题

1. 如何理解内部控制审计的定义？

2. 如何界定内部控制审计的业务范围？

3. 内部控制审计的目标是什么？

4. 如何界定内部控制审计中注册会计师的责任？

5. 如何理解内部控制审计与财务报告审计的关系？

6. 内部控制审计与财务报告审计的区别有哪些？

7. 在内部控制审计的计划审计工作阶段，注册会计师需要评价哪些重要事项？

8. 如何理解风险评估与内部控制审计的关系？

9. 如何理解内部控制审计的自上而下的方法？

10.在完成审计工作阶段，主要包括哪些工作？

11.我国《审计指引》将内部控制审计报告分为哪几种类型？

12.标准内部控制审计报告的主要内容有哪些？

我国上市公司
2014年执行企
业内部控制规范
体系情况分析
报告

上市公司扎堆聘
请内控审计机构

主要参考文献

［1］中华人民共和国财政部，等．企业内部控制规范2010［M］．北京：中国财政经济出版社，2010．

［2］中华人民共和国财政部，等．关于印发企业内部控制规范体系实施中相关问题解释第1号的通知［EB/OL］．［2012-02-29］．http://www.gov.cn/zwgk/2012-02/29/content_2079233.htm．

［3］中华人民共和国财政部，等．关于印发企业内部控制规范体系实施中相关问题解释第2号的通知［EB/OL］．［2012-09-24］．http://kjs.mof.gov.cn/zhengwuxinxi/zhengcefabu/201209/t20120928_685273.html．

［4］中华人民共和国财政部会计司．企业内部控制规范讲解2010［M］．北京：经济科学出版社，2010．

［5］中华人民共和国财政部会计司．行政事业单位内部控制规范讲座［M］．北京：经济科学出版社，2013．

［6］中华人民共和国财政部．关于印发《小企业内部控制规范（试行）》的通知［EB/OL］．［2017-06-29］．http://kjs.mof.gov.cn/zhengwuxinxi/zhengcefabu/201707/t20170707_2640522.html．

［7］中华人民共和国审计署．审计署关于内部审计工作的规定［EB/OL］．［2018-01-12］．http://www.gov.cn/gongbao/content/2018/content_5288830.htm

［8］中国证券监督管理委员会．上市公司治理准则［EB/OL］．［2018-09-30］．http://www.csrc.gov.cn/pub/zjhpublic/zjh/201809/t20180930_344906.htm．

［9］全国人民代表大会．中华人民共和国公司法［EB/OL］．［2018-10-26］．http://www.npc.gov.cn/npc/xinwen/2018-11/05/content_2065671.htm．

［10］中国注册会计师协会．公司战略与风险管理——2019年度注册会计师全国统一考试辅导教材［M］．北京：中国财政经济出版社，2019．

［11］陈汉文，池国华．CEO内部控制［M］．北京：北京大学出版社，2015．

［12］程新生．企业内部控制［M］．3版．北京：高等教育出版社，2016．

［13］池国华，朱荣．内部控制与风险管理［M］．2版．北京：中国人民大学出版社，2018．

［14］池国华．中国式经济增加值（EVA）考核实践探索［M］．大连：东北财经大学出版社，2016．

［15］方红星，等．内部控制信息披露：影响因素与经济后果［M］．大连：东北财经大学出版社，2012．

［16］国际内部控制协会．国际注册内部控制师通用知识与技能指南［M］．邱健庭，徐莉莉，译．北京：中国财政经济出版社，2009．

［17］姜涛. 企业内部控制规范手册［M］. 3版.北京：人民邮电出版社，2017.

［18］李晓慧，何玉润. 内部控制与风险管理：理论、实务与案例［M］. 2版.北京：中国人民大学出版社，2016.

［19］胡为民. 内部控制与企业风险管理：实务操作指南［M］. 3版.北京：电子工业出版社，2013.

［20］黄卫伟. 价值为纲：华为公司财经管理纲要［M］. 北京：中信出版集团，2017.

［21］李维安，牛建波，等. CEO公司治理［M］. 北京：北京大学出版社，2014.

［22］李心合. 企业内部控制基本规范导读［M］. 大连：大连出版社，2008.

［23］李秉成. 企业为什么会陷入财务危机［M］. 北京：机械工业出版社，2016.

［24］李三喜，徐荣才. 基于风险管理的内部控制：评价流程·评价实务·评价模板［M］. 北京：中国市场出版社，2013.

［25］李三喜，徐荣才. 基于风险管理的内部控制设计流程、设计实务、设计模板［M］. 北京：中国市场出版社，2013.

［26］林钟高. 内部控制风险免疫机理与效应研究［M］. 北京：中国财政经济出版社，2017.

［27］刘永泽，唐大鹏. 行政事业单位内部控制实务操作指南［M］. 2版.大连：东北财经大学出版社，2016.

［28］潘琰. 内部控制［M］. 2版.北京：高等教育出版社，2018.

［29］王健林. 万达哲学［M］. 北京：中信出版社，2015.

［30］王海荣. 内控总监工作笔记 企业内部控制工作法及案例解析［M］. 北京：人民邮电出版社，2018.

［31］王军伟. 风控：大数据时代下的信贷风险管理和实践［M］. 北京：电子工业出版社，2017.

［32］王千马，梁冬梅. 新制造时代：李书福与吉利、沃尔沃的超级制造［M］. 北京：中信出版集团，2017.

［33］王周伟. 风险管理［M］. 2版.北京：机械工业出版社，2017.

［34］吴晓波. 大败局Ⅰ［M］. 杭州：浙江大学出版社，2013.

［35］吴晓波. 大败局Ⅱ［M］. 杭州：浙江大学出版社，2013.

［36］吴晓波. 激荡十年，水大鱼大［M］. 北京：中信出版集团，2018.

［37］吴晓波. 激荡三十年：中国企业1978—2008［M］. 北京：中信出版集团，2018.

［38］许国才，徐健. 企业内部控制流程手册［M］. 3版.北京：人民邮电出版社，2017.

［39］杨雄胜，夏俊. 企业内部控制评价：理论、方法与案例［M］. 大连：大连出版社，2009.

［40］杨有红. 企业内部控制系统——构建 运行 评价［M］. 北京：北京大学出版社，2013.

［41］叶康涛，冷元红，何建湘. 兴衰三十年：中国企业30年成败模式［M］. 北京：中信出版社，2015.

［42］郑石桥，等. 内部控制学［M］. 北京：中国时代经济出版社，2013.

［43］郑洪涛，张颖. 企业内部控制学［M］. 4版.大连：东北财经大学出版社，2018.

［44］朱荣恩. 企业内部控制规范与案例［M］. 北京：中国时代经济出版社，2009.

［45］周月刚. 信用风险管理：模型、度量、工具及应用［M］. 北京：北京大学出版社，2017.

［46］周桦，藏锋. 刘永好传［M］. 北京：北京大学出版社，2011.

［47］达莫达兰. 驾驭风险［M］. 时启亮，等，译. 北京：中国人民大学出版社，2010.

［48］方红星，王宏. 企业风险管理——整合框架（2017年修订版）［M］. 大连：东北财经大学出版社，2017.

［49］COSO. 内部控制——整合框架［M］. 方红星，译. 大连：东北财经大学出版社，2008.

［50］美国管理会计师协会（IMA）. 财务报告内部控制与风险管理［M］. 张先治，等，译. 大连：东北财经大学出版社，2005.